看看東北令人在意的新資訊！

NEWS

諸如正式開幕的站前設施、值得矚目的飯店、
重新營運的鐵道等，在此介紹東北的最新資訊。
可以納入旅遊計畫，讓東北之旅更加愉快！

↑從大廳窗戶眺望有
櫸樹次生林的滑雪場

2022年8月正式開幕！
酒田站前的全新交流據點誕生

光の湊 ひかりのみなと [山形縣]

圖書館、飯店、巴士中心等處經過整修，
酒田站前的全新樣貌。館內有「フランス風
鄉土料理 ル・ポットフー」、洗鍊的空間
「TSUKINO HOTEL」等設施。

☎0234-24-2454（酒田站前交流據點設施MIRAINI觀光服務處）
🕐視店鋪而異 休視店鋪而異 🏠酒田市幸町1-10-20 🚃JR酒田
站即到 🅿300輛 **MAP P199 B-1**

↑也有附設圖書館
和觀光服務處，有
利於蒐集資訊

↑設施內還
會舉辦各式
各樣的活動

2022年2月25日開幕！
八幡平的奢華飯店
ANA洲際
安比高原度假村 [岩手縣]

あないんたーこんちねんたるあっぴこうげんりぞーと

冬季為滑雪場、夏季為高原度假村，安比高
原新設的奢華飯店。溫泉大浴場有岩浴池、
檜浴池這兩種不同質地的浴槽，可以悠閒度
過愜意時光。

☎0195-73-5010 🕐IN15:00 OUT11:00
¥1泊2食51113円～
🏠八幡平市安比高原117-46
🚃JR安比高原站搭接駁巴士7分 🅿20輛
MAP P193 B-2

↑分成七種房型，其中四種有檜木
景觀浴池

↑建於河川沿岸的木造三層建築美麗外觀照舊

↑行駛於只見川沿岸，能欣賞新
綠、紅葉和雪景
↑許多人對全線再開感到高興

2022年7月1日整新開幕！
銀山溫泉屋齡百年的復古溫泉旅宿

本館古勢起屋 [山形縣]

ほんかんこせきや

建於大正時代的老字號旅宿，翻修時保留了
古早時代的典雅優點。能感受復古摩登氣氛
的交誼廳、沉穩的客房、能品嘗當季時蔬的
餐點，都是溫泉旅宿特有的風情。

☎0237-28-2322 🕐IN15:00 OUT10:00
休1泊2食31350円～ 🏠尾花澤市銀山新畑412
🚃JR大石田站搭往銀山溫泉的花笠巴士銀山線，終點下車步行6分
🅿30輛 **MAP P201 A-2**

2022年10月1日全線開通
奧會津的絕景鐵道復活

JR只見線 じぇいあーる
ただみせん [福島縣]

因2011年的新潟、福島豪雨災害而無法通
行的會津川口－只見站區間，相隔約11年
後終於全線復駛。不光是當地人，許多鐵道
迷也翹首盼望鐵路重開。

☎050-2016-1600（JR東日本洽詢中心）
行駛區間：會津若松站～小出站

2022年10月1日JR只見線全線開通
おかえり只見線

↑浴槽使用充滿高級感的硯石，重
現深「黑」的硯浴池

東北 CONTENTS

特別附錄 東北六縣行程規劃MAP

青森
青森市・　▲三澤機場
青森機場▲　青森縣
弘前・　　　　八戶
奧入瀨
▲大館能代機場
乳頭溫泉鄉
秋田市　田澤湖
・角館　花卷機場▲　盛岡
秋田機場▲　　　北三陸
花卷　▲岩手縣
岩手
秋田　秋田縣　平泉

日本海

酒田・　庄內機場▲
鶴岡・　銀山溫泉　鳴子溫泉鄉
・山形機場▲　　宮城縣
山形　宮城　松島
山形市・山寺
山形縣　藏王　仙台
米澤　　　　　仙台機場▲
太平洋
福島市
喜多方・　福島
會津若松・　福島縣
大內宿・　　▲福島機場
磐城

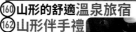
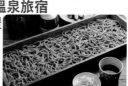

＋α 旅遊資訊
可以這樣規劃行程！
同時造訪十和田湖和奧入瀨溪流，晚上入住星野集團奧入瀨溪流飯店，感受四季更迭之美。
➡P23

鬱鬱蔥蔥的新綠季節最適合拍照

Theme 01

─感受淵遠流長─

山與溪流

流經太古森林的清流、人們視為守護神崇拜的靈峰、位於原生林的夢幻瀑布。就近感受悠久歷史孕育出的大自然之美吧。

從櫸樹林間灑落的耀眼陽光
流經青苔岩石間的清流

想來一趟
撼動人心之旅！

新芽吐綠的大自然、迎春盛開的櫻花、熱力十足的夏日祭典、火紅絢爛的錦秋。遊訪陸奧各地撼動人心的美麗絕景吧！

東北絕景世界

想要觀賞充滿魄力的冰瀑美景，不妨參加「奧入瀨溪流冰瀑之旅」。（請洽十和田奧入瀨觀光機構☎0176-24-3006）

青森 **奧入瀨溪流**
おいらせけいりゅう
➡P52
源頭為十和田湖，全長約14公里的溪流。有「阿修羅之流」、「銚子大瀑布」等如畫般美麗的水流和瀑布散布其中。

Best造訪季節
5～6月、10月中旬～11月上旬

推薦時間
白天

歷年來上游附近10月中旬起為最佳賞楓期，下游燒山附近可以欣賞到11月上旬左右。

閃耀鈷藍色光輝的
神祕水邊

Best造訪季節	推薦時間
5～8月	11時～14時

青森 **青池**
あおいけ ➡P67

白神山地西部的十二湖之一，池水透明到可以看見池底腐朽的巨大欅樹，但湖面卻是如墨水般的鈷藍色，看起來相當神祕而美麗。

+α **旅遊資訊**
推薦住宿在這裡！
從青池開車 23 分左右，即可抵達黃金崎不老不死溫泉。可以在海岸邊的著名露天浴池享受開放的泡湯樂趣。
➡P73

⬇穿過「馬背」，抵達閃耀著祖母綠色的御釜附近

有時候欅樹的綠葉反射在湖面止，顏色看起來像祖母綠

Best造訪季節	推薦時間
5月中旬、10月中旬～下旬	上午

福島 **達澤不動瀑布**
たつさわふどうたき

高 10 公尺、寬 16 公尺的瀑布，因其雄偉的模樣也被稱為「男瀑布」。水流沿著巨大岩石表面如門簾般傾瀉而下，場景相當夢幻。

📞0242-62-2048（豬苗代觀光協會）
📅4～11月，自由參觀　🏠豬苗代町蚕養
🚃JR豬苗代站開車40分，瀧口停車場步行10分　🅿30輛
🗺 **MAP** P205 A-5

➡欅樹原生林環繞四周，瀰漫著莊嚴神聖的氣氛

水簾覆在巨岩表面
光景相當夢幻

Best造訪季節	推薦時間
7月上旬～9月中旬	上午

山形 **彌陀原（月山）**
みだがはらがっさん ➡P157

海拔 1984 公尺的月山是出羽三山的最高峰。八合目的停車場旁邊就是彌陀原，可享受繞一圈約 60～90 分鐘的空中散步。　🗺 **MAP** P202 F-2

堪稱藏王象徵的
五色火口湖

Best造訪季節	推薦時間
5～6月	上午

宮城 **御釜**
おかま ➡P137

由於藏王連峰的火山噴發所形成的火口湖。會因為季節、時間、陽光照射而變換顏色的神祕火口湖。

出羽三山的濕原止
遼闊的純淨大自然

夏天有約 130 種高山植物盛開

祭祀慈覺大師的開山堂和收藏佛經的納經堂

Theme 02 天空

—登高望遠而知曉 這個世界的美—

遠離平地、前往高處，有片接近天空才能見識到的獨特景色。從天上的舞台俯視大地，邂逅大自然最原始的樣貌。

從矗立於山頂的舞台式佛堂五大堂，得以俯瞰山寺的門前町和山里風景。

Best造訪季節	推薦時間
5月中～下旬、10月下旬～11月上旬	白天

山形 山寺（寶珠山立石寺）
やまでらほうじゅさんりっしゃくじ
➡P.144

山形引以為傲、風光明媚的古剎。爬上1015級石階後，就能看到矗立於懸崖峭壁的廟堂，宛如浮在空中的景色相當壯觀。

前往山頂的途中還有許多看點，像是頗富意趣的廟堂、仁王像聳立的優美大門等。

矗立於空中的神聖廟堂

+α 旅遊資訊
可以這樣規劃行程！
從山形市區開車約30分即可抵達山寺。住宿地推薦銀山溫泉，開車約1小時5分左右。
➡P25

大自然交織而成的夢幻景色

幽玄青龍之眼 雪融之際覺醒的

Best造訪季節	推薦時間
5月中旬～6月中旬	白天

岩手 秋田 八幡平龍之眼
はちまんたいどらごんあい

八幡平山頂的鏡沼在春雪融化時，會出現宛如龍之眼，只有這個時期才會發生的現象。白雪融化在藍色水面上，形成相當神祕的光景。

0195-78-3500（八幡平市觀光協會）
⏰5月中旬～6月中旬，自由參觀 🚗八幡平JR盛岡站搭往岩手八幡平頂上的岩手縣北巴士1小時50分，八幡平頂上下車步行15分
🅿107輛（八幡平山頂停車場）
MAP P193 A-2

Best造訪季節	推薦時間
5月中～11月	白天

山形 南陽天空公園
なんようすかいぱーく

可體驗滑翔傘飛行的地方。條件齊備時還會出現雲海，能體驗從雲上往下眺望、翱翔於空中的寶貴經驗。

📞0238-40-2149
（Soaring System Paragliding School）
⏰9:00～18:00 休週四
¥體驗飛行13200円
🏠南陽市赤湯2841
🚃JR赤湯站開車15分 🅿100輛
MAP P205 A-1

前往從雲海往下眺望、翱翔天際的未知體驗區

雲海較容易出現在春天和秋天的早晨

眺望日本海大全景！

Best造訪季節	推薦時間
5月中～下旬	白天

秋田 寒風山
かんぷうざん
➡P110

位於男鹿半島，被草坪覆蓋的山。山頂有個迴轉瞭望台，可眺望日本海絕景、秋田市區的夜景等。

這裡也是飛行傘的聖地，也有開設新手課程的學校

6

弧線優美的木造橋
宛如展翅休憩的鶴

造型精細的舞之鶴橋與岩木山倒映在早晨的湖面上

在岩木山和津輕富士見湖被雪覆蓋的冬天，可以觀賞到美麗鶴之舞橋的夢幻景色。

Best造訪季節	推薦時間
4月下旬～10月上旬	清晨

青森 **津輕富士見湖**
つがるふじみこ

湖面上倒映著雄偉的岩木山山影，風景宜人。使用青森縣產羅漢柏、全長 300 公尺的三連太鼓橋「鶴之舞橋」為其象徵。

☎ 0173-22-2111
（鶴田町企劃觀光課）
自由參觀 鶴田町迴堰大沢
JR陸奥鶴田站開車10分
216輛（富士見湖公園第一停車場）
MAP P190 F-1

海、湖

―讓心靈沉澱的寂靜水色風景―

造型精美的橋倒映在水面的湖泊、暗夜中發出白色光芒的奇岩海濱。遊訪清澈的水色風景，讓心靈沉靜下來。

浮現於暗夜之中夢幻的白色岩理

在不同於喧囂白天的寧靜中眺望滿天星空吧

白天可搭乘小型船在「青之洞窟」探險，由淨土濱 Marine House 舉辦。詳見→P88

Best造訪季節	推薦時間
4月下旬～9月上旬	上午、傍晚

岩手 **淨土濱**
じょうどがはま →P88

尖銳白色流紋岩林立的風景勝地，深藍色海水與純白色岩理交織成動人美景。晚上星星倒映在海面的景色美到令人屏息。

Best造訪季節	推薦時間
5月上旬～10月上旬	早上～傍晚

青森 **佛浦**
ほとけがうら

飽受狂浪和風雪侵蝕的奇石造形之美

經過漫長歲月刻劃出來的奇岩絕景

形似佛像的神祕奇岩聳立在風平浪靜的海邊，連綿約 2 公里。白色岩理在夕陽染色下景色極美，可以順著觀光步道往下走到附近。

☎ 0175-38-4515（佐井觀光協會）
自由參觀 佐井村仏ヶ浦 JR下北站開車2小時 20輛（12～3月無法使用）
MAP P187 D-2

Best造訪季節	推薦時間
5月～10月	白天

青森 **十和田湖**
とわだこ →P56

也是奧入瀨溪流源頭的火口湖。面積很大，周長約 46 公里。夏季的十和田湖綠意盎然，美不勝收，夕陽景色和雲海光景也令人感動。

隨著時間改變樣貌的神祕湖泊

可以從瞰湖台或發荷峠展望台眺望雲海。春至夏季的早晨，湖泊附近有晨霧瀰漫而相當夢幻。

朱紅色鳥居 宛如遊龍蜿蜒其上

Best造訪季節	推薦時間
4月下旬～5月上旬	8:00～17:00

青森 高山稻荷神社

たかやまいなりじんじゃ

📞0173-56-2015

🕐8:00～17:00　休無休　¥免費
所つがる市牛潟町鷺野沢147-1
🚉JR五所川原站搭往十三湖方向的弘南巴士，高山神社入口下車開車5分　🅿50輛

MAP P187 A-5

⬆朱色鳥居襯托美麗的神苑

Best造訪季節	推薦時間
4月～11月	白天

秋田 鵜之崎海岸

うのさきかいがん

位於男鹿半島南部，長1.5公里的海岸線。大片海灘平坦水淺，能在岩石上走到離岸200公里處。水面如鏡，反射其上的風景美不勝收而蔚為話題。

📞0185-24-4700 （男鹿市觀光協會）
🕐自由參觀　所男鹿市船川港　🚉JR男鹿站搭往門前停車場的男鹿南巴士，水產振興中心前下車即到　🅿90輛

MAP P195 C-3

退潮時可以看到一大片露出海底岩石表面的淺灘。四處突出的小豆岩也值得好好觀賞一番

東北絕景世界

「東北的烏尤尼鹽湖」水淺岩石礁遍布的海岸

風平浪靜的日子，天空的顏色反射在海面上。傍晚時分，夕陽餘暉映在水面堪稱絕景

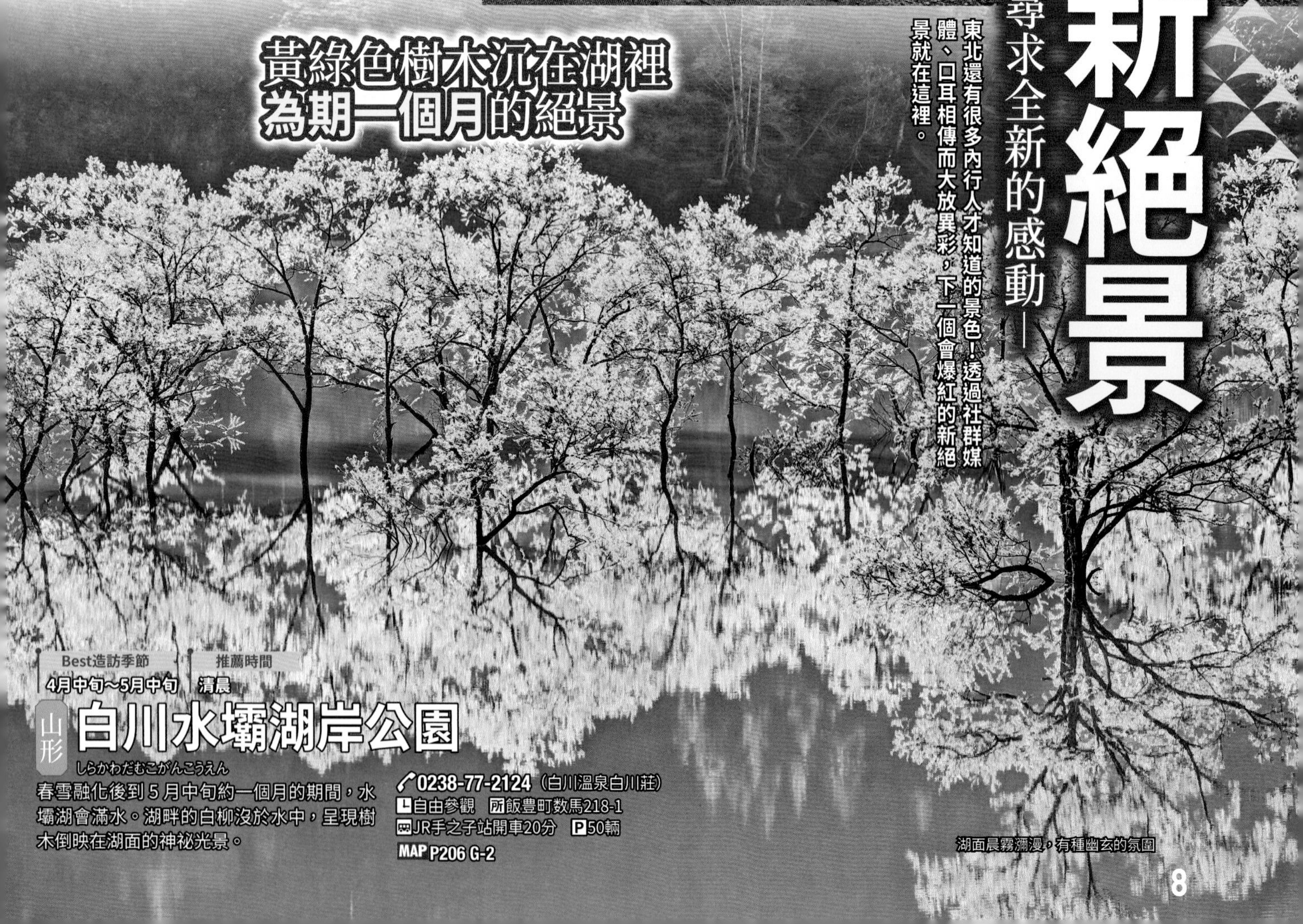

Theme 04

新絕景

—尋求全新的感動—

東北還有很多內行人才知道的景色！透過社群媒體、口耳相傳而大放異彩，下一個會爆紅的新絕景就在這裡。

黃綠色樹木沉在湖裡 為期一個月的絕景

Best造訪季節	推薦時間
4月中旬～5月中旬	清晨

山形 白川水壩湖岸公園

しらかわだむこがんこうえん

春雪融化後到5月中旬約一個月的期間，水壩湖會滿水。湖畔的白柳沒於水中，呈現樹木倒映在湖面的神祕光景。

📞0238-77-2124 （白川溫泉白川莊）
🕐自由參觀　所飯豐町数馬218-1
🚉JR手之子站開車20分　🅿50輛

MAP P206 G-2

湖面晨霧瀰漫，有種幽玄的氛圍

Theme
04

新絕景

照亮心田的鮮黃色花海

Best造訪季節	推薦時間
5月上旬～中旬	8:00～17:00

青森

橫濱町的油菜花田

よこはままちのなのはなばたけ

橫濱町種植油菜花田的面積在日本數一數二。每年5月上旬起，國道279號沿線可以看到一整片鮮艷油菜花盛放的光景。

☎0175-78-2111（橫濱町役場產業振興課）🕐自由參觀 📍橫浜町大豆田 🚌JR陸奧橫濱站搭下北交通巴士野邊地線，大豆田巴士站下車步行15分 🅿30輛
MAP P186 G-4

每年5月中左右，油菜花田周邊會舉辦油菜花節，吸引眾多觀光客造訪而熱鬧非凡。

油菜花田的另一端還能看到風力發電的風車緩緩轉動，景色相當優雅

宣告冬季來臨港都的金色絕景

↑海面升起的霧氣漸濃，形成雲海般的景色

Best造訪季節	推薦時間
10月中旬～1月下旬	日出後約1小時

宮城

氣仙沼的氣嵐

けせんぬまのけあらし

冬天氣仙沼灣內的海水溫度和大氣溫度相差過大時會發生的自然現象。以逆光拍攝朝陽，可以捕捉到金黃色的絕美景緻。

☎0226-22-4560（氣仙沼市觀光服務中心）🕐自由參觀 📍気仙沼市港町 🚌JR氣仙沼站開車10分 🅿視場所而異
MAP P196 E-5

+α 旅遊資訊
推薦住宿在這裡！
不妨選擇開車約30分可至的南三陸觀洋飯店。可以在視野良好的露天浴池欣賞海邊絕景。
➡P183

Best造訪季節	推薦時間
4月中旬～10月中旬	日落時分

秋田

哥吉拉岩 +α 旅遊資訊

ごじらいわ ➡P111

有塊聳立於男鹿市門前地區潮瀨崎岩礁地帶的岩石，看起來酷似哥吉拉的側臉。尤其在夕陽照射下，看起來就像哥吉拉在噴火的剪影。

推薦住宿在這裡！
男鹿半島的旅宿有能夠眺望男鹿之海的男鹿溫泉 結之宿 別邸椿、元湯 雄山閣等。
➡P115·182

↩宛如朝海面噴火

在夕陽照射下朝海厲吼的大怪獸

Theme 05 櫻花

—強韌而夢幻—

挺過凜冬的東北櫻花迫不及待地在春天強盛綻放。看到富有生命力的花朵凋落又是另一種感動。

護城河滿是散落的櫻花

凋零後更加美麗
花筏在水面搖曳

夜間點燈的西濠。燈光照映下的櫻花妖豔美麗，呈現和白天不同的樣貌，可以欣賞到相當夢幻的光景

Best造訪季節	推薦時間
4月下旬～5月上旬	全天

青森
弘前櫻花祭
ひろさきさくらまつり ➡P60

隨著津輕的晚春到來，約 2600 棵櫻花樹一齊綻放，將護城河染成一片粉紅的花筏夢幻又美麗。

◆櫻花、藏王連峰、白石川的大自然共演　◆筆直的道路上黃粉兩色妝點

以餘雪藏王連峰為背景
1200棵櫻花樹絢爛綻放

綿延11公里的黃色地毯和粉色櫻花相映成趣

Best造訪季節	推薦時間
4月下旬～5月上旬	白天

秋田
櫻花和油菜花之路
さくらなのはなろーど

貫穿大潟村的縣道 298 號沿線有連綿 11 公里的油菜花。4000 棵櫻花樹盛開時，彷彿鋪了黃色和粉紅色的地毯。

✆0185-45-3653（大潟村役場產業振興課）🚶自由參觀　🏠大潟村境內　🚃JR八郎潟站開車15分　🅿無　MAP P195 D-2

Best造訪季節	推薦時間
4月上旬～中旬	白天

宮城
白石川堤一目千本櫻
しろいしがわづつみひとめせんぼんざくら

以染井吉野櫻為主，在白石川堤邊盛放的成排櫻花。染井吉野櫻華麗的淡粉色與藏王連峰餘雪的白色相互輝映，景緻相當壯觀。

✆0224-53-2659（大河原町商工觀光課）🚶自由參觀　🏠大河原町金ヶ瀨～柴田町船岡　🚃JR大河原站步行5分　🅿150輛　MAP P204 E-1

Best造訪季節	推薦時間
4月中旬～下旬	白天

福島
日中線紀念櫻花步道
にっちゅうせんしだれざくらなみき

舊日中線遺址整建而成的觀光步道，成排的枝垂櫻綿延約 3 公里。道路中央展示著當時行駛的蒸氣火車。

✆0241-24-5200（喜多方觀光物產協會）🚶自由參觀　🏠喜多方市押切東2ほか　🚃JR喜多方站步行5分　🅿700輛（僅活動期間，有捐款金）　MAP P171

+α 旅遊資訊
推薦美食

喜多方拉麵是必吃的美食，市內有大約 90 間店。嘗嘗看樸素卻鮮甜美味的拉麵吧。 ➡P171

多達1000棵枝垂櫻
優美綻放

盛開的枝垂櫻鋪滿整條道路

搖曳於黑板牆的雅緻枝垂櫻

東北絕景世界

Theme
05

櫻花

+α 旅遊資訊
可以這樣規劃行程！
要前往角館就不能錯過乳頭溫泉鄉。除了住宿之外，也可以將溫泉巡禮納入行程當中。
→P25

↑武家屋敷通的黑板牆突顯櫻花淡粉色的美

Best造訪季節	推薦時間
4月中旬～下旬	清晨、17:30～18:30

秋田
角館櫻花祭 →P20
かくのだてのさくらまつり

從頭頂垂下的枝垂櫻和武家屋敷通的黑板牆相映成趣，美到令人屏息。同個時期檜木內川堤邊有成排的染井吉野櫻綻放。

☎0187-43-3352（角館觀光活動執行委員會）🚶自由參觀 🏠仙北市角館町武家屋敷通り・桧木內川堤 🚃JR角館站步行20分 🅿180輛（仙北市櫻並木停車場）
MAP P195 B-4

Best造訪季節	推薦時間
4月下旬～5月上旬	清晨、17:30～18:30

福島
鶴城 →P164
つるがじょう

一到春天，就會迎來約1000棵櫻花樹盛開，和美麗的紅瓦天守閣輝映出美麗的色彩。預定到6月底都會舉辦夜間點燈活動，不妨來此欣賞夜櫻。

Best造訪季節	推薦時間
4月中旬～下旬	早上

岩手
北上市立公園展勝地
きたかみしりつこうえんてんしょうち

北上川沿岸樹齡超過百年的大樹綿延約2公里，櫻花大道看起來相當壯觀。河岸步道彷彿鋪上一層粉紅色地毯。

☎0197-65-0300（北上觀光會議協会）🚶自由入園 🏠北上市立花 🚃JR北上站步行20分 🅿450輛
MAP P197 C-2

有成排大樹的春天浪漫櫻花隧道

↑約有500棵櫻花樹盛開的步道

為會津的象徵染上一層淡粉色

↑鶴城是日本唯一的紅瓦天守閣

也會舉行夜間點燈活動。七彩LED點燈華麗非凡，彷彿闖入電影世界般的氛圍。

映照在小河上的櫻花隧道

Best造訪季節	推薦時間
4月中旬～5月上旬	早上

福島
觀音寺川的櫻花
かんのんじがわのさくら

觀音寺兩岸約1公里的櫻花夾道，盛開時會形成櫻花隧道。除了染井吉野櫻之外，還有枝垂櫻、江戶彼岸櫻和日本山櫻。

☎0242-62-2048（豬苗代觀光協會）🚶自由參觀 🏠豬苗代町川桁 🚃JR川桁站步行5分 🅿100輛
MAP P205 A-5

觀音寺川的河川寬度僅1～3公尺左右，兩岸的櫻花幾乎蓋住了河川

松島灣的紅葉也很美麗。不妨搭乘能眺望海灣的遊覽船，或在視野良好的咖啡廳賞楓。

妝點枯山水
夢幻的紅葉夜間點燈

紅葉夜間點燈活動的參觀時間和費用等細節每年不同，需事先確認

Theme 06

紅葉

—色彩繽紛的夢幻世界—

因日夜溫差染上鮮艷紅黃兩色的東北紅葉。在雄偉的湖畔、溪谷和歷史悠久的寺院，感受色彩繽紛的世界吧。

Best造訪季節
10月下旬～11月上旬

推薦時間
傍晚

宮城 **圓通院**
えんつういん　→P126

緊鄰松島瑞巖寺的寺院。以石庭為首，有四座特色庭院。紅葉時期會點燈，染色的樹木在燈照下營造出超乎日常的空間。

Best造訪季節
11月上旬～中旬

推薦時間
白天、11月上旬點燈時至19:30

岩手 **南昌莊**
なんしょうそう

1885年左右建造的盛岡企業家瀨川安五郎的宅邸。精心整頓的池泉迴遊式庭園紅葉美不勝收。

☎019-604-6633　🕙10:00～17:00
（12～3月至16:00）　休週一二　¥300円，中小學生150円　🚌盛岡站清水町13-46　🚃JR盛岡站搭往水道橋的岩手縣交通巴士，下之橋町下車步行5分　🅿10輛
MAP P193 C-4

雨天時也能從館內欣賞庭園的紅葉

染上紅、黃、橙
色彩鮮豔的山野

Best造訪季節　**推薦時間**
9月下旬～10月中旬　白天

福島 **安達太良山**
あだたらやま

日本百岳之一，海拔1700公尺的山。搭乘空中纜車的話，1.5小時即可登頂。紅葉時期染成一片火紅的山野景緻相當艷麗。

⬆搭乘連結山麓與山頂的空中纜車，享受約10分鐘的空中散步

☎0243-55-5122（二本松市觀光課）
🕙自由參觀　所二本松市奧岳、塩沢温泉　🚃JR二本松站開車30分到奧岳　🅿1500輛
MAP P205 B-4

宮城 **鳴子峽**
なるこきょう

Best造訪季節　**推薦時間**
10月下旬～11月上旬　白天

大谷川侵蝕而成的100公尺深大峽谷。從位於鳴子峽レストハウス的觀景台遠望大深澤橋的景色值得一看。此外，新綠時期也相當美麗。

⬇從觀景台遠望的V字形峽谷宛如錦繪

☎0229-87-2050（鳴子峽レストハウス）
🕙自由參觀　所大崎市鳴子温泉星沼地内　🚃JR鳴子温泉站開車10分（紅葉時期預定有臨時巴士行駛）　🅿253輛（紅葉時期收費）
MAP P201 B-1

斷崖絕壁的峽谷
猶如染色錦緞

+α 旅遊資訊
推薦美食

好想吃遍盛岡三大麵——盛岡冷麵、炸醬麵、碗子蕎麥麵！可以認識盛岡的麵食文化。
→P32

從復古的窗框之間
眺望秋天的庭園

Theme
06

紅葉

紅葉映在水面上的水鏡弁財天堂

山紅葉、雞爪槭、增添色彩的平泉之秋

| Best造訪季節 | 推薦時間 |
| 10月下旬～11月上旬 | 全天 |

岩手 **中尊寺**
ちゅうそんじ
➡P93

秋天時，通往金色堂的參道被美麗的楓紅染色，夜間點燈是必看的活動。覆堂和弁財天堂等建築和紅葉發亮的模樣很神祕。

➡遊船行程約2公里。可至猊鼻溪乘船處購買乘舟券

紅葉映於水面乘船順溪而下

| Best造訪季節 | 推薦時間 |
| 10月下旬～11月上旬 | 白天 |

岩手 **猊鼻溪**
げいびけい
➡P94

被100公尺石灰岩斷崖環繞的溪谷，四季更迭的風貌美不勝收。可以乘船順流而下，欣賞與白色岩理相映的鮮艷紅葉。

+α 旅遊資訊
可以這樣規劃行程！
也很推薦仙台市搭配松島的旅遊行程。住宿地點選在秋保溫泉的話，搭電車約1小時45分可至。
➡P23

原生林與瀑布演繹出大自然的妙趣

| Best造訪季節 | 推薦時間 |
| 10月中旬～11月上旬 | 白天 |

秋田 **抱返溪谷**
だきがえりけいこく
➡P107

位於玉川中游、全長10公里的溪谷。櫻樹、楓樹的原生林和岸邊的奇岩、瀑布等交織出絕美景緻，到了秋季就會染上鮮艷的紅黃色彩。

MAP P194 G-5

吊橋「神之岩橋」。從全長80公尺的吊橋可以眺望溪谷之美和藍綠色水面

如鏡般倒映朱色天然林的寂靜之沼

| Best造訪季節 | 推薦時間 |
| 10月中旬～下旬 | 清晨 |

青森 **蔦沼**
つたぬま

位於櫸樹林深處的靜謐湖沼。群樹在朝陽的照射下倒映在湖面，周圍染成一片朱紅色的紅葉時期格外美麗。

☎0176-24-3006（十和田奧入瀨觀光機構） ⏰自由參觀 🚗十和田市奧瀨 🚉JR青森站搭往十和田湖的JR巴士（冬季停駛）2小時，蔦溫泉下車步行10分 🅿40輛（住宿旅客優先）※紅葉時期可能限制入場
MAP P189 A-3

可以走觀光步道，遊逛散布各處的六座湖沼。繞一圈2.9公里，需時1小時20分。

紅葉映照在湖面上的對稱絕景

Theme **07**

熱情四射、充滿能量的祭典──

祭典12大賞

嚴峻的自然環境孕育出各種充滿活力的祭典。一同沉浸在人們為之瘋狂、東北特有的盛大祭典吧。

穿著正式服裝就可以加入睡魔遊行（預定）。

+α 旅遊資訊
推薦住宿在這裡！

可以住在JR青森站開車1小時左右可至、歷史悠久的湯治場大鰐溫泉。這裡有不二家飯店、界 津輕等旅宿。

→P48、72、73

舉辦期間
8月2〜6日（詳情需洽詢）、7日（海上遊行、煙火大會）

青森 **青森睡魔祭**
あおもりねぶたまつり
→P64

每年湧入超過250萬人造訪、東北最大型的夏日祭典。跟著笛子、太鼓、鉦的曲調，伴隨以歷史典故為題材的巨大睡魔在市區遊走。

夢幻的光之稻穗點綴夜空

舉辦期間
8月3〜6日18:50〜20:50

秋田 **秋田竿燈祭**
あきたかんとうまつり

為了驅趕睡魔，從約270年前舉辦至今的祭典。人們高舉12公尺的竿燈，用手掌、額頭、腰部、肩膀等部位操控自如的絕技相當精彩。

☎018-888-5602
（秋田市竿燈祭執行委員會）
¥付費觀賞座3000円〜
🏠秋田市竿燈大通り
🚃JR秋田站步行15分
MAP P195 A-1

+α 旅遊資訊
推薦美食

說到秋田縣的代表性美食，就是米棒鍋（切蒲英鍋）。不妨到秋田市內的名店享用甘醇濃郁的深層滋味。

→P34

←竿燈燈籠左右搖擺的模樣別有一番風情

紅花斗笠在山形的夜裡綻放

舉辦期間
8月5〜7日18:00〜21:45

山形 **山形花笠祭**
やまがたはながさまつり

東北四大祭之一，是山形的代表性夏日祭典。在「呀咻嘛喀咻」的吆喝聲中，舞者們拿著花笠在市區內遊行。

☎023-642-8753
（山形縣花笠協議會）
🏠山形市中心
🚃JR山形站步行10分
MAP P142

有「女舞」、「男舞」、創意花笠舞等多種跳舞方式

Theme
07

祭典

豪華絢爛的七夕裝飾
妝點街道

↑每間店鋪都有各式各樣的七夕裝飾

仙台藤崎百貨店前擺出萬隻紙鶴做成的七夕裝飾。

大型睡魔、跳人、囃子……
魄力十足的傳統之美和躍動感

榮獲2022年睡魔大賞的「龍王」
照片提供：（公社）青森観光コンベンション協会

8月6～8日

宮城 **仙台七夕祭**
せんだいたなばたまつり

從伊達政宗時代流傳下來的傳統活動。七夕裝飾隨風搖曳，鮮艷而美麗。舉辦期間還能看到各式各樣的裝飾淹沒整個市區。

☎022-265-8185（仙台七夕祭協辦會） ¥無付費觀賞座 所仙台市中心商店街、市內地方商店街 交JR仙台站步行即到

MAP P123 C-3

舉辦期間

8月1～4日18:00～21:00（預定）

岩手 **盛岡三颯舞**
もりおかさんさおどり

伴隨著「咻叭啦丘咿哇呀謝」的獨特吆喝聲，舞者起舞、太鼓鳴擊。魄力非凡的太鼓大遊行是必看的表演。

☎019-624-5880（盛岡三颯舞執行委員會） ¥付費觀賞座費用未定 所盛岡市中央通 交JR盛岡站步行15分

MAP P79 B-1

↓讓遊行更加華麗的三颯舞三颯太鼓連
照片提供:盛岡さんさ踊り実行委員会

優雅舞姿和震撼太鼓
華麗遊行

KIRIN

騎馬武者所展開的
時代繪卷

舉辦期間

7月29～31日
（甲冑賽馬為30日12:00～13:00）

福島 **相馬野馬追**
そうまのまおい

身穿勇猛甲冑的武士策馬奔馳的甲冑賽馬、神旗爭奪戰等，彷彿穿越時空來到江戶時代的祭典。

☎0244-22-3064（相馬野馬追執行委員會事務局） ¥甲冑賽馬、神旗爭奪戰觀賞費未定 所南相馬市原町区牛来出口206-1（雲雀ヶ原祭場地）定 交JR原之町站搭接駁巴士15分

MAP P204 F-4

←馳騁馬場的馬蹄聲英勇響亮

Theme 08
—從大地湧出的療癒能量—
溫泉

東北有數不盡的名湯。走訪山間祕湯、懷舊溫泉街等富有風情的溫泉，就能親身感受豐碩的大地恩惠。

+α 旅遊資訊
可以這樣規劃行程！
乳頭溫泉鄉最適合當角館觀光的住宿地。初夏的旅行自不用說，下雪的角館與賞雪浴池也別有一番風情。
➡P25

↑鶴之湯溫泉的混浴露天浴池。每間旅宿的源泉有所差異，也很推薦泡湯巡禮

泡在山間祕湯，徹底沉浸在解放感中

自然優美、歷史悠久的仙台奧座敷

Best造訪季節	推薦時間
5月、10月中旬～11月中旬	上午

↑鷹泉閣 岩松旅館的天然岩浴池充滿新綠、紅葉相伴的自然魅力

宮城 作並溫泉
さくなみおんせん ➡P125

作並溫泉擁有 1300 年歷史，被譽為仙台的奧座敷。從仙台市區開車只要 40 分鐘即可抵達，地理位置極佳。不妨泡泡能夠眺望廣瀨川美景的浴池。

Best造訪季節	推薦時間
全年	全天

秋田 乳頭溫泉鄉
にゅうとうおんせんきょう ➡P104

七座溫泉散布於乳頭山的山腰。諸如白濁的混浴露天浴池、溪流沿岸的露天浴池等，每間獨棟旅宿都恪守各自的傳統。

木造旅館林立的大正時髦溫泉街

Best造訪季節	推薦時間
6～8月、12～2月	傍晚

山形 銀山溫泉
ぎんざんおんせん ➡P146

銀山兩側建於大正、昭和時代的日西合璧木造旅館林立。來石階道路和瓦斯燈亮起的懷舊街道走走吧。

↑白雪反射瓦斯燈光的冬季溫泉街相當夢幻

Best造訪季節	推薦時間
全年	全天

青森 酸湯溫泉
すかゆおんせん

以確立泡湯療法的溫泉而聞名。混浴「檜木千人浴池」面積約 80 坪，非常寬敞。也有男女有別的小浴場。

☎017-738-6400
IN15:00 OUT10:00
¥1泊2食8910円～ 青森市荒川南荒川山山國有林酸湯沢50 JR青森站搭往十和田湖的JR巴士1小時5分，酸湯溫泉下車步行8分 P150輛
MAP P189 A-2

以「檜木千人浴池」聞名的酸湯溫泉旅館是酸湯溫泉的獨棟旅宿

在巨大的溫泉小屋享受泡湯巡禮樂趣

鄰近海岸線的度假列車

1、3、5號從秋田站，2、4號從青森站，6號從弘前站發車。1、2、3號會舉辦津輕三味線現場表演

2～5號會在千疊敷站停車約15分。可以漫步在彷彿鋪有千張榻榻米、岩棚綿延不絕的千疊敷海岸。

Best造訪季節	推薦時間
4月下旬～11月	全天

青森 秋田
Resort白神號
リゾートしらかみ

行駛於連結青森縣和秋田縣的五能線上的觀光列車。可以眺望日本海絕景、白神山地、岩木山等自然豐富的美景。

☎ 050-2016-1600
（JR東日本洽詢中心）
⌞ 行駛日、預約方法等請確認官網
¥ 除了乘車券，還需要對號座券530円
MAP P195 C-1

+α 旅遊資訊
可以這樣規劃行程！
搭乘 Resort 白神號前往白神山地。最近的車站是 JR 十二湖站，清新舒適的大自然迎接來客。
➡ P27

Theme 09

車窗外是一大片美麗景色—

鐵道

行駛於海岸線旁的地方路線、能大啖美食的觀光列車之旅。搭乘穿越大自然的鐵道列車，發現東北的全新魅力吧。

從國道252號的水沼橋步道拍攝的第四只見川橋梁

從瞭望台上看到的第一只見川橋梁的靜謐雪景。即使沒有鐵道也會被只見線和溪谷之美吸引。

全線再度開通！數一數二的祕境路線

Best造訪季節	推薦時間
5月、9月～2月	上午

福島 新潟
JR只見線
じぇいあーるただみせん

行駛於新潟縣和福島縣、全長135公里的路線。曾因為豪雨導致部分路段停運，睽違11年終於在2022年10月全線通車。

☎ 050-2016-1600（JR東日本洽詢中心）
⌞ 每天 ¥ 視區間而異
MAP P167 A-1

Best造訪季節	推薦時間
全年	11:00～16:00

搭配午餐享受三陸鐵道之旅

青森 岩手
TOHOKU EMOTION
とうほくえもーしょん

除了頂級主廚監製的餐點之外，還有各領域專家設計車廂及空間的「移動餐廳鐵道」。

行駛日、預約方法等請確認官網
（查詢TOHOKU EMOTION）
※甜點視情況在座位上提供
MAP P189 D-3

菜色依季節每年會更換四次（照片為示意圖）。

去程為午餐行程，回程為甜點自助餐行程

行駛過程中眺望宏偉的三陸海洋

一覽三陸外海絕景的大澤橋梁

岩手
三陸鐵道
さんりくてつどう

	Best造訪季節	推薦時間
	4月下旬～11月	上午

從岩手縣久慈市到大船渡市，縱貫三陸海岸的地方鐵道，暱稱叫作「三鐵」。可以從列車上眺望斷崖海岸的絕景。

☎ 0193-62-7000
⌞ 每天 ¥ 視區間而異
※詳細請參照官網
MAP P192 G-5

從地圖 迅速掌握東北

東北在這裡

旅遊前 先確認！ Part 1

東北旅行地圖

到了要擬訂行程的時候，該使用哪種交通方式好？各地區位置及人氣景點位在哪裡？意外地不知道。先來看這張旅行地圖，迅速掌握各地區位置吧！

水源為十和田湖的「奧入瀨溪流」

以祕湯聞名的「乳頭溫泉鄉」

青森縣
青森市 P.62
新青森　青森　岩木山　八甲田山　恐山　大湊
三澤機場　八戶　八戶線
奧入瀨 P.52

青森機場
◆ 搭機場接駁巴士35分往青森站
◆ 也有5間租車公司

弘前　白神岳　五能線　奧羽本線　東北道　青森機場

大館能代機場
秋田縣　八幡平
盛岡 P.76　盛岡　**岩手縣**
乳頭溫泉鄉　岩手山　秋田新幹線　山田線　早池峰山
花卷機場　釜石線　三陸鐵道

花卷機場
◆ 搭直達交通巴士45分前往盛岡站
◆ 也有5間租車公司

秋田機場
◆ 搭利木津巴士40分前往秋田站
◆ 也有7間租車公司

秋田　秋田機場　秋田道
角館 P.100　奧羽本線　北上線　東北新幹線

日本海

鳥海山　栗駒山　平泉　一之關　気仙沼線
新庄　陸羽西線　鳴子溫泉鄉　東北本線

宮城縣

庄內機場　鶴岡　羽黑山　月山　山形機場　銀山溫泉　作並溫泉
山形道　山形市 P.142　山形　山寺　秋保溫泉　松島
仙台　仙台機場　仙台 P.118

太平洋

山形機場
◆ 搭機場接駁巴士35分前往山形站
◆ 搭「美味山形機場觀光巴士」1小時15分前往銀山溫泉

朝日岳　**山形縣**　米澤　飯豐山　飯坂溫泉
福島　阿武隈急行　福島市 P.177　**福島縣**　郡山

仙台機場
◆ 搭仙台機場ACCESS線25分（快速列車17分）前往仙台站
◆ 也有7間租車公司

磐梯山　東山溫泉　大內宿　只見線
會津若松 P.164
新潟縣

福島機場　磐越西線　磐越道　常磐線　常磐道　水郡線　磐城湯本溫泉　磐城

福島機場
◆ 搭利木津巴士40分前往郡山站。前往會津若松或磐城，需在郡山站轉乘高速巴士
◆ 也有4間租車公司

搭遊覽船即可就近欣賞松島的絕景

擁有美麗赤瓦的「鶴城」

群馬縣　栃木縣　茨城縣

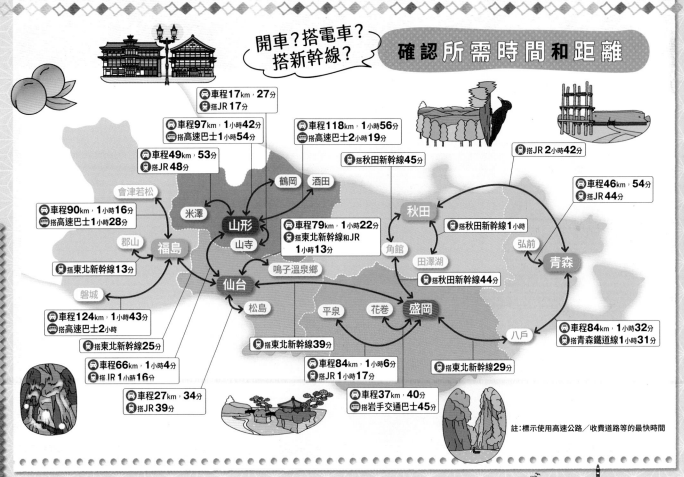

開車？搭電車？搭新幹線？

確認所需時間和距離

🚗 車程17km，27分
🚃 搭JR 17分

🚗 車程97km，1小時42分
🚌 搭高速巴士1小時54分

🚗 車程118km，1小時56分
🚌 搭高速巴士2小時19分

🚃 搭秋田新幹線45分

🚃 搭JR 2小時42分

🚗 車程49km，53分
🚃 搭JR 48分

🚗 車程46km，54分
🚃 搭JR 44分

🚗 車程90km，1小時16分
🚌 搭高速巴士1小時28分

🚃 搭秋田新幹線1小時

🚗 車程79km，1小時22分
🚃 搭東北新幹線和JR 1小時13分

🚃 搭東北新幹線13分

🚃 搭秋田新幹線44分

🚗 車程124km，1小時43分
🚌 搭高速巴士2小時

🚃 搭東北新幹線25分

🚗 車程84km，1小時32分
🚃 搭青森鐵道線1小時31分

🚗 車程84km，1小時6分
🚃 搭JR 1小時17分

🚃 搭東北新幹線29分

🚃 搭東北新幹線39分

🚗 車程66km，1小時4分
🚃 搭IR 1小時16分

🚗 車程27km，34分
🚃 搭JR 39分

🚗 車程37km，40分
🚌 搭岩手交通巴士45分

會津若松　米澤　山形　山寺　鶴岡　酒田　秋田　角館　田澤湖　弘前　青森
郡山　福島　鳴子溫泉鄉　仙台　平泉　花卷　盛岡　八戶
磐城　松島

註：標示使用高速公路／收費道路等的最快時間

☑ 規劃行程時的要點

Q 需要花幾天遊逛？
A 需要三天兩夜
東北地區非常廣大，六縣都有許多值得一看的景點！不想行程太趕的話，考量到移動時間，最少也要安排三天兩夜。

Q 旅遊據點要安排在哪裡？
A 搭新幹線能到的地方比較方便
從首都圈都有新幹線直達各縣的主要都市！青森、八戶、盛岡、秋田、仙台、山形、福島、郡山都是很方便的旅遊起點。

Q 該如何移動？
A 在當地移動推薦租車
從起點都市到目的地，以租車最方便。只是冬天得注意冬季封閉和路面結凍等交通資訊！

Q 推薦前往的季節？
A 第一次去東北推薦夏～秋季！
如果是第一次去東北旅行，特別推薦各地會舉辦夏日祭典的7～8月、能享受紅葉和水果的9～11月，移動也很方便。當然，春櫻和冬季夜間點燈等也很有魅力。（詳見→ P20）

必知！ **東北各縣的地方特色**

青森位於本州最北端，瀑布和清流構成絕美景色的奧入瀨溪流是必去景點。也很推薦在動感十足的青森睡魔祭舉辦期間前往。

岩手是本州最大的縣，下有許多特色鮮明的地區，像是世界遺產之城平泉、海景連綿的三陸海岸等。在盛岡可以品嘗名產三大麵。

說到秋田，最有名的當屬深山裡的祕湯乳頭溫泉鄉。武家屋敷和商家林立的角館是東北數一數二的賞櫻名勝，春天美景也值得期待。

有機會造訪宮城時一定要去松島，搭遊覽船飽覽日本三景。在仙台不能錯過鮮嫩多汁的烤牛舌和毛豆麻糬。

日本首屈一指的水果王國山形，可以嘗遍以櫻桃為首的水果甜點！住宿首推充滿大正浪漫情懷的銀山溫泉。

福島有會津若松的象徵鶴城、茅草屋頂民宅林立的大內宿，盡是充滿歷史情懷的景點。在磐梯高原一邊眺望充滿躍動感的景色，一邊開車兜風的旅程也很受歡迎。

伴手禮 津輕玻璃、南部鐵器、曲木工藝品、竹葉魚板、櫻桃點心、Mamador等

必吃美食 大間鮪魚、盛岡冷麵、米棒鍋、烤牛舌、米澤牛、喜多方拉麵等

在「銀山溫泉」享受溫泉街漫步

可愛的會津伴手禮「紅牛」

肉厚的烤牛舌是仙台的必吃美食

東北有動感十足的夏日祭典、能欣賞夢幻景色的冬季活動等，季節性活動不少！不妨一同確認當季美食，納入行程當中。

活動年曆

大型睡魔的魄力和跳人的熱情洋溢

夏

© (公社)青森観光コンベンション協会

8月2～7日 青森縣青森市 →P64
青森睡魔祭
●あおもりねぶたまつり
充滿魄力的睡魔（人型燈籠）在街上遊走，充滿活力的夏日祭典。用意是驅趕邪氣與睡魔。

祭典
東北的夏季看點是…
東北夏季有睡魔、竿燈、七夕等各地的火熱夏日祭典。連7月下旬到8月的盂蘭盆節也會舉辦充滿地方特色的夏日祭典。

推薦祭典地區
青森市→P62、秋田市→P108、仙台→P118

2023年8月26日 秋田縣大仙市 →P113
全國煙火競技大會「大曲煙火」
●ぜんこくはなびきょうぎたいかいおおまがりのはなび
從日本各地選出的煙火師傅齊聚一堂比試身手，歷史悠久的煙火競技大會。

8月5～7日 山形縣山形市
山形花笠祭 ●やまがたはながさまつり
以主要街道為舞台，整齊劃一的舞步令觀眾陶醉。舞者手上拿的紅花斗笠、艷麗服裝也是一大看點。
☎023-642-8753（山形縣花笠協議會）
MAP P142

黑板牆襯托粉色櫻花

春

2023年4月20日～5月5日 秋田縣仙北市角館町 →P11
角館櫻花祭
●かくのだてのさくらまつり
「陸奧三大賞櫻名勝」之一。角館武家屋敷通和檜木內川堤的櫻花相爭豔。

櫻花
東北的春季看點是…
賞櫻名勝散布在東北各地。弘前公園、角館的武家屋敷通等充滿意趣的景觀和櫻花相互輝映，風景美不勝收。

推薦賞櫻名勝
弘前→P58、角館→P100

2023年5月20～21日 宮城縣仙台市
仙台青葉祭
●せんだいあおばまつり
山鉾出巡和時代隊伍遊行盛大展開。也會表演鄉土技藝仙台雀舞。
☎022-223-8441（仙台青葉祭協辦會事務局）
MAP P123 C-2

2023年5月1～5日（預定）岩手縣平泉町
春之藤原祭
●はるのふじわらまつり
緬懷奧州藤原氏繁榮的祭典。「源義經公東下隊伍」是該祭典的最大亮點。
☎0191-46-2110（平泉觀光協會）
MAP P95

2023年4月21日～5月5日（預定）青森縣弘前市 →P60
弘前櫻花祭
●ひろさきさくらまつり
每年都有許多觀光客來訪的櫻花祭典。弘前公園內約2600棵櫻花樹齊放，為護城河和散步道等園內區域染上櫻花色。

8月 **7月** **6月** **5月** **4月** **3月**

當季名產

水芹【宮城縣】
連根都能吃的水芹鍋是宮城縣冬季風情畫。

達達茶豆【山形縣】
庄內地區的傳統蔬菜，香味濃郁且味道甘甜。

櫻桃【山形縣、福島縣】
盛產期可以體驗摘採櫻桃的樂趣。

海膽【岩手縣、宮城縣】
滿滿的海膽丼飯是初夏的三陸名產。

牡蠣【岩手縣、宮城縣】
三陸產牡蠣味道濃郁，分量十足。

水蜜桃【福島縣】
加入滿滿當季水蜜桃的芭菲頗受歡迎。

色彩繽紛的雪怪

冬

Part❷ 掌握東北當季活動！
外出觀光

12月下旬～2月下旬
山形縣山形市藏王溫泉
樹冰夜間點燈
●じゅひょうらいとあっぷ
在藏王溫泉滑雪場舉行的夜間點燈活動。樹冰映照出美麗而繽紛的色彩。
☎023-694-9518(藏王空中纜車)
MAP **P202 H-5**

東北的冬季看點是… 雪景
只能在藏王、八甲田等處看到的「樹冰」觀賞活動很受歡迎，「八戶柄振舞」、「雪屋」等傳統祭典也很多。
推薦雪景地區 橫手→P113

2月17日～20日(預定) 青森縣八戶市
八戶柄振舞
●はちのへえんぶり
名列國家重要無形民俗文化財，祈求豐年的祭典。會戴著烏帽子表演特殊的舞步。
☎0178-70-1110(八戶地區柄振舞保存振興會VISITはちのへ內)
MAP **P188 H-2**

2月15～16日 秋田縣橫手市 →P113
橫手雪祭 雪屋
●よこてのゆきまつりとかまくら
約有450年歷史的小正月活動，會在雪屋(雪洞)祭祀水神。

12月中旬～下旬
宮城縣仙台市 →P122
仙台光之樂章
●せんだいひかりのぺーじぇんと
以數十萬顆橘色燈泡製成的燈飾，妝點仙台最具代表性的街道定禪寺通沿途的櫸樹。

照片提供 SENDAI光のぺージェント実行委員会

2023年9月17日
山形縣山形市
日本第一芋煮節
●にほんいちのいもにかいふぇすてぃばる
使用直徑6.5公尺的巨大鐵鍋和專用挖土機，烹調山形名產芋煮的活動。
☎023-622-0141
(日本第一芋煮節事務局)
MAP **P142**

10月下旬～11月上旬 宮城縣大崎市 →P12
鳴子峽
●なるこきょう
以紅葉名勝聞名的峽谷，一到紅葉季節就會出現如錦繪般鮮艷的景色。

10月下旬～11月下旬
宮城縣松島町
松島紅葉夜間點燈
●まつしまこうようらいとあっぷ
每年一到了紅葉季節，圓通院(→P126)的庭園就會在夜間點燈，瀰漫著夢幻氣息。
☎022-354-3206(圓通院)
MAP **P129**

東北的秋季看點是… 紅葉
東北有廣大的闊葉林，坐擁諸多紅葉名勝。松島、鶴城等夜間點燈活動能欣賞幽玄的光景。
推薦紅葉景點
鳴子溫泉鄉→P132、松島→P126、會津若松→P164

暗夜中浮現的
深紅樹木
秋

2月	1月	12月	11月	10月	9月

新蕎麥麵【山形縣、福島縣】
時節一到，各地會舉辦新蕎麥麵祭典。

秋刀魚【岩手縣、宮城縣等】
南下到三陸外海的秋刀魚脂肪飽滿。

水芹【宮城縣】

牡蠣【岩手縣、宮城縣】

鮪魚【青森縣】大間鮪魚又稱為「黑鑽石」。

蘋果【青森縣、岩手縣等】
東北北部冷涼，適合栽種蘋果。

葡萄【山形縣、福島縣等】
山形縣培育德拉瓦葡萄特別興盛。

※刊載內容為2022年10月～2023年1月的資訊。可能出現舉辦日期變更、中止、延期等狀況。此外，為因應及防範新冠肺炎，部分活動可能會決定中止或尚在評估階段，出發前請務必事先確認官網資訊等。

Part ③

① **八食中心**
はっしょくせんたー
→P71
八戶著名的巨大市場是最適合吃午餐的地方。可以透過海鮮丼或炭火燒，品嘗當地自豪的鮮魚。

想看！ 想吃！ **通通實現♪**

東北不同主題
三天兩夜

旅遊行程

絕景搭配歷史文化遺產、美食、溫泉，東北的魅力不勝枚舉。接下來要介紹諸如絕景之旅、絕品美食之旅等，滿足不同期待的三天兩夜標準行程！

開車前往！

洗滌心靈的名畫般美景

絕景巡禮

享受東北首屈一指的大自然

青森 奧入瀨溪流、十和田湖 ➡ 岩手 猊鼻溪

從船上眺望
神祕的湖泊

④ **十和田湖**
とわだこ　➡ P56

充滿湛藍色湖水的二重破火山湖。推薦搭乘「十和田湖遊覽船」（→ P56）巡遊湖面。

⑤ **猊鼻溪遊船**
けいびけいふなくだり　➡ P94

©岩手県観光協会

沿著連綿約 2 公里、高約 100 公尺的斷崖乘舟順流而下。從船上仰頭所見的景觀宛如異世界風景，船夫吟唱的划船歌謠也相當精彩。

② **十和田市現代美術館**
とわだしげんだいびじゅつかん　➡ P57

攝影：小山田邦哉

在館內外展示全世界作家的作品。不分世代都能同樂，也有很多獨特的現代藝術作品。

③ **奧入瀨溪流**
おいらせけいりゅう　➡ P52

東北的代表性風景名勝。溪流沿岸的觀光步道可以欣賞四季更迭的景色。散步時間連同巴士和步行約 4 小時。

清幽靜謐的
斷崖絕壁溪谷

⑥ **嚴美溪**
げんびけい　➡ P94

景色變化多端的溪谷值得欣賞。利用掛在溪谷上的鋼纜傳送糰子的「飛天糰子」是本地名產。

路線行程表

行程規劃的重點

重點①
若對長途開車沒有把握，可以在第二天觀光完之後在八戶站還車。搭巴士或電車遊玩，關比較好。

重點②
春有新綠、冬有雪景，在任何季節都能欣賞到絕美景色，但最推薦的還是秋季。樹木如錦繪般被染色，使眼前景色美上加美。

	第3天	住宿		第2天		住宿			第1天
JR 一之關站	⑥ 嚴美溪 ← 開車20分 ← 麻糬料理 ← 開車20分	⑤ 猊鼻溪遊船 ← 開車25分	繫溫泉 ← 開車1小時30分	④ 十和田湖 ← 開車2小時20分 ← 開車15分	③ 奧入瀨溪流 ← 開車10分(石戶休憩所)	星野集團 奧入瀨溪流飯店	② 十和田市現代美術館 ← 開車30分 ← 開車40分	① 八食中心 ← 開車10分	JR 八戶站

➡ P33　➡ P97·182　➡ P46·73

在東北特色名剎悠閒散步

1 中尊寺
ちゅうそんじ　→P93

平安時代末期極為繁榮的奧州藤原氏建立的寺院。境內建有象徵平泉黃金文化的金色堂。

2 毛越寺
もうつうじ　→P92

境內散布著許多值得一看的景點，像是充滿雅緻氛圍的淨土庭園、色彩鮮艷的本堂等。

4 仙台城遺址
せんだいじょうあと　→P120

伊達家的居城遺址，建於天守台的伊達政宗騎馬像是熱門拍照景點。

3 瑞鳳殿
ずいほうでん　→P120

初代仙台藩主伊達政宗長眠的靈屋，據傳是遵循政宗的遺言所建。豪華絢爛的廟宇建築值得一看。

5 瑞巖寺
ずいがんじ　→P126

據傳是由慈覺大師開創，後來伊達政宗建成自己的菩提寺。作為珍貴建築而名列國寶。

極盡桃山文化之美
伊達家的菩提寺

6 圓通院
えんつうじ　→P126

作為伊達政宗之孫光宗的靈廟而開基。可以享受玫瑰點綴的庭園、紅葉夜間點燈等四季之美。

搭電車&巴士前往！

史跡探訪

遊訪世界遺產和伊達家淵源之地

岩手　中尊寺
↓
宮城　瑞巖寺、瑞鳳殿

路線行程表

重點①

行程規劃的重點

在平泉除了搭巴士之外，也可以借自行車遊覽。第一天住宿選擇仙台站周邊的飯店，時間會更加充裕。

第1天		第2天	住宿		第3天	住宿		

第1天
① JR平泉站 → 搭循環巴士10分
② 中尊寺 → 搭循環巴士20分
毛越寺 → 搭JR東北本線、JR東北新幹線等1小時45分
③ 秋保溫泉 住宿 → 搭盧葡兒仙台30分
④ 瑞鳳殿 → 搭盧葡兒仙台、步行40分

第2天
仙台城遺址 → 步行10分
定禪寺通 → 步行10分
牛舌午餐 → 步行、搭JR仙石線1小時30分
松島溫泉 住宿

第3天
⑤ 瑞巖寺 → 步行10分
⑥ 圓通院 → 步行5分
松島島巡觀光船 → 步行、搭JR仙石線50分
JR仙台站

→P128　→P139　→P121　→P118　→P138·182

山形 銀山溫泉 → 秋田 乳頭溫泉鄉

享受東北的名湯

嚮往的祕湯之旅

② 銀山溫泉
ぎんざんおんせん →P146

建於大正、昭和時代的木造旅館林立，充滿懷舊感的溫泉勝地。在被瓦斯燈照亮、旅行氛圍洋溢的溫泉街自在漫步。

充滿大正浪漫情懷的山間溫泉地

好想泡泡看！
在祕湯乳頭溫泉鄉
享受泡湯之樂

① 山寺（寶珠山立石寺）
やまでらほうじゅさんりっしゃくじ →P144

松尾芭蕉曾在此吟詠名句的風景名勝。堂宇建在1015級階梯的參道上，可以從其中的五大堂一覽山村風景。

⑤ 秋田犬
あきたいぬ →P108

秋田市有許多能遇到可愛秋田犬的景點。讓人見人愛的秋田犬療癒一番吧。

③ 武家屋敷通
ぶけやしきどおり →P100

保有藩政時期風貌的角館武家屋敷通是秋田的人氣觀光景點。枝垂櫻盛開的春天更充滿了雅緻的氛圍。

④ 乳頭溫泉鄉
にゅうとうおんせんきょう →P104

櫸樹原生林環繞的溫泉鄉有七家源泉各異的溫泉旅宿。是溫泉愛好者所嚮往的祕湯，名滿天下。

路線行程表

重點②
在山形市觀光時，搭乘循環巴士「べ二ちゃん巴士」很方便，可以有效率地遊逛景點眾多的市中心。

重點①
冬季時在山形、秋田的雪地上開車都要多加留意，尤其銀山溫泉和乳頭溫泉鄉的雪特別深，別忘了配備雪胎和攜帶雪鏈。

行程規劃的重點

第3天

JR秋田站
↑ 步行5分
秋田縣產品PLAZA「あきたの」 →P116
↑ 開車10分
⑤ 與秋田犬交流 →P107
↑ 開車1小時40分
④ 乳頭溫泉鄉
↑ 開車35分
田澤湖

住宿

第2天

↑ 開車25分
③ 武家屋敷通
↑ 開車2小時40分
住宿
② 銀山溫泉 →P142
↑ 開車1小時5分
① 山寺（寶珠山立石寺）
↑ 開車30分
山形市
↑ 步行10分
JR山形站

第1天

25

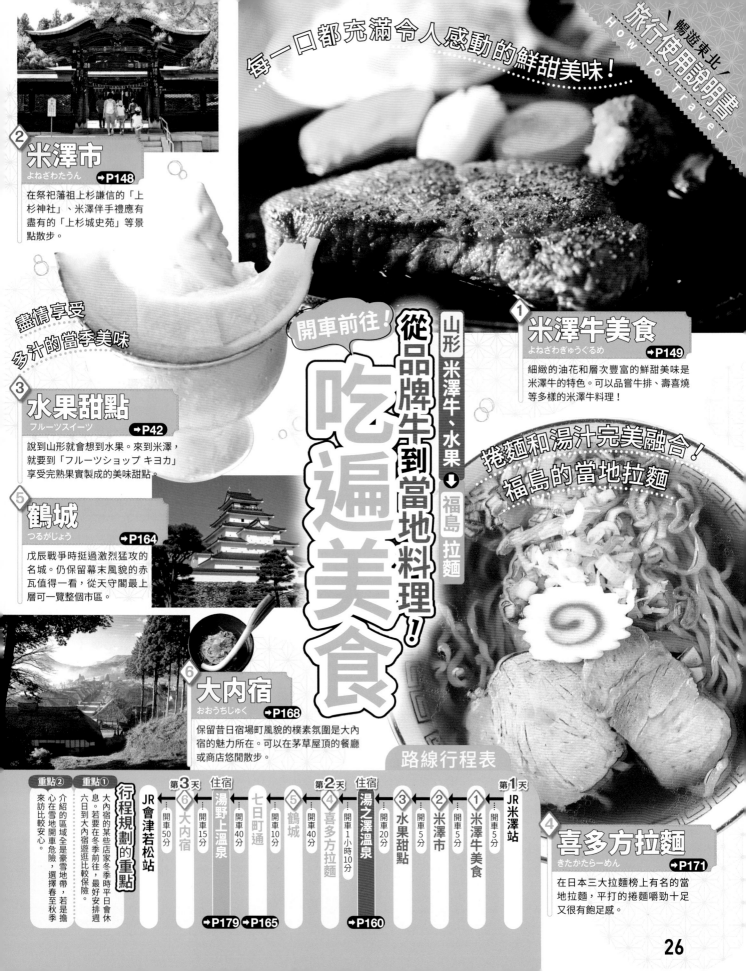

每一口都充滿令人感動的鮮甜美味！

從品牌牛到當地料理！吃遍美食

山形 米澤牛、水果 → 福島 拉麵

開車前往！

② 米澤市
よねざわたうん →P148

在祭祀藩祖上杉謙信的「上杉神社」、米澤伴手禮應有盡有的「上杉城史苑」等景點散步。

① 米澤牛美食
よねざわぎゅうぐるめ →P149

細緻的油花和層次豐富的鮮甜美味是米澤牛的特色。可以品嘗牛排、壽喜燒等多樣的米澤牛料理！

盡情享受多汁的當季美味

③ 水果甜點
フルーツスイーツ →P42

說到山形就會想到水果。來到米澤，就要到「フルーツショップ キヨカ」享受完熟果實製成的美味甜點。

捲麵和湯汁完美融合！
福島的當地拉麵

⑤ 鶴城
つるがじょう →P164

戊辰戰爭時挺過激烈猛攻的名城。仍保留幕末風貌的赤瓦值得一看，從天守閣最上層可一覽整個市區。

⑥ 大內宿
おおうちじゅく →P168

保留昔日宿場町風貌的樸素氛圍是大內宿的魅力所在。可以在茅草屋頂的餐廳或商店悠閒散步。

④ 喜多方拉麵
きたかたらーめん →P171

在日本三大拉麵榜上有名的當地拉麵，平打的捲麵嚼勁十足又很有飽足感。

路線行程表

行駛在日本海絕景
風格獨特的度假列車

搭電車&巴士
前往！

秋田、青森 Resort白神號

搭乘觀光列車的中途下車之旅

列車之旅

旅行使用說明書

Part 3

東北不同主題

旅遊行程

① Resort白神號
リゾートしらかみ **→P17**

行駛於連結青森縣和秋田縣的五能線上的觀光列車。可以眺望日本海絕景、白神山地、岩木山等自然豐富的美景。

② 白神山地
しらかみさんち **→P66**

橫跨青森縣和秋田縣的世界自然遺產櫸樹林。不妨散步其中，感受大自然的能量。

③ 黃金崎不老不死溫泉
こがねざきふろうふしおんせん **→P73**

著名的津輕西海岸獨棟旅宿，以能眺望日本海的露天浴池聞名。可以盡情享受與大海交融的感覺。

遠眺岩石海濱的開闊露天浴池

⑤ 睡魔之家WA RASSE
ねぶたのいえわ・らっせ **→P65**

全年展示在「青森睡魔祭」出巡的大型睡魔。不僅能就近觀賞，還可以觸摸睡魔。

④ 舊弘前市立圖書館
きゅうひろさきしりつとしょかん **→P58**

有許多歷史性建築的弘前代表性洋樓，推薦和這棟非常上相的建築物拍張紀念照片。內部對外開放參觀。

路線行程表

第1天
JR秋田站 ① 搭乘Resort白神號2小時
JR十二湖站 ② 搭弘南巴士15分
白神山地
搭弘南巴士15分
JR十二湖站 搭JR五能線15分
JR WeSPa椿山站 ③ 搭接駁巴士5分
黃金崎不老不死溫泉
搭接駁巴士5分
JR WeSPa椿山站

住宿

第2天
JR弘前站 ④ 搭Resort白神號2小時10分
弘前法國菜
步行10分
巴士20分
土手町循環100円
弘前懷舊建築散步 **→P58 →P61**
巴士15分
土手町循環100円
JR弘前站周邊飯店

住宿

第3天
JR弘前站 搭JR奧羽本線50分
JR青森站 步行即到
睡魔之家WA RASSE ⑤ **→P30**
步行10分
自助海鮮丼
步行5分
JR青森站

行程規劃的重點

重點① 推薦2天內可無限搭乘的「五能線 Free Pass」。搭乘Resort白神號的費用另計，需購買對號座券。

27

尋覓豐饒風土孕育的名酒
前往老字號酒廠及酒莊
～福島縣二本松市～

地區援助計畫

#全力支援地區推廣！

MAPPLE傾力支持
讓地方成長的「地區推廣」計畫！
只要去當地旅遊即可推廣，
各位要不要也試著成為
「地區援助」的一員呢？

本頁面與網站連動！

關於地方食材及優質店家等詳細資訊，請掃描右方QR碼進一步了解。

MAPPLE
旅遊導覽

我推薦這裡！

來到東北，絕不能錯過溫泉和美酒。二本松市是個兩者兼具的地方，還有許多大自然孕育出來的「美味」。該市就位在福島市隔壁，能夠隨意遊逛也是其魅力所在。

MAPPLE編輯部
UNEDA

牛隻悠閒生活的大自然高原

A 安達太良高原

位於安達太良山山麓，可遇到野生的日本松鼠。搭乘安達太良山空中纜車前往藥師岳，可以將安達太良連峰盡收眼底。

在名峰安達太良山的環繞下，福島縣二本松市這塊土地坐擁豐沃的大自然，使用安達太良山清冽伏流水及優質米的釀酒業相當興盛，是縣內數一數二備受矚目的酒場。311大地震之後，當地農家為了「振興城鎮」，使用100%在地產葡萄來釀酒。不妨親自到現場遊逛，感受美酒和釀酒商的熱情吧。

岳溫泉
だけおんせん

推薦SPOT

在安達太良山山麓的名湯小憩片刻

引自安達太良山的溫泉是具有美肌效果的酸性泉。這裡到處都有不住宿溫泉設施。

☎0243-24-2310（岳溫泉觀光協會）
🕐視設施而異　📍二本松市岳溫泉
💰視設施而異
MAP P.205 B-5

▲春天一到，從溫泉街到鏡池公園的櫻坂就會開滿櫻花

◀可充分享受源泉放流式溫泉

陳列上川崎和紙的杯墊、名片盒等多種商品

◀色彩鮮艷的「書衣」（1個385円）

二本松市和紙傳承館
にほんまつしわしでんしょうかん

傳統的手漉和紙充滿上川崎和紙的魅力

上川崎和紙擁有近千年歷史。能輕鬆體驗抄紙、製作工藝品。

☎0243-61-3200　🕐9:00～17:00　休無休
📍二本松市下川崎字上平33-1「安達」智惠子之里公路休息站上行線
🚃JR二本松站開車10分　P使用「安達」智惠子之里公路休息站上行線停車場
MAP P.205 C-4

推薦！中途路經的景點

遊逛二本松市的方法

二本松市位於縣廳所在地福島市、福島觀光門戶郡山市開車約30～40分可至的地方。由於觀光景點散布在各處，故建議開車移動。若要將「安達太良山」、「縣立霞城公園」等主要景點全部逛完，估計需要6小時左右。

🚃鐵道	🚗開車
需時1小時40分／單程8580円	需時34分／程700円
JR東京站	郡山IC
JR東北新幹線約1小時18分	東北自動車道
JR郡山站	二本松IC
JR東北本線約22分	459 約15km
JR二本松站	安達太良高原

Ⓐ 安達太良高原
あだたらこうげん
- ☎0243-55-5122（二本松市觀光課）
- 🕐自由散步
- 📍二本松市永田長坂国有林
- 🚃JR二本松站開車30分（安達太良山）🅿1500輛（安達太良山）
- MAPP.205 B-4

Ⓑ 大七酒造
だいしちしゅぞう
- ☎0243-23-0007
- 🕐參觀10:00～16:00
- 休週六日、假日
- 💰參觀費每人1000円～
- 📍二本松市竹田1-66
- 🚃JR二本松站開車5分
- 🅿3輛　MAPP.205 C-5

Ⓒ 奥の松酒造 酒蔵ギャラリー
おくのまつしゅぞうさかぐらぎゃらりー
- ☎0243-22-3262
- 🕐10:00～17:00
- 💰免費參觀（需預約）
- 📍二本松市長命69
- 🚃JR杉田站步行10分
- 🅿10輛　MAPP.205 B-5

Ⓓ ふくしま農家の夢ワイン
ふくしまのうかのゆめわいん
- ☎0243-24-8170
- 🕐9:00～17:00
- 休週六日
- 📍二本松市木幡白石181-1
- 🚃JR安達站開車20分
- 🅿20輛　MAPP.205 C-4

奥の松酒造 酒蔵ギャラリー

以安達太良山伏流水
釀造美味順口的
豐醇日本酒

發揮釀酒人絕技和最新機器技術的美酒大受好評。也別忘了參觀社屋內販售日本酒、播放影片的酒廠藝廊。

堅持使用生酛釀造法
提供味道深厚的
頂級美酒

Ⓑ 大七酒造
1752年創業。堅持使用日本酒傳統釀造法——生酛釀造法，釀出備受世界肯定的名酒。事先預約即可參觀工廠。

推薦SPOT

ふくしま農家の夢ワイン

使用100%二本松產葡萄釀酒的精釀酒莊。從葡萄的栽種到釀造、販售，全由地方農家一手包辦。供應18種酒。

引出葡萄潛力的
農家葡萄酒

用故鄉稅來支援！

ソースかつ丼 成駒
そーすかつどんなりこま

大啖分量十足的當地丼飯

招牌菜單是搭配極厚炸豬排的「醬汁炸豬排丼」。味道圓潤的咖哩也很受歡迎。

☞搭配兩片厚里肌炸豬排的「醬汁炸豬排丼 里肌肉」（1550円）

- ☎0243-24-2412　🕐11:00～15:00　休週二　📍二本松市岳溫泉1-115　🚃JR二本松站搭往岳溫泉的福島交通巴士25分，岳溫泉巴士站下車即到　🅿12輛　MAPP.205 B-5

玉嶋屋
たましまや

甜味高雅的二本松名點

從江戶時代傳承至今的和菓子店。最著名的商品是羊羹，也有販售使用水果乾、特產水蜜桃所製的羊羹。

☞以圓形為特徵的「玉羊羹」（10入1300円）

- ☎0243-23-2121　🕐7:45～18:00　休無休　📍二本松市本町1-88　🚃JR二本松站步行5分　🅿3輛　MAPP.205 C-5

蔵カフェ 千の花
くらかふぇせんのはな

在倉庫享用甜酒甜點

由味噌、醬油釀造廠「國田屋釀造」經營。使用自家味噌和醬油製作的料理滋味豐富而大受好評。

☞淋上國田屋甜酒的「白玉奶油紅豆」（440円）。受米粒感和甜味

- ☎0243-24-7018　🕐11:00～14:00、15:00～17:30（週日為11:30～14:00、15:00～16:30）　休週一　📍二本松市竹田2-30　🚃JR二本松站開車6分　🅿10輛　MAPP.205 C-5

菓子処まつもと
かしどころまつもと

可愛的外型療癒人心

販售充滿老闆嶄新創意的日、西式點心。質樸的味道最適合當點心享用。

☞「貓咪銅鑼燒」（1個170円）。有巧克力、奶油、起司這三種口味

- ☎0243-22-0935　🕐8:00～18:00　休週三　📍二本松市龜谷2-220　🚃JR二本松站步行10分　🅿1輛　MAPP.205 C-5

極品美食

說到東北旅行的樂趣，當屬活用新鮮海產、知名品牌肉等多種食材所製的無數美食，充滿在地好滋味的鄉土料理也不容錯過。以下將介紹許多東北才有的極品美食！

魚雜湯

740円

使用新鮮鱈魚、白蘿蔔及胡蘿蔔等根菜類，烹煮成味噌湯。鱈魚的濃郁湯頭大大提升了美味層次。

青森市

魚雜湯

溫暖身心、味道質樸的著名魚湯

將青森冬季代表性魚類鱈魚的內臟（魚雜）和大量蔬菜一起熬煮而成的鄉土料理。鹽、味噌等調味方式各店有所不同。

在這裡享用吧

みちのく料理 西むら アスパム店
●みちのくりょうりにしむらあすぱむてん
☎017-734-5353 ⏰11:00～14:30、16:30～18:30（視季節而異）
休 不定休（準同ASPAM的公休日） 厨青森市安方1-1-40 青森縣觀光物產館ASPAM內10F 🚉JR青森站步行8分 Ｐ100輛 MAP P191 A-1

綜合鮪魚丼

3980円

盛滿了大間產黑鮪魚大腹肉、中腹肉、瘦肉的奢華丼飯。

青森 AOMORI

三面環海的青森擁有豐富多樣的海產。以活用食材原始美味的鄉土料理為首，法式料理也值得關注！

青森市

自助海鮮丼

能隨意挑選喜愛菜色鋪在丼飯上

以青森市民廚房聞名的「青森魚菜中心」的名產丼飯。可以從當天早上現撈的海產、現做的熟食等菜色中，選擇喜歡的配菜鋪在飯上。

自助海鮮丼

使用200円和2000円的餐券

採用在服務處購買餐券，再到各店鋪兌換米飯或配菜的流程。1張券200円，10張券2000円。

在這裡享用吧

青森自助海鮮丼魚菜中心內
➡P65

美味的祕密是

市場特有的新鮮食材

鮪魚、扇貝、鮮蝦、鮑魚等多種極品鮮食材一應俱全。配菜陣容視季節而異。

※ 金額視配菜而異

下北半島

大間鮪魚

含有頂級脂肪的品牌鮪魚

以傳統漁法一支釣法和延繩釣法釣起的黑鮪魚，是被譽為「黑鑽石」的極品食材。在駭浪中泳動的大間鮪魚肉質緊實，脂肪含量出眾。

美味的祕密是

津輕海峽的寒冷海流

大間鮪魚在津輕海峽的駭浪中泳動，以高營養價值的秋刀魚和烏賊為食，其瘦肉和脂肪的分布恰到好處。

在這裡享用吧

まぐろ長宝丸 ➡P69

陸奧 極品美食

青森

大間鮪魚／自助海鮮丼／魚雜湯／草莓煮／十和田五花燒肉／弘前法國菜／味噌烤扇貝／煎餅湯

十和田

十和田五花燒肉

沾滿甜鹹醬汁的肉和洋蔥

十和田五花燒肉 **1000円**

特色是一邊鬆開堆成塔狀的牛五花肉一邊燒烤。以醬油為基底並加入縣產蘋果和大蒜的醬汁極香，相當下飯。

牛五花肉搭配大量洋蔥在鐵板上燒烤的當地美食。誕生自戰後美軍基地前攤販的料理，是當地眾所熟知的靈魂美食。

在這裡享用吧

司 十和田バラ焼き大衆食堂
●つかさとわだばらやきたいしゅうしょくどう

📞080-6059-8015　🕐11:00～14:00、17:30～22:00
🈺週一（逢假日則翌日休）　📍十和田市稻生町15-41 アートステーション十和田內　🚃JR七戶十和田站開車20分　🅿58輛　**MAP P189 C-2**

\只有青森才吃得到！/
必吃當地美食

鰺澤町 ●じざかなやしょくどうたきわ

地魚屋食堂 たきわ

📞0173-72-7531　🕐11:00～14:00（食材售完打烊）　🈺不定休（12～2月為冬季休業）　📍鰺ヶ沢町本町199　🚃JR鰺澤站開車7分　🅿10輛　**MAP P190 E-1**

醃漬比目魚丼 1100円

中泊町 ●れすとらんたつどまり

レストラン竜泊

📞0173-27-9300　🕐11:00～14:45　🈺無休（11月上旬～4月下旬休館）　📍中泊町小泊折腰內45 小泊公路休息站2F　🚃津輕鐵道津輕中里站開車40分　🅿106輛　**MAP P187 A-4**

中泊無備平鮋生魚片與燉煮膳 1800円

可以用試飲機試喝評比
蘋果氣泡酒

青森伴手禮商場A-FACTORY附設蘋果氣泡酒工房，可試喝青森縣內的多種蘋果氣泡酒（400円～）。

可以在這裡試喝

A-FACTORY ➡P74

八戶

草莓煮

海膽和鮑魚的清湯

盛產海鮮的八戶地區名產。使用大量海膽和鮑魚，在乳白色湯裡的海膽看起來就像野莓，因而得名。

草莓煮 **2200円**

清爽的湯頭襯托出海膽醇厚的甜味。鮑魚的彈牙口感也令人享受。

美味的祕密是
將海產鮮味濃縮其中
活用海膽和鮑魚的鮮味，加鹽和少量醬油簡單地調味。佐碎青紫蘇是最道地的吃法。

在這裡享用吧

割烹さんりく　●かっぽうさんりく

📞0178-43-3501　🕐17:00～21:00　※白天僅受理預約客　🈺無休　📍八戶市六日町23　🚃JR本八戶站步行15分　🅿無　**MAP P188 H-2**

弘前

弘前法國菜

在西式街道上品嘗地產地消法國菜

弘前法國菜自選全餐 **4510円**

從前菜到甜點都能自行選擇喜歡的料理。每一道料理都可以感受到主廚對食材的堅持。

弘前有很多法國菜名店，廚藝高超的主廚互相較勁手藝。來品嘗運用當地食材烹調而成的多道華麗美饌吧！

美味的祕密是
青森特有的嚴選食材
大地孕育的蔬菜、當地產肉、魚等當季食材是料理的主角。活用名產蘋果製作而成的美味逸品也值得好好品嘗。

在這裡享用吧

レストラン山崎 ➡P61

青森市

味噌烤扇貝

鬆軟蛋液包覆著彈牙扇貝

味噌烤扇貝 **500円**

彈牙扇貝的鮮甜美味和濃郁的味噌相當契合，融進鬆軟的蛋液當中。

青森縣的扇貝漁獲量為日本全國之首。將扇貝肉和長蔥以味噌熬煮，再加入滑蛋製成的鄉土美味，以貝殼代替容器也是一大特色。

在這裡享用吧

六兵衛　●ろくべえ

📞017-776-5639　🕐17:00～23:00　🈺週一日　📍青森市古川1-17-2　🚃JR青森站步行5分　🅿無　**MAP P191 A-2**

八戶

煎餅湯

吸滿高湯美味的軟糯南部煎餅

在以肉、魚、蔬菜等食材所製的醬油基底高湯中，放入專用煎餅燉煮而成的火鍋料理。滑嫩的煎餅口感令人讚不絕口。

煎餅湯 **700円**

食材甜味溶出而滋味豐富的湯汁，其美味與煎餅交融在一起。料多味美，吃起來相當有飽足感。

在這裡享用吧

魚工房 しおさい ➡P71

冷麵 1000円

手工揉打的麵條富有獨特的彈力，越嚼越美味。在冰鎮的冷湯中加入泡菜的酸辣味，層次更加豐富。

美味的祕密是

以牛骨熬煮的湯頭

透明的湯汁是以大量牛骨、牛肉和雞骨為基底。味道雖然濃郁，尾韻卻很清爽。

⬆ 泡菜可以另外放在小盤子裡自行調整辣度，稱為「別辛」

盛岡

盛岡冷麵

彈性十足的麵條與香辣湯頭絕配

「食道園」初代老闆將平壤冷麵與咸興辣麵結合製成的當地麵條。特色是富有飽足感的麵條和充滿鮮味的湯頭。

在這裡享用吧
食道園 ➡ P78

⬆ 搭配充滿節奏感的吆喝聲愉快地享用美食

岩手
I WATE

岩手最著名的就是盛岡三大麵：盛岡冷麵、碗子蕎麥麵、炸醬麵。也不妨品嘗看看全日本數一數二優質的前澤牛、新鮮度極佳的三陸海產。

美味的祕密是

豐富的浮游生物

養分豐富的山水流進三陸外海和海水混合，會產生大量浮游生物成為魚的營養餌食。

在這裡享用吧

レストラン 山海里

●れすとらんさんかいり

📞 0194-66-9111

🕐 11:00～16:30 　休 不定休
所 久慈市中町2-5-6 やませ土風館
🚃 JR久慈站步行7分
Ｐ 50輛　　MAP P192 F-1

漁夫精選丼 1690円

放入鮪魚、章魚、鮭魚等七種熱門海產的海鮮丼。配料視時期而異。

三陸海岸

三陸海產

有許多活力十足的海產

寒暖流交會的三陸外海是全年都能捕獲大量海產的絕佳漁場。在海面平穩的谷灣也盛行養殖牡蠣、海帶芽等。

盛岡

碗子蕎麥麵

從款待之心誕生的

源自南部地區流傳的「以蕎麥麵待客」的習俗。服務員會站在旁邊，每次發出吆喝聲就會將一口分量的蕎麥麵倒入碗裡。

碗子蕎麥麵 3355円～

使用國產蕎麥粉的蕎麥麵口感順口。附生魚片、山菜等一共九種佐料。

在這裡享用吧
直利庵 ➡ P78

岩手

盛岡冷麵／碗子蕎麥麵／三陸海產／釜石拉麵／成吉思汗烤肉／前澤牛／麻糬料理／炸醬麵

遠野
搭配祕傳醬汁享用
成吉思汗烤肉

由於大正時代開始盛行飼養毛織品所需用的羊，成吉思汗烤肉變成遠野的家庭料理。味道鮮美卻健康是備受歡迎的祕密。

成吉思汗定食 1100円～

點餐後才開始切的熟成厚切肉片新鮮美味，和大蒜生薑味的辛辣醬汁很搭。

在這裡享用吧 あんべ ➡P85

吃這個就能成為岩手達人!?
名產靈魂美食

紅豆奶油麵包 163円

可以從超過50種食材中選擇喜愛口味的夾心麵包。紅豆奶油是地位無可撼動的人氣王。

盛岡 ●ふくだぱんながたちょうほんてん
福田パン 長田町本店 ➡P77

點餐之後馬上現做！

霜淇淋 260円

曾一度收店的舊百貨店內的食堂，在粉絲熱情支持下復活。有十層、需用筷子吃的霜淇淋最有名。

花卷 ●まるかんびるだいしょくどう
マルカンビル大食堂
☎0198-29-5588
🕚11:00～15:00（週六日、假日至18:00）
休週三（逢假日則營業）
📍花卷市上町6-2 🚉JR花卷站步行15分 🅿200輛（收費）
MAP P82 A-1

人氣高漲中！「宮古虹鱒瓶丼」 TOPIC

也可以直接做成茶泡飯享用

使用特製醬汁醃漬的虹鱒，並加入鮭魚卵、納豆昆布一起享用。富含脂肪的虹鱒和鮭魚卵、納豆昆布是絕配。「浄土ヶ浜レストハウス 浜処 うみねこ亭」（→P89）有提供。

釜石
極細捲麵搭配清爽湯頭
釜石拉麵

1951年在港町釜石誕生，據說是當時為了滿足急性子又有威嚴的漁夫要求，而使用快煮快熟的極細麵。

在這裡享用吧
新華園本店
●しんかえんほんてん
☎0193-22-1888 🕚11:00～15:00、17:00～20:00 休週二、第3週三 📍釜石市大町2-1-20 🚉JR釜石站步行10分 🅿6輛 **MAP** P196 G-2

拉麵 600円

釜石拉麵的發源地新華園本店的名產拉麵，約1毫米粗的極細捲麵能完美吸附湯汁。

盛岡・前澤
享受入口即化的口感和高雅的鮮甜美味
前澤牛

在奧州市前澤地區育肥的黑毛和牛，肉質等級通過4以上的嚴格標準，頂級肉質在日本國內首屈一指。

涮涮鍋「松」（沙朗牛） 9680円

稍微用熱水涮一下，就能直接嘗到霜降牛肉的芳醇美味。入口即化的口感亦為其魅力之一。

在這裡享用吧
和風れすとらん 牛の里
●わふうれすとらんうしのさと
☎0197-56-6115 🕚11:00～20:00 休週二 📍奧州市前沢向田1-5 🚉JR前澤站步行5分 🅿30輛 **MAP** P197 C-4

美味的祕密是 岩手的氣候

在內陸型的穩定氣候及豐富大自然中，傾注愛意育肥而成。使用高級稻草當飼料，讓牛隻毫無壓力地成長，孕育出好肉質。

一關
多樣性為日本第一
麻糬料理

發展出獨特麻糬文化的一關地區，自古以來就有在喜慶時節吃麻糬的習慣。麻糬沾醬的種類也很豐富，有300種以上。

↑最後以蛋花湯收尾

元祖一口麻糬膳 1750円

可以輕鬆品嘗一口大小的傳統麻糬料理。除了經典的紅豆、芝麻以外，還有毛豆泥、薑等九種口味。

在這裡享用吧
三彩館ふじせい
●さんさいかんふじせい
☎0191-23-4536 🕚11:00～14:00，晚上需洽詢 休週一 📍一関市上大槻街3-53 🚉JR一之關站即到 🅿6輛 **MAP** P197 C-5

盛岡・前澤
沾裹濃郁的肉味噌享用
炸醬麵

起源於重現戰時在滿州吃到的家庭料理炸醬麵。彈牙的平打麵條和香濃的肉味噌堪稱絕配。

在這裡享用吧
白龍 ➡P78

炸醬麵（小碗） 560円

以味噌為基底，加入絞肉、芝麻等15種材料製成的肉味噌讓人欲罷不能。可依照喜好加入薑、蒜、醋、辣油。

超越時空的海鮮丼 2900円
丼飯上鋪滿了前漁夫老闆精選的新鮮海產。可以吃到超過六種海鮮，是相當划算的餐點。

米棒鍋（1人份） 2640円
香氣十足的米棒吸滿味道濃郁的湯汁。搭配水芹爽脆的口感、舞菇獨特的香氣，令人欲罷不能、讚不絕口。

美味的**祕密**是
秋田美味的米
使用當地產秋田小町米所做的米棒，經過炭火燒烤後再放入火鍋裡煮，口感軟糯。

男鹿
新鮮食材擺滿丼飯
海鮮丼
朝日本海突出的男鹿半島是海產寶庫。丼飯上滿是現撈現捕、生氣蓬勃的多種海產，味道自不用說，分量也令人大為滿足。

在這裡享用吧
なまはげ御殿
→P111

縣內全域
比內地雞鮮嫩多汁的美味
米棒鍋
將搗成泥狀的米飯裹在杉木棒上燒烤，切成「棒狀」再放入比內地雞高湯熬煮而成的火鍋料理。也會加入大量水芹、舞菇等當地食材。

在這裡享用吧
お多福 ●おたふく
☎018-862-0802
⏰17:00～21:30 休週日、假日（需洽詢）所秋田市大町4-2-25 🚃JR秋田站步行20分 P無
MAP P195 A-2

AKITA
秋田
冬季嚴寒的秋田有米棒鍋、鹽魚汁鍋等火鍋料理。身為水稻產區，在地美酒的種類也相當豐富。

美味的**祕密**是
手延製法
所有程序都是製麵師傅手工作業。麵團經過揉製、熟成、撢拉的程序拉成細長麵條，產生獨特的嚼勁和滑順口感。

縣內全域
職人技術發光發熱的絕佳口感
稻庭烏龍麵
擁有350年以上的歷史，昔日是作為秋田藩的保存糧食。透過手延製法讓麵條保有強韌彈性和滑順口感。

雙味蒸籠麵 1000円
充滿光澤的麵條可以搭配柴魚醬油醬汁、風味濃郁的芝麻味噌醬汁這兩種沾醬享用。

在這裡享用吧
佐藤養助 秋田店 ●さとうようすけあきたてん
☎018-834-1720
⏰11:00～20:00 休無休 所秋田市中通2-6-1 西武秋田店B1 🚃JR秋田站步行3分 P無
MAP P195 B-1

橫手
甘甜醬汁有令人懷念的味道
橫手炒麵
偏粗的熟麵與伍斯特醬拌炒均勻，再放上一顆半熟荷包蛋的當地炒麵。還會舉辦「橫手炒麵四天王爭霸戰」。

在這裡享用吧
藤春食堂 ●ふじはるしょくどう
☎0182-33-5687 ⏰11:30～14:00
休不定休 所橫手市大屋新町堂ノ前22-3 🚃JR橫手站開車10分 P20輛
MAP P198 G-2

特製炒麵 700円
加了和風高湯的微甜特製醬汁是美味關鍵。還會在兩球麵上放大片豬腿肉。

秋田

米棒鍋／海鮮丼／橫手炒麵／稻庭烏龍麵／十文字中華蕎麥麵／米糰子鍋／鹽魚汁鍋／比內地雞

十文字中華蕎麥麵

長年受當地人喜愛的傳統美味

横手・湯澤

昭和初期傳至橫手市十文字地區的拉麵。海鮮基底的清爽湯頭搭配極細捲麵，再放上烤麩就是最標準的吃法。

在這裡享用吧
元祖十文字中華そば マルタマ
●がんそじゅうもんじちゅうかそばまるたま
☎ 0182-42-0243
🕐 11:00～19:00 休週二
🏠 橫手市十文字町佐賀会上沖田37-8
🚃 JR十文字站步行12分
🅿 25輛
MAP P198 G-3

中華蕎麥麵 500円
據傳為十文字中華蕎麥麵發源店的老店料理。使用小魚乾和柴魚片的高湯味道深奧且尾韻清爽。

米糰子鍋

起源比米棒鍋還要早？

秋田

據說是江戶時代比米棒鍋還要早在民間流傳的鄉土料理。早期還沒有將搗成泥的米飯裹成棒狀的習慣，而是捏成米糰子狀（在秋田方言中意指小沙包），並搭配比內地雞湯頭享用。跟米棒鍋一樣會加入大量土雞、舞菇、水芹等當季食材。是冬天必吃的料理，也有店家會全年供應。

米糰子鍋 1540円
加入蝦肉漿捏成的米糰子香氣十足、口感稍黏，和比內地雞湯頭是絕配。

在這裡享用吧
ちゃわん屋 ➡ P109

鹽魚汁鍋

濃縮日本叉牙魚的美味

縣內全域

將秋田縣鹽魚日本叉牙魚（鰰魚）運用到極致的火鍋料理。使用日本叉牙魚做成的魚醬「鹽魚汁」來調味，也會加入名為「鰰子」的日本叉牙魚卵。

鹽魚汁鍋（1人份） 1650円
可以嘗到使用了帶卵日本叉牙魚的鹽魚汁鍋。

在這裡享用吧
秋田川反漁屋酒場 大町本店
●あきたかわばたいさりやさかばおおまちほんてん
☎ 018-865-8888
🕐 17:00～24:00 休無休
🏠 秋田市大町4-2-35
🚃 JR秋田站步行15分
🅿 無
MAP P195 A-2

比內地雞

鮮嫩多汁的肉質最有魅力

角館・秋田市等

國家天然紀念物比內雞和羅德島紅種混種誕生的品種，是「日本三大地雞」之一。

比內地雞親子丼（中） 1100円
肉、蛋、高湯都是使用比內地雞的豪華親子丼。肉質越嚼越美味，還沾裹著滑嫩的蛋液。

美味的祕密是
毫無壓力的飼養環境
比內地雞的基準規定是在出生28天後，放到密度在每平方公尺5隻以下的空間平面飼養或放養。

在這裡享用吧
本家あべや 秋田店 ➡ P109

\ 前往品項豐富的秋田市民廚房 /
秋田市 秋田市民市場
●あきたしみんいちば

從當地主婦到專業廚師都會前來消費的市民市場。瀰漫懷舊氛圍的傳統市場除了鮮魚、蔬菜、生鮮食品，還有提供秋田名點、在地美酒等豐富的伴手禮品項。推薦到市場直營的壽司店或餐飲店吃午餐。

☎ 018-833-1855
🕐 5:00～18:00（視店鋪而異）
休週日 🏠 秋田市中通4-7-35
🚃 JR秋田站步行3分 🅿 400輛
MAP P195 B-2
ⓘ 市場內約有60間店鋪林立

ⓘ 鄰近飯店林立的地區，被暱稱為「秋田的廚房」
ⓘ 除了觀光客之外，也有許多當地客來訪而熱鬧不已

烤牛舌定食
1800円～

美味濃縮其中的烤牛舌是運用傳統技術研發出來的頂級逸品，基本上會以附麥飯和牛尾湯的定食形式享用。

烤牛舌
仙台

肉汁滿溢的極厚牛舌

切成厚片牛舌使其熟成，再以炭火精心燒烤是仙台的吃法。能嘗到香氣四溢的肉汁和一咬即斷的口感。

在這裡享用吧
旨味 太助 →P118

宮城
MIYAGI

說到宮城的美食，當屬仙台的烤牛舌、鹽竈的壽司以及松島的牡蠣和星鰻，名氣享譽全國。使用味道質樸的鄉土料理毛豆泥所製的甜點也很受歡迎！

美味的祕密是
手切＆手撒鹽

在肥厚的牛舌劃幾刀，兼顧分量感和口感。鹽巴會視產地和季節調整。

毛豆麻糬
仙台

使用毛豆餡的和風甜點

將水煮毛豆搗碎並拌入砂糖製成的「毛豆泥」是宮城代表性鄉土料理之一，通常會將毛豆泥和麻糬拌在一起享用。最近也出現了不少創新的毛豆泥甜點。

毛豆泥麻糬 **760円**

用宮城縣產糯米宮黃金所搗的麻糬彈牙又口感細緻。色彩鮮艷的內餡完整保留毛豆風味。

想要外帶品嘗的話……

乳狀奶昔和毛豆泥的清爽甜味堪稱絕配，還能享用毛豆的顆粒口感。

ずんだ茶寮 仙台駅
ずんだ小径店 →P119

在這裡享用吧
村上屋餅店 →P119

在這裡享用吧
中国料理
龍亭 →P119

三陸海鮮丼
南三陸・石卷・氣仙沼

盛滿活跳跳海鮮

海鮮丼 **2180円**

鋪滿切成大塊的鮪魚、鰹魚、扇貝等當天卸貨的新鮮海產，令人大呼過癮的知名丼飯。

在縣內首屈一指的港町石卷，全年都有大量海產從船上卸貨。可以盡情享用鋪滿當季食材的豪華海鮮丼，大啖海產的鮮美滋味。

美味的祕密是
寒暖流交會處

親潮和黑潮交會的三陸外海是世界三大漁場之一。棲息在兩道海流的魚群聚集於此，數量和種類都很豐富。

在這裡享用吧
斎太郎食堂 →P134

中華冷麵
仙台

清涼的名產麵食

涼拌麵 **1430円**

據傳是仙台中華冷麵始祖的店家推出的逸品。醬汁可以選要醬油還是芝麻，附六種色彩豐富的配料。

仙台有很多不只在夏天，全年都會供應中華冷麵的店家。特色是會加入蝦蟹肉、鮑魚等豐富配料。

極品美食

宮城

烤牛舌／毛豆麻糬／三陸海鮮丼／中華冷麵／仙台牛／魚翅／牡蠣料理／鹽竈壽司

仙台

仙台牛

日本首屈一指品牌牛

只有獲得「A5」、「B5」等級的牛肉才能稱為品牌牛。能嘗到霜降分布均勻、濃郁順口的美味。

牛排膳 3300円

可以用高級肉店才有的價格，嘗到品管做得很徹底的熟成仙台牛。

在這裡享用吧
すき焼割烹 かとう
●すきやきかっぽうかとう
☎ 022-225-4129
🕐 11:30〜14:00、17:00〜20:45
休 週日、假日 ⌂ 仙台市青葉区上杉1-14-20 🚉 地鐵北四番丁站步行3分 🅿 無
MAP P123 C-1

氣仙沼

魚翅

將氣仙沼名產魚翅做成丼飯

氣仙沼是以鯊魚漁獲量日本第一而聞名的港町。有很多能吃到魚翅的店家，也能做成壽司或丼飯盡情享用。

魚翅W丼 5830円

大青鯊與太平洋鼠鯊的魚翅鋪在蟹肉散壽司上的豪華丼飯。

在這裡享用吧
気仙沼 ゆう寿司
➡ P135

吃遍宮城的當季美食
季節限定美食

仙台水芹鍋【10〜4月】

這道名產火鍋料理是以水芹為主角，特色在於其爽脆口感與清新味道。

仙台水芹鍋（1人份，時價）1880円〜

使用藏王產鴨肉熬製的高雅湯頭襯托出水芹的風味。

仙台
わのしょく二階 ➡ P119

腹子飯【9〜11月】

在以鮭魚湯汁炊煮的米飯上，鋪滿醬油漬鮭魚卵的鄉土飯。

腹子飯 2200円

浜や9〜12月使用秋鮭，5〜8月使用銀鮭製作腹子飯。

仙台 ●りょうていはまや　えすぱるてん
漁亭浜や エスパル店
☎ 022-266-6651 🕐 11:00〜21:30
休 準同S-PAL仙台的公休日
⌂ 仙台市青葉区中央1-1-1 S-PAL仙台本館B1 🚉 JR仙台站即到
🅿 有合作停車場
MAP P123 D-3

美味的祕密是
日本首屈一指的漁港

鹽釜港全年都能捕獲三陸外海和近海海產。充滿活力的市場內，新鮮水產一應俱全。

鹽竈

鹽竈壽司

在生鮪魚的主產地品嘗

鹽竈有許多新鮮的海產，是可以嘗到頂級握壽司的壽司之城。當中又以漁獲量居日本之冠的鮪魚最受好評。

すし哲物語 4480円

以生鮪魚為首，還有以不同食材所做的精選11貫壽司。使用有機栽培稻米的醋飯入口即化、口感極佳。

在這裡享用吧
すし哲
➡ P130

松島

牡蠣料理

濃郁的奶味

在松島周邊海域長大的牡蠣雖然肉身較小，但濃縮了所有鮮美滋味。能嘗到軟嫩口感和濃郁的奶味。

在這裡享用吧
南部屋
➡ P127

牡蠣丼 1500円

使用特製鹹甜醬油醬汁烹煮的甜鹹牡蠣相當下飯。能暢享牡蠣風味在口中擴散開來。

Check!
也很推薦生牡蠣

縣內各地都有全年進新鮮牡蠣的人氣店家。可以搭配特製醬汁和柚子醋盡情享用。

生牡蠣（2個）900円

陸奧 極品美食

山形

YAMAGATA

四季都有不同美味食材的山形，盛產質樸的鄉土料理、富有特色的麵食料理。不妨到作為「食之都」備受矚目的庄內地區享用美食。

米澤牛

米澤

大快朵頤品牌牛

和神戸牛、松阪牛並列為日本三大和牛之一的名牌牛。特色是入口即化的口感、順口油脂的美味。

在這裡享用吧

お食事処 米沢牛 登起波

➡P149

壽喜燒全餐（特選） 8800円

名產壽喜燒要搭配加了味噌的特製醬汁來品嘗。油花美麗的霜降牛肉是使用肋眼中心部位。

美味的祕密是

32個月以上長期育肥

米澤牛皆為出生後32個月以上、未經生產的母牛。為了能夠精心照顧到每一頭牛，每戶農家的育肥規模是平均40頭。

想輕鬆品嘗的話……

將米澤牛美味濃縮其中的可樂餅最適合邊走邊吃。現炸口感酥脆可口。

米澤牛可樂餅（1個） 250円

在這裡享用吧

上杉城史苑

➡P149

芋煮

山形市

山形縣民的靈魂美食

在芋頭產季會烹煮的料理，聚集在河邊享用芋煮的「芋煮會」是秋天的風情畫。每個地區的材料和調味各有不同，加了牛肉的醬油味是山形風味。

在這裡享用吧

いのこ家 山形田

●いのこややまがただ

☎023-647-0655 🕐17:00～22:00（售完打烊） 休週日（逢連假則連假最後一天休） 所山形市城南町1-1-1 霞城セントラル1F 🚃JR山形站即到 P無 MAP P142

美味的祕密是

大量配料

除了芋頭，還有長蔥、牛蒡、香菇等各種食材的美味都融入湯中，讓帶有牛肉風味的湯頭更有層次了。

芋煮 980円

在帶有牛肉濃郁美味的湯頭中加入大量食材。也有提供1人份的小火鍋，趁熱享用最好吃。

板蕎麥麵

縣內全域

越嚼越美味

直接輾碎蕎麥籽研磨而成的粗麵條，越嚼越能感受到質樸的風味。不妨在名店櫛比鱗次的「蕎麥麵街道」享受邊走邊吃的樂趣。

在這裡享用吧

あらきそば

☎0237-54-2248 🕐11:00～14:30 休週三 所村山市大久保甲65 🚃JR村山站開車15分 P20輛 MAP P202 H-3

美味的祕密是

清澈的伏流水

周圍群山帶來的清澈水源對於栽種蕎麥麵不可或缺。溫差大的氣候使得蕎麥麵的香氣和甜味進一步提升了。

薄毛利 1200円

用杉板器皿盛裝的傳統板蕎麥麵使用自家製蕎麥粉，以和百年前相同的方式打製而成。

酒田拉麵

酒田

帶有港町特有的海鮮香氣

山形縣有許多當地拉麵，是日本國內首屈一指的拉麵激戰區。使用了海鮮高湯的清爽醬油湯頭是酒田拉麵的經典口味。

在這裡享用吧

ワンタンメンの満月本店 ➡P155

餛飩麵加蛋 950円

高雅的湯頭和口感輕盈的自家製麵條相當契合。麵裡盛滿了以創業60年以上技術所製的透明薄皮手工餛飩。

無菜單握壽司 3300円

從當天捕撈的鮮魚中嚴選食材製成的十貫壽司。微烤赤鯥、搭配肝醬油享用的剝皮魚最受歡迎。

美味的祕密是
充滿礦物質的山水
從鳥海山、朝日連峰流入庄內灣的山水孕育了優質浮游生物，是魚群的營養來源。

山形

米澤牛／板蕎麥麵／芋煮／酒田拉麵／水果甜點／海鮮料理／庄內蔬菜料理／冷肉蕎麥麵

＼在葡萄產地山形享受／
葡萄酒莊巡禮

自古盛產葡萄，明治時代起就以當地產葡萄釀酒，縣內有許多特色豐富的葡萄酒莊。

腹地內廣大的果園種有不同品種的葡萄

冰果一滴德拉瓦
（500ml） **1800円**

高畠
高畠ワイナリー
●たかはたわいなりー

位於德拉瓦葡萄產量為日本之最的高畠町，可以參觀葡萄園和葡萄酒製作過程。5月黃金週和10月舉行的活動每年都吸引許多人來訪。

☎0238-40-1840 ⏰10:00～17:00，12～3月為10:00～16:30 休無休（12～3月為週三） 所高畠町糠野目2700-1 🚉JR高畠站步行10分 P500輛
MAP P205 A-2

紅磚屋頂的外型很復古可愛

小姬○（750ml） **2200円**

南陽
酒井ワイナリー
●さかいわいなりー

1892年創業的東北最古老葡萄酒莊，使用傳統製法釀酒。不使用過濾機，只取出上澄液釀造的葡萄酒香氣濃郁、味道深厚。

☎0238-43-2043 ⏰13:00～16:00，週六日、假日為10:00～12:00、13:00～16:00 休週三 所南陽市赤湯980 🚉JR赤湯站開車5分 P3輛
MAP P205 A-1

鶴岡・酒田

奢侈地享用當季鮮魚
海鮮料理

庄內濱每年能捕獲超過130種海產。鶴岡和酒田有不少店家供應運用各季新鮮食材所製的壽司及海鮮丼。

美味的祕密是
充滿礦物質的山水
從鳥海山、朝日連峰流入庄內灣的山水孕育了優質浮游生物，是魚群的營養來源。

在這裡享用吧
寿し割烹 こい勢 ●すしかっぽうこいせ

☎0234-24-1741 ⏰11:00～13:30、17:00～21:00 休週一（逢假日則翌日休）、每月1次週二 所酒田市相生町1-3-25 🚉JR酒田站步行5分 P20輛
MAP P199 B-1

濃郁的雞肉鮮美滋味
冷肉蕎麥麵

山形市

位於縣中心的河北町谷地自大正時期起就為人所知的蕎麥冷麵。襯托出高湯鮮味的醬油味沾醬和口感強勁的田舍蕎麥麵是絕配。

肉蕎麥麵 800円

說到肉蕎麥麵，就會想到人氣攀升的名店料理。成雞的深邃風味和醬油醬汁完美調和，是湯頭美味的關鍵。

在這裡享用吧
一寸亭 本店 ●ちょっとていほんてん

☎0237-72-3733 ⏰11:00～15:00、17:00～18:30，週六日、假日為11:00～18:30，售完打烊 休週三 所河北町谷地所岡2-11-2 🚉JR櫻桃東根站開車15分 P30輛
MAP P202 H-3

縣內全域

完熟水果琳瑯滿目
水果甜點

諸如櫻桃、法蘭西梨等，縣內全域都盛行栽種水果。能吃到以產地特有當季水果所製的芭菲、義式冰淇淋等奢侈甜點。

在這裡享用吧
フルーツショップ キヨカ ➡P43

美味的祕密是
日夜溫差
四季分明的山形夏熱冬寒。由於日夜溫差也很大，故能孕育出香甜又營養的水果。

水果芭菲 1760円
盛裝超過十種當季水果的豪華芭菲。點餐後才會切水果，可以嘗到水果的新鮮美味。

享受田地直送的新鮮蔬菜
庄內蔬菜料理

鶴岡・酒田

擁有特殊飲食文化的庄內地區，自古以來便栽種許多富有特色的在地蔬菜。品嘗地產地消的鄉土料理、義式料理，盡情享受佳餚美味吧。

午膳 (1道)970円 (2道)1250円

食材以從養地開始講究的自家栽種蔬菜為主。簡單的調味襯托出食材的美味。

美味的祕密是
庄內地區獨特的氣候
庄內地區在夏季與冬季的氣溫差多達40℃。運用四季變化豐富的自然環境，當地得以栽種多種食材。

在這裡享用吧
やさいの荘の 家庭料理 菜あ ➡P152

福島 FUKUSHIMA

福島有各式各樣的美食，從拉麵、煎餃、震撼力十足的名產丼，到滋味豐富的鄉土料理都有。不妨搭配種類豐富的熱門品牌日本酒一起享用。

喜多方拉麵

日本三大拉麵之一

縣內全域

據說是大正末期誕生的當地拉麵。喜多方市內聚集了百間以上的店家，各店都開發出獨特的口味。

將喜多方拉麵加以重現的當地漢堡

喜多方拉麵漢堡 500円

在這裡享用吧
ふれあいパーク 喜多の郷公路休息站
●みちのえきふれあいぱーくきたのさと
☎0241-21-1139 ⏰餐廳、商店為10:00〜17:30，溫泉設施為9:00〜20:00 休無休（視設施而異）🏠喜多方市松山町鳥見山三町歩5598-1 🚉JR喜多方站開車15分 🅿226輛 MAP P206 G-4

在這裡享用吧 源来軒 ➡P171

中華蕎麥麵 700円

喜多方拉麵的代表性菜色。彈牙麵條加上食材鮮美濃縮其中的湯頭，風味質樸卻非常有層次。

美味的祕密是 富有嚼勁的熟成多加水麵

偏粗的平打捲麵口感滑順彈牙、富有嚼勁，吃起來大為滿足。麵條吸附湯汁的效果也很棒。

福島餃子

福島市

肉汁滿溢的圓盤餃子

擺成圓盤狀煎烤而成的一口煎餃，是當地頗受喜愛的下酒菜。能品味各店家使用不同配料和醬料的樂趣。

美味的祕密是 滿滿的蔬菜

將去除水分的白菜靜置2天乾燥後，與肉混合製成內餡，每一口都能吃到鮮甜的美味。

煎餃（30個） 1815円

被譽為圓盤餃子始祖的店家推出的逸品。烤成焦黃色的外皮酥脆可口，與富有嚼勁的口感搭配絕妙。

在這裡享用吧 滿腹 ➡P177

田樂

會津若松

使用地爐精心燒烤

會津地區是味噌的名產地，也有江戶時代創業且傳承至今的味噌店。將味噌醬塗抹在麻糬、芋頭等食材上，用地爐的炭火慢慢燒烤。

田樂全餐 1700円

使用在紅味噌裡加入砂糖、佐料的醬汁。對於依照食材搭配不同種類的味噌很講究。

在這裡享用吧 滿田屋 ➡P166

框飯

會津若松

鋪滿當季食材

折彎杉木或檜木製成圓形木盒，放入米飯和食材後，以蒸籠蒸煮的鄉土料理。使用了大量山菜、海產等當季食材。

五種輪箱飯 2200円

飯上鋪有蟹肉、鮭魚、紫萁等五種配菜。一打開盒子就聞到陣陣木頭香氣，令人食指大動。

在這裡享用吧 田季野 ➡P166

馬肉

會津若松

鮮度出眾的紅肉

福島縣的馬肉產量為全日本第二。會津地區從幕末時期就有吃馬肉的習慣，戰後開始吃會吃生馬肉料理。

馬肉　1100円

鮮美的紅肉脂肪偏少而比較健康，能嘗到入口即化的軟嫩口感。搭配蒜味噌醬汁是會津流的吃法。

在這裡享用吧　籠太 ●かごた

☎0242-32-5380
⏱17:00～22:00　休週日　所会津若松市栄町8-49　🚉JR會津若松站步行10分　Ｐ無
MAP P167 A-1

大内宿

高遠蕎麥麵

來享用蕎麥麵 使用長蔥代替筷子

起源為在信州高遠藩長大的藩主搬遷至會津時，引進了在蕎麥麵上放白蘿蔔泥汁的吃法。使用彎曲的蔥代替筷子是大內宿流的吃法。

高遠蕎麥麵　1320円

使用丼水打揉在地蕎麥粉的十割蕎麥麵，搭配加了白蘿蔔泥汁的沾醬享用。

美味的祕密是
帶點辣味的彎蔥

不妨把彎蔥當作佐料邊咬邊品嘗。獨特的辣味能襯托出味道質樸的蕎麥麵美味。

在這裡享用吧
大內宿 三澤屋
➡ P169

小湯

會津若松

喜慶節日的款待料理

將切碎的根菜類、木耳、豆麩等用淡味醬油熬煮的清湯。原本是會津藩特有的膳食，現在是婚喪喜慶時不可或缺的一道料理。

小湯　550円

使用干貝熬煮高湯，讓味道特別清爽美味。以美麗的朱色會津塗碗盛裝。

在這裡享用吧
料理旅館 田事 ●りょうりりょかんたごと

☎0242-24-7500
⏱11:30～14:00、17:30～20:30　休無休　所会津若松市城北町5-15　🚉JR會津若松站搭市內周遊巴士「ハイカラさん」5分，七日町中央下車即到　Ｐ15輛
MAP P167 A-1

這個也很推薦！

附框飯的鄉土料理 3300円～
可享用小湯等鄉土料理的膳食。滋味豐富，質樸中帶有高雅的感覺。

醬汁炸豬排丼

會津若松

超巨大名產丼

在白飯上鋪滿高麗菜絲，放上沾滿鹹甜醬汁的現炸豬排，份量飽滿的丼飯。每間店對於肉和醬汁各有堅持。

在這裡享用吧
名物カツ丼の店 白孔雀食堂
➡ P167

知名炸豬排丼　1400円

使用高級里肌肉製作的炸豬排大到快要掉出容器外。上面沾滿創業以來傳承三代的醬汁。

美味的祕密是
各店原創的濃郁醬汁

各店是以伍斯特醬為基底，再下功夫研發獨特口味。恰到好處的甜醬和炸豬排很搭。

\ 福島的超人氣伴手禮 / **酪王咖啡歐蕾**

1976 年開始長銷的咖啡歐蕾。順口的味道和復古包裝引起熱烈討論。

酪王咖啡歐蕾 131円（300ml）

奶味濃郁、美味香醇的祕密在於使用了超過50%福島產新鮮生乳。和芳香的咖啡堪稱絕配。

酪王咖啡歐蕾的冰淇淋和沙布列也很受歡迎！

還有很多種類酪王咖啡歐蕾的甜點。其中又以冰淇淋（300円）口味濃郁而最受好評，熱賣到經常缺貨！

能在這裡買到！

福島市
福島県観光物産館 ●ふくしまけんかんこうぶっさんかん

位於JR福島站西口的「CORASSE福島」1樓的設施。除了推廣福島縣內的觀光資訊之外，也有販售福島的特產品。
➡ P180

水果甜點

Fruits Sweets

溫差大的東北是水果的名產地♪除了盛滿果實的芭菲及塔點，還有濃縮了當季水果美味的點心，盡情享用吧！

水果店、果園直營店的

芭菲&塔點

盡情享用直營店特有的新鮮美味，醉心於如寶石般閃閃發光的水果♪

C 水果布丁【全年】 1045円

使用藏王產地養蛋所製的布丁。水果品項為每天替換，期待當天能嘗到什麼口味是一種樂趣。

和濃郁的布丁是絕配

D 霜淇淋新鮮哈密瓜冰【全年】 1550円

使用大塊完熟麝香哈密瓜，視覺衝擊強烈的刨冰。充滿果香的哈密瓜糖漿是自家製。

大口咬下完熟哈密瓜

水果和奶油真是絕配

水果筆記
晴王麝香葡萄

香甜又飽滿、可以連皮吃的超人氣高級品種。東北的主要產地為山形縣。

東北水果年曆

1月	2月	3月	4月	5月	6月	7月	8月	9月	10月	11月	12月
					6月上旬～7月中旬 櫻桃						
								9月上旬～10月中旬 晴王麝香葡萄			
								9月上旬～12月上旬 蘋果			
						7月上旬～10月上旬 水蜜桃					
									10月下旬～12月中旬 法蘭西梨		
12月下旬～6月中旬 草莓											

水果筆記
法蘭西梨

山形縣採收量位居日本全國第一，被譽為「水果女王」的一種西洋梨。濃郁的香氣和入口即化的口感為其最大魅力。

採收期限定！

F 晴王麝香葡萄塔【9月下旬～】(1片) 640円

山形縣產無籽麝香葡萄的酸甜味讓白巧克力奶油更加濃郁。味道香甜豐富的塔點。

又香又甜的奢侈芭菲

E 法蘭西梨芭菲【10月下旬～11月下旬】 880円

使用整顆法蘭西梨。能享受芳醇、入口即化的口感，圓滾滾的外觀也很可愛。

oh! Show! Cafe

可以在這裡吃到&買到

水果筆記
櫻桃

以採收量占日本全國七成的山形縣為首，東北各縣都有栽種的水果。採櫻桃也是相當受歡迎的活動之一。

E 櫻桃芭菲【6月上旬～7月中旬】 880円～

放滿如紅寶石般晶瑩剔透的現採櫻桃的芭菲。品種視時節而異。

oh! Show! Cafe

加了櫻桃果汁的霜淇淋

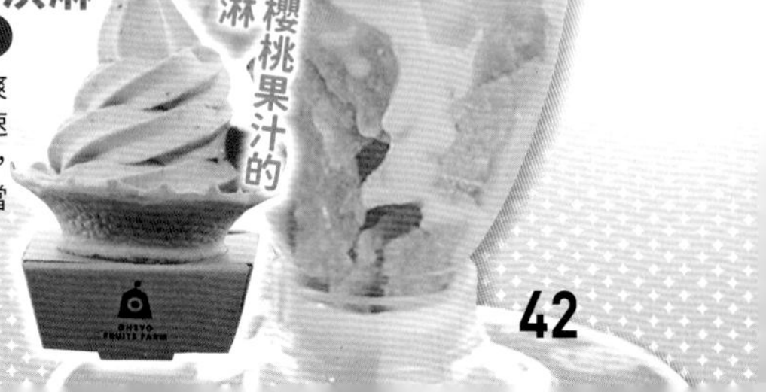

頂級櫻桃霜淇淋【全年】 400円

使用櫻桃果汁的爽口霜淇淋。以急速冷凍的櫻桃為配料，一整年都能品嘗當季美味。

C 宮城　Take Out / Eat in
いたがき本店
○いたがきほんてん

1897年創業的老字號蔬果店。甜點使用大量從全國產地精心挑選的當季水果而大受好評。
📞 022-291-1221
🕐 9:00～18:00（咖啡廳至17:30）
休 無休
📍 仙台市宮城野區二十人町300-1
🚃 JR仙台站步行9分
🅿 12輛
MAP P201 D-5

B 岩手　Take Out / Eat in
お菓子の沢菊本店
○おかしのさわぎくほんてん

1930年創業的點心店。除了使用岩手縣久慈產食材的甜點之外，還有超過百種點心，也經常推出新的菜單。
📞 0194-52-3555
🕐 9:00～19:00　休 無休
📍 久慈市十八日町2-1
🚃 JR久慈站步行5分
🅿 8輛
MAP P192 F-1

A 青森　Take Out / Eat in
フルーツパーラーおだわら

老字號水果店經營的咖啡廳。精選的完熟水果拼盤、清涼水果芭菲最受歡迎。
📞 0178-24-5873
🕐 9:30～19:00（內用為11:00～17:00）
休 無休
📍 八戸市內丸3-4-3
🚃 JR本八戸站步行5分
🅿 29輛
MAP P188 H-2

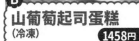

伴手禮點心

將當季美味帶回家

這裡介紹幾款鎖住現採果實美味的點心，當伴手禮或買回家當點心都很適合。

甜味與酸味的協奏曲

B 山葡萄起司蛋糕（冷凍） 1458円

使用久慈地區山葡萄的生起司蛋糕，酸甜淋醬和濃郁起司是絕配。

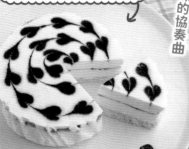

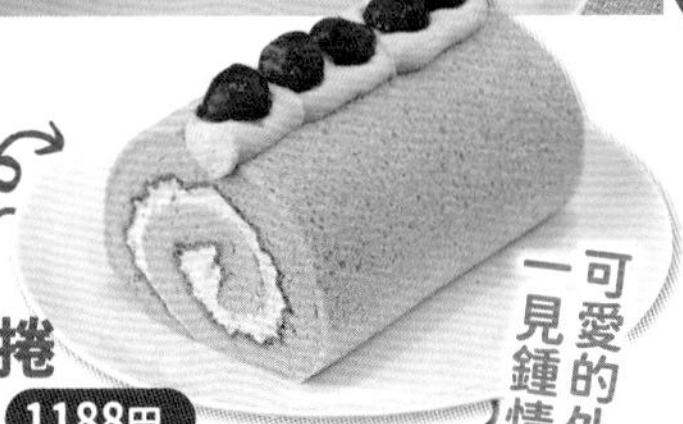

可愛的外型讓人一見鍾情

I 樹莓蛋糕捲（冷凍） 1188円

使用秋田五城目產樹莓。奶油自不用說，以米穀粉所製的海綿蛋糕也加了樹莓。

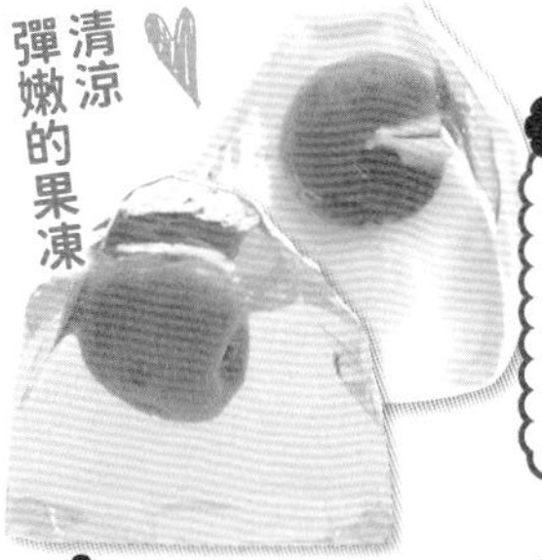

清涼彈嫩的果凍

J 櫻桃亮晶晶（6入） 648円

將整顆糖漬櫻桃封入果凍裡。推薦放入冰箱冷藏1、2個小時再吃。

有水蜜桃清爽香氣

K 桃蜜爆米花 各715円

100%水蜜桃果汁糖漿的清爽和奶油的濃醇很搭。有黑胡椒和椰子兩種口味。

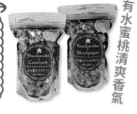

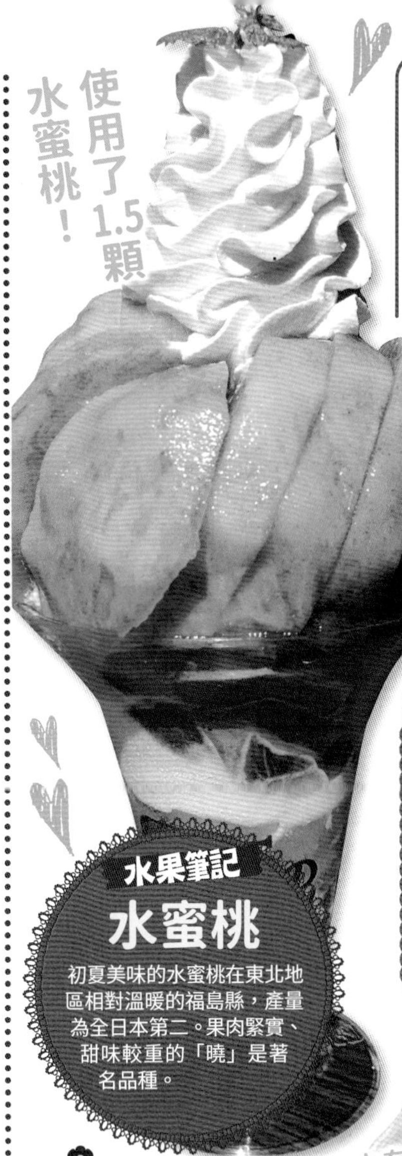

使用了1.5顆水蜜桃！

MARUSEI水蜜桃芭菲長女（大） 價格需洽詢

也有供應大尺寸！

只有在採收期間提供的夢幻芭菲。奶油偏少，可盡情品嘗水蜜桃的多汁美味。

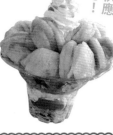

G MARUSEI水蜜桃芭菲次女（中）【7月中旬～9月下旬】 700円～

維持水蜜桃圓滾滾的形狀，外觀也很可愛的芭菲。水蜜桃的品種視時節而異。

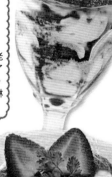

滿滿的草莓！

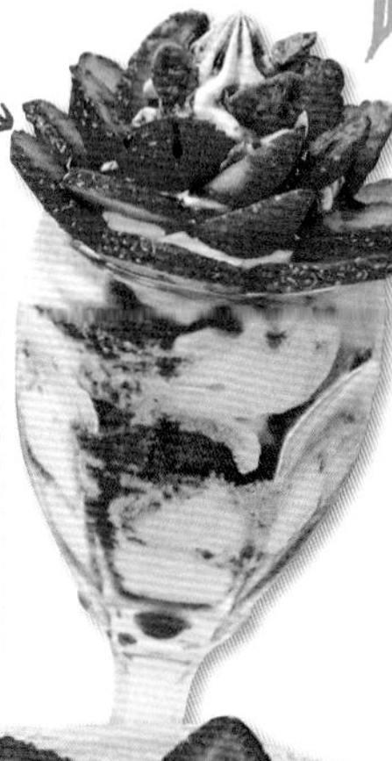

H 草莓DX芭菲【僅進貨時】 900円

喜歡給人驚喜的老闆毫不吝嗇地用了許多草莓當配料。草莓底下是冰淇淋和奶油層層交疊。

水果筆記

水蜜桃

初夏美味的水蜜桃在東北地區相對溫暖的福島縣，產量為全日本第二。果肉緊實、甜味較重的「曉」是著名品種。

有十種以上的水果

A 綜合水果芭菲【全年】 1180円

淋上草莓醬的鮮奶油和香草冰淇淋上，以色彩繽紛的水果均勻妝點，賞心悅目又美味。

H 秋田 →P103 Take Out / Eat in
フルーツパーラー角館さかい屋

I 秋田 →P116 Take Out / Eat in
秋田縣產品PLAZA「あきたの」

J 山形 →P162 Take Out / Eat in
山形県観光物産会館ぐっと山形

K 福島 →P180 Take Out / Eat in
福島県観光物産館

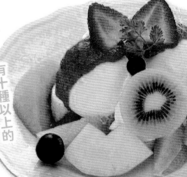

G 福島 Take Out / Eat in
農家カフェ森のガーデン
のうかかふぇもりのがーでん

能嘗到MARUSEI果樹園所種水果的園內咖啡廳。除了人氣的水蜜桃芭菲之外，也會推出櫻桃、蘋果等當季芭菲。

☎024-541-4465
營 6～12月下旬，10:00～15:45（週六日、假日至16:45）
休 營業期間無休 所 飯坂町平野森前27-3 MARUSEI果樹園腹地內 交 福島交通醫王寺前站步行20分 P 100輛
MAP P205 C-3

F 山形 Take Out / Eat in
フルーツショップ青森屋
ふるーつしょっぷあおもりや

使用大量當季水果的塔點和蛋糕一應俱全。不同水果會搭配不同塔皮和奶油，襯托出水果本身就有的美味。

☎0235-22-0341
營 8:30～19:00，塔點販售、咖啡廳為10:30～18:30（1～2月至18:30，塔點販售、咖啡廳為10:30～18:00） 休 無休
所 鶴岡市末広町7-24 交 JR鶴岡站即到 P 13輛
MAP P203 B-1

E 山形 Take Out / Eat in
oh!show!cafe
おうしょうかふぇ

觀光果樹園附設的咖啡廳。使用大量櫻桃、葡萄、蘋果等季節性水果的芭菲蔚為話題。

☎0120-15-0440
營 6月上旬～11月下旬，9:00～15:30（商店至16:00）
休 不定休
所 天童市川原子1303
交 JR天童站開車15分
P 50輛
MAP P201 A-4

D 山形 Take Out / Eat in
フルーツショップ キヨカ

蔬果店直營的水果芭菲專賣店。使用完熟水果且堅持點餐後現切，提供高品質的甜品。

☎0238-23-1203
營 10:00～17:30（視時節而異） 休 週二（逢假日則營業），1～2月為週一～五（逢假日則營業） 所 米沢市金池2-7-2 交 JR米澤站搭市民巴士循環左迴，金池1丁目下車即到 P 15輛
MAP P207 B-4

提供許多能享受
青森文化的「歡騰」體驗！

ほしのりぞーと　あおもりや
星野集團 青森屋

諸如青森睡魔祭、溫暖的方言等，能享受青森文化的溫泉旅宿。有許多充滿臨場感的表演、能夠感受青森四季的活動，不分年齡大小都可以參與體驗。

📞050-3134-8094（星野集團預約中心）🕐IN15:00 OUT 12:00　💴1泊2食19000円～　🏠青森縣三沢市古間木山56　🚃青森鐵道三澤站步行15分，JR八戶站開車40分，三澤機場開車20分（青森鐵道三澤站、三澤機場有接送服務，需預約）🅿200輛

青森　星野集團青森屋
奧入瀨　八戶

在三間各異其趣的旅宿
享受青森的美食、文化、自然

讓旅途更加愉快
星野集團的 青森之旅

能親身感受美食、文化等當地獨特魅力的星野集團，在青森打造了三間各有特色的旅宿，供人在優質空間享受非日常的夢幻時光。入住將青森魅力發揮到極致的星野集團旅宿，讓旅遊更加愉快吧！

精彩活動

青森四個祭典齊聚一堂的豪華場所
陸奧祭屋

每天舉辦能一次體驗青森睡魔祭、八戶三社大祭、五所川原立佞武多、弘前睡魔祭的表演。山車搭配囃子的聲音出巡，熱力四射的表演讓觀眾為之瘋狂。

星野集團 青森屋的員工充滿魄力的表演讓人大呼過癮

搭乘馬車在有四季之美妝點的公園散步
季節馬車

夏季為風鈴、冬季為柴火爐，搭乘季節性馬車遊逛公園。傳遞在青森縣南部地區視馬如家人般親暱的文化。

「紅葉蘋果馬車」往年在9～11月舉辦

透過祭典感受四季魅力　### 四季活動

可以在館內感受賞花氛圍的春季活動「萬花齊放祭」、以蘋果為主題的秋季活動「歡騰蘋果祭」等，在歡騰廣場舉行的季節限定祭典非看不可。

萬花齊放祭　　　　冰柱金魚祭

歡騰蘋果祭　　　　超級開運祭

冬天會展示睡魔的山車。池裡有小燈籠漂浮而更添風情

邊欣賞夢幻景色邊泡源泉放流式溫泉
露天浴池「浮湯」

源泉放流式溫泉的水質柔嫩滑順。泡在突出於水池的浴池中，有種漂浮在水上的開放感。八甲田山、十和田湖等呈現青森大自然的美景令人感到療癒。

春天會擺設青森的傳統工藝品「津輕玻璃」浮球演繹華麗感。以睡魔燈籠技法製作的一本櫻也相當美麗

能就近欣賞紅葉的秋天特別有種優雅的氣氛

享受溫泉療養地風情瀰漫的懷舊溫泉
元湯

懷舊氣氛特別迷人。泉質優良，當地常客也很多。推薦來體驗看看在早晨入浴的青森朝湯文化。

鑲在窗戶上的彩色「津輕玻璃」也引人注目

溫泉

檜木的香氣
讓身心都獲得解放
室內池「檜湯」

牆壁、天花板、浴池全由青森檜木打造，檜木香氣令人心曠神怡。溫泉有「熱湯」和「溫湯」這兩種。

滿是「青森檜木」溫暖質感的室內浴池有種時髦氛圍

盡情享用鄉土料理
自助式餐廳「Noresore食堂」

身穿割烹服裝的媽媽熱情款待。能以自助餐形式品嘗到滋味豐富的青森鄉土料理，開放式廚房也大受好評。

餐點

媽媽用溫暖的笑容迎接來客

享用青森流傳的美味海產
古民家餐廳「南部曲屋」

著名餐點為供應青森眾所熟知的 15 道海產，總稱「七子八珍」的宴席料理。早餐能享用鄉土料理「味噌烤扇貝」。

「七子八珍宴席」和日本酒很搭

厚實的茅草屋頂相當引人注目

充滿青森溫暖的客房
Azumashi

以使用南部裂織的床尾巾為首，隨處可見青森的傳統工藝品。還有附檜木造半露天浴池的房型。

「Azumashi」在青森方言中意指舒適

室內裝潢設有八幡馬小擺飾、BUNACO 的照明燈等

威風凜凜的睡魔相當震撼
青森睡魔之間

以「青森睡魔」為主題、魄力十足的客房。客廳裡有寬約 3.2 公尺、高約 1.4 公尺的巨大立體睡魔，玄關處有表情英勇的睡魔迎接來客，整個客房皆採用睡魔設計。

客房

睡魔畫作是以東北流傳的三位英雄為主題

融入宏偉大自然的藝術大廳
森林神話
融入窗外奧入瀨溪流森林的優雅空間。大廳中央設置了岡本太郎設計的大暖爐「森林神話」，能盡情享受大自然和藝術的優雅時光。

與國家公園大自然調和的
療癒旅宿

ほしのりぞーと　おいらせけいりゅうほてる
星野集團 奧入瀨溪流飯店

唯一建於十和田八幡田國家公園內奧入瀨溪流沿岸的飯店。諸如展現四季更迭之美的落葉闊葉林、潺潺流水聲等，能就近感受大自然的美好。忘記平日的喧囂，度過一段悠閒的時光吧。

☎ 050-3134-8094（星野集團預約中心）　IN15:00 OUT12:00　¥1泊2食22000円～　青森縣十和田市奧瀨栃久保231　JR八戶站、青森站、青森機場開車1小時30分（JR八戶站、青森站有接送服務，需預約）　P100輛

獨占奧入瀨溪流的美景
溪流套房

眼前就是奧入瀨溪流，聆聽潺潺流水聲相當療癒

能透過五感感受奧入瀨溪流大自然的套房。能俯瞰溪流的客房溫泉、流水聲潺潺的溫室、使用青苔製作的壁畫等，讓人感覺彷彿和大自然融為一體。能在客房享用名釀葡萄酒及特別早餐的服務也很宜人。

入住時可選擇喜歡的苔石當室內擺飾。可以帶回家

客房

燈罩形狀是以奧入瀨溪流的香菇為主題

120平方公尺的客房相當寬敞

以法國勃艮第地區名釀葡萄酒為首，供應 150 種美酒

供應運用當季食材的美味豐盛料理

沉醉在景觀、料理和名釀葡萄酒

法式餐廳「Sonore」

能大啖善用當季食材的現代法式料理。在流水聲潺潺的露臺享用從餐前酒開始上菜的法式美饌，品味每道菜洗鍊的味道。和名釀葡萄酒搭配也是一大樂趣。

同時享受頂級料理和美景

餐點

在溪流沿岸享用早餐

溪流露臺

5～10 月能在奧入瀨溪流沿岸的露臺享用早餐。餐點有開放式三明治、法式鹹派等輕食可供選擇。

邊感受清風邊享用早餐的感覺很獨特

有各種蘋果的餐廳

自助式餐廳 青森蘋果廚房

蘋果名產地青森特有的多種蘋果料理應有盡有。使用青森工藝品，以蘋果為主題的裝潢也很迷人。

使用大量蘋果的料理樣樣華麗

能嘗到現做料理的開放式廚房

充滿開放感的巴士之旅

溪流敞篷巴士之旅

乘坐雙層敞篷巴士巡遊溪流之旅。從高處眺望可以發現步行無法留意到的奧入瀨溪流魅力。5 月下旬～11 月上旬舉辦。

有自然導遊隨行服務

精彩活動

親身感受奧入瀨的大自然

溪流露天浴池

能眺望溪流的絕景露天浴池。新綠、深綠、紅葉、冬景，四季群山的光景也很動人。

樹木染上錦秋色彩的秋季景觀特別美麗

溫泉

冰瀑聳立的冬季限定溫泉

冰瀑之湯

冬季會在溪流露天浴池重現奧入瀨溪流的冰瀑。邊望著夢幻冬季景色邊泡湯格外有風情。

介紹紅葉景點

紅葉最前線之旅

在熟悉奧入瀨溪流的自然導遊帶領下，遊覽紅葉景點。10 月中旬至 11 月上旬的早晨舉辦。

一片夢幻世界

冰瀑夜間點燈之旅

行程限定活動，會在冰瀑和冰柱上點燈，呈現一片相當夢幻的光景。12 月中旬至 3 月中旬舉辦。

一覽染成金黃色的櫸樹和桂樹

只有參與旅程的旅客能看到冰瀑夜間點燈

往年 12 月中旬左右開始

在優雅水庭感受四季之趣
津輕四季的水庭

春有「津輕金山燒」、夏有「津輕玻璃」，以津輕的傳統工藝演繹四季。能一邊在增添季節之美的迴廊散步，一邊感受在當地紮根的文化與傳統。

夏 以約150顆「津輕玻璃」燈點綴，夜間有三味線的現場演奏、弘前睡魔祭的囃子表演，增添了不少旅遊風情。

春 設有描繪櫻花的「津輕金山燒」燈飾。夜晚櫻花圖案映照在水面上，瀰漫著優雅的氣氛。

秋 在紅葉擁簇的秋季水庭，於結了「津輕塗」蘋果的獨特大樹下舉辦「蘋果茶會」。

冬 以津輕小巾刺繡縫製的「小巾燈籠」和雪屋登場，能感受冬天特有的光景。

在大人的旅宿
接觸津輕的文化與四季

<ruby>界<rt>かい</rt></ruby> <ruby>津輕<rt>つがる</rt></ruby>

轟立於弘前奧座敷大鰐溫泉的溫泉旅宿。可感受津輕四季更迭的水庭、津輕三味線的現場演奏、青森檜木溫泉等，盡是優雅的空間。享受能接觸豐富津輕文化和四季之美的優美時光吧。

☎ 050-3134-8092
（界預約中心） ⏰ IN15:00
OUT12:00 ¥1泊2食25000円
～ 🏠青森縣大鰐町大鰐上牡丹森36-1 🚃JR大鰐溫泉站開車5分（有接送服務，需預約）
🅿 20輛

青森
界 津輕
奧入瀨溪流
八戶

何謂界？
星野集團在日本22處開設的優質溫泉飯店品牌。除了有體驗地方傳統文化和工藝的「當地樂」款待，還有能接觸地方文化的「當地房間」等，能享受當地特有的樂趣。

精彩活動

動人的津輕三味線令人著迷
津輕三味線現場演奏

津輕三味線全日本冠軍澀谷幸平與員工會在每晚21時舉行現場演奏。以日本畫巨擘加山又造所繪的大壁畫《春秋波濤》為背景，撼動人心的演奏會不容錯過。

也有向澀谷先生學習津輕三味線彈法的體驗活動（每天限定1組）

體驗傳統工藝當作旅遊回憶
津輕小巾刺繡體驗

能簡單體驗「津輕小巾刺繡」的「書籤製作」活動，最適合作為旅遊的回憶。若想挑戰真正的「小巾刺繡」，推薦「小巾刺繡 隨意創作」活動。

完成的作品送禮自用兩相宜

看著範本一針一針慢慢縫

在客房內感受青森傳統技藝

當地特色客房「津輕小巾之間」

將「津輕小巾刺繡」的圖案轉換成現代風格，設計成紙門、牆面藝術「小巾牆」等。充滿了「津輕小巾刺繡」精緻洗鍊的美。

客房

時髦和室是由 kogin 設計師山端家昌監製

客房裡的杯子是津輕金山燒

在飄著檜木香的溫泉泡湯

青森檜木湯殿

浴池以縣木青森檜木打造而成，充滿觸感柔滑的溫泉。自古以來就有人用於療養方面，溫暖身體深層。檜木清爽的香氣也很療癒。

溫泉

可以寫下旅遊回憶的「湯印帳」。「湯印」可以從星野集團「界」各設施收集

9 月上旬至 5 月上旬左右會化身成蘋果浴池

品嘗青森滋味豐富的美食

宴席料理

能享用在漁業昌盛的青森，以特有新鮮海產、當季食材烹製而成的宴席料理。若要開張使用超人氣大間鮪魚的宴席，需申請「特別宴席」。

餐點

使用當地特有食材和烹調法的「當地早餐」。主食是鄉土料理味噌烤扇貝

提供景緻絕佳的開放席，以及能輕鬆用餐的半包廂

秋冬（9～3 月）的特別宴席料理「大間鮪魚盛宴」

春季（4～5 月）的特別宴席「大間鮪魚與花見蟹宴席」

夏季（6～8 月）的特別宴席「鮑魚冰上涮涮鍋宴席」

秋冬會提供生魚片、壽司等，能透過多種吃法享用大間鮪魚

陸奥名酒地圖

豐饒大地所孕育的美酒

東北地區的水質清澈豐沛，自古就是日本酒釀造業興盛之地，有不少運用當地風土特性來釀酒的著名酒廠。葡萄酒莊、啤酒廠也不容錯過。

東北的酒
為什麼好喝？

氣候涼爽的東北地區有利於低溫慢速發酵，是片適合生產吟釀的土地。這裡有許多創業數百年的酒廠，繼承了相當卓越的技術。受惠於豐富的農產品，葡萄酒、蘋果氣泡酒等日本酒以外的釀酒業也很興盛。

商店能試喝多種酒類（收費）。

1 青森 弘前シードル工房 kimori
ひろさきしーどるこうぼうきもり

充滿水果味的蘋果酒

kimori蘋果氣泡酒 Dry

價格 (750ml) 1727円

農家使用自家蘋果釀造蘋果氣泡酒的弘前市工作坊。特色是發酵時的天然氣泡掠過舌尖的圓滑口感。

☎ 0172-88-8936　MAP P190 F-3

2 青森 西田酒造店
にしだしゅぞうてん

以近代手工製法來釀酒

田酒 特別純米酒

價格 (720ml) 1485円

1878年創業，青森市內唯一的酒廠。充分發揮稻米的美味，相當受歡迎。

☎ 017-788-0007
MAP P190 H-1

3 岩手 南部美人
なんぶびじん

繼承南部杜氏的傳統

南部美人 特別純米酒

價格 (720ml) 1936円

1902年於二戶市創業，是岩手代表性酒廠之一。堅持使用岩手縣產食材來釀酒。

☎ 0195-23-3133　MAP P189 D-5

5 秋田 雪の茅舍
ゆきのぼうしゃ

以自家培養酵母打造適度香氣

純米吟釀

價格 (720ml) 1650円

使用會產生獨特香氣的自家培養酵母來釀酒。對面的咖啡廳提供以釀造用水及酒粕所製的餐點。

☎ 0184-22-0536　MAP P199 D-1

4 岩手 ベアレン釀造所
べあれんじょうぞうしょ

使用道地德國技術釀造

BAEREN CLASSIC

價格 (330ml) 400円

盛岡市內的啤酒廠。使用100多年前的德國設備，釀造傳統精釀啤酒。

☎ 019-606-0766　MAP P193 C-4

8 山形 酒井ワイナリー
さかいわいなりー

明治創業的老字號葡萄酒廠

麝香貝利A黑皇后

價格 (750ml) 2750円

1892年創業的南陽市葡萄酒莊。不使用過濾機，以只取出上澄液的傳統製法釀酒。

☎ 0238-43-2043
MAP P205 A-1

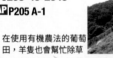

在使用有機農法的葡萄田，羊隻也會幫忙除草

CHECK!!
山形縣的葡萄酒莊為何如此興盛？

山形縣自古就開始釀造葡萄酒。在葡萄生長期——降雨量少、夏季日照量多的氣候，最適合栽培釀酒用葡萄。

10 福島 国権酒造
こっけんしゅぞう

活用南會津大自然的酒廠

國權 純米大吟釀

價格 (720ml) 3080円

僅生產講究原料的特定名稱酒。大吟釀「國權」在日本全國新酒鑑評會獲得許多金賞。

☎ 0241-62-0036
MAP P209 C-2

CHECK!!
獲世界肯定的日本酒

「純米吟釀 獻」榮獲世界最大規模IWC（世界葡萄酒大賽）2019年SAKE部門最高榮譽的冠軍清酒獎。

有不同時代的倉庫建築相連的嘉永藏

9 福島 末廣酒造
すえひろしゅぞう

參觀活動很熱門的老字號酒廠

大吟釀 玄宰

價格 (720ml) 5500円

1850年創業的會津若松市酒廠。有嚮導帶領參觀明治、大正時期建造的倉庫。

☎ 0242-27-0002　MAP P167 A-1

6 宮城 勝山酒造
かつやましゅぞう

伊達家的御用酒廠

純米吟釀 獻

價格 (720ml) 2860円

曾是仙台藩的御用酒廠，在仙台市擁有330年以上的經營歷史。特別專精在純米酒，每週會釀製1槽。

☎ 022-348-2611　MAP P201 C-4

7 宮城 一ノ蔵
いちのくら

品項多元的日本酒

鈴音

價格 (300ml) 880円

位於稻米產地大崎市，是縣內首屈一指的大酒場。從氣泡清酒到低度數的日本酒等都有，種類多元為其魅力之一。

☎ 0229-55-3322　MAP P200 E-3

Ⓡ 被譽為「黑鑽石」的大間鮪魚→P69

胡桃形狀的絕景破火口湖 十和田湖→P56

青森
<ruby>青森<rt>あおもり</rt></ruby>

熱情的夏日祭典和
充滿清涼感的大自然魅力非凡

AOMORI AREA

❷大步走在暗夜中的大型睡魔相當有魄力！青森睡魔祭→P64
照片提供：(公社)青森観光コンベンション協会

區域介紹

北海道

青森
秋田　岩手
山形
宮城
福島

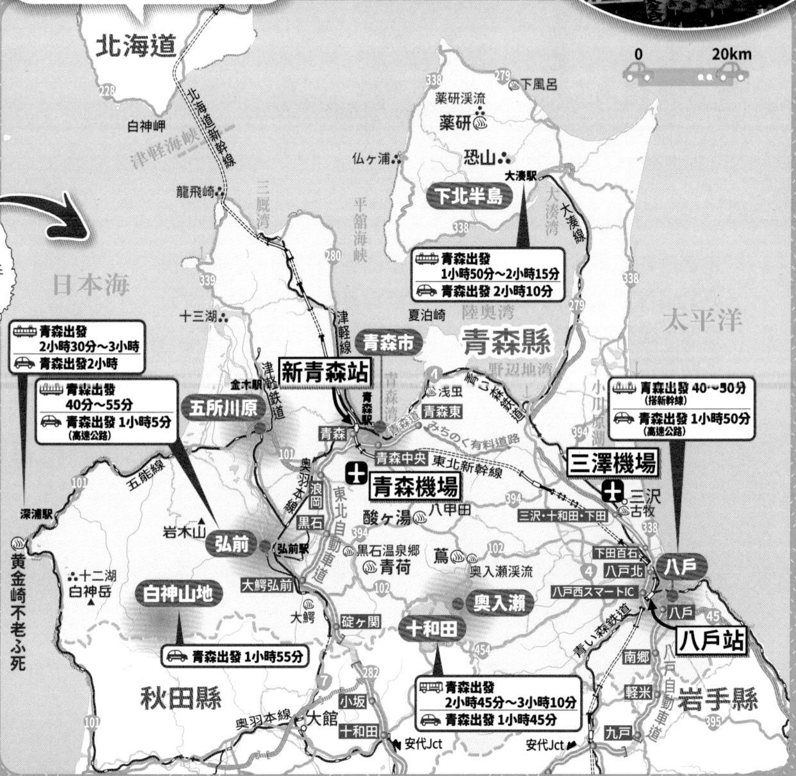

日本海

下風呂
薬研渓流
薬研
恐山
大湊駅
下北半島

🚌青森出發
1小時50分〜2小時15分
🚗青森出發 2小時10分

白神岬
津軽海峡
北海道新幹線
龍飛崎
三厩
仏ヶ浦
陸奥湾
平舘海峡
太平洋
野辺地湾

十三湖
夏泊崎
津軽海峡線

🚌青森出發
2小時30分〜3小時
🚗青森出發 2小時

金木駅
津軽鉄道
浅虫
青森市
🚌青森出發
1小時50分(搭新幹線)
🚗青森出發 1小時50分
(高速公路)

三澤機場

五所川原

🚌青森出發
40分〜55分
🚗青森出發 1小時5分
(高速公路)

新青森站

青森縣

青森中央　東北新幹線

青森機場

深浦駅
五能線
岩木山

黄金崎不老ふ死

十二湖
白神岳
白神山地

弘前
弘前駅

大鰐弘前
大鰐
碇ヶ関

十和田

酸ヶ湯
八甲田
黒石温泉郷
青荷

奥入瀬渓流
奥入瀬

八戸西スマートIC

🚗青森出發 1小時55分

八戸
八戸北
八戸站

三沢
古牧
三沢・十和田・下田

🚌青森出發
2小時45分〜3小時10分
🚗青森出發 1小時45分

秋田縣
大館
小坂
十和田
奥羽本線
安代Jct

岩手縣
軽米
南郷
九戸
安代Jct

0　　　20km

前往青森的交通方式

🚗開車	🚃鐵道	🚌巴士
川口JCT	**東京站**	

開車
川口JCT
東北自動車道
684km
7小時20分
14100円
↓
青森中央IC
縣道120號等
5km
10分
↓
青森市區

━━ 汽車
━━ 新幹線
━━ 其他鐵道
━━ 巴士

鐵道
東京站
JR東北新幹線「隼號」
↓
八戸站
東京站出發2小時45〜55分 16590円
JR巴士「奧入瀬號」※冬季停駛
1小時30分 1990円
↓
奧入瀬・十和田（燒山）
JR巴士「湖號」※冬季停駛
2小時10分 2350円
↓
新青森站
東京站出發3小時〜3小時25分 17670円
JR奧羽本線 35〜40分 590円
↓
弘前站
東京站出發3小時40分〜4小時10分 18000円

🚌🚗 **青森機場** 青森站35分　**三澤機場** 本八戸站55分、三澤站16分

奥入瀬溪流的代表性溪流之一——阿修羅之流

奥入瀬

おいらせ

奥入瀬溪流
おいらせけいりゅう

以十和田湖為水源的奥入瀬川中,從子之口到燒山長約14公里的奥入瀬溪流。溪流沿岸設有完善的觀光步道,可以一邊眺望瀑布、水流等美景一邊散步。

☎ 0176-74-1233
(奥入瀬溪流館)
🕐 自由參觀
📍 十和田市奥瀬
MAP P189 B-3

萬分感動!

流經櫸樹林的清流

前往 **奥入瀬溪流**

玩樂方式

詳見
→P54

4月中旬~11月上旬

溪流散步

遊玩奥入瀬溪流最好的方法就是散步!

充滿透明感的水流正是奥入瀬溪流的魅力所在,這裡也是東北自然風景的代表性景點。鬱鬱蒼蒼的神祕森林、青苔岩石,還有魄力十足的瀑布、從樹間灑落的日光……。不妨實際來此散步,感受奥入瀬溪流的大自然之美吧。

交通方式

燒山 ← JR巴士「奥入瀬號」1小時30分 ※冬季停駛	八戶站	巴士
燒山 ← JR巴士「湖號」2小時10分 ※冬季停駛	青森站	巴士
燒山 ← 國道45、102號 42km	下田百石道路 下田百石IC	開車

廣域MAP P189

洽詢處
☎ 0176-74-1233
(奥入瀬溪流館)

奥入瀬溪流 Q&A

Q 推薦以什麼樣的方式遊逛?

A 最標準的散步路線是從下游的燒山方向往前往水源十和田湖,順著溪流的方向前進,更能感受溪流之美。

Q 溪流散步要穿什麼服裝?

A 最好穿能避免被枝葉刮傷又防蟲的長袖、長褲,以及好走的鞋子。下雨隔天地面通常濕濕的,建議穿防水鞋。

Q 最佳遊逛季節是什麼時候?

A 5~6月的新綠時期、10月中旬至11月上旬的紅葉季特別美。紅葉季的人潮洶湧到國道102號會堵塞。

Q 能和奥入瀬溪流一併遊玩的景點有哪些?

A 從奥入瀬溪流開車約10分鐘可至蔦沼。那裡有一大片櫸樹林和闊葉林,尤其是紅葉季的早晨堪稱絕景。

蔦沼
亦可參照
→P13

52

夏

森林和青苔的蓊鬱
讓夏意更加濃厚。
也充滿了清涼感

春

彷彿在等待
遲來的春天，
森林染上黃綠色

©十和田奧入瀨
觀光機構

玩樂方式

享受四季
更迭的大自然

不管在哪個季節，都能遇到
如詩如畫的美麗景色。

覆雪之地一片寂靜。
宛如水墨畫的世界

冬

©十和田奧入瀨觀光機構

秋

閣葉林
被紅葉點綴
一片火紅

參加導覽行程
來趟青苔散步之旅

奧入瀨溪流青苔散步

☎0176-23-5866 （FORESTON／奧入瀨自
然觀光資源研究會） ⏰4月下旬～11月上旬，青
苔散步6:15～、9:00～、13:30～ 休營業期間無休
（需預約） ¥青苔散步短程（90分）3500円～，
深度散步（180分）5500円～

MAP P189 B-3

●集合地點 石戶休憩所

說不定能觀察到俗稱
「苔花」的植物？

一塊岩石有
各種青苔生長

分枝很細的青苔

如鳥羽般
美麗的青苔

用放大鏡觀察
覆著水滴的青苔

玩樂方式

可以觀察
各種青苔

4月下旬～11月上旬
徜徉青苔世界

約有 300 種青苔生長在奧入瀨溪流。
可以一邊散步一邊聆聽導覽員
講述青苔的魅力。

來觀察
美麗的青苔！

溪流散步

巡遊閃閃發光的水流和瀑布

神祕的森林、清冽的水流、生苔的岩石。若想要完整感受奧入瀨溪流的魅力，推薦在溪流沿岸的觀光步道漫步。

1 三亂之流
● さみだれのながれ

石戶巴士站步行15分

三條水流匯集的複雜溪流

三條溪流匯集之處，水量豐富且溪流穩定。5月中旬至下旬時，生苔的岩石如盆栽般有杜鵑花盛開其上。這裡是頗有人氣的拍照景點。

能看到水流匯集的複雜流動

大自然打造的庭園美景

大大小小的青苔岩值得矚目

2 阿修羅之流
● あしゅらのながれ

馬門岩巴士站步行10分

明治的紀行作家大町桂月寫道「破幽溪之寂寞，嘆壯觀之無比」，是奧入瀨溪流數一數二的絕景。湍急的水流打在林間岩石上，營造出獨特美景。

3 九十九島
● くじゅうくしま

馬門岩巴士站步行10分

水流當中有大大小小的青苔岩，如小島般散布其中。充滿魄力的急流和平靜安穩的水流同在一處，宛如庭園般頗富風情的光景。

錯綜複雜的水流改變流向時，濺起水花、產生漩渦的急流

眺望生動的水流深受感動！

巴士＋步行行程

Start	1	2	3	4
巴士站奧入瀨溪流館 巴士站奧入瀨溪流館 搭巴士8分	巴士站 石戶 5.2km/步行15分	三亂之流 0.8km/步行15分	阿修羅之流 2.5km/步行50分	九十九島 0.1km/步行即到

4 雲井瀑布 2.4km/步行50分
3 九十九島 1km/步行25分

所需時間 約4小時
步行距離 約8.7km

奧入瀨湧水館
● おいらせゆうすいかん

製造奧入瀨溪流的礦泉水。也有出租自行車、咖啡廳、販售伴手禮等。

☎ 0176-74-1212
🕘 9:00〜16:30
休 無休
¥ 免費入館
所 十和田市奧瀨栃久保182 交 奧入瀨溪流館巴士站步行即到
P 80輛
MAP P189 B-3

奧入瀨青苔霜淇淋 350円

館內也有提供輕食

Check! **休憩景點**

溪流沿岸**有石戶休憩所**，也有提供輕食。**除此之外沒有其他商店等等**，最好事先做好準備。黃瀨橋和玉簾瀑布附近也有洗手間。

石戶休憩所

青森
前往奧入瀨溪流

5 玉簾瀑布
●たまだれのたき

雲井之流巴士站步行15分

能 從國道眺望的瀑布。水珠彈在橫紋般的岩理上，呈扇狀滾落而下。

容易錯過的瀑布名勝

流水在岩石上汩汩而流

從20公尺高傾瀉的三段瀑布

4 雲井瀑布
●くもいのたき

雲井瀑布巴士站即到

伴 隨著巨響傾瀉而下的瀑布。瀑布的段差在中途改變，打在岩上的飛沫看起來就像雲。越近觀賞越能感受其魅力。

可以走到接近瀑布正下方

奧入瀨溪流的水源
十和田湖→P56

十和田湖

御鼻部山·瀧之澤

子之口

五兩瀑布

休屋　水門

萬兩之流　千兩岩　百兩梯

神明橋

6 九段瀑布

不老瀑布　白絲瀑布

白絹瀑布

7 銚子大瀑布

銚子大瀑布

雙白髮瀑布

姊妹瀑布

白布瀑布

雲井之流

3 九十九島

2 阿修羅之流

1 三亂之流

雲井瀑布

5 玉簾瀑布

岩菅瀑布

4
雲井瀑布

屏風岩

惣邊

石戶休憩所

石戶

馬門岩

千筋瀑布

雙龍瀑布

馬門岩

奧入瀨溪流館
おいらせけいりゅうかん
附設咖啡廳、導覽服務台的散步據點設施。

奧入瀨溪流館　奧入瀨湧水館

黃瀨　楓橋

紫明溪　紫明溪　相會橋

星野集團
奧入瀨溪流
飯店→P48·73

溪流のおいらせ

石窯ピザ
オルトラーナ

燒山

石戶休憩所
いしげどきゅうけいじょ
溪流沿岸唯一的休憩景點。

7 銚子大瀑布
●ちょうしおおたき

銚子大瀑布巴士站即到

氣 勢磅礡而有別名「魚止瀑布」的瀑布。以高7公尺、寬20公尺的豐沛水量著稱，有「日本小尼加拉瀑布」之稱。

生動而壯觀！奧入瀨溪流主流唯一的瀑布

旁邊有觀光步道階梯，能從多種角度眺望

階梯狀岩石也是看點

訴說奧入瀨創世的岩理

6 九段瀑布
●くだんのたき

銚子大瀑布巴士站步行10分

岩 理遭受經年累月的侵蝕而形成階梯狀，瀑布看起來就像將其縫補般流瀉而下。美麗的水流與岩石交織，優美對比令人印象深刻。

遊逛　著名瀑布！

Goal 巴士站 燒山	13km／搭巴士25分	巴士站 銚子大瀑布	0·1km／步行即到	**7** 銚子大瀑布	0·4km／步行10分	**6** 九段瀑布	1·7km／步行35分	**5** 玉簾瀑布

岩手 P.75
秋田 P.99
宮城 P.117
山形 P.141
福島 P.163

乘船遊覽神祕的湖泊♪

十和田湖 絕景巡禮

四周被綠意環繞的神祕湖泊

要觀賞十和田湖一定要坐！

十和田湖遊覽船 ●とわだこゆうらんせん

從十和田湖觀光據點休屋、子之口發抵的遊覽船。能夠輕鬆巡覽從湖上遠眺的獨特風光——由斷崖和奇岩構成的景觀之美。

📞0176-75-2909（十和田湖遊覽船團體預約中心）
🕐4月下旬～11月上旬，航行時間需洽詢
💴1500円，兒童750円 📍十和田市奧瀨十和田湖畔休屋 🚌JR八戶站搭往十和田湖的JR巴士，十和田湖（休屋）站下車步行3分 🅿無
MAP P189 A-4

十和田湖充滿了蔚藍湖水，從周圍的瞭望台一覽胡桃形狀的湖吧。也很推薦搭乘遊覽船欣賞湖上獨有的景色。

十和田湖是怎樣的湖？

海拔400公尺、周長46公里、最深327公尺的二重火口湖，是奧入瀨溪流的源頭。

📞0176-75-1531（十和田湖觀光交流中心「ぷらっと」）🕐自由參觀 📍十和田市奧瀨 🚌JR八戶站搭往十和田湖的JR巴士，十和田湖（休屋）站下車即到 🅿640輛（使用休屋停車場）
MAP P189 A-3

讓湖上遊覽更加愉快！ 觀賞重點在這裡！

⬇詩人兼雕刻家高村光太郎的作品
十和田湖的象徵

①少女像
相當於十和田湖象徵的著名雕刻。在經過「御前濱」時看得到。

②六方石
像是幾枝木材架在一起的奇特岩理，也稱為「材木岩」。

③
⬅別名又稱為「夫婦松」

回首松
在中山半島尖端的兩棵松樹。靠在一起生長，彷彿感情很好。

⬅中山半島的外型也相當奇特

⑤五色岩
樹木之間的紅色巨岩是在火山灰鐵質作用下變色而成。

④烏帽子岩
突出於湖面的三角岩。狀似平安烏帽，因而得名。

⑥千丈幕
⬅帶狀延伸的220公尺斷崖
如巨大帳幕般綿延的斷崖絕壁。只有湖上遊覽船能近距離觀賞。

⬆岩石的紅色倒映在湖面

⬆突出在湖面的巨岩

十和田遊客中心 ●とわだびじたーせんたー

位於十和田八幡平國家公園內，介紹十和田八甲田地區自然環境相關資訊的設施。

📞0176-75-1015
🕐9:00～16:30 休週三（4月下旬～5月上旬、7月下旬～10月無休）📍十和田市奧瀨十和田湖畔休屋486 🚌JR八戶站搭往十和田湖的JR巴士，十和田湖（休屋）站下車即到 🅿670輛（每輛500円）
MAP P189 A-4

⬆建於十和田湖中心地區，便於收集自然資訊

交通方式

十和田湖	JR巴士「湖號」 2小時15分 ※冬季停駛	八戶站 🚌
十和田湖	JR巴士「奧入瀨號」 2小時55分 ※冬季停駛	新青森站 🚌
十和田湖	縣道2號、國道103號 30km	小坂IC 東北自動車道 開車 🚗

廣域MAP P189

洽詢處
十和田市商工觀光課 📞0176-51-6771
十和田奧入瀨觀光機構 📞0176-24-3006

也推薦這裡！ 順道景點

創建於9世紀初
十和田神社 とわだじんじゃ
和恐山同為著名的靈場，奧之院內供奉著「十和田山青龍大權現」。又有開運的聖地之稱。
📞0176-75-2508 🕐自由參觀 📍十和田市奧瀨十和田湖畔休屋486 🚌JR八戶站搭往十和田湖的JR巴士，終點下車步行10分 🅿無
MAP P189 A-4
⬆也要看看據說會吃掉惡夢的獏雕刻等等
©十和田奧入瀨觀光機構

名產是蘋果派
十和田湖マリンブルー ●とわだこまりんぶるー
建於湖畔的船庫。作為咖啡廳之外，也有提供租船服務（20分1000円）。
📞0176-75-3025 🕐4月下旬～11月上旬的8:00～18:00 休營業期間無休 📍秋田縣小坂町十和田湖休平，十和田湖（休屋）站下車步行10分
MAP P189 A-4
⬇手工蘋果派550円

+a 的樂趣
開車兜風觀賞的絕景景點

享受開車兜風樂趣的同時，由周圍的各個瞭望台觀賞不同風貌的湖景。

湛藍的湖面看起來很深沉

瞰湖台 ●かんこだい
觀賞御倉半島和中山半島之間的中湖。
📞0176-75-1531（十和田湖觀光交流中心「ぷらっと」）🕐自由參觀 📍十和田市奧瀨宇樽部国有林64林班 🚌JR八戶站搭往十和田湖的JR巴士，子之口下車開車10分 🅿3輛
MAP P189 A-4

⬆壯麗的絕景盡收眼底

發荷峠展望台 ●はっかとうげてんぼうだい
俯瞰背後為外輪山的十和田湖，極受歡迎的觀景台。
📞0186-29-3908（小坂町觀光產業課）🕐4～11月（冬季關閉）📍秋田縣小坂町発荷峠 🚌JR十和田南站開車40分 🅿第1停車場15輛、第2停車場30輛
MAP P189 A-4

⬆複雜的小水灣營造出美麗的景觀

Ochrea
Paul Morrison（英國）

休息區的外牆也畫上了作品。

攝影：小山田邦哉

Bridge of Light
Ana Laura Alaez（西班牙）

大大的六角形玻璃隧道。一進入內部，就會被舒服的寧靜聲音和耀眼的光包覆。

Stading Woman
Ron Mueck（澳洲）

高4公尺的女性像。連皮膚和毛髮的細部都極為精巧，幾可亂真。

藝術廣場也要看看！

城鎮振興計畫「Arts Towada」。美術館前的宮廳街通也有陳列作品。

Love Forever,Singing in Towada
草間彌生（日本）

色彩鮮艷的圓點世界中有南瓜、蕈菇等八種雕刻散布其中。

攝影：小山田邦哉

Flower Horse
崔正化（韓國）

以與十和田淵源極深的「馬」為主題，色彩鮮艷的造形作品，是美術館的象徵。

攝影：小山田邦哉

活躍**於全球**的作家
獨特**的**現代藝術作品雲集

十和田市現代美術館

とわだしげんだいびじゅつかん

不光只有展示室，包括中庭、屋頂、樓梯間等，到處都有展示作品。
可以欣賞到嶄新的藝術正是魅力所在。

📞0176-20-1127　🕘9：00～16：30
🈺週一（逢假日則翌日休）　💴1800円（無企劃展時1000円），高中以下免費　📍十和田市西二番町10-9
🅿90輛　**MAP** P189 C-2

岩手 P.75　秋田 P.99　宮城 P.117　山形 P.141　福島 P.163

陶醉於藝術家們製作的精彩作品

在「為了藝術而在的房子」的概念下，展示著活躍於全球各地的藝術家的作品。1個房間放置1位藝術家的作品，可以就近欣賞是魅力所在。十分具有開放感的玻璃帷幕空間裡，擺滿了專為十和田打造、刺激感官的嶄新藝術作品。除此之外，走廊和樓梯間、展示室之間也都有小型作品，意外的邂逅近也是樂事一件。

遍布城鎮的新藝術的可能性

將十和田市現代美術館前的道路比擬為美術館，設置了室外作品和藝術廣場的「Arts Towada」。除了草間彌生的「Love Forever,Singing in Towada」之外，還可以接觸到許多獨特的藝術作品。該館作為文化藝術活動和城鎮復興根據地的先進嘗試，博得日本國內外的矚目。

Art museum Map

■ 常設展示室（收費）
■ 企劃展示室（視企劃而收費）
□ 市民活動空間、休息空間、室外活動空間

RF
屋頂 Federico Herrero
樓梯間 Federico Herrero

2F
Mariele Neudecker
Barre Saethre
Leandro Erlich
Hans Op de Beeck
企劃展示室3
山本修路
企劃展示室2
企劃展示室1
Ron Mueck
辦公室
名和晃平
市民活動空間

1F
Tomas Saraceno
草間彌生《Love Forever…》
森北伸
椿昇
室外活動空間
奈良美智
Jim Lambie
後道雄
入口大廳
主要入口
栗林隆
飯田孝夫
椿昇
Ana Laura Alaez
高橋匡太（建築外觀、夜間）
崔正化
Paul Morrison
休息空間
建築 西澤立衛

ACCESS

🚗 開車前往時

第二陸奧道路下田百石IC → 30分 45 → 十和田市現代美術館

🚌 搭巴士前往時

JR七戶十和田站

搭十和田觀光電鐵巴士，十和田市現代美術館下車即到 → 十和田市現代美術館

咖啡廳＆找伴手禮！

⬆休息空間的地板是林明弘的作品《無題》。五彩繽紛且艷麗

攝影：小山田邦哉

🛒原創鑰匙圈916日圓

⬆畫有藝術廣場南瓜的草生彌生杯1834日圓

🛒有美術館LOGO的原創商品種類多元，如果想要挑選伴手禮，不妨來此逛逛。

●きゅーぶかふぇあんどしょっぷ
cube cafe&shop

咖啡廳和美術館商店合而為一。原創商品種類多元，如果想要挑選伴手禮，不妨來此逛逛。

📞0176-22-7789
🕘9：00～17：00，咖啡廳至16：30　🈺週一（逢假日則翌日休）

｛訪問了美術館的禮賓人員｝

現代藝術好像很難懂……

A 先試著用心感受，自由欣賞吧。或許能夠接觸到至今為止自己未曾有過的價值觀和感性唷。

請教來館客人的感想

A 看過Ron Mueck作品（上方照片）的客人曾言「我就是為了看她的作品，特地從青森跑來」，令我印象深刻。

請給想來參觀美術館的人一句話

A 美術館鑑賞之旅結束後，不妨到十和田街上逛逛。邂逅意想不到的藝術景點、溫暖的街上居民，很值得期待喔。

土井太陽

串聯美術館和城鎮的禮賓人員。喜歡的作品是《Sumpf Land》（栗林隆作）。

弘前

ひろさき

保有異國風情街景的城下町

1 舊弘前市立圖書館

1906年興建 | **內部參觀OK** | **攝影OK**

● きゅうひろさきしりつとしょかん

由弘前出身的木工師傅堀江佐吉等人設計、施工的三層洋樓。特色是以文藝復興風格為基調，外牆則採納了塗灰泥等日式建築要素。白牆上的紅綠對比格外有特色。

📞 0172-82-1642（弘前市教育委員會文化財課）🕐 9:00〜17:00 🈳 無休
💴 免費參觀 🏠 弘前市下白銀町2-1
🚌 JR弘前站搭「土手町循環100円巴士」，市役所前下車即到 🅿 88輛（使用弘前市立觀光館停車場，1小時內免費，之後每30分100円）**MAP** P191 A-5

紅色穹頂特別醒目的弘前代表性洋樓

留意這裡！

八角形穹頂
為了確保採光充足，使用多扇窗戶構成八角形穹頂。

半螺旋狀階梯
階梯的天花板挑高，有開放感。薄荷綠色扶手營造出清爽的氣氛。

婦人閱覽室
女性專用閱覽室，多方面採光讓室內空間相當明亮。

步行即到

2 舊東奧義塾外國人教師館

1900年興建 | **內部參觀OK** | **攝影OK**

● きゅうとうおうぎじゅくがいじんきょうしかん

明治時代作為青森縣首間私立學校「東奧義塾」的外籍教師住宅而建。館內放置了家具，重現當時一家居住的樣貌。1樓作為咖啡廳（→ P61）使用。

📞 0172-37-5501（弘前市立觀光館）
🕐 9:00〜18:00 🈳 無休 💴 免費參觀
🏠 弘前市下白銀町2-1 🚌 JR弘前站搭「土手町循環100円巴士」，市役所前下車即到
🅿 88輛（使用弘前市立觀光館地下停車場，1小時內免費，之後每30分100円）

MAP P191 A-5

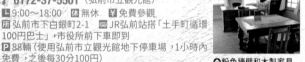
↑粉色牆壁和木製家具協調的室內

將外籍教師的生活樣貌傳承至今

+α 順道景點
迷你建物模型
みにちゅあけんぞうぶつぐん
將建於明治、大正時期的弘前市內公共建築、商家縮小成10分之1大的模型展示。

🏠 自由參觀
🏠 弘前市下白銀町2-1
MAP P191 A-5

↑總樓面面積280平方公尺的寬敞住家

遊逛小祕訣 靈活運用巴士＆租借自行車

土手町循環100円巴士

以弘前巴士總站為起點，每隔10分鐘發車，環繞弘前站前和土手町一帶。

📞 0172-36-5061
（弘前巴士總站）
🕐 10:00〜18:00（冬季至17:00）
💴 每次100円，1日乘車券為500円

Cycle Net HIROSAKI

可以在弘前站的觀光服務處、市內資訊中心、弘前市立觀光館、津輕藩睡魔村、弘前市蘋果公園租借自行車。

📞 0172-37-5501（弘前市立觀光館）
🕐 5月中旬〜11月，9:00〜17:00（租借至16:00）
💴 一般自行車每次500円，電動自行車每次1000円（電動自行車只能在觀光服務處及弘前市立觀光館租借、歸還）

懷舊建築散步

漫步在洋樓＆教會的古典街道上

弘前在明治以後為了英文教育招聘不少外籍教師，也吸收了西方文化。鎮上有許多歷史悠久的建築，保有日、西式融合的懷舊街景。不妨到至今仍傳承著歷史的洋樓和教會走走逛逛。

交通方式

鐵道
弘前站 ◀▶ 新青森站
JR奧羽本線 35〜40分

開車
弘前站 ◀▶ 東北自動車道 大鰐弘前IC
國道7號、縣道109號 11km

開車
弘前站 ◀▶ 東北自動車道 黑石IC
國道102號、縣道109號 13km

廣域MAP P191

洽詢處
弘前市立觀光館 📞 0172-37-5501

石場家住宅
護国神社
珈琲はなまる
弘前公園
クラフト＆和カフェ 匠館
東門
藤田記念庭園 大正浪漫喫茶室
文化センター前
カトリック弘前教会
4 藤田紀念庭園
5 日本基督教團弘前教會
弘前市博物館
追手門
弘前市立觀光館
ホテルニューキャッスル前
スターバックスコーヒー 弘前公園前店
追手門
陸奧新報社
3 舊第五十九銀行本店本館（青森銀行紀念館）
弘前市役所
市役所前
下土手町
迷你建物模型
禪林街
舊弘前市立圖書館 1
舊東奧義塾外國人教師館 2
弘南鐵道 大鰐線
中央弘前站
土手町
本町
弘前站
弘前巴士總站
弘前駅前大鰐溫泉站
6 弘前煉瓦倉庫美術館

0 250 500m
N

+α 順道景點 クラフト＆和カフェ 匠館
くらふとあんどわかふぇたくみかん

可以接觸津輕職人所製的家具和餐具，還能品嘗當地食材入菜料理的咖啡廳。

☎ 0172-36-6505
⏰ 9:30～16:00
MAP P191 A-5

能眺望岩木山的雅緻庭園惹人喜愛

→ 庭園內有書院造和式建築和時髦的洋樓

留意這裡！

天花板的金唐革紙
整面天花板都使用了「金唐紙」，保有當時模樣的只有小樽的「日本郵船」和這裡。

1樓櫃台
充滿銀行特有風格的1樓櫃台。也有與銀行歷史相關的展示。

中央上層的裝飾塔
過去是作為瞭望台使用

厚實的外觀和豪華的內部裝潢相當吸睛

1904年興建　內部參觀OK　攝影OK

3 舊第五十九銀行本店本館（青森銀行紀念館）
● きゅうだいごじゅうくぎんこうほんてんほんかんあおもりぎんこうきねんかん

文藝復興風格的對稱建築，隨處可見日西合璧的建築樣式。日本國內也很罕見的金唐革紙天花板、銀行特有的防火窗等內部裝潢都值得一看。現在作為紀念館對外開放中。

☎ 0172-36-6350　⏰ 9:30～16:30，櫻花祭、睡魔祭、雪燈籠祭期間為18:00　休 週二　¥ 200円，中小學生100円　所 弘前市元長町26　乘 JR弘前站搭「土手町循環100円巴士」，本町下車步行5分　P 無　**MAP** P191 B-5

→ 2樓大會議場的天花板裝飾很美

1921年興建　內部參觀OK　攝影OK

4 藤田紀念庭園
● ふじたきねんていえん

← 也有能舉辦茶會或聚會等的茶屋

弘前出身的企業家藤田謙一聘請東京的園藝師打造的庭園。面積廣達6600坪，能遙望岩木山的高地為借景式庭園，低地為中央設有水池的池泉迴遊式庭園。

🖋 0172-37-5525　⏰ 4月10日～11月23日的9:00～17:00（冬季為僅部分免費開園）　休 無休（冬季為320円　所 弘前市上白銀町8-1　乘 JR弘前站搭「十手町循環100円巴士」，市役所前下車步行3分　P 60輛　**MAP** P191 A-5

步行8分

步行12分

步行5分

明治興建，2020年改建　內部參觀OK　部分攝影OK

6 弘前煉瓦倉庫美術館
● ひろさきれんがそうこびじゅつかん

將明治、大正時期所建的前釀酒廠改建成現代美術館，建築設計師為田根剛。由美術館與咖啡廳、商店棟組成，四周是草皮廣場。

🖋 0172-32-8950
⏰ 9:00～16:30（咖啡廳、商店至22:00）
休 週二（逢假日則翌日休）
¥ 視展覽而異
所 弘前市吉野町2-1
乘 JR弘前站搭「土手町循環100円巴士」，蓬萊橋下車步行5分
P 無
MAP P191 B-5

↓ 盡可能保留紅磚倉庫的樣貌改建而成

©Naoya Hatakeyama

繼承屋齡超過百年的紅磚倉庫的記憶

→ 禮拜堂的講台和聖餐台都有使用津輕塗

1906年興建　內部參觀OK

5 日本基督教團弘前教會
● にほんきりすときょうだんひろさききょうかい

1875年設立的東北首間新教教會。哥德式建築與全檜木造禮拜堂的雙塔令人印象深刻。使用紙門隔間的日西合璧內部裝潢也是一大看點。名列青森縣重寶。

🖋 0172-32-3971　⏰ 9:00～16:00（職員不在時無法參觀）
休 週一三日的上午　¥ 免費參觀
所 弘前市元寺町48
乘 JR弘前站搭「土手町循環100円巴士」，ホテルニューキャッスル前下車步行3分　P 無
MAP P191 B-5

東北首間新教教會

↑ 乳白色外觀相當美麗

時尚的咖啡廳＆蘋果派

弘前有許多融入懷舊街景的時尚咖啡廳。不妨順道造訪使用著名蘋果的蘋果派名店。

充滿異國浪漫的咖啡廳
藤田記念庭園 大正浪漫喫茶室
ふじたきねんていえんたいしょうろまんきっさしつ

利用藤田紀念庭園的洋樓打造而成的咖啡廳。有部分牆壁、地板仍維持當時的模樣，能一邊眺望庭園一邊度過優雅的時光。

🖋 0172-37-5690
⏰ 9:30～16:00
休 無休　所 弘前市上白銀町8-1　乘 JR弘前站搭「土手町循環100円巴士」，市役所前下車步行3分　P 60輛
MAP P191 A-5

↑ 使用大廳和日光室打造的咖啡廳

關注運用了傳統工藝的室內裝潢
スターバックス コーヒー 弘前公園前店
すたーばっくすこーひーひろさきこうえんまえてん

從國家有形文化財「舊第八師團長官舍」改建而來的星巴克。BUNACO的照明和小巾刺繡的沙發等，都能感受到青森的氣息。

🖋 0172-39-4051
⏰ 7:00～21:00
休 不定休　所 弘前市上白銀町1-1　乘 JR弘前站搭「土手町循環100円巴士」，市役所前下車即到　P 無
MAP P191 A-5

↑ 有很多氛圍各異的房間

→ 蘋果派300円外觀也很可愛，是粉櫻色

和咖啡絕配的招牌逸品
珈琲はなまる
こーひーはなまる

有居家恬意感的咖啡廳。運用蘋果本身的美味製成的蘋果派和現磨咖啡很搭。

🖋 0172-37-8701
⏰ 10:30～18:00　休 週三四
所 弘前市若党町61-4
乘 JR弘前站搭「土手町循環100円巴士」，文化センター前下車步行10分　P 5輛
MAP P191 A-4

弘前城的小知識

基於統一津輕地區的初代弘前藩主津輕為信的心願，1611 年其子信枚在此築城。江戶時代建造的天守是東北唯一現存的珍貴景點。

看點 ① 殘雪津輕富士與櫻花共演
天守與岩木山

為了進行石牆修繕工程，天守搬移到現在的地點。只有這段期間才能看到以岩木山為背景的盛開櫻花和弘前城。這是能夠一覽弘前象徵的珍貴景色。

約 2600 棵櫻花樹將城郭染色

弘前櫻花祭

舉辦期間
4月下旬～
5月上旬

被 52 種、約 2600 棵櫻花樹妝點的弘前公園，每年都吸引了大量遊客前來賞花。像是以山頂略帶殘雪的岩木山為背景的櫻花，凋謝時將護城河染成粉色的「花筏」等，不妨逛逛有許多看點的賞櫻名勝。

📞0172-37-5501 （弘前市立觀光館）
MAP P191 A-4
⏰4月21日～5月5日（視櫻花開花狀況），自由入園　💴本丸、北郭320円（4/23～5/5為7:00～21:00收費）　🏠弘前市下白銀町1　🚌JR弘前站搭弘南巴士「土手町循環100円巴士」，市役所前下車即到　🅿900輛（臨時停車場）

← 雪和櫻花的夢幻共演是北國才有的美景

看點 ② 粉色花瓣將整條護城河染色
花筏

凋謝的花瓣落在護城河上，宛如鋪上一片粉色地毯的光景美到令人屏息。當風吹過時，水面就會產生變化，一不小心就會看到忘了時間。外護城河東側的堤防在櫻花祭期間會開放讓遊客拍照。

護城河各處都看得到，但外護城河的追手門～東門最受歡迎

看點 ③ 櫻花妝點的浪漫散步小徑
櫻花隧道

西護城河旁約 360 公尺的散步小徑，道路兩旁為一整排櫻花樹，盛開時會出現幾乎遮蓋天空的櫻花隧道。晴天時，花瓣在林間隙光隨風搖曳的模樣頗有意趣。

→ 枝條也會延伸到低處，能近距離欣賞櫻花

看點 ④ 映於暗夜中的美艷櫻花
夜櫻點燈活動

日落之後景色大變，可以欣賞到高雅之中流露出妖艷美感而相當夢幻的夜櫻。其中又以櫻花與朱色「春陽橋」的聯袂美景最值得一看。

← 護城河畔浮現的夢幻夜櫻

極品

名店法國菜

由於聘請外籍教師使得西洋文化深植的弘前有許多法國料理名店，聚集了不少廚藝高超的一流主廚。盡情享用名產蘋果料理、陸奧灣新鮮海產的全餐等青森特有美味吧。

土手町周邊
レストラン山崎
れすとらんやまざき

能嘗到注重慢食的山崎主廚以當地食材烹製的正統法國菜。使用以自然農法栽種的「奇蹟蘋果」所製的冷湯，是該店最著名的招牌料理。

☎0172-38-5515　MAP P191 B-5
⏰11:30～14:00、17:30～20:30
休週一　所弘前市親方町41
交JR弘前站搭「土手町循環100円巴士」，下土手町下車即到　P4輛

↑以白色和紅色為基調的高雅店內

使用安心食材
烹調多道美味料理

某一天的菜單
前菜
香草奶油烤陸奧灣產扇貝與香菇
湯品
木村秋則自然栽培蘋果冷湯（＋550円）
主菜
青森縣田子產黑毛和牛香煎里肌肉（＋2750円）
甜點
パティスリー山崎的今日蛋糕

弘前法國菜
自選全餐
4510円
可選擇湯品和主菜的自選形式

採用道地食材
製作正統法式料理

優惠B全餐
2100円
將全餐菜餚的分量減半出餐

堅持使用青森食材的頂級美食應有盡有

午餐時間限定
蘋果小全餐
3850円
能盡情享用青森蘋果的全餐料理

弘前公園周邊
レストラン ポルトブラン

曾赴法進修的主廚端出的正統法式料理為其魅力所在。連醬汁都精心調製，與食材完美搭配，宛如藝術品的洗鍊擺盤也很精美。

☎0172-33-5087　MAP P191 A-5
⏰11:30～14:00、17:00～21:00（需預約）
休週日　所弘前市本町44-1　交JR弘前站搭「土手町循環100円巴士」，大學病院前下車即到　P3輛

←有如洋樓餐廳般的風格

弘前站周邊
フランス食堂 シェ・モア
ふらんすしょくどうしぇもあ

深愛青森的主廚從當地市場採購食材，以海鮮、當地蔬菜所製的法式料理大受好評。秋至春季會推出季節限定、使用大量蘋果的名產全餐料理。

☎0172-55-5345
MAP P191 B-5
⏰11:00～14:00、17:00～20:30　休週一（逢假日則翌日休）　所弘前市外崎1-3-12　交JR弘前站步行10分　P10輛

↑居家又明亮的氛圍

也有許多名咖啡廳

サロン・ド・カフェ アンジュ

位於舊東奧義塾外國人教師館（→ P58）內的咖啡廳。能嘗到知名法式餐廳經手的蘋果甜點、幕末藩士所喝的咖啡。

☎0172-35-7430　MAP P191 A-5
⏰9:30～17:30，午餐時間為11:00～15:00（視季節而異）　休無休　所弘前市下白銀町2-1舊東奧義塾外國人教師館1F　交JR弘前站搭「土手町循環100円巴士」，市役所前下車即到　P88輛（使用弘前市立觀光館停車場，1小時內免費，之後每30分100円）

弘前半熟起司蛋糕
385円

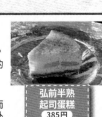

↑在復古店內享受咖啡時光

博物館

日本規模最大的繩文時代聚落遺跡「特別史跡 三內丸山遺跡」，以及展示多件現代藝術的「青森縣立美術館」。這兩大博物館來回只要步行 10 分鐘。出發前往青森的代表性博物館參觀吧。

大型豎穴建築（復原）

長 32 公尺、寬 9.8 公尺，能容納 300 人的建築。可以入內參觀復原模樣。

大型高架建築（復原）

根據挖掘時發現的直徑 1 公尺栗樹木柱修復而成。巨大建築的用途有待調查。

展示能了解繩文文化的珍貴文物

「北海道、北東北繩文遺跡群」
名列世界文化遺產！

●とくべつしせきさんないまるやまいせき

特別史跡 三內丸山遺跡

約 5900 ～ 4200 年前長期在此定居生活的繩文聚落遺跡，是日本規模最大的遺跡。將挖掘調查中出土的大型豎穴建築遺跡、繩文陶器、石器，以及復原的大型豎穴建築等對外開放參觀。名列特別史跡。遺跡導覽之旅未滿 9 人時不需要預約。

☎017-766-8282
MAP P190 H-1
🕘9:00～16:30（黃金週和6～9月至17:30）　休第4週一（逢假日則翌日休）　¥410円，高中大學生200円，國中以下免費（特別展費用另計）　青森市三內丸山305　JR新青森站搭青森接駁de路線巴士「ねぶたん號」，三內丸山遺跡前下車即到　P500輛

繩文時遊館

建於三內丸山遺跡入口的設施。館內有 1700 件出土品展示、飲食空間和伴手禮店等。

繩文Big Wall

繩文時遊館地下高約 6 公尺的巨大牆面上，約有 5120 個真正的繩文陶器碎片散布其中。

體驗工作坊

可製作繩文時代的土偶、裝飾品、杯墊等的體驗專區。每天都會舉辦，任何人都能隨意參加。

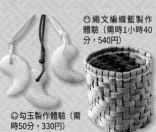

⊃繩文編織籃製作體驗（需時1小時40分，540円）

⊃勾玉製作體驗（需50分，330円）

れすとらん五千年の星

能接觸繩文時代飲食文化的餐廳。可品嘗使用香菇、山菜、古代米等繩文人所吃食材所製的料理。

☎017-782-5001
🕘10:30～16:30（用餐5～10月為11:00～15:00，11～4月為11:00～14:00）　休準同三內丸山遺跡中心的公休日

⊃霜淇淋栗夢（350円）

三丸博物館

●さんまるミュージアム

展示多件陶器、石器、土偶等出土品。以人偶重現繩文人的生活樣貌。

↑使用人偶和出土品簡單說明繩文人當時的生活

⊃繩文陶器成排展示的模樣相當壯觀

博物館商店

販售原創繩文商品、三內丸山遺跡相關書籍。還有能製作勾玉等的材料包。

☎017-766-8282
🕘9:00～17:00（6～9月為9:00～18:00）　休第4週一

⊃店內陳列著遺跡相關書籍

繩文T恤 2700円
T形圖案，繩文陶器排列設計時尚的成圓

繩文熊 2800円
可愛的毛茸茸玩偶

步行10分鐘即可往返 青森兩大

青森犬

青森犬與建築融為一體的巨大狗塑像。高達8.5公尺,表情會隨著觀看角度而變化。可以拍照。

©Yoshitomo Nara

沉醉在現代美術的獨特世界觀
青森縣立美術館

●あおもりけんりつびじゅつかん

以青森縣出身藝術家的作品為中心,收藏約5000件作品的美術館。奈良美智製作的巨大立體作品《青森犬》是美術館的象徵。還可以看到出自棟方志功之手動感十足的版畫、作家成田亨所畫的超人力霸王及怪獸原畫等,世界觀令人震撼的作品。

☎017-783-3000　MAP P190 H-1
🕐9:30～16:30
🈺第2、4週一(逢假日則翌日休,換展等時可能變更)
¥510円(企劃展費用另計)
所青森市安田近野185
🚌JR新青森站搭青森接駁de路線巴士「ねぶたん號」,青森縣立美術館前下車即到　P400輛

←似雪的純白牆壁,讓人聯想到青森冬季的美麗外觀

Aleko大廳

高19公尺的巨大展覽室。展示夏卡爾的芭蕾舞劇「Aleko」的舞台背景畫。

棟方志功展覽室

展示棟方志功活用木頭特性所製的生動版畫。當中也有肉筆畫和油畫。

驚棲圖 1971 275×803cm

Cafe 4匹の猫

可以吃到使用阿部雞、縣產蘋果等東北食材所製的料理和甜點等。也會配合企劃展推出特別菜色。

☎017-761-1401
🕐10:30～16:00
🈺準同青森縣立美術館

↑不需要鑑賞券,可以從室外直接進店

↑阿部雞肉咖哩(980円)

美術館商店

販售美術館的原創藝術商品、圖錄等的商店。當中也有陳列將青森傳統工藝品加以變化而成的伴手禮。

☎017-761-1420
🕐9:30～17:00(準同青森縣立美術館)

©Yoshitomo Nara
鑰匙圈
2420円
→以奈良美智作品的角色為主題
→也可以純粹參觀美術館商店

奈良美智
Pup King
布偶
3520円～
→表情很可愛,是奈良美智的熱賣藝術商品

青森縣立美術館
原創鉛筆
(附橡皮擦)
(單支)190円
→使用美術館象徵色的原創鉛筆

北村麻子作《神武東征》。
照片提供：(公社) 青森觀光コンベンション協會

青森睡魔祭

踴躍參加精彩的大型睡魔祭

8月2~7日舉辦

啦謝啦!!

北村麻子作

東北三大祭之一的「青森睡魔祭」會吸引超過250萬名觀光客來訪。以武者、歌舞伎為主題的華麗大型睡魔魄力十足。隨著獨特的吆喝聲，一同感受讓人熱血沸騰的祭典狂熱吧。

睡魔的由來

雖然眾說紛紜，不過多認為是源自於「眠流儀式」──結合了中國的七夕祭、當地的送別精靈或送別人偶等傳統儀式，將燈籠在河上放流以祈求平安健康的習俗。

玩樂方式 ①

成為跳人參加遊行！

想要盡情享受睡魔祭的話，推薦成為在睡魔旁邊跳舞的跳人，一起讓祭典變得更加熱鬧。

啦謝啦!

要怎麼成為跳人？

只要穿上有花笠、浴衣、鈴鐺、二趾襪和草鞋的規定服裝，就可以參加遊行。在舉辦期間，市內有出租整套服裝的店家。

↑穿上色彩鮮豔的正式服裝享受祭典吧

玩樂方式 ②

在付費觀賞座慢慢欣賞

遊行路線相當擁擠，付費觀賞座是最好的位置。可以在售票窗口和網路等處購買。

↑悠閒欣賞8月7日的海上遊行、煙火大會吧

青森睡魔祭

☎017-723-7211
MAP P191 A-2
（青森觀光會議協會）
🏠青森市中心　🚃JR青森站步行10分　🅿500輛（收費）

睡魔 Q&A

Q 人潮會多麼洶湧？

A 舉辦期間，青森市內的住宿設施、停車場、大眾運輸都會非常擁擠。最好事先預訂住宿設施。當天要預留充裕的移動時間。

Q 必看重點是？

A 在路寬較大的十字路口，曳手們會賣力轉動大型睡魔，充滿躍動感、魄力十足的大迴轉值得一看。

↑睡魔充滿躍動感的大迴轉

祭典行事曆

8月2~3日
19時10分開始遊行。約15輛大型睡魔會和約15輛當地町內會及兒童會製作的小型睡魔一同遊行。

8月4~6日
19時10分開始，約20輛大型睡魔開始遊行。6日會由獲獎的睡魔出場遊行。

8月7日
白天約有20輛睡魔按照路線遊行。晚上在煙火的陪襯下，獲獎的睡魔於海上遊行畫下尾聲。

非祭典期間也能參觀!!

睡魔之家 →P65
WA RASSE
●ねぶたのいえわらっせ

全年展出曾在睡魔祭登場的大型睡魔，也會介紹「青森睡魔祭」的歷史及製作技術。設施內附設餐飲店和伴手禮店。

可以摸的「觸摸睡魔」

フランス料理 ポミエ

法式料理　MAP P191 B-2　美食

●ふらんすりょうりぽみえ　☎017-735-7057

以法式風味品嚐青森食材

使用海產、肉類和蔬菜等當地食材的人氣法式料理店。從主菜到甜點，享用色香味俱全的全餐料理度過幸福的時光吧。

🕐11:30～13:30、17:30～20:30（週日至20:00）
休週一、第1、3週日
所青森市堤町2-3-15
🚌JR青森站搭往東部營業所的青森市營巴士10分，文化會館前下車步行3分　P5輛

焦香網烤黑鮪魚類肉

青森自助海鮮丼 魚菜中心內

市場　MAP P191 A-2　美食

●あおもりのっけどん ぎょさいせんたーない
☎017-763-0085（自助海鮮丼服務處）

挑戰用喜愛配料製作原創丼飯

從昭和40年代起就很熱鬧的青森市民廚房。可以在市場內購買生魚片、熟食等喜愛配菜製作原創丼飯的「自助海鮮丼」（のっけ丼）相當受歡迎。不妨用市場才有的新鮮食材，品嚐自己專屬的豪華丼飯。

🕐7:00～15:00　休週二　所青森市古川1-11-16
🚌JR青森站步行5分　P無

採用購買餐券消費的方式

睡魔之家WA RASSE

資料館　MAP P191 A-1　景點

●ねぶたのいえわらっせ　☎017-752-1311

能隨時體驗青森睡魔祭

全年都能感受青森睡魔祭熱烈氛圍的設施。除了展示魄力十足的大型睡魔之外，也透過照片、影像等簡單介紹睡魔的歷史及製作工程。還能欣賞睡魔囃子的現場演奏。

🕐9:00～18:00（5～8月至19:00）
休8月9～10日
¥620円，高中生460円，中小學生260円
所青森市安方1-1-1　🚌JR青森站即到　P80輛

魄力十足的大型睡魔在眼前一字排開

赤い林檎 本店

咖啡廳　MAP P191 A-2　咖啡廳

●あかいりんごほんてん　☎017-722-7738

現烤蘋果派最受歡迎

這家咖啡廳位於販售嚴選食材、無添加點心的西點店2樓。供應兩種限量烤蘋果派：可愛的「心型蘋果派」與包著蘋果泥的「半橢圓蘋果派」。

🕐10:30～17:30（1樓的點心販售為9:30～18:00）
休不定休　所青森市新町2-6-15
🚌JR青森站搭經新町往東部營業所的青森市營巴士，新町二丁目下車即到
P無

心型蘋果派430円、半橢圓蘋果派330円

お食事処 おさない

和食　MAP P191 A-1　美食

●おしょくじどころおさない　☎017-722-6834

青森產活扇貝大受好評的人氣店

能嘗到以甘醇濃郁青森縣產新鮮活扇貝所製的料理，也能大啖味噌烤扇貝、魚雜湯、雜菜湯等多種鄉土料理。居家愜意的氛圍也吸引了不少回頭客。

🕐8:00～13:50、16:00～19:30
休週一（逢假日則翌日休）
所青森市新町1-1-17
🚌JR青森站步行3分
P無

能品嘗生魚片、奶油烤扇貝組合定食2470円

青函連絡船紀念船八甲田丸

紀念館　MAP P191 A-1　景點

●せいかんれんらくせんめもりあるしっぷはっこうだまる
☎017-735-8150

日本首座鐵道連絡船博物館

對直到1988年青函連絡船廢止以前活躍一時的八甲田丸進行改造，將船體打造成博物館。船內保留了當年起航時的樣貌，設有能輕鬆了解青函連絡船歷史的看板、相關物品等諸多精彩看點。

🕐9:00～18:00（19:00閉館，視季節而異）
休無休，3月為第2週一～五，11月～翌年3月為週一，逢假日則翌日休）　¥510円，國高中生310円，小學生110円　所青森市柳川1-112-15　🚌JR青森站步行5分　P20輛

將停泊於青森港的連絡船直接變成博物館

パティスリー&カフェレストラン チャンドラ

咖啡餐廳　MAP P191 A-2　美食

●ぱてぃすりーあんどかふぇれすとらんちゃんどら
☎017-722-4499

名產是數量有限的蘋果甜點

宛如飯店交誼廳般氛圍沉穩的咖啡餐廳，能品嘗道地的西式餐點。甜點師傅製作的甜點也大受好評。推薦將青森產蘋果鋪在表面的奶油蛋糕「恩加丁（エンガデン）」（限外帶）。

🕐11:00～22:00　休無休
所青森市新町1-13-5 2F
🚌JR青森站步行10分　P無

恩加丁（一般大小）2592円

味の札幌 大西

拉麵　MAP P191 A-2　美食

●あじのさっぽろおおにし　☎017-723-1036

九成客人會點的名拉麵

味噌、咖哩、牛奶的意外組合——名產「味噌咖哩牛奶拉麵」是九成客人都會點的超人氣菜色。粗麵搭配風味獨特的醇厚湯頭，美味到讓人喝到一滴不剩。

🕐11:00～18:00　休週二三
所青森市古川1-15-6 大西クリエイトビル1F
🚌JR青森站步行10分
P有合作停車場

味噌咖哩牛奶拉麵（加奶油）980円

ウィーン菓子 シュトラウス

咖啡廳　MAP P191 A-2　咖啡廳

●うぃーんかししゅとらうす　☎017-722-1661

可品嚐正統維也納風味的咖啡廳

擁有奧地利國家認證「甜點師傅」的上一代甜點師開設的商店暨咖啡廳。可以在水晶吊燈令人印象深刻、氛圍穩重的咖啡廳，享用正統維也納甜點的洗鍊美味。

🕐11:00～15:45
休週一二（逢假日則週三休）
所青森市新町1-13-21
🚌JR青森站步行7分　P無

忠實呈現道地口味的沙赫蛋糕550円

親身感受世界遺產
白神山地
散步去！

在橫跨青森縣與秋田縣的世界遺產白神山地，能夠盡情感受大自然。漫步於完善的觀光步道、周遊兜風路線，輕鬆品味白神的大自然吧。

路線1
遊覽名列世界自然遺產的森林

世界遺產小徑欅樹林散步道

●せかいいさんのみちぶなりんさんさくどう

能夠輕鬆漫步在世界自然遺產登錄區域的路線。傾聽著森林的聲音，走在陽光灑落的欅樹林中步道上，就可以感受到遙遠繩文時代延續至今的白神山地生命力。

☎0172-85-2800（西目屋村產業課）
📅4月下旬～11月上旬，自由參觀 📍西目屋村川原平安門沢 🚌JR弘前站搭往津輕峠的弘南巴士（6月～10月下旬），アクアグリーンビレッジANMON下車即到 🅿160輛
MAP P190 E-3

↑爬山新手也很好走的路線

暗門溪谷路線
（暗門瀑布）

有三座瀑布，適合中級者的路線。通行時需提出申請並配戴安全帽，在對自己負責的前提下享受散步樂趣。

↓暗門第二瀑布

※想要挑戰暗門溪谷路線（暗門瀑布），需在世界遺產小徑欅樹林散步道的捐款受理所出示通行證

世界遺產區域入口
由此前往世界遺產地區。眼前是一片氛圍明亮的欅樹森林。

世界遺產小徑欅樹林散步道
鋪設在世界自然遺產登錄區域的觀光步道。

暗門溪谷路線（暗門瀑布）
往津輕峠
暗門休憩所
治山水壩
治山水壩
←1.2km→
←0.4km→
Start & Goal
Aqua Green Village Anmon
1 世界遺產區域入口
3 湧水地點
2 世界遺產小徑欅樹林散步道
往弘前

湧水地點
超軟水的天然湧泉，喝起來溫和順口。

路線

繞一圈約2km
（約1.5～2.5小時）

Aqua Green Village ANMON **Start**
↓步行5分
1 世界遺產區域入口
↓步行5分
2 世界遺產小徑欅樹林散步道
↓步行約1～2小時
3 湧水地點
↓步行10分
Aqua Green Village ANMON **Goal**

至鯵ヶ沢
黑熊瀑布
岩木山
鯵ヶ沢町
弘前市鯵ヶ沢
白神岳
（11月中旬～5月下旬封閉）
十二湖散步線
陸奥岩崎駅
Mother Tree
向白神岳
（白神山地的最高峰）（津輕峠）
白神山地遊客中心
日本海
十二湖駅
天狗岳
世界遺產小徑欅樹林散步道
世界遺產小徑欅樹林
西目屋村
青鹿岳
尾太岳
真瀬岳
二森
●岳岱自然觀察
小岳 冷水岳 教育林
八峰町
駒岳
五能線
碗山
藤里町
藤里路線
長場内岳
素波里湖
至八森

核心區域
幾乎沒有受到人為影響的10139公頃的區域，管制入山

緩衝區域
核心區域周邊的6832公頃的區域

右欄（直書）:

白神山地

世界自然遺產欅樹森林

しらかみさんち

世界遺產小徑欅樹林散步道
鋪設在世界自然遺產登錄區域的觀光步道。

交通方式

鐵道
十二湖站 → JR五能線「Resort白神號」2小時40分 → 弘前站

巴士
Aqua Green Village Anmon → 弘南巴士 1小時30分 ※冬季停駛 → 弘前站

開車
Aqua Green Village Anmon → 國道7號、縣道13、127號、Apple Road、縣道28號 42km → 大鰐弘前IC / 東北自動車道

廣域MAP P190・191

洽詢處
鯵澤町觀光協會 ☎0173-72-5004
西目屋村產業課 ☎0172-85-2800
西海觀光（Taxi Plan）☎0173-72-4512

此區的建議遊玩方式

白神山地巡遊路線有很多種，諸如對新手友善的散步路線、適合達人的登山路線，以及兜風路線等等。進入方式會根據目的地有所差異，先確認好再出發吧。

旅遊導覽

什麼是白神山地？

青森縣西南部到秋田縣西北部之間的山岳地帶，欅木的原生林裡棲息著珍貴的動植物。1993年，中心地區約17000公頃登錄為日本首座世界自然遺產。

健行的裝扮

帽子
遮擋陽光，還能防蟲、防枝葉刮傷頭部

背包
最好是不會擋到雙手的後背式背包

上衣
兼具防寒和雨具功能的尼龍製上衣為佳

鞋子
有些地方比較滑，建議選擇健行專用鞋

路線2 第一次來白神的人由這裡開始逛

十二湖散步路線

●じゅうにこさんさくこーす

櫸樹林中滿是湛藍色湖水的青池，以及大小33座天然湖沼。備有休憩所，可以輕鬆地體驗白神山地的大自然風光。

☎0173-77-3113
（白神十二湖Eco Museum）
⏰4月上旬～11月，自由參觀（冬季關閉，可申請導遊隨行散步）🅿深浦町松神松神山国有林内 🚃JR十二湖站搭往十二湖的弘南巴士，奧十二湖下車即到 🅿100輛

MAP P191 D-3

堪稱「森林療癒基地」，可以好好放鬆。

青池
染上神祕深藍色的池，深達9公尺，色彩會隨著光線和角度變化。

櫸樹自然林
櫸樹林綿延約200公尺。享受森林浴，大口深呼吸吧。

十二湖庵
望著落口之池，享用以沸壺之池的名水沖泡的抹茶（免費）吧。

路線 所需時間 約1小時

森之物產館「KYORORO」Start
↓步行5分
1 雞頭場之池
↓步行5分
2 青池
↓步行5分
3 櫸樹自然林
↓步行15分
4 十二湖庵
↓步行10分
森之物產館「KYORORO」Goal

地圖標示： 十二湖遊客中心、中之池、越口之池、落口之池、蒲池、王池東湖、十二湖庵、沸壺之池、森之物產館「KYORORO」、Start & Goal、王池西湖、日暮之池、仲道之池、小夜之池、1 雞頭場之池、2 青池、3 櫸樹自然林、WC

岩手 P.75
秋田 P.99
宮城 P.117
山形 P.141
福島 P.163

路線3 開車遊訪世界遺產的櫸樹森林

藤里路線

●ふじさとこーす

從位於秋田縣藤里町的白神山地世界遺產中心「藤里館」出發，遊逛白神山地的兜風路線。可以在銚子瀑布、峨瓏峽、岳岱自然觀察教育林下車，到森林裡散步。

☎0185-79-3005（白神山地世界遺產中心「藤里館」）
⏰9:00～17:00（12～2月為10:00～16:00）休週二（12～2月為週一二，逢假日則翌日休）💴免費 🅿秋田縣藤里町藤琴甲栗63 🚃JR奧羽本線二井站搭乘直名子的秋北巴士，湯之澤溫泉入口下車即到 🅿30輛

MAP P190 E-5

地圖標示： 世界自然遺產白神山地、小岳、田苗代濕原（藤駒濕原）、駒岳（藤駒）、釣瓶落峠、太良峽、米代森林線、素波里湖、素波里園地、素波里水壩、町營滑雪場、3 岳岱自然觀察教育林、1 銚子瀑布、2 峨瓏峽、白神山地世界遺產中心「藤里館」、大野岱放牧場、八峰町、Start & Goal

路線 所需時間 約4小時

白神山地世界遺產中心「藤里館」Start
↓開車即到
1 銚子瀑布
↓開車5分
2 峨瓏峽
↓開車40分
3 岳岱自然觀察教育林
↓開車40分
白神山地世界遺產中心「藤里館」Goal

銚子瀑布
看起來像是從「小酒瓶」中倒水出來，故以瀑布潭的形狀命名。

峨瓏峽
溪谷有茂盛的天然杉和日本七葉樹。高低差12公尺的峨瓏大瀑布魄力十足。

岳岱自然觀察教育林
櫸樹林不僅保護世界遺產核心地區，也保護了附近的生態系。能遇見宛如森林主人的巨大樹木。

超高層花車照亮夜空

五所川原立佞武多

● ごしょがわらたちねぷた

將傳統祭典於現代重現的五所川原立佞武多，以前是富商及地主為彰顯權勢而舉辦。一起來親身體驗巨大立佞武多的驚人魄力吧。

五所川原立佞武多是什麼祭典？

以三輛高達 23 公尺的巨大立佞武多為首，中、小型共約 15 輛花車在市內遊行。始於明治時代，隨著時代演進有長一段時間銷聲匿跡，但是發現設計圖和照片以後，暌違 80 年在 1998 年重新復活。如今，威武的立佞武多已成為五所川原的夏日光景。

☎0173-38-1515（五所川原市觀光協會）
🏠五所川原市 五所川原站周邊　MAP P190 F-1

看點1
高約 23 公尺、重達 19 噸的巨大立佞武多

看點2
從立佞武多館出陣之際會引來大量人潮

看點3
「呀特嗎咧！呀特嗎咧！」的吆喝聲與囃子炒熱祭典的氣氛

每年 8 月 4～8 日

遊行&觀賞方式

遊行路線每年都會有所調整，不過最推薦在圓環附近欣賞。最後一天會有三輛立佞武多一起遊街，相當震撼。付費觀賞座的設置地點、費用等會事先公佈，先確認再前往吧。

（地圖）
市內「回憶」公園內有太宰治「回憶」倉庫與商業設施「トカトントンスクエア」
立佞武多遊行路線
立佞武多交通管制

以氣勢磅礴的立佞武多聞名

五所川原
ごしょがわら

交通方式

鐵道	JR奧羽本線、五能線（川部站轉乘）1小時45分	新青森站→五所川原站
鐵道	JR五能線 40～50分	弘前站→五所川原站
開車	津輕自動車道 縣道156號、國道339號 16km	浪岡IC、東北自動車道→五所川原市區

廣域MAP　P187・190

洽詢處
五所川原市觀光協會
☎0173-38-1515

2019年首次出陣的「輝夜」。高達23公尺、重達19噸

稍微走遠一點，前往日本代表性文豪的故鄉

在金木接觸太宰治

太宰治離世已七十多年，至今仍是相當受歡迎的作家。不妨前往太宰出生長大的五所川原市金木町，造訪淵源之地、追逐他的足跡吧。

太宰治紀念館「斜陽館」
● だざいおさむきねんかんしゃようかん

太宰治的父親是縣內數一數二的大地主，這裡是他於 1907 年建造的歇山頂豪宅。館內收藏了太宰的遺物、作品初版等資料。

☎0173-53-2020　⏰9:00～17:30（冬季為9:00～17:00）
🛑12月29日　🏠五所川原市金木町朝日山412-1
🚃津輕鐵道金木站步行7分　🅿50輛
MAP P187 B-5

館內的看點在這裡！

☆ **立佞武多展示室**

能站在與立佞武多差不多高的位置一覽全貌是該設施的特色，也有介紹立佞武多的歷史。

☆ **立佞武多製作所**

可以看到實際在祭典中出陣的大型立佞武多的製作光景，也能提早知道該年的新作品長什麼模樣。

能看到立佞武多的製作幕後是很寶貴的機會。

從不同高度欣賞造型精巧的立佞武多

也來這裡走走吧！

全年都能參觀現役的大型立佞武多

立佞武多館
● たちねぷたのやかた

收藏、展示實際出陣的大型立佞武多。以環繞走道展示立佞武多的效果非常驚人，可以近距離欣賞其細節。

☎0173-38-3232
⏰9:00～19:00（10～3月至17:00）　🛑無休　¥650円，高中生500円，中小學生300円
🏠五所川原市大町506-10　🚃JR五所川原站步行5分　🅿20輛
MAP P190 F-1

館內也有餐廳和伴手禮店進駐

青森

五所川原立佞武多／靈場恐山巡禮

岩手 P.75

秋田 P.99

宮城 P.117

山形 P.141

福島 P.163

東北數一數二的能量景點

靈場恐山巡禮

和高野山、比叡山並稱日本三大靈場的能量景點。遊逛荒涼的地獄風景，前往如極樂淨土般美的宇曾利山湖。在神祕的異世界好好漫遊一番。

1 三途川
◆さんずのかわ

入山後的第一個景點就是區分這個世界和那個世界的三途川。

→有大紅色太鼓橋的三途川

步行10分

2 山門
◆さんもん

左右有仁王像站立的雄偉山門。2樓陳列著五百羅漢。

步行即到

3 本尊安置地藏殿
◆ほんぞんあんちじぞうでん

位於參道盡頭，供奉正尊地藏菩薩的地藏殿。

←本堂位於山門旁

↰據說地藏菩薩是出慈覺大師所雕

4 無間地獄
◆むげんじごく

有著濃重硫黃味的無間地獄，是巡遊荒涼地獄的起點。

步行即到

↑也能聽到硫磺噴出的聲音

5 血池地獄
◆ちのいけじごく

位於八角堂旁的水池。周邊還有鹽屋地獄、金堀地獄、賭博地獄等。

步行5分

↰巡遊完地獄之後，在此祈願死者成佛

6 宇曾利山湖
◆うそりやまこ

寧靜的湖泊對岸可以看到大盡山。

步行5分

↳神祕的遼闊湖泊

靈場恐山
◆れいじょうおそれざん

慈覺大師開山的聖地，有著火山地形導致的獨特風景。7月和10月的大祭時會舉行「巫女呼喚死者」的儀式，吸引來自全日本的眾多參拜者。

☎0175-22-3825 ⏱5〜10月，6:00（預定）〜17:00 休開放期間無休 ¥500円，中小學生200円 所むつ市田名部宇曽利山3-2 ➡JR下北站搭往恐山的下北交通巴士，終點下車即到 P500輛

MAP P186 F-2

交通方式
鐵道：下北站 ─JR大湊線 45分〜1小時─ 野邊地站 ─青森鐵道 45分─ 八戶站

開車：陸奧市區 ─國道394號、4號、下北道、國道279號等 76km─ 七戶上北自動車道七戶IC

廣域MAP P186

洽詢處 下北觀光服務處 ☎0175-34-909▉

大間観光土産センター
◆おおまかんこうみやげせんたー

負責運送大間產黑鮪魚。原創鮪魚商品的數量是下北半島首屈一指。

☎0175-37-3744 ⏱8:00〜18:00（11〜3月為9:00〜17:00） 休無休 所大間町大間大間平17-728 ➡JR下北站搭往佐井車庫的下北交通巴士，大間崎下車即到 P60輛

MAP P186 E-1

↑Bluefin Tuna T恤
2500円

まぐろ長宝丸
◆まぐろちょうほうまる

在這家餐廳能嘗到使用自家船釣的鮪魚所製成的丼飯及定食。

☎0175-37-5268 ⏱11:00〜14:30 休不定休（冬季休業） 所大間町大間奧戶下道22-6 ➡JR下北站開車1小時 P15輛 MAP P186 E-1

↑綜合鮪魚丼3980円

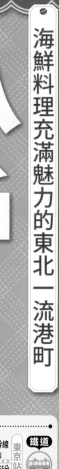

在 早市 & 市場 品嘗美食

將港町美食一網打盡！

來訪港町八戶，一定要到大清早開始營業的著名早市、當季美味集中的大型市場享受海鮮美食！晚上還可以到小店林立的巷弄散步，四處暢飲美酒。

隨著日出開始營業日本規模最大的早市

↑現烤鮮魚自不用說，還有豐富多樣的美味菜色

↑隨著日出驟然出現的大型市場

↗蜂擁而至的人潮擠滿漁港，充滿活力

八戶煎餅湯 400円
在醬油香醇的湯中放入根菜類、南部煎餅的八戶名產。[笹本商店]

交通方式

鐵道	本八戶站 ← JR八戶線 8分 → 八戶站 ← 東北新幹線「隼號」 2小時45~55分 → 東京站	
開車	八戶市區 ← 縣道29號、一般道路、縣道251、23號 4km → 八戶IC ← 八戶自動車道 → 八戶IC	

廣域MAP **P188·189**

洽詢處
八戶市觀光課 ☎0178-43-9536
VISITはちのへ ☎0178-70-1110

攤販美食當早餐

週日限定 館鼻岸壁早市
❖たてはながんぺきあさいち

平常有漁船靜靜停泊的館鼻岸壁，每逢週日就會舉辦早市。長達 800 公尺的大道上有超過 300 家攤販櫛比鱗次，每週吸引了大約 2 萬人來訪，熱鬧非凡。除了販售鮮魚、蔬菜等，這裡才能嘗到的各式攤販美食也不容錯過。

☎070-2004-6524（湊週日早市會事務局 大安食堂內）
MAP P188 E-3 ⏰3月中旬~12月，日出至9:00 休週一~六、5月的八戶黑尾鷗馬拉松舉辦日 所八戶市新湊 ♻JR陸奧湊站步行10分 P500輛

鯖魚可樂餅 1個100円
將白飯與鯖魚碎肉做成可樂餅，分量十足。[サバコロ青年隊]

鹽味雞翅 1支80円
凌晨3點左右就會出現排隊人潮的熱門店家。在眼前現炸的雞翅非常多汁。[大安食堂]

週六、平日營業的早市在這裡

陸奧湊站前早市
❖むつみなとえきまえあさいち

充滿港町活力的陸奧湊站前早市。可以在主要設施的市場內買飯和味噌湯，挑選生魚片、熟食享用的「原創早餐」大受歡迎。

☎080-8043-5613
（站內酒場62371◎）
MAP P188 E-3 ⏰3:00~12:00（早餐為6:00~10:00左右）休週日、第2週六 所八戶市湊町 ♻JR陸奧湊站即到 P無

↑遊逛諸多店家，選購喜愛的食材吧

海膽飯 350円
將海膽鮮味濃縮其中的奢侈飯盒，以早市優惠價就能品嘗。[馬渡商店]

館鼻岸壁早市攻略

❶ 在人潮擁擠的6點前抵達
早市從日出開始營業，人氣店家早已大排長龍。6點左右就會擠到無法動彈，8點左右時半數的店家撤離（打烊等），因此最好提早前往。

❷ 確認店家地圖
只要擁有「館鼻岸壁早市地圖」，就能一眼掌握攤販店家和洗手間的位置。早市會事務所和部分店家都有販售，一份100円。

❸ 搭乘「いさば號」遊逛早市
每週日從市中心（十三日町、三日町）繞行兩處早市會場的銅板價巴士。來回4班，每次乘車100円。

☎0178-25-5141
（八戶市交通部運輸管理課）

晚上在攤販街續酒攤♪

↑充滿特色的店家緊密相鄰

和早市同樣受歡迎的八條橫丁洋溢著昭和復古氛圍。可以點鄉土料理、八戶當季蔬菜海產當配菜，玩到深夜！

彌勒橫丁
將新鮮花枝變成多種菜餚
ととや烏賊煎 ❖ととやいかせん
以花枝為主打菜色的居酒屋。從生吃到油炸，以多種方式烹調從店內魚槽撈出的新鮮花枝。

☎0178-45-5540
MAP P188 H-2
⏰17:00～23:00（24:00閉店）
休無休
所八戶市三日町25
交JR本八戶站步行10分
P無

生花枝 時價
從店內魚槽撈出新鮮花枝現切供應。

彌勒橫丁
享受在地居家美味
魚工房 しおさい ❖さかなこうぼうしおさい
從煎餅湯到奶油烤花枝、海膽飯等鄉土美味一應俱全。以炭火燒烤的當地魚串燒最受歡迎。

☎090-4557-1191
MAP P188 H-2
⏰17:00～24:00
休週一
所八戶市三日町25
交JR本八戶站步行10分
P無

煎餅湯 700円
加入大量食材一起燉煮的獨特南部前煎餅，前餅彈牙有勁，口感佳。

花小路
頂級銀鯖的創意菜單
サバの駅 ❖さばのえき
將高品質的頂級銀鯖做成醋醃鯖魚、煎餅湯等多樣菜色，也可以搭配在地美酒享用。

☎0178-24-3839
MAP P188 H-2
⏰17:00～22:00
休週日
所八戶市六日町12大松ビル1F
交JR本八戶站步行15分
P無

八戶前沖銀鯖醃漬魚腹肉丼 1980円（附湯品）使用祕傳醬汁醃漬鯖魚調理而成。

牢丁連鎖街
備受回頭客喜愛的店家
おかげさん
在地人自不用說，觀光或出差的客人當中也有許多回頭客。煎餅湯、古早味炒麵、花枝肝臟鐵板燒也很受歡迎。

☎0178-45-0415
MAP P188 H-2
⏰17:30～22:30
休週日、週一的假日
所八戶市鷹匠小路1
交JR本八戶站步行16分
P無

八戶煎餅湯火鍋 715円以土鍋沸騰的熱騰騰料理。分量十足這點也令人開心。

↑八戶名產齊聚一堂，最適合來此挑選伴手禮

八戶的當季美味都集中在大型市場

八食中心 ❖はっしょくせんたー

館內全長170公尺的通道上約有60間店比鄰而立，八戶名產雲集的大型市場。供應剛從八戶港捕撈上岸的鮮魚、水產加工品、產地直送蔬菜等琳瑯滿目的食材。使用市場內食材出餐的餐飲店也不少。

在八戶港剛卸貨的新鮮海產應有盡有

☎0178-28-9311 MAP P189 D-3
⏰9:00～18:00（餐飲棟、廚Stadium至21:00）休週三 所八戶市河原木神才22-2
交JR八戶站搭往八食中心的100円巴士，終點下車即到 P1500輛

↑和充滿活力的當地居民互動

大口品嚐 新鮮海產的市場美饌

いちば亭丼 2980円
放有牡丹蝦、扇貝、鮪魚、松葉蟹、鮭魚等配料的豪華丼飯。

煎餅湯（地雞醬油風味）690円
會準備小火鍋爐，吃起來熱呼呼的。吸滿湯汁的煎餅讓人齒頰留香。

享用海產和鄉土料理
いちば亭 ❖いちばてい
可以嘗到新鮮的海鮮丼和八戶的鄉土料理煎餅湯。供應美味鮮魚和飯食而大受好評，也很推薦外帶便當。

☎0178-28-8748 MAP P189 D-3
⏰10:00～20:00 休第4週三

主打新鮮食材的人氣店家
八食市場寿司 ❖はっしょくいちばずし
八食中心內備受歡迎的寬敞迴轉壽司店。有許多採用當地新鮮食材的菜色，假日總是絡繹不絕。

☎0178-21-1844 MAP P189 D-3
⏰10:00～21:00 休第2週三

中腹肉 2貫 720円
能品嘗從市場進貨的新鮮鮪魚特有頂級美味。

前沖鯖魚 2貫 410円
能透過市場特有的生食方式品嘗八戶的品牌鯖魚。

炭火燒烤在市場買到的食材

①櫃台繳費後到市場採買
前往櫃台支付使用費，再去市場棟購買食材。食材海鮮組為1500円起。

②開始用炭火燒烤
租借七厘炭火爐等整套用具。也可以借用調味料、免洗筷、紙盤。

③依個人喜好熟度來品嘗
烤到自己覺得差不多便可以開動了！更換烤網第2張之後為100円。用餐後將垃圾分類，炭火爐留在原地即可。

品嘗炭烤新鮮海產
八食センター七厘村 ❖はっしょくせんたーしちりんむら
能立即品嘗炭烤八食中心所購海產的人氣店家。只要在購買食材時說「我想在七厘村來吃」，店家就會幫忙處理食材。

☎0178-29-4451 MAP P189 D-3
⏰9:00～17:00 休週三 ¥火爐使用費（1人2小時）400円，小學生150円

人氣露天浴池「浮湯」突出於寬敞的水池

將青森文化盡數濃縮

星野集團 青森屋
● ほしのりぞーとあおもりや

廣達約22萬坪的溫泉旅宿。特色是觸感柔嫩滑順的溫泉，提供浮於池上的露天浴池「浮湯」、全檜木打造的室內浴池、懷舊氣氛瀰漫的岩浴池「元湯」等，有各式各樣的浴槽。表演會場「陸奧祭屋」每晚都有民謠、津輕三味線、祭典囃子的現場演奏登台。

📞 050-3134-8094（星野集團預約中心）
🏠 三沢市古間木山56　🚃 青森鐵道三澤站步行15分（有接送服務，需預約）　🅿 200輛
MAP P189 D-2

💴 1泊2食 19000円～
🕐 IN15:00 OUT12:00
不住宿入浴 可（僅元湯）
室內浴池 男2女2　露天浴池 男1女1

→ 配置青森特有的「蘋果輪紙紙門」的客房「Ogurami」

→ 宛如當地祭典的現場演奏魄力十足

青森的舒適溫泉旅宿

青森受惠於八甲田山、奧入瀨溪流、津輕海峽等自然環境。有許多溫泉旅宿建在能眺望色彩繽紛景觀的絕佳地理位置，能一邊眺望美景療癒身心，一邊悠閒泡湯。

💴 1泊2食 11150円～
🕐 IN15:00 OUT10:00
不住宿入浴 可（12～3月需洽詢）
室內浴池 男3女3
露天浴池 男1女2混浴1（有女性專用時間）

→ 能一邊聆聽溪流潺潺一邊放鬆，充滿野趣的露天浴池

微亮的燈火療癒人心

和季節色彩的庭園眺望反映津輕文化

↗ 能欣賞津輕傳統工藝和四季風情的「津輕四季水庭」

燈之宿 青荷溫泉
● らんぷのやどあおにおんせん

建於南八甲田山間的獨棟旅館。館內使用燈籠照明，照亮客房、走廊、大浴場的燈光營造出夢幻氛圍。還能在溪流沿岸的露天浴池、全檜木造室內浴池等處，盡情享受不同風情的泡湯樂趣。

→ 美麗森林環繞的青荷溪谷祕境於1929年開湯

📞 0172-54-8588
🏠 黑石市沖浦青荷沢滝ノ上1-7　🚃 弘南鐵道黑石站搭往虹之湖公園的弘南巴士，終點下車開車10分（有接送服務，需預約）　🅿 50輛
MAP P190 H-3

界 津輕
● かいつがる

建於弘前奧座敷的溫泉旅宿。可以在青森檜木打造的浴池，享受自古作為溫泉療養場而眾所熟知的大鱷溫泉。泡完湯後還能品嘗當季食材所製的美味晚餐，在充滿青森傳統工藝小巾刺繡打造的客房悠哉過夜。

↑ 所有客房都是「津輕小巾之間」

📞 050-3134-8092(界預約中心)
🏠 大鱷町大鱷上牡丹森36-1　🚃 JR大鱷溫泉站開車5分（有接送服務，需預約）　🅿 20輛
MAP P190 G-3

💴 1泊2食 25000円～
🕐 IN15:00 OUT12:00
不住宿入浴 不可
室內浴池 男1女1
露天浴池 男1女1

青森

青森的舒適溫泉旅宿

岩手 P.75

秋田 P.99

宮城 P.117

山形 P.141

福島 P.163

黃金崎不老不死溫泉 ●東北自動道浪岡IC開車2小時

黃金崎不老不死溫泉
●こがねざきふろうふしおんせん

設於岸邊，彷彿與海岸融為一體的露天浴池最出名。有混浴和女性專用浴池，含有大量鐵質的茶褐色溫泉水質滑嫩，能暖和身子。當夕陽沉入海面，將溫泉染成金黃色的景色特別美麗。

↑簡單沉穩的日式客房

📞0173-74-3500　🏠深浦町艫作下清滝15-1
🚃JR WeSPa椿山站開車5分（有接送服務，需預約）
🅿100輛　**MAP** P191 C-2

¥1泊2食 13350円～	
🕐IN14:00 OUT10:00	
不住宿入浴	可
室內浴池	男2 女2
露天浴池	女1 混浴1

↑被譽為金黃色溫泉的混浴露天浴池，形狀相當特殊

能眺望日本海水平線的著名浴池

→出自岡本太郎之手的大暖爐「大廳 森林神話」

感受奧入瀨溪流氣息的度假飯店

奧入瀨溪流 ●第二陸奧收費道路下田百石IC開車1小時

星野集團 奧入瀨溪流飯店
●ほしのりぞーとおいらせけいりゅうほてる

唯一建於奧入瀨溪流沿岸的度假飯店，可以在大自然包圍下享受度假氣氛。也有提供能在溪流沿岸品嘗的法式料理、能邊眺望溪流邊泡湯的露天浴池等。

📞050-3134-8094（星野集團預約中心）🏠十和田市奧瀬栃久保231
🚃JR八戶站搭往十和田湖的JR巴士，燒山下車步行5分（有接送服務，需預約）🅿100輛
MAP P189 B-3

↑從客房可以聽見舒適的奧入瀨溪流潺潺水聲

¥1泊2食 22000円～	
🕐IN15:00 OUT12:00	
不住宿入浴 不可	室內浴池 男1 女1
露天浴池 男1 女1	

↑搭配潺潺水聲，享用以當季食材製成的法式料理與葡萄酒

↑蔦沼河畔森林環繞風情滿溢的溫泉旅宿

←有氣派梁柱的開闊浴室

→和風庭園環繞的巨石砌露天浴池

在眺望日本庭園的享受極致的片刻時光露天浴池

蔦溫泉 ●東北自動車道黑石IC開車1小時

蔦溫泉旅館
●つたおんせんりょかん

深受文豪大町桂月喜愛而聞名的獨棟旅宿。浴槽設置於源泉之上，能享受未接觸空氣的新鮮溫泉。溫泉旁有七個大大小小的沼澤。往年1月10日～4月中旬休館。

↑被欅樹林簇擁、充滿風情的溫泉旅宿

📞0176-74-2311
🏠十和田市奧瀬蔦野湯1
🚃JR新青森站搭往十和田湖的JR巴士，蔦溫泉下車即到（有接送服務，需預約）🅿50輛
MAP P189 A-3

¥1泊2食 17600円～	
🕐IN15:00 OUT10:00	
不住宿入浴	可
室內浴池	男1 女1 男女輪流制1
露天浴池	無

大鰐溫泉 ●東北自動車道大鰐弘前IC開車10分

不二家飯店
●ふじやほてる

建於流經大鰐溫泉街的平川清流沿岸的旅宿。從名為「四季之湯」的浴池，可以欣賞隨季節變化色彩的美麗庭園。以大鰐產青森地雞蘆花鬥雞（シャモロック）為首，使用大量在地當季食材的料理也大受好評。

↑能感受四季更迭的寬敞大浴場

📞0172-48-3221
🏠大鰐町蔵館川原田63　🚃JR大鰐溫泉站步行15分（有接送服務，需預約）🅿60輛
MAP P190 G-3

¥1泊2食 12690円～	
🕐IN15:00 OUT10:00	
不住宿入浴	可（僅週日、假日）
室內浴池	男1 女1 露天浴池 男1 女1

海膽和鮑魚！豪華湯品

草莓煮 (415g) **1566円**

使用海膽和鮑魚的八戶鄉土料理。湯裡的海膽看起來很像野莓，因而得名。

能在這裡買到 Ⓐ Ⓑ

> 當地也吃得到！「青森美食」詳見P31

將整顆大扇貝以油浸漬而成

橄欖油漬青森縣陸奧灣扇貝 (110g) **1210円**

將柔軟肥厚的陸奧灣扇貝做成橄欖油漬食品。可以直接吃，也推薦用於義大利麵醬。

能在這裡買到 Ⓐ Ⓑ

色彩繽紛的華麗對杯

津輕玻璃 sakura 玻璃對杯 **3850円**

以弘前城等青森櫻花為概念製作而成，使用華麗且溫柔的配色。

能在這裡買到 Ⓐ Ⓒ

質樸圖案最適合日常使用

小巾刺繡杯墊 (1片) **660円**

以沉穩配色和手工製特有質感為特色的杯墊。繡在角落的簡樸刺繡是一大重點。

能在這裡買到 Ⓐ

美食伴手禮

手工藝雜貨

蘋果甜點和海產美食琳瑯滿目

青森伴手禮

從名產蘋果和鄉土菓子南部煎餅變化而來的甜點相當吸引人。鯖魚、海膽等海產伴手禮也一起帶回家吧！

八戶鯖魚罐頭 (180g) **448円~**

使用只有在限定期間才能捕獲、脂肪含量高的八戶前近海鯖魚。以柚子胡椒為首有七種口味。

能在這裡買到 Ⓐ Ⓑ

脂肪含量高的品牌鯖魚罐頭

甜點

塞滿蘋果口感爽脆

甜點師的蘋果酥派 (8條入) **1000円**

包著大塊蘋果與海綿糕體的酥派，用烤箱加熱就會變成酥脆的派餅。

能在這裡買到 Ⓐ Ⓑ

將傳統菓子製成酥脆餅乾

青森的南部煎餅脆餅 (2片) 各 **200円**

以南部煎餅的材料做成的脆餅。裹糖後烤兩次，打造偏硬的酥脆口感。

能在這裡買到 Ⓑ

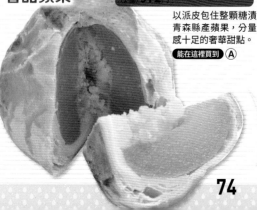

包入整顆香甜蘋果

令人在意的蘋果 (1個) **972円**

以派皮包住整顆糖漬青森縣產蘋果，分量感十足的奢華甜點。

能在這裡買到 Ⓐ

Ⓒ 青森市

北洋硝子

❖ほくようがらす

開發、製作色彩鮮艷的玻璃工藝「津輕玻璃」，每項商品都是手工製作。工廠內附設商店，可以直接在此選購商品。

☎017-782-5183
MAP P190 H-1
🕘9:00～16:00
休週日、假日、週六不定休
所青森市富田4-29-13
🚉JR新青森站開車5分
Ⓟ3輛

Ⓑ 青森市

A-FACTORY

❖えーふぁくとりー

有縣產蘋果製成的蘋果氣泡酒工作坊的伴手禮販售處。地點位於車站旁邊，來此尋找伴手禮非常方便，店內可付費試喝蘋果氣泡酒。

☎017-752-1890
MAP P191 A-1
🕘10:00～19:00（視店家而異），餐廳為11:00～19:30
休不定休
所青森市柳川1-4-2
🚉JR青森站即到　Ⓟ16輛

Ⓐ 青森市

青森県観光物産館アスパム (ASPAM)

❖あおもりけんかんこうぶっさんかんあすぱむ

三角形建築令人印象深刻，建於青森港附近的物產館。販售工藝品、在地美酒等，伴手禮專區的商品陣容號稱縣內第一大。

☎017-735-5311
MAP P191 A-1
🕘視店鋪而異　休2月23～24日
所青森市安方1-1-40
🚉JR青森站步行8分
Ⓟ150輛

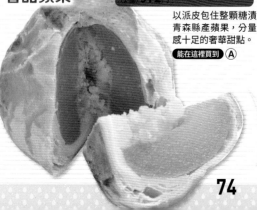

Ⓚ盛岡三大麵
之一盛岡冷麵
→P78

三陸海岸數一數二的風景勝地
淨土濱→P88

岩手
いわて

能接觸大自然的本州最大縣

→將佛家世界表現
於人間的毛越寺淨
土庭園→P92

IWATE
AREA

區域介紹

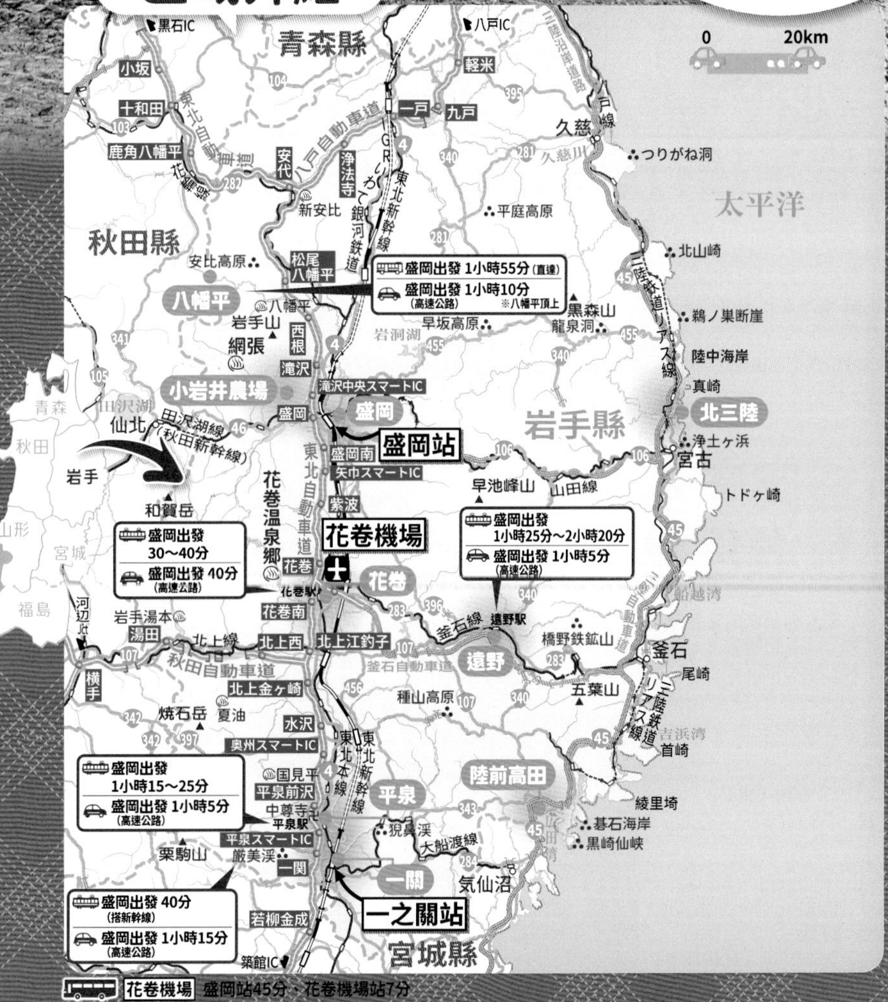

0　　　20km

黑石IC　　青森縣　　　八戶IC
小坂　　　　　　　　　　輕米
十和田　　　　104　　　　　　395　　久慈
鹿角八幡平　安代　　一戶　九戶　　　久慈川　　つりがね洞
　　　　　　　新安比　　　　　　　　　　　　太平洋
秋田縣　　安比高原　　　　　　　平庭高原
　　　　松尾　　　　　　　　　　　　　北山崎
八幡平　八幡平　岩手山　　　　　　　黑森山　鵜ノ巢斷崖
　　　網張　西根　岩洞湖　龍泉洞　　陸中海岸
　　　　滝沢　滝沢中央スマートIC
小岩井農場　　　盛岡　　　　　　　　岩手縣　北三陸
田沢湖線　　盛岡南　　　　　　　　　　　浄土ヶ浜
（秋田新幹線）盛岡站　　　　　　　　　　宮古
岩手　　矢巾スマートIC　早池峰山　山田線　トドケ崎
　　　　　　花巻温泉郷
和賀岳　　　花巻機場　　　　盛岡出發
　　　　　　　花巻　　　　　1小時25分～2小時20分
　　　　　　　花巻南　　　　盛岡出發 1小時5分（高速公路）

盛岡出發 1小時55分（直達）
盛岡出發 1小時10分（高速公路）※八幡平頂上

盛岡出發 30～40分
盛岡出發 40分（高速公路）

岩手湯本湯田　北上線　北上西　北上江釣子　釜石線　遠野駅　橋野鐵鑛山　釜石
横手　　　　　北上金ヶ崎　　　釜石自動車道　遠野　　　　　尾崎
焼石岳　夏油　　　　　　　　　種山高原　五葉山
秋田自動車道　水沢　　　　　　　　　　　　　陸中海岸
盛岡出發 1小時15分～25分　奥州スマートIC
盛岡出發 1小時5分（高速公路）
栗駒山　國見温泉　平泉前沢　平泉　陸前高田　綾里崎
　　　　中尊寺　平泉駅　　　　　　碁石海岸
盛岡出發 40分（搭新幹線）平泉スマートIC　黑崎仙峽
盛岡出發 1小時15分（高速公路）
若柳金成　一之關站　氣仙沼
築館IC　　一關　　宮城縣

前往岩手的交通方式

開車 🚗	鐵道 🚃
川口JCT	東京站

開車

川口JCT
↓ 東北自動車道
512km
5小時20分
10900円
盛岡IC
↓ 縣道1號
5km
盛岡市區

鐵道

東京站
↓ JR東北新幹線「隼號」、「山彥號」
一之關站　東京站出發1小時55分～2小時35分 13060～13480円
↓ JR東北本線 7分 200円
平泉站
↓ JR東北本線 10分 240円
北上站　東京站出發2小時25～50分 13610～14030円
↓
花卷站
↓ JR東北本線 10分 240円
盛岡站　東京站出發2小時10～15分 15010円※搭「隼號」時

▬▬▬ 汽車
▬▬▬ 新幹線
▬▬▬ 其他鐵道

花卷機場　盛岡站45分 ‧ 花卷機場站7分

収費區
虛擬劇院
透過影片簡單介紹銀行和建築的設計

免費區
多功能廳（大）
天花板挑高的開放式大廳，時髦的水晶吊燈令人印象深刻

盛岡

（もりおか）

仰望岩手山、歷史情懷滿溢的城下町

是本地象徵

風情洋溢的復古城市

在懷舊老街悠哉散步

懷舊散步之旅

北東北中心都市盛岡有許多能感受歷史的景點散布其中，像是明治時代所建的厚實西式建築，宮澤賢治、石川啄木相關設施等。不妨在懷舊氛圍洋溢的街道上悠閒漫步。

⬆ 不定期舉辦演奏會、藝術活動等

岩手銀行紅磚館

● いわてぎんこうあかれんがかん

東京車站的設計師辰野金吾等人於1911年設計，紅磚令人印象深刻的建築。是盛岡的象徵，名列國家重要文化財。

📞 019-622-1236
🕙 10:00～16:30
休 週二　¥ 300円，中小學生100円
所 盛岡市中ノ橋通1-2-20　🚉 JR盛岡站搭「蝸牛號」左迴，盛岡巴士中心下車即到　P 無

MAP P79 B-1

步行3分

盛岡啄木、賢治青春館

● もりおかたくぼくけんじせいしゅんかん

介紹在盛岡度過青春時期的文人石川啄木與宮澤賢治的足跡，以及明治時代的盛岡街景。也有附設懷舊氛圍很吸引人的咖啡廳空間。

介紹兩位文人的足跡

📞 019-604-8900
🕙 10:00～17:30
休 第2週二　¥ 免費
所 盛岡市中ノ橋通1-1-25　🚉 JR盛岡站搭「蝸牛號」左迴，盛岡巴士中心下車步行3分　P 無

MAP P79 B-1

⬅ 保留並活用舊第九十銀行

交通方式

鐵道	JR東北新幹線「隼號」、「小町號」 2小時10～55分	盛岡站 ↔ 東京站
開車	國道46號、縣道1號 5km	盛岡市區 ↔ 盛岡IC 東北自動車道

廣域MAP P193

洽詢處
盛岡市觀光交流課 📞 019-626-7539
盛岡觀光會議協會 📞 019-604-3305

循環巴士「蝸牛號」

6 IHATOV 大道材木町
5 啄木新婚之家
7
④ 紺屋町番屋
③ ござ九・森九商店
① 岩手銀行紅磚館
盛岡巴士中心（神明町）
盛岡巴士中心
② 盛岡啄木、賢治青春館

盛岡站
東北新幹線

租借自行車觀光

建於中之橋附近的觀光文化交流設施，有十台自行車開放租借。

Plaza Odette
📞 019-626-1151
🕙 8:00～19:00　休 第2週二
¥ 4小時600円，1天1200円（延長為每小時追加400円）
所 盛岡市中ノ橋通1-1-10 プラザおでってB1　🚉 JR盛岡站搭「蝸牛號」左迴，盛岡巴士中心下車步行3分　P 38輛（收費）

MAP P79 B-1

循環巴士「蝸牛號」

主要繞行盛岡市區觀光景點的巴士。「盛岡站巴士服務處」有販售一日Free Pass。

蝸牛號（でんでんむし）
📞 019-654-2141（岩手縣交通）
🕙 右迴9:00～16:40、左迴9:05～16:45
¥ 每次120円，1日Free Pass 350円

啄木新婚之家

隨筆中描寫的舊家

保留啄木居住當時的模樣

5

●たくぼくしんこんのいえ

石川啄木和妻子節子在新婚時期住過3週左右的房子。啄木的隨筆《我的四疊半》中描寫了當時的生活情形。

✆ 019-624-2193
🕐 9:00～17:00，12～3月為10:00～16:00 休 週二（12～3月為週二～四休） 所 盛岡市中央通3-17-18
🚌 JR盛岡站搭「蝸牛號」左迴，啄木新婚之家口下車即到 P 無
MAP P79 A-1

紺屋町番屋

特色為紅色屋頂和六角望樓的盛岡市景觀重要建築

大正浪漫風情的交流體驗設施

4

●こんやちょうばんや

從1913年興建的舊消防屯所改建而來。1樓咖啡廳除了提供原創焙煎咖啡、自家製甜點之外，還有展示、販售手工藝作品。2樓附設紡織工作坊。

✆ 019-625-6002
🕐 10:00～17:00
休 週一（逢假日則翌日休） 所 盛岡市紺屋町4-34
🚌 JR盛岡站搭「蝸牛號」左迴，縣廳・市役所前下車步行5分 P 無
MAP P79 B-1

步行18分或搭巴士6分

步行6分

步行即到

IHATOV 大道材木町

6

賢治相關的雕像

●いーはとーぶあべにゅーざいもくちょう

作為木材批發城鎮發跡，擁有400年歷史的商店街。石階路旁立有宮澤賢治相關的六座紀念雕像及歌碑。

✆ 019-623-3845
（盛岡市材木町商店街振興工會）
🕐 自由參觀
所 盛岡市材木町7-42
🚌 JR盛岡站步行10分
P 10輛
MAP P79 A-1

↑賢治演奏過的大提琴雕像「音座」

步行3分

ござ九・森九商店

江戶時代延續至今的生活雜貨店

3

●ござくもりくしょうてん

1816年創業的雜貨店。店內陳列著鬃毛刷、掃把、篩網等傳統日常用品。格子門和瓦片屋頂令人印象深刻的和風商家，是盛岡市的景觀重要建築。

✆ 019-622-7129
🕐 8:30～17:30
休 週日 所 盛岡市紺屋町1-31
🚌 JR盛岡站搭「蝸牛號」左迴，盛岡巴士中心下車步行3分
P 3輛
MAP P79 B-1

→店家後方有中津川流過

↑鬃之十製毛刷385～1100円

↑厚實的雙層木造建築

↑日、西式氛圍融合的美麗中庭

光原社

手工藝作品琳瑯滿目的工藝品店

7

●こうげんしゃ

前身是宮澤賢治童話集《要求特別多的餐廳》的出版社。除了岩手之外，還有來自日本國內外的民藝品及生活用品。

✆ 019-622-2094
🕐 10:00～18:00（冬季至17:30）
休 每月15日（逢週六日、假日則翌平日休） 所 盛岡市材木町2-18 🚌 JR盛岡站步行10分
P 無
MAP P79 A-1

散步途中別忘了順道看看 令人喜愛的美食

盛岡人的靈魂美食

→紅豆奶油麵包163円最受歡迎

福田パン 長田町本店

●ふくだぱんながたちょうほんてん

以蓬鬆麵包夾餡料製成的「夾心麵包」最有名，配料多達50種以上。

✆ 019-622-5896
🕐 7:00～17:00（售完打烊） 休 無休 所 盛岡市長田町12-11 🚌 JR盛岡站搭「蝸牛號」右迴，啄木新婚之家口下車步行5分 P 11輛
MAP P79 A-1

常備約40種蜂蜜供人試吃

→藤原黃金蜂蜜「栃」160ｇ1761円

藤原養蜂場

●ふじわらようほうじょう

創業122年的蜂蜜專賣店。除了自家商品之外，還有提供國內外的蜂蜜約40種。

✆ 019-624-3001
🕐 10:00～18:00 休 週一 所 盛岡市若園町3-10 🚌 JR盛岡站搭「蝸牛號」右迴，上之橋町下車即到 P 25輛
MAP P79 B-1

↑小石原燒茶杯各1870円

也看看咖啡廳！

可否館

●こーひーかん

佇立於中庭一隅的咖啡廳。可以在古典空間內享用手工濾泡咖啡和餅乾。

→濃郁的咖啡550円

↑時間緩慢流動的沉穩店內

白龍
◆ぱいろん

祕傳的肉味噌和扁麵拌勻，即可享用味道濃郁的始祖炸醬麵的人氣店。加上醋和辣油、大蒜是行家的吃法。

☎019-624-2247 🕐9:00〜21:00 休週日
所盛岡市內丸5-15 🚃JR盛岡站搭「蝸牛號」右迴，縣廳・市役所前下車即到 P無

MAP P79 B-1

➡炸醬麵小碗560日圓〜

品嘗小竅門！
麵吃完之後，再來喝由生雞蛋和煮麵湯做成的雞蛋湯

香氣四溢的炸醬讓人上癮的美味

肉味噌和扁麵拌著吃的平民美味

盛岡炸醬麵

完整傳達真誠
待客心情的傳統餐

碗子蕎麥麵

配合吆喝聲的節奏品嘗蕎麥麵

➡碗子蕎麥麵3355円起。店家會先說明吃法，初次品嘗者也不用擔心

抵達盛岡之後，先來嘗嘗！

三大麵！

盛岡的代表性美食，是「盛岡冷麵」、「碗子蕎麥麵」、「炸醬麵」這三大麵。向店員請教麵的吃法，好好享用麵的美味吧。

彈牙有勁的麵條讓人欲罷不能

盛岡冷麵

品嘗小竅門！
點一盤另外盛裝辛奇的「別辛」，按照喜歡的辣度調整吧。

要配合著我的吆喝聲來吃喔♪

直利庵
◆ちょくりあん

1884年創業至今的老字號蕎麥麵店，名產是碗子蕎麥麵。從招牌口味到季節限定，提供超過20種蕎麥麵菜單。

☎019-624-0441 🕐11:00〜20:00 休週三（逢假日則營業） 所盛岡市中ノ橋通1-12-13 🚃JR盛岡站搭「蝸牛號」左迴，盛岡巴士中心下車即到
P無　　　MAP P79 B-1

品嘗小竅門！
可以依照自己的喜好，加入生魚片、鮭魚卵等佐料品嘗。

食道園
◆しょくどうえん

1954年創業的盛岡冷麵發源店。承襲了平壤流派的牛肉湯頭有層次感，和彈牙的麵條更是對味。

☎019-651-4590 🕐11:30〜15:00、17:00〜22:00，週日・假日為11:30〜21:00 休第1、3週二 所盛岡市大通1-8-2 🚃JR盛岡站搭「蝸牛號」右迴，中央通一丁目下車步行5分
P無　　　MAP P79 B-1

風味濃郁的湯頭讓人忍不住喝到一滴不剩

➡冷麵1000日圓

青森
P.51

岩手

三大麵！／盛岡地區導覽

秋田
P.99

宮城
P.117

山形
P.141

福島
P.163

特産品プラザ ら・ら・いわて

伴手禮　　MAP P79 B-1

●とくさんひんぷらざ ららいわて
☎019-626-8178

購物

備有齊全的岩手伴手禮

以盛岡產為主的岩手縣內特產品一應俱全。從南部鐵器、手織衣物等散發手作溫暖感的傳統工藝品，到充滿鄉土特色的漬物、名點，魅力十足的商品琳瑯滿目。最適合來此選購伴手禮。

■10:00～18:00
休第2、4週日（6～8月、11～12月為無休）
所盛岡市內丸16-1 水產會館1F
交JR盛岡站搭「蝸牛號」右迴，縣廳・市役所前下車即到　P6輛

張。陳列著許多特產品
2021年6月遷址開

いわちく銀河離宮

肉料理　　MAP P79 B-1

●いわちくぎんがりきゅう
☎019-606-3739

美食

暢快享用頂級的岩手牛

岩手畜牧業的廠商「いわちく（股份有限公司）」的直營店。身為熟知肉品通路的店家而能夠確保品質，親民的價格也很有吸引力。

■11:30～13:30、17:00～21:30
休週日　所盛岡市菜園1-4-10 第2サンビル1F
交JR盛岡站搭「蝸牛號」左迴，盛岡城跡公園前下車即到
P無

餐為1人份9500円（2人起

石割櫻

櫻花　　MAP P79 B-1

●いしわりざくら
☎019-604-3305
（盛岡觀光會議協會）

景點

切裂岩石成長茁壯的櫻花名樹

位於盛岡地方法院前庭，推定樹齡約360年的江戶彼岸櫻。撐開巨大花崗岩成長茁壯的古樹，開出淡粉色可愛花朵的英姿令人感動。1923年被指定為日本的國家天然紀念物。

■自由參觀　所盛岡市內丸9-1
交JR盛岡站搭「蝸牛號」右迴，中央通一丁目下車即到
P無

賞期，昭告盛岡春天將至的古樹往年4月中旬～下旬迎來最佳觀

iwate tetoteto

伴手禮　　MAP P79 A-1

●いわててとてと
☎019-606-4832

購物

在車站內販售人氣「福田麵包」

位於JR盛岡站2樓。明亮開放的店內除了販售人氣夾心麵包福田麵包，還有以牧場直送牛奶所製的義式冰淇淋等，當地深受喜愛的美食及伴手禮。

■8:00～19:00（麵包區為7:15～）
休無休
所盛岡市盛岡駅前通1-48
交JR盛岡站站內
P無

↑限定菜色炸醬麵包400円

↑最受歡迎的紅豆奶油麵包240円

釜定

伴手禮　　MAP P79 B-1

●かまさだ
☎019-622-3911

購物

簡單時尚的南部鐵器

守護傳統的同時，也精心打造獨創鐵器的工作坊。除了質感溫暖的鐵壺、鍋子之外，還有很多諸如筷架、墜飾等能輕鬆使用的生活用品和首飾。

■9:00～17:30
休週日　所盛岡市紺屋町2-5
交JR盛岡站搭「蝸牛號」左迴，盛岡巴士中心（神明町）下車步行5分
P無

↑也能融入室內裝潢的裝飾品為3850円起

ぴょんぴょん舎 盛岡駅前店

燒肉　　MAP P79 A-1

●ぴょんぴょんしゃ もりおかえきまえてん
☎019-606-1067

美食

交通超方便的正統盛岡冷麵店

牛骨提取的高湯味道清爽，味道卻很有層次且深奧。彈牙的麵條是在點餐後才開始製麵。也很推薦岩手短角牛等燒肉。距離車站很近，坐擁交通地利之便，是觀光客和當地客都熟知的店家。

■11:00～23:00
休無休　所盛岡市盛岡駅前通9-3
交JR盛岡站步行3分　P無

↑清澈的湯頭和彈嫩的麵條極對味。受歡迎的盛岡冷麵990日圓

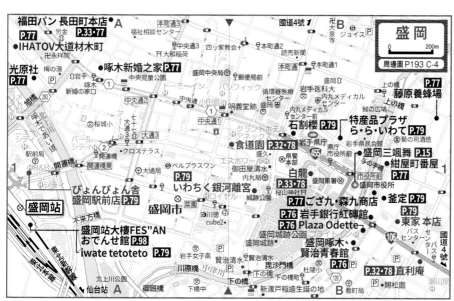

東家 本店

蕎麥麵　　MAP P79 B-1

●あずまやほんてん
☎0120-733-130

美食

吃超過100碗可以獲得證書

1907年從老字號料亭創立分店以來，持續傳承南部的蕎麥麵料理，是市民熟知的蕎麥麵店。搭配服務員吆喝聲享用的碗子蕎麥麵熱鬧非凡。

■11:00～15:00、17:00～19:00　休無休
所盛岡市中ノ橋通1-8-3
交JR盛岡站搭「蝸牛號」左迴，盛岡巴士中心下車步行3分　P無

碗子蕎麥麵3900円。吃超過100碗就能獲得店家原創的證書

可以近距離看可愛的綿羊！

在牧場天文館前的綿羊放牧地舉辦

在閑靜的大自然放鬆休憩

小岩井農場

こいわいのうじょう

交通方式

往小岩井農場牧場園的岩手縣交通巴士	盛岡站	巴士
小岩井農場牧場園	30分	
國道46號、縣道219號	盛岡IC 東北自動車道	開車
小岩井農場	12km	

廣域MAP P193

洽詢處

小岩井農場　☎019-692-4321

小岩井綿羊秀 ①

介紹牧羊人工作的人氣表演，會視季節改變參觀內容。

🕐週六日、假日、11:00～（約20分）
休 冬季
¥ 免費

在綠色牧場盡情遊玩一整天♪

小岩井農場

在小岩井農場可以找到許多樂趣，諸如各種活動、參觀牛棚、農場特有的美食及伴手禮等。前往岩手山矗立在旁、綠意盎然的牧場，盡情遊玩一整天吧！

小岩井農場的人氣活動

牛群見面會

能見到在小岩井農場酪農發源地「上丸牛棚」生活的巨大乳牛群的熱門行程。在導覽員介紹下，可以近距離觀察牛群的生活。

●期間／4月下旬～11月上旬
●時間／9:30～、13:00～、15:00～
●費用／500円，學齡前兒童免費
●預約／不需，按照當天先到順序受理，名額30人
●報名／資訊中心

約300頭生活的上丸牛棚。

可以在1號牛棚就近觀摩牛隻的生活。

銀河農場之夜
KOIWAI Winter Lights

每年大受好評的光之隧道、以農場動物及銀河鐵道為主題的燈飾，為美麗的夜晚妝點色彩。廣闊園區被光籠罩的光景非常值得一看。

🕐11月下旬～1月上旬

在廣大的「牧場園」玩樂

小岩井農場

●こいわいのうじょう

位在岩手山南麓，坐擁約3000公頃的廣大腹地。觀光區域「牧場園」不僅提供農場特有的體驗、活動、美食，伴手禮品項也很豐富。

☎019-692-4321
🕐9:00～17:00，視時期而異
休 無休（有設施檢修日）
¥ 800円，5歲～小學生300円
所 雫石町丸谷地36-1　🚌巴士／JR盛岡站搭往小岩井農場牧場園的岩手縣交通巴士，小岩井農場牧場園下車即到　開車／東北自動車道盛岡IC 12km　🅿1500輛
※營業時間、期間等詳情參照官網

MAP P193 B-4

青森 P.51

岩手 小岩井農場

秋田 P.99

宮城 P.117

山形 P.141

福島 P.163

在廣闊的農場遊玩♪

騎在馬背上的感覺比想像中還要高！

← 有員工帶領好放心

↑ 餵迷你馬最愛的胡蘿蔔

2 小岩井騎馬公園　輕鬆挑戰騎馬

可以和可愛的馬和兔子互動。「騎馬體驗」有員工伴隨繞行約110公尺的路線，第一次騎馬的人也能放心挑戰。小朋友的話，也很推薦到「馬的用餐時間」體驗餵馬吃點心。

騎馬體驗、馬的用餐時間
🕐 10:00～11:30、13:30～15:00（視時期和馬匹身體狀況而異）
休 冬季　¥ 騎馬體驗800円，胡蘿蔔300円

3 參觀毛絨絨羊群的用餐模樣

↑ 羊群並排吃東西的模樣很可愛

綿羊的點心時間

可以一邊聆聽嚮導解說綿羊每天的飲食及生活，一邊觀賞餵食的畫面。

🕐 15:00～（20分）　休 冬季
¥ 免費

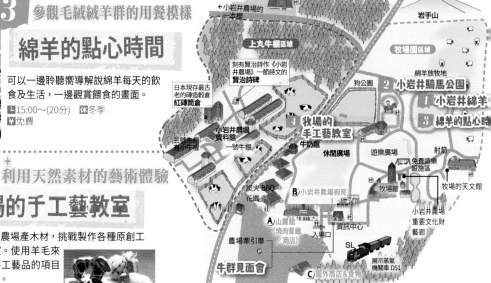

（地圖）
←小岩井農場的一本櫻
岩手山
上丸牛棚區域
牧場園區域
刻有賢治詩作《小岩井農場》一節詩文的 賢治詩碑
綿羊放牧地
日本現存最古老的磚造教倉 紅磚筒倉
2 小岩井騎馬公園
小岩井農場資料館
1 小岩井綿羊
三號牛棚 青小牛棚
一號牛棚
3 綿羊的點心時
4 牧場的手工藝教室
牛奶館
狗公園
休閒廣場
遊樂廣場
射箭
免費遊樂設施區域
炭火BBQ花園
B 小岩井農場廚房
牧場館
牧場的天文館
A 山麓館（燒肉餐廳、商店）
資訊中心
入場口
小岩井農場重要文化財 藝廊
農場牽引車
SL
展示蒸氣機關車 D51
牛群見面會
C 園外商店＆食物

農場特有的體驗

4 利用天然素材的藝術體驗

牧場的手工藝教室

使用小岩井農場產木材，挑戰製作各種原創工藝品的教室。使用羊毛來製作各種手工藝品的項目也很受歡迎。

🕐 9:30～11:00、13:00～15:00　¥ 1000円～

← 也有季節性特別項目

上午是看牛放牧的好機會！

凜然佇立在小岩井農場的一本櫻

天氣放晴時可以清楚看見雄偉的岩手山

散起步來心曠神怡的農場周邊道路

活動時程表

小岩井綿羊秀　週六日、假日、11:00～
牛群見面會　9:30、13:00、15:00
騎馬　10:00～11:30、13:30～15:00
馬的用餐時間　10:00～11:30、13:30～15:00
牧場的手工藝教室　隨時受理
綿羊的點心時間　15:00

帶回家♪ 小岩井伴手禮

小岩井限定別針胸章 各450円

有「牛奶瓶」、「岩手山與櫻花」這兩種，最適合作為來場紀念品的伴手禮

小岩井牛 2500円

鄉土玩具紅牛的變化版，以小岩井農場的牛為造型

小岩井農場起司蛋糕 1480円

運用小岩井農場的新鮮食材所製的經典起司蛋糕。有烤、生起司蛋糕這兩種

在這裡購買：都在 A 山麓館商店、C 園外商店＆食物

吃吃看！小岩井美食

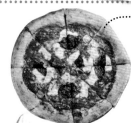

小岩井農場起司的瑪格麗特披薩 1500円

使用小岩井農場產小麥和起司烘烤的披薩，是起司愛好者難以抗拒的菜單

在這裡品嘗 B 小岩井農場廚房

小岩井農場霜淇淋 450円

現做的牛奶霜淇淋。高雅的甜味大人也會喜歡

在這裡品嘗 B 小岩井農場廚房、C 園外商店＆食物

小岩井牛評比拼盤 2人份4500円

能品嘗小岩井牛各部位的肉，分量飽滿的拼盤料理

A 山麓館燒肉餐廳

在這裡品嘗

宮澤賢治的世界

宮澤賢治出生的故鄉花卷。
鎮上的人們都尊稱他為「賢治先生」、「賢治老師」。
一起遊逛他所描繪的理想國IHATOV吧。

↑建於綠意盎然的地方

花卷胡四王山匯集了許多介紹賢治的設施。從胡四王山神社可以將花卷街道盡收眼底

↑用影像呈現賢治的內心世界

充滿童話世界觀的賢治故鄉

花卷
はなまき

交通方式

鐵道		
花卷站	JR東北本線 25～40分	盛岡站
花卷站	JR東北本線 10分	新花卷站 → JR東北新幹線「隼號」、「山彥號」 2小時25～50分 → 東京站
花卷市區	縣道299、12號等 4km	花卷南IC → 東北自動車道

廣域MAP P197

洽詢處
花卷觀光協會　☎0198-29-4522

←IHATOV館入口處有賢治的剪影

賢治商品在這裡！

2 山猫軒
●やまねこけん

以《要求特別多的餐廳》為主題的餐廳。入口處寫著書中一文「尤其熱烈歡迎胖子及年輕人」。也附設販售賢治相關商品和花卷伴手禮的商店。

☎0198-31-2231
🕐10:00～16:30，商店、咖啡廳為9:00～17:00
休無休
所花卷市矢沢3-161-33
交JR新花卷站搭往伊藤洋華堂的岩手縣交通巴士，賢治紀念館口下車步行10分
P50輛
MAP P82 B-1

↑人氣山貓麵疙瘩套餐1500円
↑山貓軒原創木板明信片550円

1 宮澤賢治紀念館
●みやざわけんじきねんかん

深入了解宮澤賢治的生涯

介紹與賢治相關的影片和資料。展覽室的螢幕放映著對賢治帶來影響的事物，可以親身感受其世界觀。還有展示原稿、他愛用的大提琴等豐富資料。

☎0198-31-2319
🕐8:30～17:00
休無休
¥350円
所花卷市矢沢1-1-36
交JR新花卷站搭往伊藤洋華堂的岩手縣交通巴士，賢治紀念館口下車步行15分
P47輛
MAP P82 B-1

↑展示科學、藝術、宇宙、宗教、農業這五個領域的資料

關於宮澤賢治

1896年生於岩手縣花卷市（川口町），在花卷農學校擔任教職，運用自身對農業、佛教、宇宙等的知識留下了各種作品。
被譽為有詩人、童話作家、教師、科學家、宗教家等多種樣貌的才子。
「IHATOV」（イーハトーブ）是賢治自創的詞，源自於「岩手縣」的世界語發音，一般認為這是出自賢治之口、代表「理想國日本岩手縣」的詞彙。過著自給自足生活的宮澤賢治在37年的短暫生涯中，所創的諸多作品都是從故鄉花卷風土民情獲得靈感，描繪出栩栩如生的獨特世界觀。

遊逛理想國、了解賢治

花卷的遊逛方式
【所需時間5小時】
在新花卷站搭巴士，賢治紀念館口巴士站下車後，開始步行遊逛吧。

Start
JR新花卷站
搭巴士2分

1 宮澤賢治紀念館
↑除了文學也熱愛音樂的賢治所愛用的大提琴
步行即到

2 山猫軒
《要求特別多的餐廳》
位於深山的神祕餐廳。青年們看到了……

從巴士下車走10分左右，爬上坡道

花卷
0　500m
周邊圖 P197 C-1

花卷Jct
花卷空港IC
コメリ
紫波
盛岡站
オリオンベーカリー
八坂神社
花巻大橋
釜石自動車道
新花卷站
遠野站
八幡宮
釜石線
似内駅
東本館橋
セントラル花巻
北上川
胡四王山 183.0
P.83 なめとこ山庵
P.82 山猫軒
P.82 宮澤賢治紀念館
P.83 波蘭廣場
P.83 宮澤賢治IHATOV館
P.83 宮澤賢治童話村
花卷市博物館
花卷市
イギリス海岸
花卷站
桜台小
四日町
花卷駅口
花巻警
花卷東バイパス
イトーヨーカドー
林風舎 P.83
花卷市役所
マルカンビル大食堂 P.33
北上站
朝日橋
里川口
銀河モール
遠野IC
東北新幹線
花卷新渡戸記念館
矢沢橋
安野橋
矢沢中
矢沢小
北上站

感受賢治魅力！

推薦在花卷感受賢治的內心世界。不妨前往參觀據說是作品主題的橋梁，拜訪相關的咖啡廳。

在這裡吃午餐！

五個半圓相連而成的夢幻拱橋
眼鏡橋 ●めがねばし

JR釜石線的鐵道橋。據說JR釜石線的前身岩手輕便鐵道是《銀河鐵道之夜》的原型，美麗的拱形橋或許提供了賢治創作靈感。

☎0198-67-2111（遠野市宮守綜合分所）
▣自由參觀
🏠遠野市宮守町下宮守
🚃JR宮守站步行10分
🅿使用宮守公路休息站停車場
MAP P197 D-2

↑正式名稱為宮守川橋梁，於1915年完工
↑也會舉辦期間限定的夜間點燈活動

在賢治相關咖啡廳稍作休息
林風舍 ●りんぷうしゃ

賢治的親戚所經營的咖啡廳＆商店。1樓販售手帳本等賢治相關原創商品。2樓有瀰漫古典氛圍的咖啡廳，可享用以童話為主題的蛋糕。

☎0198-22-7010
▣10:00～17:00，咖啡廳至16:20
休週四、不定休
🏠花卷市大通1-3-4
🚃JR花卷站步行5分 🅿免費（1小時）
MAP P82 A-1

↑以《要求特別多的餐廳》為主題的咖啡廳 ➡「林風舍」原創不畏風雨複製手帳本2750円

---

5 なめとこ山庵 ●なめとこやまあん

使用自家製蕎麥粉的芳香蕎麥麵備受好評的店家。使用依季節嚴選的國產蕎麥粉，每天早上打製所需分量。「納豆蘿蔔泥蕎麥麵」附使用花卷產大豆的自製納豆，是頗受歡迎的菜色。蕎麥麵可以選擇冷或熱。

➡納豆蘿蔔泥蕎麥麵（冷）1100円

↑位於連接宮澤賢治紀念館的坡道入口對面，古民宅風格的店家

☎0198-31-2271 ▣11:00～14:00（蕎麥麵售完打烊）
休週二三 🏠花卷市高松26-26-43 🚃JR新花卷站搭往伊藤洋華堂的岩手縣交通巴士，賢治紀念館口下車即到 🅿7輛
MAP P82 B-1

大廳 ➡「賢治的學校」內的奇幻

6 宮澤賢治童話村 ●みやざわけんじどうわむら

感受奇幻世界

在腹地內的「賢治的學校」，能感受以宇宙、天空、大地等為主題的童話世界。還有彷彿翱翔天際的「天空房間」等奇幻空間，以及小木屋風格的「賢治的教室」。

☎0198-31-2211
▣8:30～16:30
休無休 ¥350円，高中大學生250円，中小學生150円 🏠花卷市高松26-19
🚃JR新花卷站搭往伊藤洋華堂的岩手縣交通巴士，賢治紀念館口下車即到
🅿86輛
MAP P82 B-1

①以閃亮宇宙空間為主題的「宇宙房間」
②被巨大昆蟲立體模型環繞的「大地房間」

月夜下的電線桿

大提琴手高修

↑彷彿聽見「月夜下的電線桿的軍歌」！

↑《大提琴手高修》中出現的動物迎接來客

➡發現《銀河鐵道之夜》的火車！喬凡尼和坎佩尼拉在哪裡呢？
銀河鐵道之夜

尋找童話主題
村內有許多重現童話世界的藝術裝飾，一邊在觀光步道散步一邊探索吧。

➡花壇設計是賢治重要的創作活動之一

3 波蘭廣場 ●ぽらんのひろば

花卉競相盛開
賢治設計的日晷花壇

連接宮澤賢治紀念館的林中廣場。根據賢治留下的設計圖及書信，重現賢治設計的日晷花壇和南斜花壇。周邊小路上有童話為主題的藝術裝飾。

☎0198-31-2319（宮澤賢治紀念館）
▣自由參觀 🏠花卷市矢沢
🚃JR新花卷站搭往伊藤洋華堂的岩手縣交通巴士，賢治紀念館口下車步行5分
🅿47輛
MAP P82 B-1

↻賢治作品中有許多貓頭鷹登場

↑描繪《橡果與山貓》山貓的馬賽克畫

↻商店也有陳列賢治相關繪本和雜貨

4 宮澤賢治 IHATOV館 ●みやざわけんじいーはとーぶかん

賢治相關書籍及研究論文一應俱全

收集了與賢治有關的各領域藝術作品、論文、新聞報導等，提供閱覽。展示場內經常舉辦企劃展。1樓大廳有商店和咖啡廳區。

☎0198-31-2116 ▣8:30～16:30
休無休 ¥免費 🏠花卷市高松1-1-1
🚃JR新花卷站搭往伊藤洋華堂的岩手縣交通巴士，賢治紀念館口下車步行5分
🅿21輛
MAP P82 B-1

Goal
JR新花卷站
搭巴士12分

6 宮澤賢治童話村
步行5分
↑「賢治的教室」展示童話經常出現的動植物、星星、花鳥、石頭

《滑床山的熊》
心地善良的小十郎對於身為獵人感到苦惱……

5 なめとこ山庵
步行3分
↻可以在咖啡廳區品嘗咖啡和甜點。人氣蛋糕（650円）

4 宮澤賢治 IHATOV館
步行3分

《波拉農廣場》
關於一座任誰都能唱出美妙歌聲的廣場的故事

3 波蘭廣場
步行5分

遠野物語之里

草叢陰影處 可能有河童出沒!?

位於閑靜深山的遠野至今仍流傳許多民間故事，有種就算河童出現也不足為奇的氛圍。因此，就請一直在尋找河童的「河童叔」來介紹遠野的神祕景點吧！

❷河童淵有座祭祀河童神的小祠堂

交通方式

遠野站	JR釜石線 50分～1小時20分	花卷站	鐵道
遠野市區	國道283號等 3km	遠野自動車道 釜石IC	開車

廣域MAP P196

洽詢處
遠野市觀光協會 ☎0198-62-1333
遠野市觀光交流課 ☎0198-62-2111

1 河童淵、常堅寺

●かっぱぶちじょうけんじ

1490年開山的常堅寺後方有條名為「河童淵」的小溪，是個陰暗草多、流傳河童現身傳說的地方。這裡也會放置釣河童用的釣竿。

☎0198-62-1333（遠野市觀光協會）
🕗自由參觀 📍遠野市土淵町土淵 🚃JR遠野站搭岩手縣交通巴士土淵線，傳承園前下車步行6分 🅿無
MAP P84

遠野市觀光交流中心
旅の蔵遠野
●とおのしかんこうこうりゅうせんたーたびのくらとおの

☎0198-62-1333（遠野市觀光協會）
🕗8:30～17:30
休無休
📍遠野市新穀町5-8 🚃JR遠野站即到 🅿13輛
MAP P84

位於JR遠野站前，提供觀光洽詢、傳遞資訊、租借自行車、觀光導覽等服務。也有販售遠野特產品的商店。

カッパ捕獲許可證 002579
❷每張220円，效期為4月～翌年3月31日。在旅の蔵遠野、公路休息站、遠野故鄉村等處販售

獲得河童捕捉許可證!

START

遇見河童的機率 不明!?

這裡總是瀰漫著涼冷的空氣，彷彿隨時會有河童現身。附帶一提，聽說遠野的河童臉是紅色的唷。

請告訴我！ 河童叔

遠野流傳已久的河童傳說是?

喜歡把馬拉近河裡、愛惡作劇的河童某天被人類抓到，又被和尚所救，後來河童幫忙撲滅了常堅寺火災的傳說故事。

遊逛方式建議
租借自行車

遠野的景點散落各處，範圍很廣，建議開車或租借自行車遊逛。在遠野市觀光交流中心 旅の蔵遠野租借自行車的費用為720円起。

遠野
0 500m
周邊圖P196 E-2

阿曾沼公歷代碑
橫田城跡
登戶橋
太郎カッパ淵
遠野北小
光明寺楓樹
遠野バイパス
加茂神社
遠野中
遠野站
遠野市役所
遠野物語館 P.85
釜石自動車道
あんべ P.33・85
花卷站
釜石線
まるまんじんぎす館 P.85
ビッグハウス
生ラムジンギスカン發祥の店 遠野食肉センター P.85
八坂神社
遠野東中
釜石站

上松崎橋
松崎橋
傳承園 P.85
宮古
河童淵、常堅寺 P.84
岩手アパレル
沼田製品
早池峰八幡宮
遠野市
遠野綠峰高 八幡山 ▲407.9
遠野運動公園
万世の里
踊鹿堤
五日市川

河童叔
「河童淵的守護者」運萬治男。務農之餘，一直在河童淵尋找河童。

標準路線

START → 遠野市觀光交流中心 旅の蔵遠野 → 開車10分 → 1 河童淵、常堅寺 → 步行10分 → 2 傳承園 → 開車20分+步行15分 → 3 續石 → 步行15分+開車15分 → 4 遠野物語館 → 開車5分 → 卯子酉樣 → GOAL

用**遠野**的方言
講述民間故事的遠野座

說書時會使用質樸的遠野方言，講述河童、御蠶神、座敷童子等民間傳說。4～11月為每天3場，8月1～31日為每天5場，12～3月為僅週六日、假日且每天1場。

↑有劇院和影像典藏館的「昔話藏」

穿梭時空來到傳說中的世界

充滿謎團的
超巨大岩石

↑在杉樹林中突然出現

4 遠野物語館
●とおのものがたりのやかた

除了說書人的說書表演之外，還附設能透過聲音、影像沉浸於傳說世界的「昔話藏」、「柳田國男展示館」、「城下町資料館」等，可以完整感受《遠野物語》的世界。

☎0198-62-7887
🕐9:00～16:30 休無休（2月中旬有維護休館日）￥510円，高中生以下210円 🅿遠野市中央通り2-11
🚃JR遠野站步行5分
🅿24輛（收費）
MAP P84

何謂《遠野物語》？
明治時代的民俗學家柳田國男編纂的故事集。是一部統整了岩手縣遠野市妖怪譚傳說等的作品，被視為日本民俗學的先驅。

3 續石
●つづきいし

高2公尺的基石上有寬7公尺、長5公尺、厚2公尺的巨大岩石，兩個並排的基石中只有一個在支撐巨石。三塊石頭構成的造型宛如鳥居，還可以從下方鑽過去。

☎0198-62-1333（遠野市觀光協會）
🕐免費參觀 🅿遠野市綾織町上綾織
🚃JR遠野站搭岩手縣交通巴士綾織・達曾部線，續石下車步行15分
🅿5輛
MAP P196 E-2

挑戰
一舉釣起
河童！

神祕程度是
河童等級！
謎之巨石景點

有人說是古代人的墓、或弁慶用手將石頭搬上去的，眾說紛紜。附近有祭祀山神的祠堂。

傳承人與馬共同生活
的岩手歷史

↑祠堂旁放有釣河童用釣竿

↑祠堂聳立於樹林之中

祈求戀愛圓滿的
結緣景點

御蠶神堂裡供著
上千尊御蠶神

在曲屋後方約12坪大的祠堂，牆上祭祀著一整面御蠶神。據說御蠶神是養蠶、農業、馬兒以及「告知」的神明。

卯子酉樣 **GOAL**
●うねどりさま

祈求戀愛圓滿的小祠堂，掛滿許願用的紅布條。據說過去這裡有座巨大水淵，信仰虔誠的人有時會看到淵主現身，實現善男信女的愛情願望。

☎0198-62-1333（遠野市觀光協會）
🕐境內不限 🅿遠野市下組町
🚃JR遠野站搭往巴士中心的岩手縣交通巴士，遠野營業所下車即到
🅿10輛
MAP P196 E-2

戀愛圓滿的神明
也會幫助大叔和
河童結緣!?

傳說只要能用非慣用手把寫有願望的紅布條綁上去，就能保佑戀愛圓滿。紅布條每條100円，自行投錢取用。

2 傳承園
●でんしょうえん

傳承遠野傳統文化的設施，有名列重要文化財的「菊池家曲家」、供奉遠野地區神明御蠶神的「御蠶神堂」等，重現與大自然共存的傳統生活。

☎0198-62-8655
🕐9:00～17:00 休無休
￥330円，小學～高中生220円
🅿遠野市土淵町土淵6-5-1
🚃JR遠野站搭往恩德、西內方向的岩手縣交通巴士土淵線，傳承園前下車即到 🅿80輛
MAP P84

↑御蠶神堂內展示著以女孩與馬相戀故事聞名的御蠶神

講究的頂級生羔羊肉
**生ラムジンギスカン発祥の店
遠野食肉センター**
●なまらむじんぎすかんはっしょうのみせとおのしょくにくせんたー

由師傅用手切生羔羊肉的成吉思汗烤肉人氣店。有四種招牌自製醬汁，沾上肉片來享用羔羊原本的美味吧。

↑肩里肌肉套餐2180円

☎0198-62-2242 🕐11:00～14:30、17:00～20:30，高級肉販售為10:00～20:30 休不定休 🅿遠野市松崎町白岩20-13-1 🚃JR遠野站開車5分 🅿50輛
MAP P84

遠野達人的
必去店家
**まるまん
じんぎす館**
●まるまんじんぎすかん

澳洲產新鮮生羔羊肉經過精心處理後，能嘗到腥味少的美味羊肉。位於遠野市中心，坐擁地利之便。店內的居家氣氛也很吸引人。

↑成吉思汗烤肉套餐（蔬菜、肉品3人份）3500円

☎0198-60-1185 🕐18:00～22:00 休週二（逢假日則營業）🅿遠野市中央通り1-8 🚃JR遠野站步行5分 🅿無
MAP P84

遠野成吉思汗烤肉的始祖

↑成吉思汗定食1100円

☎0198-62-4077 🕐10:00～19:00 休週四 🅿遠野市早瀨町2-4-12 🚃JR遠野站開車5分 🅿30輛
MAP P84

あんべ

將帶油花多汁羔羊肉及美味瘦肉熟成並厚切，沾風味豐富的辣醬享用。

也推薦這裡！

本州第一的羊肉天國
遠野成吉思汗烤肉

遊逛

前往雲上！ ✦穿越八幡平大自然之美✦

絕景兜風

名峰八幡平的兜風路線沿路都是雄偉的景觀。可以順道去瞭望所及觀光步道，欣賞壯觀的岩手山、盛開的高山植物、悠然遼闊的樹海等，享受充滿野性之美的大自然。

秋有紅葉

穿過八幡平的兩條山岳路線

連接岩手縣八幡平市與秋田縣鹿角市的山岳兜風路線──八幡平ASPITE LINE，沿線散布著在火山活動下形成的湖沼群。八幡平ASPITE LINE的路線在山頂附近分岔，往松川溫泉的八幡平樹海線是條人氣路線，能名思義穿梭在樹海之間，顧名思義穿梭在樹林在新綠和紅葉時節的變化。

⬆岳樺等景觀為ASPITE LINE妝點色彩
➡ASPITE LINE的春季美景──8公尺高的「雪之迴廊」

初春能在雪壁旁兜風

八幡平
はちまんたい

兜風、健行、溫泉……樂趣多多的高原

交通方式

巴士
岩手縣北巴士
八幡平頂上　盛岡站
1小時45分
（冬季停駛）

開車
停車場　縣道45、23號　八幡平IC　東北自動車道松尾八幡平IC
八幡平頂上　26km

廣域MAP P193・194

洽詢處
八幡平市觀光協會 ☎0195-78-3500

全長27km 八幡平ASPITE LINE
全長17km 八幡平樹海線

兜風DATA

GOAL!
玉川溫泉

約28km 需時40分

在山頂岔路往左

八幡平樹海線

約19km 需時30分

GOAL!
松川溫泉

看點在這裡
★藤七溫泉
★涼風瀑布

什麼樣的路線？
可以在鄰近原生林的地方兜風，有連續彎道。溫泉的噴出口散布各處。

岩手縣和秋田縣的縣境

什麼樣的路線？
沿途有許多健行路線，能享受休閒運動之樂。

看點在這裡
★大深澤展望台
★八幡平大沼

八幡平ASPITE LINE的入口旁

八幡平山頂レストハウス

八幡平ASPITE LINE

約19km 需時30分

什麼樣的路線？
坡度較緩的傾斜山岳路線，有源太岩、熊沼等一連串景點。不能錯過八幡平的象徵八幡沼。

看點在這裡
★源太岩展望所 ★夜沼
★熊沼 ★八幡沼

START!

松尾八幡平IC 約10分

松尾八幡平遊客中心

兜風行程規劃
Q&A

Q 是什麼樣的兜風路線？

A 有橫貫八幡平的八幡平 ASPITE LINE，以及在山頂分岔的八幡平樹海線。山頂附近海拔 1613 公尺，能體驗雲上兜風之樂。冬季道路會封閉。

Q 該從哪個IC前往？

A 松尾八幡平 IC 開車約 10 分可至 ASPITE LINE 的入口。可以在松尾八幡平遊客中心蒐集資訊，附設地直銷專區松尾八幡平物產館「あすぴーて」。

⬅松尾八幡平物產館「あすぴーて」

Q 推薦的季節是？

A 4月中旬道路開通以後，沿路被雪覆蓋的「雪之迴廊」相當有名。紅葉則是 10月上旬至中旬為最佳賞楓期。

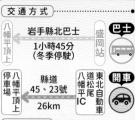

➔ 從瞭望台眺望的美景。周邊有以龍之眼（→P6）聞名的鏡沼

周邊是高山植物的寶庫

4 八幡平山頂觀光步道
★はちまんたいさんちょうゆうほどう

眺望八幡平的象徵
八幡沼
從縣境登山口出發的攻頂路線。亮點為能從瞭望台眺望的八幡沼。

☎0195-78-3500（八幡平市觀光協會）
🕐4月中旬～11月上旬，自由參觀
📍八幡平市八幡平 🅿107輛
MAP P193 A-2

也能看到岩手山、秋田駒岳！

➔ 晴天時也能看到遠方的鳥海山等

6 八幡平大沼
★はちまんたいおおぬま

➔ 觀光步道有幾處是完善的木棧道

在高山植物妝點的濕原散步
能看到水芭蕉、白毛羊鬍子草等植物群生的美麗濕原。觀光步道的起伏不多，新手也能輕鬆散步。

☎0186-23-2019（十和田八幡平觀光物產協會）
🕐4月中旬～11月上旬，自由參觀 📍秋田縣鹿角市八幡平熊沢国有林内 🅿30輛
MAP P193 A-2

➔ 位於半山腰的停車場附近

2 涼風瀑布
★すずかぜのたき

從好幾段段差傾瀉而下
隱藏在樹林之間傾瀉而下的瀑布看起來相當清涼。因為不容易找到，要留意是否錯過。

☎0195-78-3500（八幡平市觀光協會）
🕐4月下旬～11月上旬，自由參觀 📍八幡平市松尾 🅿5輛
MAP P193 A-3

---

5 大深澤展望台
★おおふかざわてんぼうだい

能一覽雄偉樹海的瞭望台
位於秋田縣側海拔1560公尺高的觀景點，在雄偉樹海的對面有一大片壯觀的景色。

☎0186-30-0248（鹿角市產業活力課）
🕐4月中旬～11月上旬，自由參觀 📍秋田縣鹿角市八幡平 🅿10輛
MAP P193 A-2

山頂的休憩景點
使用岩手和秋田名產的烏龍麵

八幡平山頂レストハウス
★はちまんたいさんちょうれすとはうす

位於岩手和秋田縣境，能品嘗使用兩縣特產所製的烏龍麵和咖哩。也有販售多種伴禮。

☎0195-78-3500（八幡平市觀光協會）
🕐4月中旬～11月上旬，9:00～17:00（夜間禁止通行期間至16:30），食堂為10:00～15:00 休開放期間無休 📍八幡平市八幡平山頂 🅿107輛
MAP P193 A-2

➔ 使用岩手縣產牛和稻庭烏龍麵的源太咖哩稻庭烏龍麵900円

✦兩側鄰近樹海✦
八幡平樹海線的看點在這裡！
開放期間 **4月中旬**～**11月上旬**

1 藤七溫泉 彩雲莊
★とうしちおんせんさいうんそう

道路封閉期間休業

眺望絕景的雲上露天浴池
位於海拔1400公尺高地的溫泉旅宿。天氣好的時候可以看到岩手山和整片樹海。

☎090-1495-0950
🕐4月下旬～10月下旬，不住宿入浴為8:00～18:00 休10月下旬～4月下旬 ¥不住宿入浴650円 📍八幡平市松尾寄木北ノ又 🅿50輛
MAP P193 A-2

✦壯觀景色連綿不絕✦
八幡平 ASPITE LINE的看點在這裡！
開放期間 **4月中旬**～**11月上旬**

群山連綿的大全景！

➔ 從瞭望所往八幡平方向眺望群山峻嶺

1 源太岩展望所
★げんたいわてんぼうしょ

➔ 巨大岩石盤踞在路邊

岩手山近在眼前的必去眺望景點
位於海拔1255公尺處的瞭望台，能一覽岳樺、櫸樹海、無比遼闊的岩手山樣貌。

☎0195-78-3500（八幡平市觀光協會）
🕐4月中旬～11月上旬，自由參觀 📍八幡平市八幡平 🅿5輛
MAP P193 A-2

2 夜沼
★よぬま

周圍有樹海環繞遺世而獨立
夜晚曾有人來此偷捕岩魚，因而得名。這裡沒有完善的觀光步道，因此只能從ASPITE LINE上觀賞。

☎0195-78-3500（八幡平市觀光協會）
🕐4月中旬～11月上旬，自由參觀 📍八幡平市八幡平 🅿無
MAP P193 A-2

➔ 附近有水芭蕉群落

3 熊沼
★くまぬま

池沼形似熊掌而得名
從ASPITE LINE背對茶臼岳俯瞰會看到濕原群中的沼澤。這裡沒有通往熊沼的登山步道，是名符其實的祕境之地。

☎0195-78-3500（八幡平市觀光協會）
🕐4月中旬～11月上旬，自由參觀 📍八幡平市八幡平 🅿無
MAP P193 A-2

➔ 在連綿至遠方的樹海中的美麗湖面

周邊圖P193-194

絕景重點

從海岸眺望尖銳白色流紋岩林立的美景是必排行程，能欣賞到被譽為極樂淨土的絕景。

群青色大海與**雪白岩理**的對比堪稱妙景

宏偉的海岸之美與海產美食的寶庫

北三陸
きたさんりく

絕景兜風

樣貌豐富的大自然令人感動

三陸海岸奇岩連綿，其中又以北三陸的海景特別壯觀。也很推薦搭船從海上欣賞淨土濱、北山崎等地特有的絕景。踏上令人感動的海岸兜風之旅吧！

交通方式

鐵道	JR山田線 2小時10～20分	宮古站⇄盛岡站
巴士	岩手縣北巴士 2小時10分	宮古站前⇄盛岡站東口
開車	國道106號 5km	宮古市區⇄三陸自動車道宮古中央IC

廣域MAP P192

洽詢處 宮古市觀光課 0193-62-2111

↑形狀特殊的岩礁林立的淨土濱

進一步享受！

小型船遊覽
○さっぱせんゆうらん

搭乘小型船（さっぱ船）前往充滿藍光的「青之洞窟」探險。在淨土濱Marine House報名。無法預約。

○0193-63-1327（淨土濱Marine House）
3～11月，8:30～17:00（航行狀況需洽詢）
¥1500円
↑透明度夠高的話，雨天也會航行
MAP P192 H-4

1 宮古 淨土濱
○じょうどがはま

奇岩從海上突出的風景勝地，據傳江戶時代的和尚曾感嘆此地「宛如極樂淨土一般」。清澈的藍色海灣風平浪靜，到了夏天便是闔家前來遊玩的海水浴場。

○0193-62-2111（宮古市觀光課）
自由參觀
宮古市日立濱町
JR宮古站搭往奧淨土濱的岩手縣北巴士，奧淨土濱下車即到。或搭往宮古醫院的巴士，淨土濱遊客中心前下車步行20分 P450輛（淨土濱第1～4停車場等）
MAP P192 H-4

満満的現撈海產

↑陳列便宜又新鮮的眾多品項

2 宮古 宮古市魚菜市場
○みやこしぎょさいいちば

這座市場以新鮮海產為首，還有販售當地現採的蔬菜、山菜、香菇等。也有點心、雜貨、手工熟食等，可以在熱鬧非凡的氣氛中購物。

○0193-62-1521
6:30～17:30 週三
宮古市五月町1-1
JR宮古站步行10分 P105輛
MAP P192 G-5

兜風DATA

所需時間 約8小時(含觀光) ／ 行駛距離 約130km

| GOAL JR久慈站 | 281 124 5分/1km | 6 久慈山背土風館公路休息站 | 268 281 等20分/10km | 5 小袖海女中心 | 44 45 等50分/37km | 4 北山崎 | 7 173 45 等30分/27km | 3 龍泉洞 | 45 455 等45分/44km | 2 宮古市魚菜市場 | 248 45 15分/6km | 1 淨土濱 | 106 248 等15分/6km | START JR宮古站 |

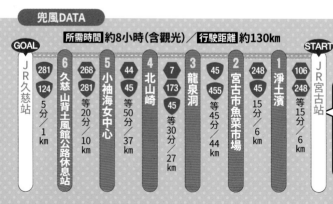

◆ 在宮古站租車

宮古站周邊有站前租車、豐田租車、日產租車、CARLIFE STADIUM租車這四家租車公司。皆能透過網路預約。

○0193-65-1955（站前租車 宮古營業所）

「旅行照片」Tips

將美景拍得更漂亮！

「MAPPLE」取材攝影師的「旅行照片」重點建議。

─ 風景篇 ─

邂逅令人感動的風景是旅行的一大樂趣，一點小功夫就能大大改變照片給人的印象。

Tips 1 構圖（角度）

拍大海、山巒的絕景時，不要將整體風景平均地入鏡，總之先稍微放大前景試試看 1。將中心稍微錯開空間就會變寬，能夠營造出深度空間感的風景。當雲朵和天空很美時，反而要放大上方天空所占的比例，如此便能拍出令人印象深刻的照片 2。拍攝有歷史感的街道、有水流經的風景亦同，只要轉移中心就能拍出印象截然不同的照片 3。

Tips 2 燈光（時間）

什天氣晴朗的日子可以把藍天綠景拍得很漂亮，不過中午前後在頂光下也會讓陰影變深 1。此外，在早晨及夕陽的時間帶有許多按下快門的好機會。想讓太陽入鏡，不妨試取景時不要將其置於畫面中心。太陽西沉的方向會隨季節大幅變動，最好確認方位與時間來擬定計畫。如果要拍夜景，建議選在天空仍偏藍的魔幻時刻或是日落後 20 ～ 40 分內 3。使用夜景模式並「關掉閃光燈」為佳。雖然近年來也有不少機型內建強人的防手震功能，但相機和智慧型手機還是盡量保持不動才能拍得更美。

Tips 3 拉近（視角）

不妨有效地使用縮放功能來拍攝。不要用看望遠鏡的感覺來拍照，試著用裁剪風景的用法來享受變化多端的角度。遇到雄壯的風景時，先以全景模式拍攝 1，另一張利用縮放功能來大膽裁剪拍攝對象也不錯 2。

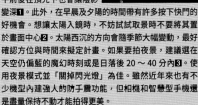

※ 照片為示意圖

三陸沿岸數一數二的壯觀景點不容錯過

有「海上阿爾卑斯」之稱的斷崖

進一步享受！

↑只有搭小型船才能前往的巡航之旅

小型船冒險
さっぱせんあどべんちゃーず

搭乘陸中海岸漁夫捕撈海膽、鮑魚等時所用的小型磯船享受巡航之旅。

☎0194-37-1211
（體驗村、田野畑Network）
⏰9:00～17:00 💰每人3800円（2人以上出航，需預約，當天出航需商量）
MAP P192 G-2

4 田野畑 北山崎
きたやまざき

從普代村黑崎到田野畑村弁天崎，綿延約 8 公里、高 200 公尺的斷崖。削切的岩石讓人聯想到高山，故有「海上阿爾卑斯」之稱。

☎0194-33-3248
（田野畑村綜合觀光服務處）
🚶自由參觀 🏠田野畑村北山 🚃三陸鐵道田野畑站開車 20 分
🅿140輛 **MAP** P192 G-2

流經的鍾乳石洞

Dragon Blue 的水

3 岩泉 龍泉洞
りゅうせんどう

↑Dragon Blue波光粼粼的第二地底湖

據說洞內總長約 5 公里以上，目前開放 700 公尺。是「日本三大鍾乳石洞」之一，擁有彷彿要被吸進去的透明水藍色地底湖、宛如藝術品的鍾乳石等許多看點。

→P90

↑「久慈豆團湯」

連續劇中介紹的人氣

6 久慈 山峁土風館 公路休息站
みちのえきくじやませどふうかん

久慈名產也有附設可品嘗的餐廳

除了物產館之外，也有觀光交流中心、多家餐飲店的公路休息站。餐廳提供久慈鄉土料理「久慈豆團湯」以及各種海鮮丼。

☎0194-52-2289（土の館）
⏰9:00～19:00（10～3月至18:00），餐廳為11:00～16:30 休無休 🏠久慈市中町2-5-6 🚃JR久慈站步行7分 🅿50輛
MAP P192 F-1

自由潛水到水深 8 公尺捕撈海膽

看「北限海女」

自由潛水

5 久慈 小袖海女中心
こそであませんたー

可以參觀傳統自由潛水的海女擸捕漁獲。1樓有觀光服務處和產地直銷設施，2、3樓展示介紹北限海女的歷史。

☎0194-54-2261
⏰9:00～17:00（參觀海女自由潛水需洽詢）休無休（可能視天候休館）🏠久慈市宇部町24-110-2 🚃JR久慈站搭往陸中野田的市民巴士，小袖海岸下車步行5分 🅿50輛
MAP P192 G-1

午餐 大啖 新鮮的三陸海產！

宮古虹鱒瓶丼 1500円

宮古 淨土ヶ浜レストハウス 浜処 うみねこ亭
じょうどがはまれすとはうすはまどころうみねこてい

淨土濱絕景近在眼前、視野極佳的餐廳。能品嘗主廚以眾多精心選購的海產所製成的各種丼飯。

☎0193-62-1179
⏰10:30～14:00，商店為8:30～17:00 休無休 🏠宮古市日立浜32 🚃JR宮古站搭往縣營淨土濱的岩手縣北巴士，終點下車即到 🅿200輛（使用淨土濱停車場）
MAP P192 H-4

每日海鮮丼 1150円

田野畑 北川食堂
きたがわしょくどう

能品嘗三陸產當季食材的食堂。招牌料理是盛滿 9 種當天現撈海鮮的豪邁海鮮丼。

☎0194-34-2251
⏰11:00～19:30，週四為11:00～14:00 休週一 🏠田野畑村和野260-12 🚃三陸鐵道田野畑站開車10分 🅿10輛
MAP P192 G-2

探險 龍泉洞

前往Dragon Blue的世界

りゅうせんどう

彷彿會被吸入的透明藍色地底湖、猶如藝術品的鐘乳石、棲息在洞內的蝙蝠……歷經漫長歲月形成的龍泉洞是個神祕性洞內的蝙蝠……歷經神祕世界，不妨抱著探險的心情前往！

☎0194-22-2566 （龍泉洞事務所）
⏰8:30～17:00
休無休（可能因為雨天影響而休業）
¥1100円，中小學生550円
所岩泉町岩泉神成1-1
🚌JR盛岡站搭往東北龍泉洞的JR巴士2小時15分，終點下車即到
P440輛
MAP P192 F-3

↑冬季限定的洞內燈飾

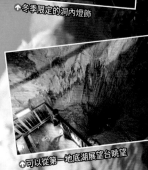
↑可以從第一地底湖展望台眺望

第二地底湖

宛如鏡子般靜謐……

彷彿要被吸進這片深藍色……

這裡的水透明到被譽為「Dragon Blue」。水深38公尺。JR東日本「大人的假日俱樂部」也是在此進行拍攝。

水深竟達98公尺！ 第三地底湖

↑透明度放眼全球為數一數二。水深98公尺的第三地底湖再深處還有第四地底湖（未開放）

第三地底湖後面有約270級的陡峭階梯。沒有自信全部爬完的人可以在60級左右前往出口。

從35公尺高俯瞰水面！ 第一地底湖

↑爬上瞭望台可以從正上方眺望水面，與鐘乳石的對比看起來相當神祕。前往瞭望台的階梯相當陡峭，需特別留意
↑可以看到各種形狀的鐘乳石

第一地底湖展望台

鐘乳石近在眼前的 摩天樓

↑近在眼前的鐘乳石壁之間鋪有木棧道

穿過龍宮之門 往更深的洞內前進……

↑前往有地底湖的神祕世界

↓透明的水流發出動感十足的流動聲響

壯闊的水流 玉響瀑布

START&GOAL

參觀時間約40分。推薦在逛完龍泉洞之後，前往能以通用券入館的龍泉新洞科學館參觀。

無聲瀑布
地藏岩
守護獅子
龜岩
長命之泉
百間走廊
長命之淵

我們也被指定為國家天然紀念物喔

湧口瀑布

★わきぐちのたき

位於龍泉洞前方的湧泉，以豐富湧水量著稱的龍泉洞水量一增加，洞內的水就會從這裡大量湧出，形成瀑布。

探險之後… 休息&購物Time 龍泉洞レストハウス

★りゅうせんどうれすとはうす

位於龍泉洞入口附近的休息小屋。2樓有免費休息空間。

☎0194-22-2270
⏰9:00～15:30 （11～3月至15:00，17:00閉店）
休無休
MAP P192 F-3

↑右／龍泉洞啤酒（420円）
左／龍泉洞地汽水（170円）

在燈光點綴下夢幻的 月宮殿

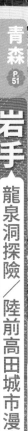

龍泉洞探險／陸前高田城市漫步

眺望高田松原和望海的祈願公園

一本松坐鎮的谷灣式海岸城市

陸前高田

りくぜんたかた

高田松原 海嘯復興祈念公園

❖たかたまつばらつなみふっこうきねんこうえん

附設眺望大海的廣場、獻花台、東日本大地震海嘯傳承館、高田松原公路休息站。園內有「奇蹟的一本松」、陸前高田青年旅館等震災遺構，傳承震災教訓的同時也可以了解正在復興的現狀。

📞0192-22-8560 🏠陸前高田市氣仙町土手影地內 🚌BRT奇蹟的一本松站步行到即 🅿250輛 🗺MAP P196 F-4

眾所熟知的祈禱與休憩場所

漫步在災區的現在

陸前高田 城市漫步

🔻復原保存挺過大風大浪、屹立不搖的松樹英姿

唯一存活下來的 復興象徵

三陸的城鎮還處於從311大地震復興的階段，保留震災記憶的同時，發揚城鎮魅力的新景點也在陸續誕生。來逛逛建設新街景、持續走向復興之路的陸田高田景點吧。

交通方式

鐵道	仙台站	JR東北新幹線 20~30分	一之關站	JR大船渡線 1小時25分	氣仙沼站	BRT陸前高田站

開車	三陸自動車道	陸前高田IC	國道340號 2km	陸前高田市區

廣域MAP P196

洽詢處 陸前高田市觀光物產協會 📞0192-54-5011

高田松原公路休息站

みちのえきたかたまつばら

📞0192-22-8411 🕘9:00~17:00 休無休 🏠陸前高田市氣仙町土手影180 🚌BRT奇蹟的一本松站步行即到 🅿136輛 🗺MAP P196 F-4

CAMOCY

❖かもしー

推廣發酵樂趣的設施。除了能品嘗發酵食材定食的「発酵食堂 やぎさわ」，還有熟食、精釀啤酒釀造所等集中在此。麵包和巧克力也很受歡迎。

📞080-2345-5162 (発酵食堂 やぎさわ)

🕘視店鋪而異 休週二 🏠陸前高田市氣仙町町308-5 🚌BRT長部站步行5分 🅿28輛 🗺MAP P196 F-4

1760円 鹽麴鮭魚腹子飯

品嘗發酵食品 體驗發酵文化

311大地震造成高田松園7萬多棵松樹倒塌，這是當時唯一存活下來的奇蹟之松。作為象徵復興的紀念碑，保存在高田松原海嘯復興祈念公園內。

奇蹟的一本松

❖きせきのいっぽんまつ

🏠高田松原海嘯復興祈念公園內 🗺MAP P196 F-4

🔻外觀是以三個屋簷並列的倉庫為意象

氣仙杉香四溢的 觀光交流館

🔻杉樹香氣瀰漫溫馨的緣廊空間

まちの緣側

❖まちのえんがわ

由建築師隈研吾設計，採納了氣仙木工師傅的巧思，大量使用氣仙杉。有觀光服務處、咖啡廳、育兒協助設施進駐，吸引不少人潮。2樓的瞭望甲板能將陸前高田盡收眼底。

📞0192-54-5011 (陸前高田市觀光物產協會)

🕘視店鋪而異 休無休 🏠陸前高田市高田町並杉300-2 🚌BRT陸前高田站步行即到 🅿15輛 🗺MAP P196 F-4

將造庭當初的樣貌傳承至今，東西約180公尺、南北約90公尺的大泉池

鑑賞的重點！
位於東南岸出島前端的池中立石相當引人注目。約2公尺的景石襯托出池子整體的景觀。

↑1989年建立的本堂。平安建築風格特有的朱、白、綠色色彩特別顯眼

平泉的關鍵詞 ❶
世界遺產
平泉保有以寺院與庭園為中心的遺跡群。象徵性地呈現以淨土思想為基礎的世界觀而備受讚譽，2011年登錄為聯合國教科文組織的世界遺產。

花**5**小時遊逛的標準行程
黃金鄉的
遊逛方法

平安時代末期，奧州藤原氏在平泉打造出繁榮的黃金文化。不妨造訪呈現淨土世界的雅緻庭園、金碧輝煌的堂宇，緬懷奧州藤原氏構築的佛教文化理想國。

① 毛越寺 もうつうじ 世界遺產

表現淨土的庭園和伽藍遺構
在大泉池畔打造枯山水風格的築山、在州濱等處鋪玉石的淨土庭園，是保有平安時代情景的珍貴文化遺產。有壯觀的伽藍遺構、色彩鮮艷的本堂等諸多看點散布其中。

☎0191-46-2331 **MAP** P95
🕐8:30〜17:00（11月5日〜3月4日至16:30）
休無休 ¥700円，高中生400円，中小學生200円
所平泉町平泉大沢58 🚉JR平泉站步行10分 P無

GOAL 平泉站 ← ⑥金雞山 步行·搭巴士20分 ← ⑤無量光院遺址 步行15分（登山口） ← ④中尊寺 搭巴士6分 ← ③平泉文化遺產中心 搭巴士3分 ← ②觀自在王院遺址 步行·搭巴士10分 ← ①毛越寺 步行3分 ← **START** 平泉站 搭巴士3分

交通方式

平泉站	JR東北本線 7分	一之關站	鐵道
平泉站前	岩手縣交通巴士 18分	一關站前	巴士
平泉站	國道4號、縣道37、300號 4km	平泉前澤IC 東北自動車道	開車

廣域MAP P197
洽詢處 平泉觀光協會 ☎0191-46-2110

◀能輕鬆學習平泉的歷史

③
平泉文化遺產中心
ひらいずみぶんかいさんせんたー

深入了解平泉的歷史及價值
建於金雞山麓的導覽設施。透過看板、影像、立體模型，簡單介紹從平安時代到現代的平泉歷史。也有展示在挖掘調查中出土的遺物等珍貴資料。

☎0191-46-4012 **MAP** P95
🕐9:00〜16:30 休無休 ¥免費
所平泉町平泉花立44
🚉JR平泉站搭平泉巡迴巴士「るんるん」，平泉文化遺產中心下車即到 P34輛

② 觀自在王院遺址
かんじざいおういんあと 世界遺產

在寧靜的庭園懷想淨土
二代基衡之妻所建的寺院遺址。如今已變成史跡公園，幾乎完整地將淨土庭園的面貌保留下來。可以繞著舞鶴池參觀大阿彌陀堂遺址、石佛等，緬懷平安時期的過往。

☎0191-46-4012 **MAP** P95
（平泉文化遺產中心）
🕐自由參觀
所平泉町平泉志羅山
🚉JR平泉站步行8分 P無

平泉的關鍵詞 ❷
淨土思想
淨土是指人死後會前往的佛家世界。戰亂不斷的10〜12世紀，祈願死後安寧的淨土思想普及世人，奧州藤原氏也將該思想反映在都市計畫。

↑佛堂在18世紀享保年間重建
←以鶴形池為中心打造的淨土庭園

方便的平泉巡迴巴士「るんるん」

繞行平泉景點的便利巴士，週六日、假日為每30分1班。

平泉巡迴巴士「るんるん」MAP

☎0191-23-4250
（岩手縣交通一關營業所）
🕐10:15〜16:15
¥每次乘車200円，1日自由乘車券550円

黃金鄉的遊逛方法

⬆保護金色堂不受風吹雨淋的新覆堂

金色堂在新覆堂裡面⋯⋯

平泉的關鍵詞 ③
國寶金色堂
1124 年召集頂級工匠所建的堂宇。建築物內外皆以金箔包覆，稱為「皆金色」。

鑑賞的重點！
三座須彌壇
奧州藤原氏初代清衡在中央壇長眠，表情溫和的正尊阿彌陀如來座像鎮坐於此。二代基衡長眠於西南壇，三代秀衡長眠於西北壇。

鑑賞的重點！
卷柱的菩薩像和螺鈿工藝
包圍內陣的四支圓柱稱為卷柱，上有蒔繪和螺鈿裝飾，每支柱子畫有 12 尊菩薩像，加起來是 48 尊。

平泉的關鍵詞 ④
黃金文化
平泉得以如此繁榮的關鍵在於周邊盛產黃金。藤原氏認為在祈求和平、讚嘆美的文化中，應該要不吝使用黃金。

4 **中尊寺** 世界遺產
ちゅうそんじ
有金碧輝煌金色堂的寺院
黃金鄉平泉的代表性寺院。12 世紀初時，初代清衡進行了大規模的興建工程。境內有發出莊嚴光輝的金色堂、展示眾多國寶和重要文化財的讚衡藏等諸多看點。

☎0191-46-2211
MAP P95
🕗8:30～17:00（11月4日～2月至16:30）🈺無休 ¥金色堂、讚衡藏的參拜費800円，高中生500円，國中生300円，小學生200円 🏠平泉町平泉衣關202 🚌JR平泉站搭平泉巡迴巴士「るんるん」，中尊寺下車即到 🅿無

⬆收藏中尊寺國寶、重要文化財的讚衡藏。照片為平安時期建造的丈六佛

⬆月見坂是通往本堂和金色堂的表參道

⬆上起按順時鐘方向依序為清衡、基衡、秀衡

平泉的關鍵詞 ⑤
奧州藤原氏
12 世紀初在平泉繁榮一時的家族。初代清衡為了祈求和平，建造了中尊寺。二代基衡、三代秀衡也很繁榮，但是四代泰衡被源賴朝所滅。

+α **在中尊寺體驗修行**

抄寫經文
認真抄寫般若心經276 字，需時約 2 小時。抄寫的經文會收納在中尊寺。
☎0191-46-2211（中尊寺）
🕗4～10月（需預約）¥1000円

坐禪
赤腳盤坐，使用深且緩的腹式呼吸，需時約 1 小時。能讓心靈安定。
☎0191-46-2211（中尊寺）
🕗4～10月（需預約）¥1000円

5 **無量光院遺址** 世界遺產
むりょうこういんあと
背對著金雞山眺望
規模壯闊的寺院遺跡
據說過去規模超越京都宇治平等院鳳凰堂的寺院遺跡，留有基石和土壘。傳說只要對著西有金雞山的壯麗寺院想像夕陽照映的光景，就能傳達人們對西方淨土的嚮往和信仰。

☎0191-46-4012（平泉文化遺產中心）
MAP P95
🕗自由參觀
🏠平泉町花立地內
🚌JR平泉站搭平泉巡迴巴士「るんるん」，無量光院跡下車即到 🅿無

⬆據說這裡被設計成剛好能看到夕陽沉落西方金雞山稜線

⬆夕陽照在堂內的如來上⋯⋯莊嚴景象（復原CG）

6 **金雞山** 世界遺產
きんけいさん
守護平泉平安的傳說與信仰之山
奧州藤原氏在山頂設置了好幾個經塚的信仰之山。這裡有埋了一對雌雄黃金雞來祈求平安的傳說。從登山口到山頂約 10 分，坡度偏陡，對體力沒自信的人不妨從無量光院遺址眺望。

☎0191-46-4012（平泉文化遺產中心） MAP P95
🕗自由參觀 🏠平泉町花立地內
🚌JR平泉站搭平泉巡迴巴士「るんるん」，悠久之湯下車步行5分（登山口）🅿無

⬆山頂收藏著經典

從船上仰望魄力十足的大岩壁

暖桌船在白雪妝點的12～2月之間登場

猊鼻溪遊船
❀げいびけいふなくだり

需時 1小時30分　**預約** 不需

猊鼻溪是砂鐵川侵蝕石灰岩層形成的溪谷。沿著綿延約2公里、100公尺高的斷崖順流而下，飽覽途中風光。新綠、紅葉、雪景，隨著四季變化的風景美不勝收。船夫高歌吟唱的「猊鼻追分」也增添了旅遊風情。

MAP P197 C-4
☎ 0191-47-2341（猊鼻觀光預約中心）
⌚ 8:30～16:00（可能視時期變動）　休 無休（天候不佳、漲水時休）　¥ 1800円，小學生900円，幼兒200円　所 一關市東山町長坂町375　交 JR猊鼻溪站步行5分　P 100輛

挑戰投擲好運球 **TRY!**
在船隻停泊處舉行。據說將好運球投入岩洞中就能實現願望。

➡好運球3顆100円

平泉開車 15～30分

岩手著名的兩大溪谷
猊鼻溪 & 嚴美溪

位於一關的絕景景點「猊鼻溪」和「嚴美溪」是岩手代表性的兩大著名溪谷。可以在猊鼻溪泛舟、在岩美溪走散步道欣賞壯觀的風景。將四季各有不同風情的溪谷之美烙印在腦海中吧。

嚴美溪 ❀げんびけい

需時 1小時30分　**預約** 不需

位於水源為栗駒山的磐井川中游，溪谷連綿長達約2公里。從10～20公尺高傾瀉而下的瀑布轉變成平靜的水面，面貌豐富而多樣。溪谷沿岸有散步道可以走。

4月中旬～下旬能一覽盛開的櫻花和溪谷

MAP P197 B-5
☎ 0191-21-8413（一關市觀光物產課）
⌚ 自由參觀　所 一關市嚴美町　交 JR一之關站搭往溪泉閣前、瑞泉閣前、須川溫泉的岩手縣交通巴士20分，嚴美溪下車即到　P 無

TRY! 點一份「飛天糰子」
郭公屋 ❀かっこうや

名產是從對岸茶屋沿著繩索越空傳遞的「飛天糰子」。只要將金額放進籃子裡，敲敲木牌就能點餐。

MAP P197 B-5　☎ 0191-29-2031
⌚ 3～11月，9:00～16:00（售完打烊）　休 營業期間無休　所 一關市嚴美町滝ノ上211　交 JR一之關站搭往溪泉閣前、瑞泉閣前、須川溫泉的岩手縣交通巴士20分，嚴美溪下車即到　P 15輛　⬆糰子為3串500円

在變化多端的溪谷沿岸散步

⬆名列國家名勝天然紀念物

交通方式

之關站	東北新幹線「山彥號」、「隼號」1小時55分～2小時35分	鐵道 東京站
之關市區	國道342號 4km	開車 東北自動車道 一關IC

廣域MAP P197

洽詢處
一關市觀光協會　☎ 0191-23-2350
一關市觀光物產課　☎ 0191-21-8413

青森 P.51

岩手

猊鼻溪＆嚴美溪／平泉・一關地區導覽

秋田 P.99

宮城 P.117

山形 P.141

福島 P.163

日西式甜點 ‖ MAP P95

菓子工房 吉野屋
● かしこうぼうよしのや
☎0191-46-2410 購物

使用岩手產食材的日西式甜點

1915年創業的老字號店家。除了傳統點心之外，使用當地食材的泡芙、無麩質玄米戚風蛋糕等西點也很受歡迎。內有咖啡廳空間供來客內用。

🕐9:00～17:00 休週四（12月22～25日會營業）
所平泉町平泉泉屋81-1 🚉JR平泉站即到
Ｐ7輛

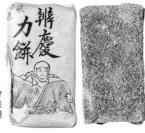

➡弁慶力餅1個97円。使用當地糯米的麻糬加了大量胡桃。

餐廳 ‖ MAP P197 C-4

牛匠 おがた 駅東店
● ぎゅうしょうおがた えきひがしてん
☎0197-56-7729 美食

以實惠的價格享用高級和牛

這家餐廳以平價供應前澤牛、在直營小牧場養育的高級黑毛和牛。除了牛排之外，還可以用壽喜燒、涮涮鍋、握壽司等方式品嘗新鮮的高級牛肉。

🕐11:30～14:30、17:00～19:30
休週三 所奧州市前沢向田1-22
🚉JR前澤站步行15分 Ｐ20輛

➡可以品嘗三種肉的評比拼盤3800円

在歷史悠久的古都和美麗的溪流漫步

平泉・一關
ひらいずみいちのせき

地區導覽
MAP P197・200

雜貨 ‖ MAP P95

せき宮
● せきみや
☎0191-46-2070 購物

融入日常生活的岩手工藝品

採用自然光的開闊藝廊。以岩手創作者製作的作品為主，販售適合平常使用的容器、玻璃、籃子以及南部鐵器。也會因應季節舉辦主題企劃展。

🕐10:00～18:00 休週三 所平泉町平泉坂下39-29 🚉JR平泉站搭往永旺前澤的岩手縣交通巴士，中尊寺下車步行3分 Ｐ5輛

➡南部鐵器的鍋墊3300円起。採用日西式風格都適用的設計。

咖啡廳 ‖ MAP P95

KOZENJI café
● こぜんじかふぇ
☎0191-46-3066 咖啡廳

地產地消的手工義式冰淇淋

使用自家栽種的藍莓、南瓜等當地食材的手工義式冰淇淋專賣店。盛裝冰淇淋的酥脆餅乾使用了當地小麥，每一片都是在店內精心煎製。

🕐10:00～18:00（11～3月為10:30～17:00）
休週一（逢假日則翌日休）
所平泉町平泉樋渡50-2
🚉JR平泉站步行10分 Ｐ10輛

➡名產為使用自家栽種無農藥藍莓的藍莓義式冰淇淋360円

史跡 ‖ MAP P95

高館義經堂
● たかだちぎけいどう
☎0191-46-3300 景點

名將源義經的終結之地

1189年受到奧州藤原氏四代泰衡的突襲，和妻子一同自盡的源義經的居城遺跡。緬懷義經而建的堂宇安置著義經的木像。也立有1689年來訪此地的松尾芭蕉的句碑。

🕐8:30～16:30
休冬季（往年11月21日～3月14日） ¥300円，中小學生100円
所平泉町柳御所14
🚉JR平泉站搭平泉巡迴巴士「るんるん」，高館義經堂下車即到 Ｐ20輛

➡1683年由仙台藩主伊達綱村所建

(平泉地圖)

平泉前澤IC
衣川 衣川橋 水澤站
白山神社 能楽堂
春之藤原祭 P.20
中尊寺 せき宮 P.95
P.13・24・93
金色堂 衣関庵
金雞山 P.93 300
P.98 翁知屋
高館義經堂 P.95
無量光院遺址 P.93
菓子工房 吉野屋 P.95
平泉文化史館
レストハウス
平泉前澤IC
平泉文化遺產中心 P.92
柳之御所遺跡 ④
平泉町 國道の駅平泉 206
世界遺產ガイダンスセンター
平泉
悠久之湯 206
觀自在王院遺址 P.92
毛越寺庭園
毛越寺入口 31
毛越寺 P.24・92
平泉高 平泉中
東北自動車道
平泉站
KOZENJI café P.95 一之關站
一関IC 威神社 一関

0 400m
周邊圖P197 B-4

鄉土料理 ‖ MAP P197 C-5

蔵元レストランせきのいち
● くらもとれすとらんせきのいち
☎0191-21-5566 美食

沾上濃郁的起司享用

除了「麻糬膳」、「法度膳」等一關鄉土料理之外，還能享用「麻糬起司鍋」等創意料理。也推薦唯有在釀酒廠直營店才能喝到的剛出庫日本酒及在地啤酒。

🕐11:00～15:00 休週二三 所一関市田村町5-42
🚉JR一之關站步行13分 Ｐ30輛

➡可以依個人喜好加入在地美酒和鮮奶，讓味道更加圓潤

香腸＆麻糬起司鍋1500円

觀光牧場 ‖ MAP P200 F-1

館森方舟牧場
● だてがもり あーくぼくじょう
☎0191-63-5100 景點

在花卉與香草妝點的綜合牧場遊玩

廣達100公頃的觀光牧場。除了能和羊、兔子等草食動物交流之外，還能體驗香草工藝、撿剛產雞蛋等活動。

🕐10:00～17:00（週六日、假日至18:00）
休無休
所一関市藤沢町黃海衣井沢山9-15
🚉JR花泉站搭計程車20分 Ｐ100輛

➡盛開6～7月有大約2萬株薰衣草

佳松園
●かしょうえん
東北自動車道花卷IC開車10分

佇立於花卷溫泉最深處的新茶室風格旅館。從沉穩的日式房間到功能型西式房間應有盡有；除了洋室雙床房之外，所有房間都設有檜木浴池。可以在房間細細品嘗的當地季節食材料理也大受好評。

☎0198-37-2111（花卷溫泉綜合預約中心）
所花卷市湯本1-125-2
JR花卷站搭往花卷溫泉的岩手縣交通巴士，終點下車步行7分（有接送服務，需預約） P30輛
MAP P197 B-1

¥1泊2食 34100円～
IN15:00 OUT11:00
不住宿入浴 不可
室內浴池 男1女1
露天浴池 男1女1

↑在大木桶造型的露天浴池享受滑順美肌湯

↑使用四季山珍海味烹製的料理

↑建於南部赤松樹林環繞之地

岩手的 舒適溫泉旅宿

泉霧在遼闊的大自然裊裊升起的溫泉勝地。這裡將介紹宮澤賢治淵源旅宿、能眺望名峰岩手山的旅宿，和以立湯聞名的旅宿等特色豐富的溫泉旅宿。

（直書）在寂靜的和風旅館 享受美肌之湯

結之宿 愛隣館
●むすびのやどあいりんかん
東北自動車道花卷南IC開車20分

位於豐澤川沿岸的獨棟旅館。有注滿源泉放流式溫泉的陶器浴池、癒效佳的絲綢溫泉等多種露天浴池，可以享受不同的泡湯樂趣。運用當季食材烹製的料理也很受歡迎，視方案能選擇在房內享用或「廚房餐廳」的半自助式餐點。

☎0198-25-2619
所花卷市鉛西鉛23
JR花卷站搭往新鉛溫泉的岩手縣交通巴士，終點下車即到（有接送服務，需預約，限住宿旅客） P200輛 **MAP P197 B-1**

↑能眺望綠意盎然豐澤川的客房「花冠」

¥1泊2食 14450円～
IN15:00 OUT10:00
不住宿入浴 可
室內浴池 男女輪流制3
露天浴池 男女輪流制3

↑大浴場「山之湯」

來自三個源泉的溫泉注入17座浴池

遙望雄偉岩手山的空中露天浴池

（直書）能眺望岩手山、姬神山等

↑悠閒愜意的日式房間

↑每晚都很熱鬧的祭典廣場

森之風鶯宿飯店
●ほてるもりのかぜおうしゅく
東北自動車道盛岡IC開車25分

每棟建築都有日式與西式浴池、空中露天浴池的度假飯店。能一邊眺望岩手山和雫石的平原，一邊悠閒泡澡。能享受三陸海產、當季山產等的料理也大受好評。

☎0120-123-389
所雫石町鶯宿10-64-1
JR盛岡站有免費接駁巴士（需預約）
P200輛
MAP P193 A-5

¥1泊2食 19950円～
IN15:00 OUT10:00
不住宿入浴 可（週三休）
室內浴池 男女輪流制2
露天浴池 男女輪流制2

岩手的舒適溫泉旅宿

感受森林氣息的露天浴池

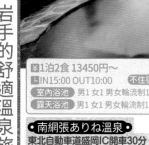

¥1泊2食 13450円〜	
IN15:00 OUT10:00	不住宿入浴 可
室內浴池	男1女1 男女輪流制1
露天浴池	男1女1 男女輪流制1

↑泡在檜木露天浴池裡眺望新綠

南網張ありね溫泉
東北自動車道盛岡IC開車30分

ゆこたんの森
●ゆこたんのもり

建於寧靜岩手山麓高原上的沉穩旅館。周圍森林圍繞，野鳥的鳴叫聲令人心曠神怡。住宿者專用的瞭望浴池可以在泡湯時就近觀賞岩手山。也有森林環繞的露天浴池。

↑客房有和室、洋室、和洋室等

☎019-693-3600
所 雫石町長山猫沢3-6
電 JR雫石站開車20分（有接送服務，需預約）
P 120輛

MAP P193 A-3

浸泡美肌之湯
享用頂級宴席料理

↑從大浴場可邊眺望日本庭園邊泡湯

¥1泊2食 19950円〜	
IN15:00 OUT10:00	不住宿入浴 可 ※僅附晚餐方案
室內浴池	男1女1
露天浴池	男1女1

↑作為以料理聞名的旅宿也備受好評

↑有專用和風庭園的附露天浴池特別客房「紅梅」

繫溫泉 東北自動車道盛岡IC開車15分

四季亭
●しきてい

採用茶室建築風格，品味高雅的旅宿。浴池除了大浴場之外還有露天浴池，可以一邊眺望四季更迭的自然美景，一邊享受美肌之湯。大量使用當地食材、每月更換菜色的宴席料理也是招牌特色。

☎019-689-2021
所 盛岡市繫湯の館137
電 JR盛岡站搭往繫溫泉的岩手縣交通巴士，繫溫泉下車步行10分
P 20輛

MAP P193 B-4

在賢治也喜愛的旅宿
享受溫泉巡禮

¥1泊2食 16650円〜	
IN15:00 OUT10:30	
不住宿入浴 可	室內浴池 男1女1
露天浴池	男1女1（其他、半露天浴池）男1女1 ※冬季在玻璃窗內

↑能遙望「湯治屋」豐澤川景色的著名混浴露天浴池「大澤之湯」

花卷溫泉鄉
東北自動車道花卷南IC開車15分

大澤溫泉 山水閣
●おおさわおんせんさんすいかく

能俯瞰豐澤川清流的摩登和風旅館，也因為和宮澤賢治有所淵源而聞名。內有茅草屋頂的「菊水館」（冬季休館）和自炊部「湯治屋」，能享受著名的混浴露天浴池、女性用露天浴池等溫泉巡禮。

↑和風氛圍滿溢的客房

☎0198-25-2021
所 花卷市湯口大沢181
電 JR花卷站搭往新鉛溫泉的岩手縣交通巴士，大澤溫泉下車即到（有接送服務，需洽詢）
P 120輛

MAP P197 B-1
↑雅緻的和風建築

源泉從底下湧出
深1.25公尺的著名立湯

鉛溫泉 東北自動車道花卷南IC開車20分

鉛溫泉
藤三旅館
●なまりおんせんふじさんりょかん

以能夠站著入浴的「白猿之湯」為首，備有可以就近眺望清流豐澤川的「桂之湯」等四座浴池。除了全櫸木造本館和樸素的湯治部，還有全客房皆附露天浴池的時尚別墅，可以在此度過頂級時光。

☎0198-25-2311
所 花卷市鉛中平75-1
電 JR花卷站搭往新鉛溫泉的岩手縣交通巴士，鉛溫泉巴士站下車步行3分（有接送服務，需洽詢）
P 80輛

MAP P197 B-1

↑天然石打造的立湯「白猿之湯」

↑時尚的別墅「心之刻十三月」

¥1泊2食 11200円〜（別邸為27700円〜）		IN15:00 OUT10:00（別邸為IN15:00 OUT11:00）	
不住宿入浴 可	室內浴池 男1女1 混浴1 男女輪流制2	露天浴池 男1女1	

盛岡三大麵以及洗鍊的工藝品
岩手伴手禮

從味道和設計都很棒的最中、罐頭，到時尚的創意工藝品，在此介紹令人愛不釋手的各種伴手禮。

「美食伴手禮」

盛岡冷麵
（4包入）**1080**円

特色為嚼勁十足的滑順麵條。搭配吸收了牛肉鮮味的香辣湯頭享用。

能在這裡買到 Ⓐ

美味關鍵在於嚼勁十足的麵條

> 當地也吃得到！「岩手美食」詳見P32

時髦的罐頭最適合當伴手禮

鯖魚罐頭
（1罐）**432**円

內含滿滿的橄欖油漬國產厚肉鯖魚。口感軟嫩，連骨頭都很容易下肚。共有三種口味。

能在這裡買到 Ⓐ

岩手三大麵
（各2人份入）**1296**円

王道美食盛岡冷麵、炸醬麵、碗子蕎麥麵齊聚一堂，可以在家輕鬆享用不同風味。

能在這裡買到 Ⓐ

將三大麵輕鬆帶回家

有十種口味的南部煎餅

綜合口味
（10片入）**747**円

除了芝麻、花生等經典口味之外，也有蘋果、抹茶等特殊口味。可以嘗到豐富多樣的味道。

能在這裡買到 Ⓐ

「手工藝雜貨」

設計時尚的繽紛南部鐵器

茶壺蕾 **9350**円～

水滴形狀的可愛茶壺。有紅色、綠色、粉色等多種顏色。

能在這裡買到 Ⓒ

工匠名技之粹 有鮮艷光澤的名品

栃小酒杯
（1個）**6050**円

使用秀衡塗技法製成的小酒杯。設計成飲口朝外的順口模樣。

能在這裡買到 Ⓐ Ⓓ

馬蹄型小錢包
各**4620**円～

江戶時代傳承下來、華麗又生動的圖紋相當美麗。開口偏大，容易看到裡面，使用方便。

能在這裡買到 Ⓑ

武家衣物所用的鮮艷色彩染物

甜點

製作精巧的城堡造型最中

城最中
（1入）**200**円

要吃之前再自行包餡，所以口感很酥脆。精緻的城堡造型也是一大重點。

能在這裡買到 Ⓐ

甜味溫和的一口甜點

海鷗蛋 迷你
（9入）**874**円

特色為白巧克力包著揉入雞蛋的黃色內餡，是口感紮實的岩手名點。

能在這裡買到 Ⓐ

Ⓓ 平泉
翁知屋
❖おおちや
從白胎到繪製一次完成的秀衡塗製造販售商。除了傳統器皿之外，還有融入時尚風格的作品。
☎0191-46-2306
🗺 MAP P95
🕐9:00～17:00 ⊗週三
🏠平泉町平泉衣関1-7
🚉JR平泉站搭平泉巡迴巴士「るるるん」，中尊寺下車步行10分 🅿10輛

Ⓒ 盛岡
壱鑄堂
❖いっちゅうどう
製作採納時髦現代風格的南部鐵器。充分考慮過使用方便性，設計造型也很好看。
☎019-681-0560
🗺 MAP P193 B-4
🕐9:00～17:30
⊗週六日、假日 🏠盛岡市下太田下川原55-1 🚉JR盛岡站開車5分 🅿2輛

Ⓑ 盛岡
南部古代型染元 蛭子屋 小野染彩所
❖なんぶこだいかたぞめもとえびすやおのせんさいしょ
1599年南部藩御用染師所經營的老店。從雕模到染色、完成都是全程手工製作。
☎019-652-4116
🗺 MAP P193 C-4
🕐10:00～17:30 ⊗週日等需洽詢
🏠盛岡市材木町10-16
🚉JR盛岡站步行10分 🅿3輛

Ⓐ 盛岡
盛岡站大樓FES"AN おでんせ館
❖もりおかえきびるふぇざんおでんせかん
直通JR盛岡站的購物大樓FES"AN內的名店街。除了伴手禮店，還有宅配服務店、餐廳、咖啡廳等進駐。
☎019-654-1188（FES"AN代表）
🗺 MAP P79 A-1
🕐9:00～20:30 ⊗準同FES"AN的公休日 🏠盛岡市盛岡駅前通1-44
🚉JR盛岡站即到 🅿530輛

使用濃郁的比內地雞湯頭的米棒鍋→P109

瀰漫著祕湯氛圍的乳頭溫泉鄉
鶴之湯溫泉→P104

あきた

秋田

山峽名湯和秋田犬令人心曠神怡

◐也有能遇到超人氣秋田犬的景點！→108

區域介紹

0 ___ 20km

AKITA AREA

青森
秋田　岩手
山形
宮城
福島

前往秋田的交通方式

開車 🚗

川口JCT
↓ 東北・秋田自動車道
533km
5小時50分
11300円

大曲IC
↓ 國道105號
25km 40分

角館市區
↓ 國道46號、秋田道等
58km
1小時10分

秋田市區

▬▬▬ 汽車
▬▬▬ 新幹線
▭▭▭ 其他鐵道

鐵道 🚌

東京站
↓ JR秋田新幹線「小町號」

田澤湖站
東京站出發2小時45～55分
16470円

角館站
東京站出發3小時～3小時10分
17120円

秋田站
東京站出發3小時35～55分
18120円

↓ JR男鹿線
50分～1小時 770円

男鹿站

角館出發
1小時55分～2小時30分
（搭新幹線）
角館出發 1小時35分
（高速公路）

角館出發 45分
（搭新幹線）
角館出發 1小時5分
（高速公路）

角館出發 15分
（搭新幹線）
角館出發 30分

黑石IC
碇ヶ關
小坂
十和田
環狀列石
青森縣
大館
大館能代機場
北秋田
秋田縣
乳頭溫泉鄉
田澤湖
秋田站
角館站
男鹿
秋田市
秋田中央
角館
大曲
秋田機場
橫手
岩手縣
日本海
鳥海山
湯澤
山形縣

🚌 **秋田機場** 秋田站40分　**大館能代機場** 大館站50分

和商家倉庫

角館三面環山又有檜木內川流經市內，是保留了藩政時期風貌、風光明媚的城市。北方有武家屋敷，南方有商家林立，一到春天就被盛開的櫻花環繞。漫步的同時，好好欣賞漫長歷史孕育的街道與當地傳統工藝吧。

↑紅磚倉庫建築相當顯眼

商家的代表性紅色磚瓦建築相當引人注目

散步前先 CHECK

人力車

人力車會在武家屋敷通中心地帶的角館樺細工傳承館候客。可以一邊聆聽車夫風趣的導覽，一邊遊逛角館。

角館人力社
かくのだてじんりきしゃ
☎ 090-2970-2324
🕐 9:00～17:00（冬季僅受理預約客）休 無休 ¥ 15分3000円，30分5000円，1小時9000円
MAP P195 B-4

↑搭人力車漫遊角館名勝

交通方式

鐵道：JR秋田新幹線「小町號」3小時～3小時10分（角館站⇔東京站）

開車：國道105號 25km（角館市區⇔秋田自動車道大曲IC）

廣域MAP P194·195

洽詢處
仙北市觀光文化體育部觀光課
☎ 0187-43-3352
仙北市觀光資訊中心 角館站前藏
☎ 0187-54-2700

安藤釀造本店
あんどうじょうぞうほんてん

1853年創業，秋田的代表性味噌、醬油釀造商。販售以當地產大豆和秋田小町米製成的味噌、天然釀造醬油等，品項相當豐富，挑選伴手禮也是一種樂趣。

しぼりがっこ
↓煙燻蘿蔔 200g756円

☎ 0187-53-2008
🕐 8:30～17:00
休 無休 ¥ 免費參觀
所 仙北市角館町下新町27 🚃 JR角館站步行15分
P 8輛
↓家傳粒味噌 800g1307円
MAP P195 C-5

→隔壁是可以試吃的「文庫藏」

秋田角館西宮家
あきたかくのだてにしみやけ

將明治後期到大正時代所建的主屋和五棟倉庫加以復原而成。倉庫除了有道地餐廳、和風雜貨商店，在最古老的文庫藏還展示了代代相傳的收藏品。

☎ 0187-52-2438 🕐 10:00～17:00
休 無休（主屋、漬物販售為12～3月休）
¥ 免費參觀 所 仙北市角館町上丁11-1
🚃 JR角館站步行10分 P 12輛
MAP P195 C-5

可以享受用餐及購物的時尚倉庫

←推薦在玄關前拍照留念

→提供約30種漬物和佃煮等

角館的四季風景也要 check

初夏的新綠和黑板牆相映成趣
夏

枝垂櫻在武家屋敷通盛放
春

地圖

↑角館站
渡部菓子店
秋田角館西宮家
田町武家屋敷通
安藤釀造本店
食堂いなほ
可以享受隱密氛圍散步的商人町
商店和餐廳林立
橫町
東勝樂丁
角館郵便局
下中町 西勝楽町
稻庭うどん専門店ふきや
角館地そば そばきり長助
本家（樺細工藝）
七日町
N
檜木內川

懷舊街道散步 武家屋敷

是角館現存的武家屋敷中門第最高者

↑附小窗的黑板牆圍繞著整個屋敷

↑明治大正時期建築內的文庫藏

↓主屋的欄杆間有烏龜的鏤空雕刻

↑從土屋的緣廊眺望雅緻庭園

武家屋敷「石黑家」

ぶけやしきいしぐろけ

代代當家侍奉角館所領佐竹北家，擔任財政要職的名門世家。是角館現存最古老的武家屋敷，可以走上疊蓆參觀。附介紹建築、歷史、生活形式等的免費導覽（約5分鐘）。

☎0187-55-1496
🕐9:00～17:00，12～翌3月至16:00
休無休 ¥500円，中小學生300円
所仙北市角館町表町下丁1
🚃JR角館站步行25分 P無
MAP P195 B-4

有超過400年歷史的武家屋敷

→武家屋敷通的象徵性建築物

松本家（板屋工藝）

まつもとけいたやざいく

建於江戶時代的質樸下級武士宅邸，主屋為秋田縣指定有形文化財。春至秋季，角館傳統工藝之一板屋的工藝師傅會實際展演、販售。

☎0187-43-3384（仙北市觀光文化體育部文化財保護室）
🕐4月中旬～11月上旬，9:00～16:00 休開放期間不定休
所仙北市角館町小人町4 🚃JR角館站步行20分 P無
MAP P195 B-4

在武家屋敷內製作傳統工藝品

↑也曾作為電影外景地

角館歷史村 青柳家

かくのだてれきしむらあおやぎけ

有大約400年歷史的名門。廣達3000坪的腹地內除了主屋、藥醫門等重要史跡之外，還有武器庫、資料館、咖啡廳、商店等，也有鎧甲著裝體驗。

☎0187-54-3257
🕐9:00～17:00（12～3月至16:30）
休無休
¥500円，國高中生300円，小學生200円
所仙北市角館町表町下丁3
🚃JR角館站步行20分 P無 MAP P195 B-4

→鎧甲著裝體驗（每人4950円，需預約）

展示貴重武具的武器庫

→竹籃6050円的大小很適合拿來裝飯糰

↑板屋馬各1100円是祈求平安健康的吉祥馬

話題旅宿 check

和秋田犬生活的民宿 角館武家屋敷「緣ENISHI」

かくのだてぶけやしきえにし

在武家屋敷通附近開設的民宿設施。客房有和、洋室各2間，基本上是提供純住宿。週末還有非住宿者也能參與的秋田犬互動活動「毛茸茸體驗」。

↑招牌犬Su和Fujiko

☎090-9951-8511
🕐IN15:00 OUT10:00
休不定休（12～翌3月為休業）
¥一晚7500円
所仙北市角館町裏町22
🚃JR角館站步行15分
P無 MAP P195 B-4

↑古民家翻修而成的旅宿

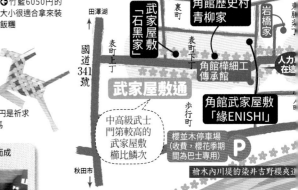

角館歷史村 青柳家
武家屋敷「石黑家」
田澤湖
裏町
表町
國道341號
表町上丁
表町下丁
武家屋敷通
角館樺細工傳承館
岩橋家
人力車在
角館武家屋敷「緣ENISHI」
步行町
秋田市
中高級武士門第較高的武家屋敷櫛比鱗次
櫻並木停車場（收費，櫻花季期間為巴士專用）
檜木內川堤的染井吉野櫻夾道

冬
如水墨畫般寂靜的冬天雪景格外美麗

秋
有紅葉妝點的武家屋敷通美麗如畫

比內地雞
米棒膳
2090円

比內地雞濃郁的湯頭搭配稻庭烏龍麵等的料理

米棒鍋

招牌是活用比內地雞美味的料理
旬菜料理 月の栞
●しゅんさいりょうりつきのしおり

提供比內地雞、稻庭烏龍麵等秋田美食。老闆的手工米棒口感軟糯，值得細細品嘗。晚上還可以搭配多種在地美酒一同品嘗。

📞 0187-53-2880
🕐 11:00～15:00、17:00～21:00　🈺 不定休　📍 仙北市角館町橫町21　🚃 JR角館站步行15分　🅿 無　**MAP** P195 B-5

比內
地雞

終極比內地雞
親子丼　**1700円**

奢侈使用三顆濃郁的比內地雞蛋，附煙燻蘿蔔和湯碗

↑點也大受好評
↑甜點和外帶餐

能吃到許多秋田美食的餐廳
お食事処 桜の里
●おしょくじどころさくらのさと

以「秋田美食」為概念的超人氣比內地雞親子丼，推薦搭配稻庭烏龍麵的套餐（1800円）。除此之外，還有比內地雞咖哩、芝麻醬冷麵等豐富料理。

📞 0187-54-2527
🕐 10:30～16:00　🈺 不定休　📍 仙北市角館町東勝樂丁9　🚃 JR角館站步行15分　🅿 5輛　**MAP** P195 B-4

稻庭
烏龍麵

天婦羅稻庭烏龍麵
（冷）　**1420円**

沾鹽吃的天婦羅和稻庭烏龍麵很搭。也有熱烏龍麵

↑除了桌位座之外，也有和式座位

順口的稻庭烏龍麵
お食事処 藤八堂 珈琲館ぱにあ
●おしょくじどころとうはちどうこーひーかんぱにあ

製作納豆、麴的佐竹北家御用商家。能吃到稻庭烏龍麵、比內地雞親子丼、米棒鍋等秋田代表名產。也有提供甜點和酒精飲料。

📞 0187-53-2610
🕐 10:30～19:30　🈺 不定休　📍 仙北市角館町橫町20　🚃 JR角館站步行15分　🅿 無　**MAP** P195 B-5

名產料理
&咖啡廳
〜在陸奧小京都大快朵頤〜

角館有許多能享用比內地雞、稻庭烏龍麵、米棒鍋等秋田名產美食的店家！餐後還可以到充滿風情的街道，在咖啡廳小歇片刻。

在大正摩登的倉庫品嘗角館名產「御狩場燒」
西宮家レストラン北蔵
●にしのみやけれすとらんきたぐら

↑從倉庫改裝而成的店內氣氛沉穩

將江戶時代為武家，後成為地主崛起的西宮家大正時代所建倉庫加以改裝的餐廳。使用大量雞肉和當地蔬菜的角館名產「御狩場燒」大受好評。

倉庫
咖啡廳

📞 0187-52-2438
🕐 10:00～16:00（用餐為11:00～）　🈺 無休　📍 仙北市角館町田町上丁11-1　🚃 JR角館站步行10分　🅿 12輛　**MAP** P195 C-5

御狩場燒
1200円

將季節蔬菜和雞肉用味噌調味燒烤而成的鄉土料理。附沙拉、味噌湯與白飯

在鄰近車站的咖啡廳享用手工甜點
びすけっと

↑外觀是將本場景搬到現實

有約40年歷史的咖啡廳。濃郁卻尾韻爽口的奶油起司蛋糕最有名，也很推薦焗烤馬鈴薯、熱烤三明治等有飽足感的輕食料理。

奶油起司蛋糕
640円

內含杏仁碎片，可以享受口感的點心。套餐可以選咖啡或紅茶

📞 0187-54-3233
🕐 10:00～18:30（冬季至18:00）　🈺 第1、3週日不定休　📍 仙北市角館町水ノ目沢10-10　🚃 JR角館站步行4分　🅿 3輛　**MAP** P195 C-5

青森 P.51
岩手 P.75
秋田
名產料理＆咖啡廳／角館地區導覽
宮城 P.117
山形 P.141
福島 P.163

蕎麥麵　MAP P195 B-4

角館地そば そばきり長助
●かくのだてじそば　そばきりちょうすけ
☎0187-55-1722　美食

店家自行栽培、磨粉的極品蕎麥麵
也有經營農業的老闆所栽種、用石臼磨粉製成的蕎麥麵十分香甜。可以隨個人喜好挑選十割或二八麵條。使用開紅花的珍貴品種「高嶺紅寶石」的蕎麥麵也是全年供應（數量有限）。

🕐11:00～15:00（冬季為11:30～14:00）※蕎麥麵售完打烊
🈺週二
📍仙北市角館町小人町28-5
🚉JR角館站步行20分　🅿4輛

色盛1045円
可享用雙色蕎麥麵的十割雙

活動　MAP P195 B-5

角館的祭典
●かくのだてのおまつり
☎0187-54-2700
（角館祭之山活動執行委員會）　景點

壯闊的「山衝撞」是一大看點
名為曳山的山車會出現在角館町內。結束參拜和奉獻的曳山隊伍在路上相遇時，為了爭奪優先通行權而進行談判，若談判決裂就會演變成曳山互相碰撞的「山衝撞」。伴隨著巨響互相衝撞的場景魄力十足。

🕐9月7～9日　📍仙北市角館町內全域　🚉JR角館站步行20分（角館武家屋敷通）　🅿500輛（使用市營櫻並木停車場、臨時停車場，1天500円）

曳山長度大約5公尺

活動　MAP P195 B-4

火振雪屋祭
●ひぶりかまくら
☎0187-54-2700
（仙北市觀光資訊中心(角館站前館)）　景點

華麗火圈在雪景中翩翩起舞
將約1公尺長的繩索綁在炭俵上並點火，於身體周圍來回揮舞的小正月活動。藉由火焰為田地除厄，也祈求平安健康、闔家平安、五穀豐收。寒冬夜空中浮現的火圈相當夢幻，吸引不少觀光客前來。

🕐2月14日　📍仙北市角館町町內各所　🚉JR角館站步行25分　🅿40輛

到場者也可以體驗火振舞

咖啡廳　MAP P195 C-5

フルーツパーラー角館 さかい屋
●ふるーつぱーらー　かくのだてさかいや
☎0187-54-2367　咖啡廳

有許多閃閃發亮的水果！
附設於蔬果店一隅的水果芭菲專賣店。盛滿全國各地精選新鮮水果的芭菲相當受歡迎。菜單從全年供應的口味到季節限定口味都有，常備25種供人選擇。

🕐10:00～16:30（蔬果店為9:00～18:00）
📍仙北市角館町中菅沢92-81
🚉JR角館站步行5分
🅿5輛

草莓DX芭菲900円

鄉土料理　MAP P195 C-5

食堂いなほ
●しょくどういなほ
☎0187-54-3311　美食

輕鬆享用料亭美味
供應秋田美食的角館名料亭「稻穗」的姊妹店。堅持使用無添加烹調方式，提供安全又安心的料理。以秋田知名醬菜煙燻蘿蔔製成的繽紛「漬物懷石」，以及「佐竹北家傳承御狩場燒御膳」（1100円）最受歡迎。

🕐11:00～15:00（視時期而異）
🈺週四　📍仙北市角館町田町上丁4-1　🚉JR角館站步行7分　🅿4輛

以煙燻蘿蔔等食材變化而成的漬物懷石1650円

武家屋敷　MAP P195 B-4

岩橋家
●いわはしけ
☎0187-43-3384
（仙北市圍半文化情報部文化財保護室）　景點

常作為電影外景地的宅邸
在江戶末期整建過的武士宅邸。是電影《黃昏清兵衛》的外景拍攝地，在影迷圈相當知名。內部雖然不對外開放參觀，但可以從主屋外免費參觀宅邸，將昔日武士質樸的生活樣貌傳承至現代。

🕐4月中旬～11月下旬，9:00～17:00　🈺開放期間無休　💴免費　📍仙北市角館町東勝楽丁3-1　🚉JR角館站步行15分　🅿無

可以看到典型的角館武家屋敷結構

和菓子　MAP P195 B-4

角館甘味茶房 くら吉
●かくのだてかんみさぼう　くらきち
☎0187-52-0505　購物

以滋味豐富的和菓子為伴手禮
位於角館中心地區的點心店。使用仙北市特產西明寺栗的和菓子，以及職人精心製作、入口即化的鬆軟「生紅豆諸越」，都是送禮自用兩相宜的伴手禮。

🕐8:30～17:00（12～3月為9:00～）
🈺不定休　📍仙北市角館町小人町38-25
🚉JR角館站步行20分　🅿2輛

放入一整顆西明寺栗的善兵衛栗大福1080円

烏龍麵　MAP P195 B-4

稲庭うどん専門店 ふきや
●いなにわうどん　せんもんてんふきや
☎0187-55-1414　美食

佐藤養助稻庭烏龍麵專賣店
角館唯一一家可以吃到稻庭烏龍麵的代名詞「佐藤養助」的店。建議再加點一份家常口味、鬆軟香甜的「高湯玉子燒」。店內還設有伴手禮專區，販售稻庭烏龍麵、樺細工和醬菜等。

🕐10:30～15:00（視時期而異）
🈺無休
📍仙北市角館町小人町28
🚉JR角館站步行20分　🅿5輛

附高湯玉子燒的稻庭烏龍冷麵套餐1250円

白樺工藝　MAP P195 B-4

角館樺細工傳承館
●かくのだてかばざいく　でんしょうかん
☎0187-54-1700　景點

參觀角館著名樺細工師傅的技術
展示歷史長達230年的樺細工（白樺工藝）名品，並能學習該技術歷史的設施。也可以觀摩傳統工藝士的現場表演。館內分成展覽室、實演室、物產觀光服務大廳＆咖啡廳，物產觀光服務大廳可以免費使用。

🕐9:00～17:00，冬季至16:30　🈺無休
💴300円，中小學生150円　📍仙北市角館町表町下丁10-1　🚉JR角館站步行20分
🅿100輛（使用市營櫻並木停車場，1天500円）

傳統工藝士每天會輪流在樺細工實演室製作

帛繡秋意妝點的混浴露天浴池

注滿乳白色溫泉
充滿野趣的混浴露天浴池

沉浸在白濁溫泉療癒身心

祕湯巡禮

乳頭山麓四周有欅樹原生林環繞，七座溫泉、八間旅宿的溫泉熱氣裊裊，坐擁田野風情瀰漫、野趣各異的露天溫泉。在名符其實的「祕湯」溫泉鄉，盡情享受溫泉巡禮吧。

交通方式

鐵道	JR秋田新幹線「小町號」 2小時45～55分	東京站 ⇄ 田澤湖站
巴士	羽後交通巴士 50分	田澤湖站 ⇄ 乳頭蟹場溫泉
開車	國道105號、國道46號、國道341號、縣道127號等 63km	東北自動車道大曲IC ⇄ 乳頭溫泉鄉

廣域MAP P194

洽詢處
仙北市田澤湖觀光資訊中心「FOLAKE」
☎0187-43-2111

乳頭溫泉鄉MAP

- 鶴之湯溫泉
- 先達川
- 遊覽之森
- 森林浴散步道！
- 祕湯之宿蟹場溫泉
- 免費足湯在這！
- 乳頭蟹場溫泉巴士站
- 大釜溫泉
- 乳頭溫泉巴士站
- 孫六溫泉 ※冬季休業
- 妙乃湯溫泉前巴士站
- 休暇村前巴士站
- 乳頭溫泉鄉 妙乃湯
- 在P106介紹
- 溫泉午餐在這！
- 休暇村乳頭溫泉鄉
- 黑湯溫泉 ※冬季休業
- 水芭蕉
- 鶴之湯別館山之宿
- 水芭蕉 每年4月下旬為觀賞期
- 鶴之湯溫泉入口前巴士站
- 田澤湖→
- 乳頭露營蟹場
- 水芭蕉

2 欅樹林散步

可以在溫泉鄉內「遊覽之森」享受自然散步，欣賞欅樹原生林和溪流之美。

3 紅葉絕景

以欅樹為首有整片闊葉樹森林的乳頭溫泉鄉，到了紅葉時期景色極美。往年10月中旬至下旬是賞楓期。

3 乳頭溫泉鄉大遊玩重點

溫泉巡遊帖
將七座溫泉各1次的入浴券、無限搭乘溫泉巡遊號的優惠成套販售2000円。只有乳頭溫泉鄉的住宿旅客能購買，效期為1年。

溫泉巡遊號
繞行溫泉鄉內的巴士，只要購買「溫泉巡遊帖」或1天限定的溫泉巡遊地圖（600円，入浴費另計）即可搭乘。

1 溫泉巡禮

七座溫泉各湧出不同泉質的湯泉，使用「溫泉巡遊帖」到各處泡湯最受歡迎。

青森 P.51
岩手 P.75
秋田
祕湯巡禮
宮城 P.117
山形 P.141
福島 P.163

↑保有藩政時期面貌的本陣

↑附地爐的東本陣客房

女性專用露天浴池「大白之湯」

↑鶴之湯溫泉中湧出量最多的白湯

鶴之湯溫泉

日本代表性祕湯溫泉之一。是乳頭溫泉鄉歷史最古老者，留有從1688年開始經營溫泉旅宿的紀錄。也曾是秋田藩主佐竹氏的溫泉療養場，如今也保有護衛藩主的武士所堆的茅草屋頂本陣。夜晚會點燈，更添祕湯的氛圍。

☎0187-46-2139
所仙北市田沢湖田沢先達沢国有林50
JR田澤湖站搭往乳頭蟹場溫泉的羽後交通巴士，鶴之湯溫泉入口下車步行40分（住宿旅客在アルパこまくさ巴士站有接送服務，需預約）
P50輛
MAP P194 H-3

溫泉&住宿資訊

泉質 含硫磺、氯化鈉、碳酸氫鹽泉等三種
療效 割傷等
不住宿入浴600円（週一僅室內浴池）
⏰10:00～15:00 休無休
1泊2食9830円～
客房數35間 IN 15:00
OUT 10:00 浴池 室內浴池男4、女4，露天浴池女1、混浴1；包租室內浴池2

Check!
多達四個源泉！在腹地內進行溫泉巡禮

鶴之湯溫泉以著名的混浴露天浴池為首，浴池和泉質也很豐富多元，能享受泡湯巡禮之樂。

有這麼多種浴池！！

Check!
名產！混浴露天浴池

和大自然融為一體的露天浴池，源泉從湯底湧出，也稱為美人之湯。

大白之湯（女性用露天浴池）
白湯
瀧之湯
黑湯
室內浴池
鶴之湯（混浴露天浴池）
女性用露天浴池
東本陣
中之湯
1號館
湯之澤
新本陣
事務所
本陣
2號館
3號館
水車小屋
本陣
本陣入口
鶴の茶舍
停車場

←據說對眼疾和神經痛有療效的中之湯

↑住宿旅客自不用說，也有許多純泡湯的客人

Check!
名產 山芋鍋

使用秋田產山芋的味噌調味糰子湯。也加了大量時蔬、山菜、豬肉等配料。

↓很多回頭客都是為了吃這道山芋鍋料理而來

↑使用了當季食材的手作料理

住宿旅客專用的別館也值得矚目

隱幽祕境氣圍洋溢
鶴之湯別館 山之宿
つるのゆべっかんやまのやど

周圍櫸樹原生林環繞、祕湯氣圍洋溢，卻是全客房衛浴、廁所等近代設備都很完善的旅宿。晚上可以在地爐旁享用當地名產山芋鍋等。

☎0187-46-2100
所仙北市田沢先達沢湯の岱1-1
JR田澤湖站搭往乳頭蟹場溫泉的羽後交通巴士，アルパこまくさ巴士站下車搭鶴之湯小巴士5分（需預約）
P15輛 MAP P194 H-3

住宿資訊
¥1泊2食17750円～
客房數10間
IN 15:00 OUT 10:00

↓和鶴之湯溫泉相同泉質的溫泉

↑位於鶴之湯溫泉前方約1.5公里處

↑與大自然融為一體的金之湯

→能感受四季更迭的客房

乳頭溫泉鄉 妙乃湯
にゅうとうおんせんきょう たえのゆ

祕湯風情與和風時尚氣氛融合在一起的旅宿。可以在從正面眺望先達川的混浴浴池，一邊傾聽潺潺流水一邊享受泡湯樂趣。能品嘗秋田鄉土料理的晚餐也大受好評。

☎0187-46-2740　所仙北市田沢湖生保内駒ヶ岳2-1　交JR田澤湖站搭往乳頭蟹場溫泉的羽後交通巴士，妙乃湯溫泉前下車即到　P17輛　MAP P194 H-3

相互融合的旅宿
祕湯氣圍與和風時尚

→河岸邊的著名露天浴池

孫六溫泉
まごろくおんせん

明治時代創業，至今仍洋溢著古早質樸的風情。溪流沿岸的浴舍室內溫泉和混浴露天浴池是從三個源泉注入溫泉，名為「山之藥湯」。

↑先立川沿岸的樸素獨棟旅宿

☎0187-46-2224　所仙北市田沢湖田沢先達沢国有林3051林班　交JR田澤湖站搭往乳頭蟹場溫泉的羽後交通巴士，乳頭溫泉下車步行15分（乳頭溫泉巴士站有接送服務，需洽詢）　P15輛　MAP P194 H-3

住宿資訊
1泊2食 12750円～
客房數 10間　IN/OUT 15時/9時30分
不住宿溫泉　費用 600円
時間 9～16時
公休 不定休
著名浴池 山之藥湯
露天浴池。可以泡在名為「山之藥湯」的鐳礦泉。

樸素山間旅宿
名為「山之藥湯」的

→餐廳白天也有營業，能品嘗米棒鍋定食2040円等

享受兩種溫泉
大啖鄉土鍋

↑被一片欅樹林包圍的露天溫泉

↑四周大自然環繞，近代設備也很完善

休暇村乳頭溫泉鄉
きゅうかむらにゅうとうおんせんきょう

擁有兩種源泉，可享受白濁溫泉的露天浴池、飄著木頭香氣的室內溫泉。晚餐可以享用包含米棒鍋等每日鄉土鍋的創意自助餐。

☎0187-46-2244　所仙北市田沢湖生保内駒ヶ岳2-1　交JR田澤湖站搭往乳頭溫泉鄉的羽後交通巴士，休暇村前下車即到　P100輛

住宿資訊
1泊2食 16650円～
客房數 38間　IN/OUT 15時/10時
不住宿溫泉　費用 600円
時間 11～17時
公休 無休
著名浴池 欅樹林露天浴池
被欅樹林包圍，新綠、紅葉時期的景色特別美麗。

MAP P194 H-3

大釜溫泉
おおがまおんせん

從雙層木造校舍改建而來，造型獨特。源泉放流式大浴場和露天浴池男女有別，寬敞又舒適。夏天還能泡足浴。家庭式山村料理也大受好評。

☎0187-46-2438　所仙北市田沢湖田沢先達沢国有林50　交JR田澤湖站搭往乳頭蟹場溫泉的羽後交通巴士，乳頭溫泉下車即到　P30輛　MAP P194 H-3

住宿資訊
1泊2食 11150円～
客房數 15間　IN/OUT 14時/9時30分
不住宿溫泉　費用 600円
時間 9～16時30分
公休 不定休
著名浴池 露天浴池
氣氛極佳的露天浴池內注滿了白綠色溫泉。

→雅緻的亭式露天浴池

黑湯溫泉
くろゆおんせん

1674年發現的古湯。建於先達川上游河畔，茅草屋頂、杉皮屋頂的住宿棟及溫泉小屋林立，充滿溫泉療養場風情。泉量豐富，露天浴池和室內溫泉充滿乳白色溫泉。

☎0187-46-2214　休4月中旬～11月中旬　所仙北市田沢湖生保内黑湯沢2-1　交JR田澤湖站搭往乳頭蟹場溫泉的羽後交通巴士，休暇村前下車步行20分（住宿旅客在乳頭蟹場溫泉巴士站有接送服務，需預約）　P50輛　MAP P194 H-3

溫泉療養場風情洋溢
溫泉鄉最深處的旅宿

更多乳頭溫泉鄉名湯

住宿資訊
1泊2食 15000円～
客房數 16間　IN/OUT 9時/9時30分
不住宿溫泉　費用 800円
時間 9～16時　公休 營業期間無休
著名浴池 露天浴池
東屋風建築，可一邊眺望遠山風景，一邊浸泡乳白色的溫泉。

↑闊葉樹森林環繞，秋天會埋在紅葉中

祕湯之宿蟹場溫泉
ひとうのやどかにばおんせん

附近的沼澤有許多河蟹棲息，故命名為「蟹場」。欅樹林包圍的露天浴池在新綠、紅葉季節形成一片絕景。另外還有岩浴池和秋田杉的木浴池。

☎0187-46-2021　所仙北市田沢湖先達沢50　交JR田澤湖站搭往乳頭蟹場溫泉的羽後交通巴士，終點下車即到　P20輛　MAP P194 H-3

住宿資訊
1泊2食 12250円～
客房數 17間　IN/OUT 14時/10時
不住宿溫泉　費用 600円
時間 9～16時30分　公休 無休
著名浴池 唐子之湯
距離旅館約50公尺，欅樹原生林中的露天浴池。

→露天浴池位於離旅宿約50公尺處

一邊聆聽溪流潺潺水聲一邊泡湯的奢華

→氣氛沉穩的和室

↑注滿源泉放流式溫泉

將木造校舍移建蓋成的復古旅宿

→簡單舒適的和室

辰子守護的琉璃色湖泊 田澤湖 たざわこ

在神祕的湖畔放鬆遊逛！
田澤湖

辰子像
為求實現永遠美貌的心願，而化身為龍的一位傳說美女。倚著琉璃色背景而立的金色身影，堪稱是田澤湖的象徵！

到全日本最深的田澤湖，如果只是開車兜風就太可惜了！這裡有結緣能量景點、船上遊覽行程等湖畔休閒活動供人享受。也別忘了順道吃些美食。

辰子守護的日本最深湖泊
田澤湖 ●たざわこ
位於秋田縣中東部的田澤湖水深 423,4 公尺，是日本最深的湖泊。宛如溶進藍色顏料般的琉璃色湖水很美。推薦在湖畔散步或騎自行車。
✆0187-43-2111（仙北市田澤湖觀光資訊中心「FOLAKE」） 所仙北市田沢湖
MAP P194 G-4

也推薦這裡！
順道景點

欣賞配色神祕的溪谷之美
抱返溪谷 ◆だきがえりけいこく
有藍色溪流、瀑布及奇岩等，能欣賞東北首屈一指溪谷之美的風景勝地。作為新綠與紅葉名勝也廣為人知。
✆0187-43-2111（仙北市田澤湖觀光資訊中心「FOLAKE」） L自由參觀（11～4月需確認） 所仙北市田沢湖卒田～角館町広久内 交JR田澤湖站開車25分 P120輛（紅葉祭期間收費）
MAP P194 G-5

↑被稱為東北的邪馬溪

在天然蜂蜜專賣店挑選伴手禮
山のはちみつ屋
◆やまのはちみつや
販售國產及世界各地蜂蜜、化妝品等商品。也有附設石窯燒烤道地披薩店。
✆0120-038-318
L9:00～17:00（夏季至17:30） 休無休 ¥國產相思樹蜂蜜2362円（300g） 所仙北市田沢湖生保内石神163-3 交JR田澤湖站搭往高原溫泉或乳頭溫泉的羽後交通巴士，田澤湖橋下車即到 P100輛
MAP P194 H-4

↑圓頂型屋頂相當顯眼

1 參拜能量景點

求姻緣很靈驗！
浮木神社 ●うききじんじゃ
位於辰子像旁、突出於湖面上的一座神社，被視為結緣之神。建議在此求個庇佑愛情圓滿的御守，也不妨抽張籤試試手氣。
✆0187-43-2111（仙北市田澤湖觀光資訊中心「FOLAKE」）
所仙北市西木町西明寺潟尻 交JR田澤湖站搭羽後交通田澤湖一周巴士，潟尻下車即到 P無 MAP P194 G-4

是個求姻緣的能量景點喔
↑以裸木為素材的社殿倚湖而建

2 乘船漫遊田澤湖

從湖上欣賞琉璃色極致美景
田澤湖遊覽船
●たざわこゆうらんせん
從田沢湖レストハウス前的白濱出發，遊逛御座石神社、潟尻辰子像。享受眺望田澤湖美景，繞一圈 40 分鐘的愉快航程吧。
✆0187-43-0274（田沢湖レストハウス） L4月下旬～11月上旬航行 休營運期間無休 ¥1220円，兒童610円 所仙北市田沢湖田沢春山148 交JR田澤湖站搭羽後交通巴士乳頭線等，田澤湖畔前下車即到 P100輛
MAP P194 H-4

來欣賞極致美景！
↑飽覽田澤湖看點的周遊航程

【航行時刻表】

白濱發船	抵達白濱
9:00	9:40
▲10:00	10:40
11:00	11:40
▲12:00	12:40
13:00	13:40
▲14:00	14:40
15:00	15:40
▲16:00	16:40

（▲記號為僅7月20日～8月20日航行，其他期間需洽詢）

推廣蔬菜的美味
湖畔の杜レストランORAE
●こはんのもりれすとらんおらえ
一邊眺望田澤湖，一邊享用美味蔬菜料理與店家自製啤酒吧。
✆0187-58-0608 L11:00～19:00（可能變動，需確認） 休不定休 ¥小町拉格640円（杯裝330mℓ）、品味天空640円（杯裝330mℓ） 所仙北市田沢湖田沢春山37-5 交JR田澤湖站搭往乳頭溫泉的羽後交通巴士，公園入口下車步行15分 P45輛
MAP P194 H-4

↑行者大蒜香腸1280日圓

3 大啖田澤湖美食

田澤湖的知名小吃是這個
たつこ茶屋 ●たつこちゃや
招牌是以自家栽種米製成的巨大「味噌米棒」。以炭火仔細燒烤而成，香噴噴的米棒趁熱享用最好吃。
✆0187-43-0909 L4月下旬～11月上旬，9:30～16:00 休營業期間週二 所仙北市田沢湖潟中山40-1 交JR田澤湖站搭羽後交通田澤湖一周巴士，大澤下車即到 P50輛
MAP P194 H-4

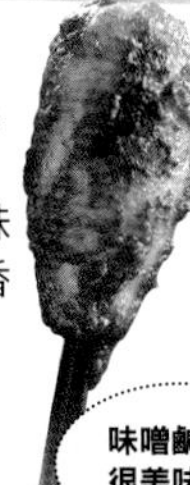
←味噌米棒350円

味噌鹹香，很美味喲！

交通方式
鐵道：東京站 → JR秋田新幹線「小町號」2小時45～55分 → 田澤湖站
開車：東北自動車道大曲IC → 國道105號、國道46號、國道341號等 53km → 田澤湖（レストハウス）前
廣域MAP P194
洽詢處 仙北市田澤湖觀光資訊中心「FOLAKE」 ✆0187-43-2111

想見！ 想吃！
秋田犬 名產料理
感受秋田最新的魅力

圓滾滾大眼、鬆軟的毛、豎立的耳朵，討人喜愛的秋田犬在日本蔚為話題。在能見到可愛秋田犬的景點療癒一番，再前往可以大啖秋田名產的秋田市享用美食！

魅力1 立耳
鬆軟的毛茸茸三角形大耳朵非常可愛。

魅力2 忠誠、順從
只要好好教育，就會忠實服從飼主的命令。

魅力3 捲尾
高高捲起的尾巴。緊張時會放下來等等，是表現情緒的部位。

告訴我！ 秋田犬的知識

何謂秋田犬
其祖先是人類以狩獵為目的飼養的獵熊犬。秋田犬是日本犬當中唯一的大型犬，名列國家天然紀念物。

秋田犬的故鄉——大館
江戶時代大館地區的藩主為了培養藩士的競爭心而獎勵飼養鬥犬，因而誕生的犬種。

↑因《忠犬八公》聞名的「阿八」也是大館市出生的著名秋田犬

交通方式

鐵道 秋田站 ⇄ 東京站	JR秋田新幹線「小町號」 3小時35～55分	
開車 秋田市區 ⇄ 秋田自動車道中央IC	縣道62號等 8km	

廣域MAP P195

洽詢處 秋田觀光會議協會 ☎018-824-8686

引起熱烈討論
能見到秋田犬的兩大景點

秋田犬ステーション
あきたいぬすてーしょん

位於秋田車站附近的複合施設「AREA NAKAICHI」，能見到秋田犬的設施。考量到秋田犬的壓力狀況，雖然不開放碰觸，但可以拍照、購買原創商品。

↑以秋田犬的照片看板為路標

☎018-807-2535（ONE FOR AKITA）
⏰11:00～18:00（週二四只有販售商品）
休週一三五 所秋田市中通1-4-3（AREA NAKAICHI）
🚃JR秋田站步行10分
Ｐ無
MAP P195 B-1

秋田犬交流檔案
時間 週六日（假日為不定期）的11:00～11:30、12:10～13:00、13:30～14:00、14:40～15:00
內容 可以拍照
注意事項 秋田犬的詳細資訊請確認官網

CHECK商品！
亦作為秋田犬的保育金
→多種秋田犬商品
←毛茸茸馬克杯（共5色）1738円
↑毛茸茸咖啡（5包）1150円

秋田犬有很多商品！！

也有提供尋找飼主和飼養方法的諮商

↓可以見到秋田犬的熱門景點

秋田犬交流檔案
時間 11:00～15:00
內容 可以和秋田犬保存會會員自豪的秋田犬合影留念
注意事項 12:00～12:30、13:30～14:00為休息時間

↑上揚的嘴角看似隨時都在微笑

討人喜歡的秋田犬 可以遇見非常

秋田犬交流處 in千秋公園
あきたいぬふれあいどころ いんせんしゅうこうえん

位於能眺望市區的秋田市觀光景點千秋公園，二之丸廣場內的設施。可以遇見可愛的秋田犬（視秋田犬的身體狀況等可能變更）。

☎018-824-8686（秋田觀光會議協會）
⏰5～10月（預定）、11:00～15:00 休開放期間無休（天候不佳時休）
所秋田市千秋公園1-1 二の丸
🚃JR秋田站步行10分 Ｐ無
MAP P195 B-1

秋田犬&名產料理

好想大快朵頤! 秋田的名產料理

鹽魚汁鍋
以原料為日本叉牙魚等的魚醬調味。名為獅子魚的日本叉牙魚卵口感絕妙。

稻庭烏龍麵
發源自秋田縣南部，使用手延製法的乾烏龍麵。富有嚼勁和滑順口感為其魅力所在。

煙燻蘿蔔
使用米糠醃漬煙燻蘿蔔的醬菜，特色是煙燻香氣和酥脆的口感。

比內地雞
日本三大名雞之一。肉質緊實，越嚼越美味。

米糰子鍋
包含用杵棒將飯搗成泥、揉圓成球狀的「米糰子」，以及水芹、比內地雞等食材。

米棒鍋
將搗成泥狀的米飯裹在杉木棒上烤成的「米棒」，再與其他食材放入比內地雞湯頭的火鍋料理。

稻米、美酒 之鄉的 名產料理店 四選

本家あべや 秋田店
ほんけあべやあきたてん

可以在店內品嘗切開比內地雞的店家。比內地雞專賣店特有的精緻料理應有盡有，秋田在地美酒的種類也很豐富。

☎018-825-1180
🕐11:00～14:30、17:00～22:00，週六日、假日為11:00～16:30、17:00～22:00 休無休
🏠秋田市中通1-4-3
🚉JR秋田站步行7分
🅿無

MAP P195 B-1

➡播放舒適爵士樂的店內

以串燒供應極鮮稀少部位的專賣店比內地雞

・煙燻蘿蔔 ・比內地雞 ・米棒鍋

名產
烤雞肉串 六串盛
2300円
可以嘗到比內地雞稀少部位的奢侈料理。

喰処 北洲
くいどころほくしゅう

創業超過60年，是秋田鬧區川反地區的人氣居酒屋。諸如米棒鍋、鹽魚汁鍋等多種秋田鄉土料理及在地美酒一應俱全。

☎018-863-1316
🕐17:30～22:00 休週日
🏠秋田市大町4-1-11
🚉JR秋田站步行15分
🅿無

MAP P195 A-2

↑除了吧檯座之外，也有和式座位

搭配比內地雞頂級湯品品嘗炭烤手工米棒

・煙燻蘿蔔 ・鹽魚汁鍋 ・米棒鍋

名產
米棒鍋
1760円
使用2.5碗米飯製成的米棒口感彈牙有嚼勁。

無限堂 大町本店
むげんどうおおまちほんてん

招牌為以傳統手綯製法（以手搓捻）製成、富有嚼勁的稻庭烏龍麵。店內除了桌位座，也有大廣間和包廂。

☎018-863-0008
🕐11:00～13:45、17:00～21:30 休不定休
🏠秋田市大町1-3-2
🚉JR秋田站步行17分
🅿11輛

MAP P195 A-1

富有嚼勁的傳統稻庭烏龍麵在職人精湛技術下誕生

・稻庭烏龍麵 ・煙燻蘿蔔 ・比內地雞 ・米棒鍋

名產
日本叉牙魚天婦羅竹籠烏龍麵
1390円
清爽的烏龍麵與日本叉牙魚天婦羅很搭。

↑以傳統商家為概念打造的建築

ちゃわん屋
ちゃわんや

供應秋田各種鄉土料理的居酒屋。在充滿昭和懷舊感的店內，能夠品嘗縣內超過30種酒廠名酒也是一大吸引人的特色。

☎018-864-5202
🕐17:00～23:00 休週一
🏠秋田市大町4-2-7
🚉JR秋田站步行15分
🅿無

MAP P195 A-1

吸飽湯汁的軟糯米糰子美味重點在於蝦漿

・米糰子鍋 ・稻庭烏龍麵 ・煙燻蘿蔔 ・比內地雞 ・鹽魚汁鍋 ・米棒鍋

名產
米糰子鍋
1540円
加入蝦漿捏成的米糰子是美味重點。

↑菜色豐富到有時連老闆娘都不確定

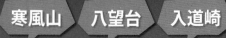
遊逛 三大觀景點
男鹿半島
絕景兜風

> 連半島的海岸線、白神和鳥海山等地都能一覽無遺的觀景點！

↑沿著寒風山全景線往山頂前進

綠色大地與藍色大海一望無際的男鹿半島。壯觀大自然環繞的半島上，散布著寒風山、八望台、入道崎這三個觀景點。也想見一見以「來訪神：假面、扮裝的眾神」名列聯合國教科文組織的「男鹿生剝鬼」！

眺望草原彼端的日本海
① 寒風山
●かんぷうざん

寒風山的大半均被草坪覆蓋，山頂上有個可賞全景風光的迴轉瞭望台，除了看得到日本海的極致美景，還能遠眺大潟村和男鹿市區等。

↑海拔355公尺

☎0185-24-2100（男鹿站觀光服務處）🕐自由參觀（瞭望台為3月中旬~12月上旬，8:30~17:00，夏季可能延長，開放期間無休）¥550円，小學~高中生270円 📍男鹿市脇本富永 🚗秋田自動車道男鹿半島IC 23km，開車30分 Ｐ100輛 **MAP** P195 C-2

兜風路線

約7小時
約116km
START

⑧	⑦	⑥	⑤	④	③	②	①
昭和男鹿半島IC 秋田自動車道	← 哥吉拉岩 開車42分	← 門前的生剝鬼立像 開車1分	← 男鹿水族館GAO 開車20分	← 入道崎 開車16分	← 八望台 開車10分	← 生剝鬼館 開車13分 即到	← 男鹿真山傳承館 開車20分	← 寒風山 開車30分	昭和男鹿半島IC 秋田自動車道
	34km	0.8km	14km	12km	8km	8km	16km	23km

交通方式
鐵道
JR男鹿線 秋田站
50分~1小時
男鹿站

開車
國道101號、縣道59號
秋田自動車道 昭和男鹿半島IC 男鹿市區
22km

廣域MAP P195

洽詢處
男鹿站觀光服務處 ☎0185-24-2100

↓男鹿市內各地區的生剝鬼面具

傳統活動生剝鬼原味重現
② 男鹿真山傳承館
●おがしんざんでんしょうかん

在此可體驗男鹿半島自古流傳已久的生剝鬼活動。發出陣陣低吼聲的生剝鬼強行闖入茅草屋頂的民宅，直逼民宅主人身邊，氣勢相當凌人。

☎0185-33-3033（真山神社）🕐9:00~16:30 休無休 ¥與生剝鬼館的通用入館費880円，小學~高中生550円（12~3月為1100円，小學~高中生770円）📍男鹿市北浦真山水喰沢80 🚗秋田自動車道男鹿半島IC 34km，開車45分 Ｐ100輛 **MAP** P195 B-2

→發出低吼聲、做出四股路的生剝鬼

介紹「男鹿生剝鬼」
③ 生剝鬼館
●なまはげかん

展示男鹿市各地區超過150張各式各樣的生剝鬼面具，並介紹除夕的生剝鬼習俗。生剝鬼傳承大廳播映著電影《生剝鬼的一夜》。

☎0185-22-5050
🕐8:30~17:00 休無休
¥550円，小學~高中生275円
📍男鹿市北浦真山水喰沢
🚗秋田自動車道男鹿半島IC 34km，開車40分 Ｐ270輛
MAP P195 B-2

> 大海、森林以及美麗的潟湖合為一體，呈現極致美景。

→圖中前方為二目潟，後面看到的是戶賀灣

從瞭望台俯瞰火口湖
④ 八望台 ●はちぼうだい

從瞭望台可以看到三座潟湖和戶賀灣。這些潟湖都是在數萬年前，水和岩漿接觸後產生水蒸氣爆炸，因而形成的火口湖。潟湖結合周邊森林交織出壯麗的景象。

☎0185-24-2100（男鹿站觀光服務處）🕐自由參觀 📍男鹿市戶賀塩浜中岱 🚗秋田自動車道男鹿半島IC 38km，開車50分 Ｐ100輛 **MAP** P195 B-2

絕景兜風MAP

⑤入道崎　なまはげ御殿　日本海
灯台荘
55
男鹿溫泉
北浦漁港
一目潟
④八望台　生剝鬼線　101
⑥男鹿水族館GAO
②男鹿真山傳承館　①寒風山
③生剝鬼館　男鹿線　脇本
59
男鹿半島　羽立　昭和男鹿半島IC→
⑦門前的生剝鬼立像　羽立　101
⑧哥吉拉岩　男鹿

秋田 男鹿半島絕景兜風

欣賞平緩草坪對面是連綿雄偉斷崖的海景

從美麗的山丘上眺望斷崖

⑤ 入道崎 ●にゅうどうざき

有著一大片平坦斜面草坪的海岬。黑白條紋、色彩鮮明的入道崎燈塔是這個海岬的象徵，甚至入選「日本燈塔50選」。在此也能欣賞到戲劇性的日暮景觀。

☎0185-24-2100（男鹿站觀光服務處）⏰自由參觀（燈塔為4月下旬～11月上旬，9:00～16:00，開放期間無休，燈塔資料展示室300円）所男鹿市北浦入道崎🚗秋田自動車道男鹿半島IC 42km，開車50分 🅿100輛
MAP P195 B-2

↪燈塔上方是瞭望台

在入道崎品嘗 海鮮丼 ！

入道崎周邊有許多能品嘗新鮮海產丼的食堂。盛滿了生海膽、螃蟹、當季生魚片等！

超越時空的海鮮丼 2900円

↑盛滿了多達六種美味海鮮

なまはげ御殿 ●なまはげごてん

過去是漁夫的老闆想讓更多人品嘗男鹿風味而提供奢華漁夫料理。丼飯的種類相當豐富。

☎0185-38-2011 ⏰9:00～16:00（11～3月為10:00～15:00）休無休 所男鹿市北浦入道崎昆布浦2-69 🚗秋田自動車道男鹿半島IC 42km，開車50分 🅿200輛 **MAP P195 B-2**

灯台莊 ●とうだいそう

可以一邊眺望日本海，一邊享用豐富海鮮料理的餐廳。丼飯上的料多到看不見底下的米飯。

蟹肉丼定食 1650円

☎0185-38-2121 ⏰3～12月中旬，10:00～16:00（11～12月中旬至15:00）休營業期間無休（天候不佳時可能休）所男鹿市北浦入道崎昆布浦2-70 🚗秋田自動車道男鹿半島IC 42km，開車50分 🅿200輛
MAP P195 B-2

↪滿滿配料大受好評

↪超受歡迎的北極熊豪太

去見見北極熊豪太吧

⑥ 男鹿水族館 GAO ●おがすいぞくかんがお

除了秋田縣魚日本叉牙魚之外，還可以看到海豹及海獅等400種、多達1萬隻海洋生物。千萬別錯過超可愛的海豹與人氣明星北極熊等。

↑魟魚等生物泅泳的海大水槽

☎0185-32-2221 ⏰9:00～16:00（可能視時期變動）休需確認官網 ¥1100円，中小學生400円 所男鹿市戸賀塩浜 🚗秋田自動車道男鹿半島IC 44km，開車55分 🅿630輛 **MAP P195 B-2**

巨大生剝鬼氣勢磅礴！

⑦ 門前的生剝鬼立像 ●もんぜんのなまはげりつぞう

流傳生剝鬼傳說的五社堂有999級石階，因此人們便打造了一尊高達9.99公尺的巨大生剝鬼。對著日本海伸出巨掌的生剝鬼氣勢驚人，至今看來依舊栩栩如生。

☎0185-24-2100（男鹿站觀光服務處）⏰自由參觀 所男鹿市船川港本山門前 🚗秋田自動車道男鹿半島IC 37km，開車50分 🅿30輛
MAP P195 B-3

↪儼然成為門前地區的象徵

剪影和哥吉拉一模一樣

⑧ 哥吉拉岩 ●ごじらいわ

↑周邊也以磯釣勝地著稱

粗糙斑駁的岩塊隆起，形狀、氛圍簡直就和哥吉拉一模一樣。尤其是夕陽映照下的剪影，簡直就是哥吉拉本尊。這裡也曾被電視廣告相中取景，因而成為熱門景點。

☎0185-24-2100（男鹿站觀光服務處）⏰自由參觀 所男鹿市船川港本山門前 🚗秋田自動車道男鹿半島IC 35km，開車45分 🅿10輛
MAP P195 B-3

鳥海山
ちょうかいさん

何謂鳥海山
矗立於山形縣境，海拔2236公尺的獨峰。因其美麗姿態而有「秋田富士」、「出羽富士」之稱，名瀑及湧泉群等名勝散布其中。

鳥海全景線
位在仁賀保高原一帶、修整完善的山路。沿途白色風車林立，可以眺望鳥海山和日本海。免收過路費。

鳥海BLUE LINE
全長34.9公里、途經鳥海山五合目的一條蜿蜒公路，沿途日本海與庄內平原的景色都很漂亮。免收通行費，4月下旬至11月上旬開放通行。

馳騁於俯瞰日本海台之高原！

鳥海山兜風

依傍日本海的靈峰「鳥海山」山麓間有兩條完善的山岳道路，可以享受暢快兜風。山貌多樣的四季美景、充滿負離子的湧水處、從瞭望台看到的大全景，通通不能錯過。

約4小時 約80km

兜風路線

仁賀保IC	① 仁賀保高原	② 奈曾白瀑布	③ 元瀧伏流水	④ 鉾立展望台	酒田湊IC
開車20分 13km	開車25分 15km	開車10分 2.5km	開車25分 15km	開車45分 35km	

| 交通方式 |
| 鐵道 | 秋田站 JR羽越本線 1小時 仁賀保站 ｜ 象潟站 JR羽越本線 10分 |
| 開車 | 日本海東北自動車道 仁賀保IC ｜ 國道8號、縣道32號等 12km 仁賀保高原 |

廣域MAP P199

洽詢處 仁賀保市觀光協會 ☎0184-43-6608

從海拔1150公尺眺望大全景

④ 鉾立展望台
●ほこだててんぼうだい

位於鳥海BLUE LINE至高處鳥海山五合目的觀景點。從停車場步行5分左右的地方有瞭望台。能夠眺望鳥海山的雄姿、魄力十足的奈曾溪谷，天氣好的時候連日本海也一覽無遺。

☎0184-43-6608
（仁賀保市觀光協會）
🕐自由參觀
所 にかほ市象潟町小滝
🚗 JR象潟站開車40分
P 250輛
MAP P199 D-3

↑眺望深達337公尺的溪谷絕景

稍微繞道前往
土田牧場
●つちだぼくじょう

娟珊牛的放牧牧場。除了購買乳製品，也可以在餐廳享用起司土司等。也有設置狗狗公園。

☎0184-36-2348
🕐9:00～17:00 休無休
所 にかほ市馬場字冬師山4-6
🚗 JR仁賀保站開車15分
P 100輛
MAP P199 D-2

↑娟珊牛牛奶 900ml518円等

經年累月才湧出地表的清流

③ 元瀧伏流水
●もとたきふくりゅうすい

滲入鳥海山的雨雪歷經數十年歲月過濾後，每天湧出多達5萬噸泉水，形成一座瀑布。幾道清水流過寬約30公尺的生苔岩石表面，綠色苔蘚與白色飛沫形成的對比讓人大飽眼福。

☎0184-43-6608
（仁賀保市觀光協會）
🕐自由參觀
所 にかほ市象潟町関
🚗 JR象潟站開車20分
P 40輛 MAP P199 C-3

↑被評選為「平成名水百選」之一

秋田最具代表性的壯麗名瀑

② 奈曾白瀑布
●なそのしらたき

1932年獲選為國家名勝，高26公尺、寬11公尺的著名瀑布。鳥海火山熔岩流形成的峭壁上，水量豐沛的雪水流瀉而下。有座通往瀑潭附近的石階，可以近距離欣賞瀑布美景。

☎0184-43-6608
（仁賀保市觀光協會）
🕐自由參觀
所 にかほ市象潟町小滝
🚗 JR象潟站開車15分
P 50輛
MAP P199 C-3

↑鈷藍色的瀑潭閃耀著神祕光輝

↑風力發電用的風車林立

風車與草原交織出一片牧歌般的風景

① 仁賀保高原
●にかほこうげん

位於鳥海山北麓、海拔約500公尺的丘陵地帶。俯瞰有日本海、遠望有男鹿半島，可以享受到360度的大全景。也有遼闊的牧場、設有食堂及休息室的瞭望設施。

☎0184-43-6608
（仁賀保市觀光協會）
🕐自由參觀 所 にかほ市馬場
🚗 JR仁賀保站開車20分 P 100輛
MAP P199 D-3

投身於感受四季的著名活動

大曲・橫手・湯澤

おおまがり・よこて・ゆざわ

兩大祭典

煙火的色彩和設計在競演各家創意

深受壯觀與雅緻吸引！
夏與冬的風情畫

必看
最後的特大連續煙火
搭配音樂施放的大型連續煙火令人大呼過癮。

說到秋田的著名活動，當屬大曲煙火和橫手雪祭。每年都吸引了眾多觀光客來訪，只為親眼目睹歷史悠久的精彩活動。點綴夜空的絢爛煙火、夢幻的雪景之美令人感動不已！

觀賞POINT

白天與晚上的雙重享受
全日本只有大曲可以看到白天的煙火。有很多人都會提早到現場，欣賞白天和晚上的兩種煙火。

晚場往年都是18時50分開始

推薦付費觀賞座
若想就近放賞煙火，不妨利用付費觀賞座。詳情請參照官網。

備受全國矚目的煙火祭典

2023年8月26日舉辦

全國煙火競技大會「大曲煙火」

●ぜんこくはなびきょうぎたいかい おおまがりのはなび

集結日本各地煙火師傅的煙火藝術盛典。由「日間煙火」、「夜間煙火」這兩個部分構成，看創意十足的煙火升空綻放。

☎0187-88-8073（大典商工會議所）
⏰需確認
¥有付費觀賞座（需確認）
🏠大仙市大曲雄物川河畔
🚃JR大曲站步行30分 🅿無
MAP P198 F-1

可以包下整個雪屋的「雪屋先行體驗」（收費，需預約）也很受歡迎

雪國特有的傳統活動

2月15～16日舉辦

橫手雪祭 雪屋

●よこてのゆきまつりかまくら

擁有約450年歷史的秋田小正月活動。高約3公尺的雪屋中設有祭壇和七輪炭爐，當地的孩子會招待來客飲用甜酒。

☎0182-33-7111（橫手市觀光協會）⏰2月15～16日，18:00～21:00 ¥免費
🏠橫手市橫手公園等市內各處
🚃JR橫手站步行10分（橫手市役所本廳舍）
🅿300輛（臨時停車場）
MAP P198 G-2

必看 雪屋
舉辦期間會在市內各處製作超過80座約3公尺的雪屋。

也會舉行愛犬祈願祭

這個祭典也很熱門！

2月第2週六日舉辦

犬子祭

●いぬっこまつり

源自於了防盜、除魔，用米穀粉捏製小狗或鶴龜供奉在家門口或窗戶的習俗。傍晚時分會為狗和祠堂的雪像點上蠟燭。

☎0183-73-0415（湯澤市觀光物產協會）
⏰10:00～21:00（週日至19:00）🏠湯澤市綜合體育館周邊等 🚃JR湯澤站步行20分
🅿有臨時停車場（輛數未定）
MAP P198 F-3

留意可愛的雪像

觀賞POINT

迷你雪屋
蛇之崎川原每年會有約2000座迷你雪屋登場，呈現一幅奇幻的光景。

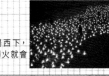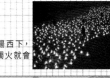

當太陽西下，蠟燭煙火就會點亮

交通方式

大曲站	JR秋田新幹線「小町號」30分	秋田站	鐵道	
橫手站	JR奧羽本線 1小時～1小時20分	秋田站	鐵道	
湯澤站	JR奧羽本線 1小時30～55分	秋田站	鐵道	
大曲市區	國道105號、縣道36號等 9km	大曲自動車道 秋田自動車道 大曲IC	開車	
橫手市區	國道13號等 5km	橫手自動車道 秋田自動車道 橫手IC	開車	
湯澤市區	國道13號等 2km	湯道橫手路IC 湯澤橫手	開車	

廣域MAP P198

洽詢處

大仙市觀光課 ☎0187-63-1111
橫手市觀光協會 ☎0182-33-7111
湯澤市觀光物產協會 ☎0183-73-0415

鳥海山兜風／兩大祭典

在七種浴池享受
療效極佳的溫泉

・後生掛溫泉・

東北自動車道鹿角八幡平IC開車40分

後生掛溫泉
●ごしょうがけおんせん

自古有「疲憊地乘馬而來，輕鬆地著屐而歸」一說，溫泉療效極佳。有箱蒸浴、火山浴池、沖打溫泉、泥湯等獨特浴池，以及利用地熱取暖的溫突宿舍，因此有很多來做溫泉療養的旅客。

☎0186-31-2221

鹿角市八幡平熊沢国有林内　JR田澤湖站搭往鹿角花輪站的秋北巴士，アスピーテライン入り口下車搭接駁巴士10分（限住宿旅客事先預約，冬季需洽詢）　P40輛　MAP P193 A-2

↖後生掛溫泉自然研究路就在附近

↖以自然蒸氣加熱的箱蒸浴很有名

↖住宿棟的新館也有和洋室

↖木造大浴場瀰漫著質樸的氛圍

保有古早溫泉療養場風情的建築

¥1泊2食 15550円〜	
IN15:00 OUT10:00	
不住宿入浴	可
室內浴池	男1女1
露天浴池	男1女1

秋田的
舒適溫泉旅宿

古早溫泉療養場風情洋溢的祕湯、佇立於大自然高原的旅宿、一覽日本海的絕景旅館……在融入大自然的知名旅宿享受泡湯樂趣吧。

◎須川溫泉　東北自動車道一關IC開車1小時20分

栗駒山莊
●くりこまさんそう

建於栗駒山山腰，海拔約1100公尺的溫泉飯店。招牌溫泉是露天浴池「仙人之湯」，能一邊欣賞須川高原大全景一邊泡湯。從設有落地窗的室內浴池和客房、瞭望餐廳，也能將欅樹樹海、岩鏡濕原盡收眼底。往年11月上旬至4月下旬為冬季休業。

☎0182-47-5111

東成瀬村椿川仁郷山国有林内　JR一之關站搭往須川溫泉的岩手縣交通巴士，終點下車步行5分　P70輛　MAP P198 H-4

↖能悠閒泡湯的開放式大浴場

山莊位於秋田和岩手的縣境

↖景色極佳的客房有日式和西式客房

¥1泊2食 18850円〜	
IN15:00 OUT10:00	
不住宿入浴	可
室內浴池	男1女1
露天浴池	男1女1

一覽須川高原的大全景

↖最遠能望見鳥海山的男女有別露天浴池「仙人之湯」

秋田的舒適溫泉旅宿

↑使用天然秋田杉的大浴場「藥師之湯」

在秋田杉的大浴場享受柔和的溫泉

↑老闆娘發揮廚藝的料理（範例）

↑客房附眺望中庭的露臺

↑日西融合的洗鍊空間

小安峽溫泉　秋田自動車道橫手IC開車1小時
旅館 多郎兵衛
●りょかんたろべえ

作為溫泉管理者，傳承12代的傳統旅宿。以使用樹齡超過百年的秋田杉打造的大浴場為首，還有各種多元的浴池，滑嫩的溫泉溫暖了身體內部。老闆娘準備的季節感洋溢的料理也是極品。

☎0183-47-5016　湯沢市皆瀬湯元121-5　JR湯澤站搭往小安溫泉的羽後交通巴士，元湯下車即到（有接送服務，需預約）　30輛
MAP P198 H-4

¥1泊2食 14450円～	
IN14:30 OUT10:00	
不住宿入浴	可
室內浴池	男2女2
露天浴池	男女輪流制1

南玉川溫泉
東北自動車道盛岡IC開車1小時20分
南玉川溫泉 HANAYA之森
●みなみたまがわおんせんはなやのもり

鮮艷橘色的獨棟溫泉旅宿

100%源泉放流式溫泉接觸到光和空氣就會變成橘色。還能在源泉所喝到冰涼的源泉。晚餐是創意懷石料理，可以享受山菜等當地食材。11月下旬至4月下旬為冬季休業。

☎0187-49-2700　仙北市田沢湖玉川328　JR田澤湖站搭往田澤湖方向的羽後交通巴士，男神橋前下車步行10分（有接送服務，需預約）　50輛
MAP P194 H-3

↑從充滿野趣的露天浴池能看到男神山

↑附源泉放流式露天浴池的和室

¥1泊2食 19800円～	
IN15:00 OUT10:00	
不住宿入浴	可
室內浴池	男1女1
露天浴池	男2女2

在大自然的擁抱下度過非日常的時光

能盡情享受源泉放流式溫泉的露天浴。美麗的景觀也很療癒

夏瀨溫泉　秋田自動車道協和IC開車1小時
夏瀨溫泉 都忘
●なつせおんせんみやこわすれ

溫暖的款待大受好評，客房僅10間的獨棟旅宿。所有客房都附露天浴池，能愜意泡湯。能享用以稻庭烏龍麵、米棒為首的秋田鄉土料理也是其魅力之一。

☎0187-44-2220　仙北市田沢湖卒田夏瀨84　JR角館站開車30分（有接送服務，需預約）　30輛
MAP P194 H-5

↑建於抱返溪谷上游的山中

¥1泊2食 33000円～	
IN15:00 OUT11:00	
不住宿入浴	可
室內浴池	男1女1
露天浴池	全客房1

享受源泉放流式溫泉和男鹿的鄉土料理

以朝日的紅、海洋的藍為意象的女性用壺浴池

眺望景觀絕佳的高樓層「秋田VISION房」

¥1泊2食 16650円～	
IN15:00 OUT10:00	
不住宿入浴	不可
室內浴池	男1女1
露天浴池	男1女1

水澤溫泉鄉　東北自動車道盛岡IC開車1小時
元湯水澤山莊
●もとゆみずさわさんそう

被田澤湖高原雄偉大自然環繞的旅宿。著名的露天浴池深1公尺，可以浸泡在源泉放流式溫泉裡。晚餐能品嘗比內地雞湯頭的米棒鍋和八幡平豬肉。

☎0187-46-2341　仙北市田沢湖生保内下高野73-10　JR田澤湖站搭往乳頭溫泉的羽後交通巴士，水澤溫泉鄉下車即到（無接送服務）　12輛　MAP P194 H-4

在不斷湧出的乳白色溫泉放鬆

↑溫泉量豐沛的乳白色溫泉露天浴池

↑建於秋田駒岳的山麓

¥1泊2食 11150円～	
IN15:00 PUT10:00	
不住宿入浴	不可
室內浴池	男1女1 包租1
露天浴池	男1女1 包租1

男鹿溫泉鄉　秋田自動車道昭和男鹿半島IC開車50分
男鹿溫泉 結之宿 別邸椿
●おがおんせんゆいのやどべっていつばき

從客房能一覽男鹿的大海，還能眺望遠方的白神山地。在男性用露天浴池，可以一邊泡湯一邊遙望日本海；在女性用露天浴池，能享受有季節花草環繞的兩座壺浴池。使用男鹿當季食材的山海料理也大受好評。

☎0185-33-2151　男鹿市北浦湯本中里81　JR羽立站搭往湯本的秋田中央交通巴士，別邸つばき前下車即到（有接送服務，需預約）　50輛　MAP P195 B-2

米棒和曲木工藝品人氣不減
秋田伴手禮

稻米之鄉特有的名產美食、職人技藝精湛的木工品等，當地有許多長年受到喜愛的特產品。也很推薦口味溫和的甜點。

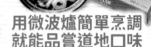

食用米棒
(1人份) 609円

雞肉湯頭和米棒的組合，輕輕鬆鬆就能煮出米棒鍋。湯頭使用比內地雞雞骨，口味正統。

能在這裡買到 A

> 當地也吃得到！
> 「秋田美食」
> 詳見P34

用微波爐簡單烹調
就能品嘗道地口味

滑順可口的
日本三大烏龍麵
佐藤養助 稻庭乾餛飩
(550g) 1188円

特色是彈牙有勁、滑順可口的麵條。也有麵條邊組合，推薦買來自己用。

能在這裡買到 A B

秋田杉便當盒
能感受到溫暖的

曲木工藝
便當盒 軌・黑
11000円

曲木工藝是將杉木、檜木等薄板彎曲製成的木工品。具解潮、抗菌功效。

能在這裡買到 A B

洗鍊的創意
實用性也很高
帶筒茶葉罐
(平) 13200円~

使用白樺皮的樺細工茶葉罐。可保持一定濕度和溫度，最適合拿來保存茶葉和咖啡。

能在這裡買到 A C

「美食伴手禮」
「手工藝雜貨」

煙燻香氣和酥脆口感
令人愛不釋手
煙燻蘿蔔
432円~

使用鹽和米糠醃漬而成的秋田名產煙燻蘿蔔。煙燻香氣和酥脆口感讓人一吃就上癮。

能在這裡買到 A B

奶油餅
(6塊入) 463円~

揉入奶油、砂糖、蛋黃等，有質樸的甜味。是非常熱門的鄉土點心，人氣高到還制定了「奶油餅之日」。

能在這裡買到 A

出羽和紙杯墊
(3片入) 638円

以出羽和紙製成，材質柔軟的杯墊。每一片都是手工製作，上色狀況各有不同。

能在這裡買到 A

手漉和紙的
柔和色彩

甜點

鬆軟溫和的口感

高雅的甜味和
入口即化的口感
諸越餅
櫻花飄落
416円~

以角館盛開的櫻花為概念的餅乾。使用當地傳統點心諸越粉製作。

能在這裡買到 A

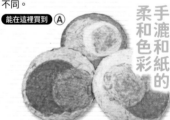

C 角館
藤木伝四郎商店
❖ ふじきでんしろうしょうてん
1851年創業的老字號工藝品店。傳統技藝傳承了七代，持續製作優質的樺細工製品。
☎ 0187-54-1151
MAP P195 C-5
🕙 10:00~17:00
休 週三(逢假日則翌日休)
所 仙北市角館町下新町45
🚉 JR角館站步行15分
🅿 3輛

B 角館
角館さとく
ガーデン
❖ かくのだてさとくがーでん
陳列許多曲木工藝、樺木細工等傳統工藝品以及秋田犬商品等。櫻花主題的雜貨和食品也非常受歡迎。
☎ 0187-53-2230
MAP P195 B-4
🕙 9:00~17:00(旺季至18:00)
休 無休
所 仙北市角館町東勝楽丁26
🚉 JR角館站步行15分
🅿 10輛

A 秋田市
秋田縣產品PLAZA
「あきたの」
❖ あきたのあきたけんさんひんぷらざ
位於JR秋田站附近的複合設施「ATORION」內的物產館。提供秋田名品、在地美酒、工藝品等大約4000件商品。
☎ 018-836-7830
MAP P195 B-1
🕙 9:30~18:30 休 3月31日、9月30日、大樓維護公休日
所 秋田市中通2-3-8 ATORION B1
🚉 JR秋田站步行5分 🅿 無

秋田大館毛豆
最中
(1盒) 1000円

揉入特產毛豆、甜味飽滿的夾心餅。秋田犬圖案的盒子非常可愛。

能在這裡買到 A

毛豆造型最中
看起來時尚可愛

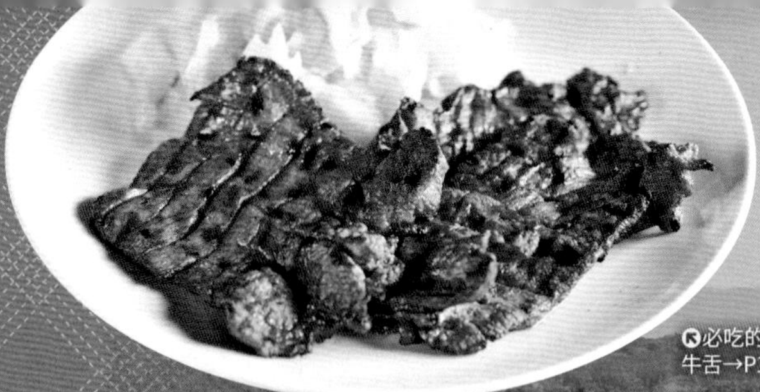

❏ 必吃的仙台名產
牛舌→P118

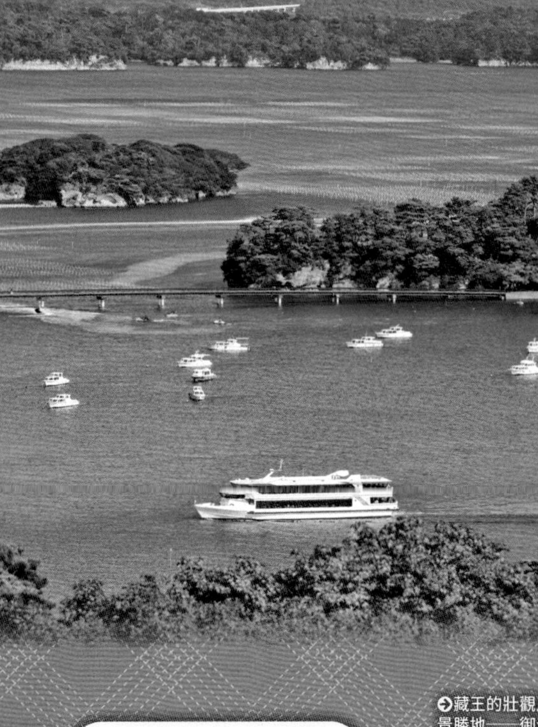

日本三景之一松島→P126

宮城
みやぎ

森林之都與日本三景等多處看點

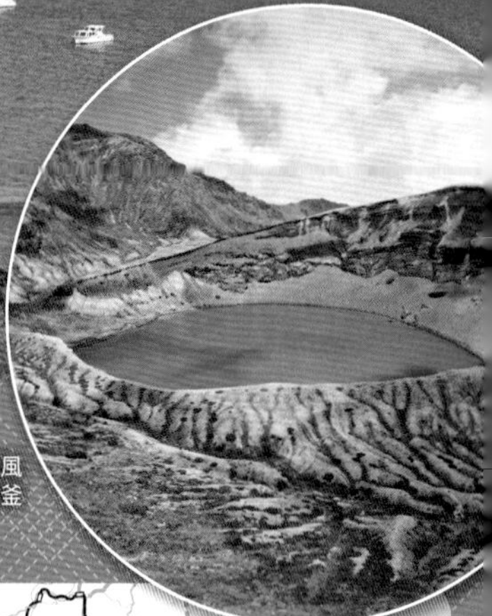

MIYAGI AREA

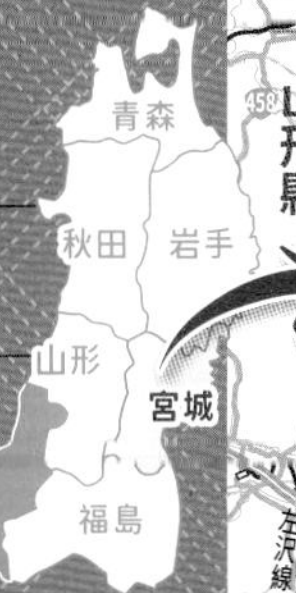

➡ 藏王的壯觀風景勝地── 御釜
→P137

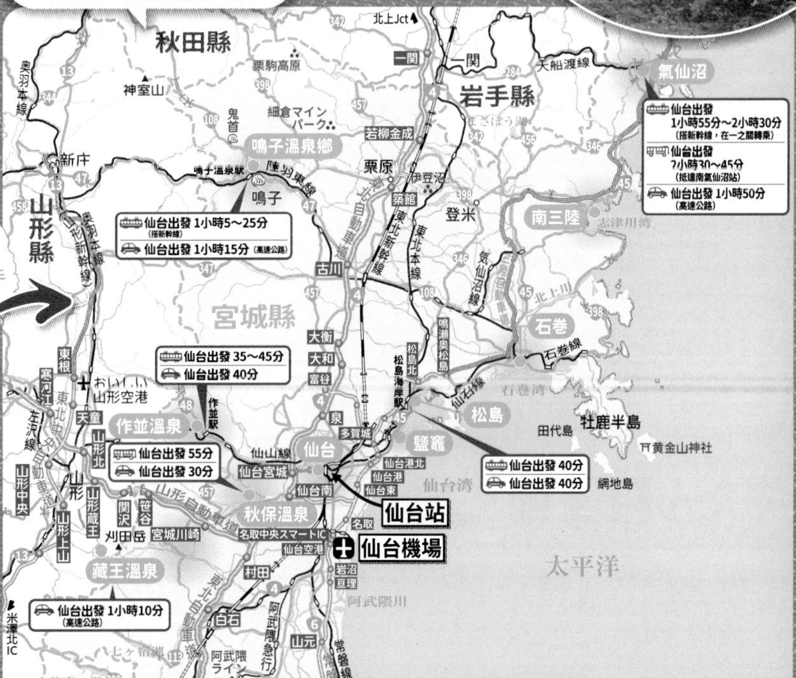

前往宮城的交通方式

開車 🚗

川口JCT
東北自動車道
332km
3小時25分
7550円
↓
仙台宮城IC
國道48號等
6km
10分
↓
仙台市區

▬▬ 汽車
▬▬ 新幹線
▬▬ 其他鐵道

鐵道 🚃

東京站
JR 東北新幹線「隼號」、「山彥號」
↓
仙台站
JR仙石線 30分 330円	東京站出發1小時30分 11410円 ※搭「隼號」時
↓
本鹽釜
JR仙石線
10分
200円
↓
松島海岸站

古川站
JR陸羽東線 45分 680円	東京站出發2小時15分 11640円 ※搭「山彥號」時
↓
鳴子溫泉站

區域介紹

秋田縣
岩手縣

氣仙沼
🚃 仙台出發 1小時55分～2小時30分（搭新幹線，在一之關轉乘）
🚃 仙台出發 2小時10～45分（抵達南氣仙沼站）
🚗 仙台出發 1小時50分（高速公路）

山形縣

鳴子溫泉鄉
🚃 仙台出發 1小時5～25分（搭新幹線）
🚗 仙台出發 1小時15分（高速公路）

宮城縣

🚃 仙台出發 35～45分
🚗 仙台出發 40分

石卷

作並溫泉
🚃 仙台出發 55分
🚗 仙台出發 30分

松島
🚃 仙台出發 40分
🚗 仙台出發 40分

田代島

壯鹿半島
黃金山神社

網地島

仙台站
✈ **仙台機場**

仙台灣

藏王溫泉

🚗 仙台出發 1小時10分（高速公路）

太平洋

福島縣

0　　20km

🚃 **仙台機場** 仙台站搭仙台機場ACCESS線25分

仙台
せんだい

三星級特色
花上2、3天熟成，將鮮美肉汁鎖在裡面。

繼承始祖手藝
美味多汁的烤牛舌

烤牛舌定食A
1800円
牛舌會配合季節與產地調整加鹽的分量。堅持品質的烤牛舌越是咀嚼，滋味越是濃厚芳香。

旨味 太助
うまみたすけ

堅守烤牛舌之父佐野啟四郎親傳手藝的名店。每一片牛舌都經過手工切肉、撒鹽等傳統技法調味再烤製而成。有許多常客為了追求過去的滋味而多年持續造訪。

● 店內到處都是炭火的香氣

| 預算 | 午 1800円～ 晚 1800円～ |
| 座位 | 60席 |

✆ 022-262-2539
🕐 11:30～19:30（牛舌售完打烊）
休 週一（逢假日則補休，需洽詢）
🏠 仙台市青葉区国分町2-11-11 千松島ビル1F
🚇 地鐵勾當台公園站步行3分
P 無
MAP P123 C-2

仙台美食 這個必吃！

宮城之旅不可錯過的就是美食。仙台除了聞名全日本的牛舌，還有以三陸海鮮製作的握壽司、鄉土料理毛豆泥等多種絕品美食。逐一品嘗不可錯過的知名佳餚，充分享受宮城之旅吧！

牛舌
仙台牛舌的鐵則就是肉厚又多汁，盡情享受道地美味吧！

三星級特色
僅僅炙燒牛舌表面，營造彈力十足的驚人口感！

● 也有舒適寬敞的日式架高座位

牛舌半敲燒
2800円
以炭火炙烤，濃縮牛舌的美味。搭配大量蔥花與酸甜醬汁，口感清爽。

牛たん料理 閣
ぎゅうたんりょうりかく

享用彈牙無比的牛舌半敲燒

可以品嘗以自家醬汁調製的「牛舌半敲燒」等品項，有許多創意變化的牛舌料理。以備長炭仔細燒烤而成的「烤牛舌」（1780円）很受歡迎。

| 預算 | 午 2000円～ 晚 4000円～ |
| 座位 | 44席 |

✆ 022-268-7067
🕐 11:30～14:00、17:00～21:30（食材用完打烊）
休 不定休
🏠 仙台市青葉区一番町3-8-14 鈴喜陶器店ビルB1
🚇 地鐵廣瀨通站步行5分
P 無
MAP P123 C-3

三星級特色
講究口感，只使用牛舌中也很稀少的中心部位。

使用稀少部位的柔軟厚切牛舌

牛舌「極」3片定食
3267円
以炭火烤出5分熟的多汁牛舌，營造美味軟嫩的口感。

牛たん炭燒 利久 西口本店
ぎゅうたんすみやきりきゅうにしぐちほんてん

不僅在縣內出名，更是聞名全日本的人氣店家，其中又以永遠都大排長龍的西口本店特別有名。技術熟練的職人以炭火烤製牛舌，滋味豐富又口感十足。

● 店內氣氛時髦

| 預算 | 午 2000円～ 晚 4000円～ |
| 座位 | 50席 |

✆ 022-266-5077
🕐 11:30～14:30、17:00～22:30，週六日、假日為11:00～14:30、15:00～22:30
休 無休
🏠 仙台市青葉区中央1-6-1 HerbSENDAIビル5F
🚇 JR仙台站步行5分
P 無
MAP P123 D-2

交通方式

	鐵道	
仙台站	JR東北新幹線「隼號」 1小時30分	東京站
仙台站	仙台機場ACCESS線 25分	仙台機場站 · 鐵道
仙台市區	國道48號等 6km	仙台宮城IC · 東北自動車道 · 開車

廣域MAP P201

洽詢處
仙台觀光國際協會 ✆ 022-268-9568

青森 P.51
岩手 P.75
秋田 P.99
宮城
仙台美食
山形 P.141
福島 P.163

仙台市民的靈魂美食

吃這個也要吃吃看

仙台水芹鍋

使用宮城蔬菜仙台水芹的火鍋近年突然大受歡迎。到了水芹產季10～4月，就能在許多店家吃到。

→ 仙台
水芹涮涮鍋
1人份1880円～（2人起餐）

わのしょく二階
わのしょくにかい

使用當季食材的創意和食店。冬天的水芹鍋、夏天的豆瓣菜涮涮鍋都很受歡迎。

☎ 022-224-6040
🕐 17:00～23:00　休 不定休　所 仙台市青葉区一番町2-5-15　地鐵青葉通一番町站即到
P 無
MAP P123 C-3

仙台麻婆豆腐炒麵

在脆脆硬硬的麵上澆淋麻婆豆腐的仙台美食，源自中國餐廳的員工餐。

↓ 麻婆豆腐炒麵
1000円

中国めしや 竹竹
ちゅうごくめしやちくちく

由爽朗親切的店主經營的中國餐廳。據說有半數以上的客人都會點「麻婆豆腐炒麵」。

☎ 022-721-7061
🕐 11:00～14:00、17:30～21:00
休 週日、假日（週六晚上為不定休）　所 仙台市青葉区北目町2-22　JR仙台站步行10分
P 2輛
MAP P123 D-4

中華冷麵

仙台有許多店全年都有販售，使用的配料種類也很豐富。

↓ 涼拌麵
1430円

中国料理 龍亭
ちゅうごくりょうりりゅうてい

以仙台中華冷麵始祖店而聞名。有許多顧客為了發源店的美味而來。

☎ 022-221-6377
🕐 11:30～14:30、17:30～20:30
休 週三、不定休　所 仙台市青葉区錦町1-2-10　地鐵勾當台公園站步行5分
P 無
MAP P123 C-2

お寿司と旬彩料理 たちばな
おすしとしゅんさいりょうりたちばな

預算 午1320円～ 晚5000円～
座位 64席

高雅氣圍流淌的壽司餐廳。能夠享用以三陸產海鮮等當季食材，搭配以絕妙力度捏成的醋飯組合而成的壽司。

☎ 022-223-3706　🕐 11:30～14:00、17:00～21:00（週日、假日至20:30）　休 不定休　所 仙台市青葉町一番町3-3-25 たちばなビル5F　地鐵青葉通一番町站即到
P 無
MAP P123 C-3

師傅無菜單握壽司
4950円
從每日進貨的食材中嚴選海膽、鮪魚、血蚶等高級食材擺盤而成的招牌料理。

↑ 店內播放的爵士音樂也令人放鬆

壽司外觀華麗
視覺饗宴令人感動

壽司 & 海鮮丼

名列世界三大漁場的三陸近海海鮮有種特別的美味。將捕獲的當季海產做成壽司、丼飯供顧客享用。

御籤丼B
1500円
擺滿從近海捕獲的黑鮪魚約約十種海鮮，幾乎快掉出來的豐盛擺盤令人開心。

分量驚人！
滿是當季鮮魚的豪華丼飯

地酒と旬味 東家
じざけとしゅんみあずまや

預算 午1000円～ 晚5000円～
座位 30位

位在「仙台早市」的居酒屋，供應物美價廉的新鮮漁獲料理。酒的種類會根據季節更換，全年多達240種以上供人選擇。

☎ 022-211-5801
🕐 11:00～14:00、17:00～22:30
休 週日（週一逢假日則連假最後一天休）　所 仙台市青葉区中央4-3-5 新仙台駅前ビルB1　JR仙台站步行3分
P 無
MAP P123 D-3

↑ 琳瑯滿目的在地美酒一字排開

毛豆泥

以毛豆製成的毛豆泥是宮城的一種鄉土料理。經過創意變化，成為當地的必吃美食。

毛豆麻糬
760円
內餡以飽滿的毛豆風味與柔軟口感為特色。點餐後才開始攪拌麻糬。

村上屋餅店
むらかみやもちてん

預算 600円～
座位 10席

堅守1877年創業滋味的麻糬老店。餅皮100%使用宮城縣產的宮黃金糯米，口感細緻又有嚼勁，備受好評。

☎ 022-222-6687
🕐 9:00～18:00　休 週一二三　所 仙台市青葉区北目町2-38　JR仙台站步行15分　P 無
MAP P123 C-4

↑ 小巧舒適的空間

靈活運用毛豆的甜味講究的「毛豆麻糬」

ずんだ茶寮
仙台駅ずんだ小径店
ずんだちゃりょうせんだいえきずんだこみちてん

預算 600円～
座位 10席

將毛豆以獨特比例組合而成的毛豆麻糬香氣四溢、味道濃郁。毛豆奶昔也非常受歡迎。位於仙台站內，交通位置很便利。

☎ 022-715-1081
🕐 9:00～21:00(咖啡廳為10:00～18:00)　休 無休　所 仙台市青葉区中央1-1-1 JR仙台站3F　JR仙台站內　P 無
MAP P123 D-3

↑ 店內也有販售毛豆泥甜點

大排長龍的著名飲品

毛豆奶昔（標準）
330円
散發溫和毛豆風味的超人氣奶昔。內有大量奶油的升級版「Excella」也大受好評。價格為外帶價。

盧葡兒仙台 ●るーぷる せんだい
以仙台站為起點，行經市內觀光景點的循環巴士。1日乘車券還有沿線設施的折扣優惠。
☎022-222-2256（仙台市交通局服務中心）
⏰平日間隔30分；週六日、假日間隔20分 ¥1日乘車券（盧葡兒仙台專用）630円，兒童320円；盧葡兒仙台／地鐵通用1日乘車券920円，兒童460円；每次乘車260円，兒童130円

絕佳看點
據說當初在建造擁有華麗雕刻的靈廟時，一年多便完工。

重現江戶時代的華絢爛華麗堂建築

搭「盧葡兒仙台」輕鬆觀光♪

森林之都
名勝遊覽

想要逛遍仙台市區景點的話，循環巴士「盧葡兒仙台」是最棒的選擇！能更有效率地遊覽與伊達家有淵源的景點、綠意盎然的櫸樹夾道等，感受造訪名勝與森林之都的樂趣。

Travel Tips
伊達政宗是誰？
創建仙台藩 62 萬石規模的初代藩主。靠著戰略奇招與彪炳軍功數度殺出重圍，也是豐臣秀吉、德川家康等統一天下之人景仰的對象。

順路到此一遊
青葉城資料展示館
●あおばじょうしりょうてんじかん

☎022-227-7077
⏰9:00～16:00 休無休
¥700円，國高中生500円，小學生300円
MAP P123 A-4
⤷在CG劇場重現建城時的模樣

蔚為話題的活動
仙台城VR GO
●せんだいじょうぶいあーるごー

能透過 VR 實際感受仙台城的風姿。隨意漫步仙台城遺址，在大廣間等八個場所窺看專用鏡頭就會有導覽語音響起，並透過 CG 影像360 度重現昔日模樣。

⏰9:00～15:30（需時25分）
¥800円，國高中生600円，小學生500円

⤷重現上段之間與上上段之間的CG影像

仙台城以前是長這樣啊！

傳承**桃山文化**遺風
絢爛華麗的廟堂建築

START
仙台站西口
盧葡兒仙台
15分

1 瑞鳳殿 ●ずいほうでん

依據伊達政宗遺言於 1637 年建立。傳承桃山文化風範的廟堂建築雖然名列國寶，卻在 1945 年的戰火中付之一炬。之後經過重建，2001 年改建時重現了建造當時的色彩。境內的資料館有展示陪葬品等。

☎022-262-6250 ⏰9:00～16:30，12～1月至16:00 休無休
¥570円，高中生410円，中小學生210円 ⓅJR仙台站搭「盧葡兒仙台」，瑞鳳殿前下車步行7分
Ⓟ30輛
MAP P123 B-5

→殘存藩政時代風情的杉樹參道

盧葡兒仙台 **13**分

↖騎馬像前是必訪拍照景點

→1967 年復原的脇櫓

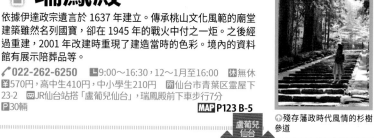

↖騎馬像與本丸北牆石垣會於日落至23時點燈（正在修復中）

Light up!

絕佳看點
從天守台能眺望森林之都的遼闊美景。晴天時甚至能看到海。

從仙台藩的居城遺址
一覽森林之都

2 仙台城遺址

●せんだいじょうあと

自從 1602 年伊達政宗築城以來，這裡長達約 270 年都是伊達家代代相傳的居城。雖然過往的建築不復存在，不過伊達政宗騎馬像聳立的天守台是能將市區一覽無遺的絕佳觀景點。

☎022-268-9568（仙台觀光國際協會）
⏰自由參觀 所仙台市青葉區天守台青葉城址
ⓅJR仙台站搭「盧葡兒仙台」，仙台跡下車即到 Ⓟ150輛（1小時500円） **MAP** P123 A-4

宮城 森林之都名勝遊覽

絕佳看點
欅樹夾道各處都設有雕像，能邊散步邊欣賞藝術。

設有欅樹夾道與雕像

美麗的綠意散步道

④ 定禪寺通

●じょうぜんじどおり

約 700 公尺長的大道種植了超過 160 棵欅樹，儼然成為森林之都的象徵。新綠季節時，漫步在道路中央的步道非常舒適。全年都會舉行像是「仙台光之樂章」等活動。

☎022-268-9568（仙台觀光國際協會）
所 仙台市青葉区国分町ほか
JR仙台站搭「盧葡兒仙台」，定禪寺通市役所前下車即到 P無　**MAP** P123 B-2

→步道有長椅和雕像

在定禪寺通逛街購物♪
JOZENJI-DORI 🛍 SHOPPING

KANEIRI Museum Shop 6
●かねいりみゅーじあむしょっぷろく
陳列眾多東北傳統工藝品和手作商品。藝術、設計類等與東北工藝相關的書籍也很豐富。

☎022-714-3033
🕐10:00～20:00 休 第4週四
所 仙台市青葉区春日町2-1 せんだいメディアテーク1F 地鐵勾當台公園站步行7分 P64輛
MAP P123 B-2

→羅列文具、雜貨等原創商品

甘座洋菓子店
●あまんざようがしてん
當地人熟悉的西點老店。每種西點的甜味都很高雅，其中又以填滿奶油的閃電泡芙最受歡迎。

☎022-263-7229
🕐10:00～19:00 休 週一
所 仙台市青葉区立町26-18 ベルソーレ定禪寺1F 地鐵勾當台公園站步行8分 P無
MAP P123 B-2

→店內氣氛懷舊
→巧克力閃電泡芙 270円

也會舉辦活動！

仙台青葉祭
●せんだいあおばまつり
神輿遊行、武者隊伍及仙台山鉾在街上緩步前進。於 5 月第 3 週六日舉行。

詳見→P20

→重現壯觀時代繪卷的「仙台青葉祭」

仙台光之樂章
●せんだいひかりのぺーじぇんと
定禪寺通的欅樹藉著數十萬顆 LED 燈泡閃閃發光。舉辦期間通常在每年的 12 月中旬～31 日（預定）。

詳見→P122

→冬季在定禪寺通舉行的「仙台光之樂章」

盧葡兒仙台 **15分**

盧葡兒仙台 **20分**

政宗興建的

豪華壯麗國寶社殿

③ 大崎八幡宮

●おおさきはちまんぐう

伊達政宗為了護衛城河，召集當代名工匠於 1604 年展開為期三年的建設工程。裝飾絢爛華麗的社殿是現存最古老的權現造，作為安土桃山時代的代表性建築名列國寶。

☎022-234-3606
🕐境內自由參觀
所 仙台市青葉区八幡4-6-1
JR仙台站搭「盧葡兒仙台」，大崎八幡宮前下車即到
P70輛　**MAP** P201 C-5

絕佳看點
政宗受到豐臣秀吉喜愛的桃山文化影響，將其納入建築風格中。

→建於境內深處的莊嚴社殿千萬別錯過

café Mozart Atelier
●かふぇもーつぁると あとりえ

☎ 022-266-5333　咖啡廳

能眺望廣瀨川風景的閑靜咖啡廳
位在廣瀨川畔，四周綠意環繞的咖啡廳。口味清爽的「馬斯卡彭起司蛋糕捲」頗受顧客喜愛，很多人會搭配飲料一起享用。天氣晴朗時不妨選擇視野良好的露天座位，享受慵懶的片刻時光。

🕐 11:00～20:30　休 無休
所 仙台市青葉区米ケ袋1-1-13 高田ビルB1
🚇 地鐵青葉通一番町站步行10分　P 5輛

馬斯卡彭起司蛋糕捲550円（飲料套餐900円）

別館 すが井
●べっかんすがい

☎ 022-265-1963　美食

能嘗到多種星鰻料理的專賣店
招牌料理是鬆軟肉厚的蒲燒星鰻與壽司。蒲燒及飯糰所使用的醬汁從創業以來傳承至今，能突顯星鰻的滋味。菜單品項超過40種，包括只有新鮮星鰻才能製作的生魚片等。

🕐 11:30～14:00、17:00～22:30
休 週日、假日
所 仙台市青葉区中央1-7-6 西原ビル5F
🚉 JR仙台站步行3分　P 無

星鰻箱飯定食1950円（晚餐2100円）

仙台光之樂章
●せんだいひかりの ぺーじぇんと

☎ 022-261-6515　景點
（仙台光之樂章執行委員會）

冬季的森林之都被溫暖光芒包圍
定禪寺通的櫸樹夾道以數十萬顆 LED 燈泡妝點的燈飾活動。從 1986 年開始舉辦，以仙台的代表性冬季風情享譽全日本。活動內容每年都會變更，請至官網確認。

🕐 往年在12月（時間需確認官網）
所 仙台市青葉区定禅寺通
🚇 地鐵勾當台公園站即到
P 無

櫸樹夾道的燈飾藝術

照片提供：SENDAI光のページェント実行委員会

阿部蒲鉾店 本店
●あべかまぼこてん ほんてん

☎ 022-221-7121　購物

仙台名產竹葉魚板的老店
以招牌的竹葉魚板為首，販售多種魚板。可在此體驗親手烤竹葉魚板（1 次 300 円）。也很推薦當地人熟悉的手撑點心「炸葫蘆串」，微甜的油炸麵衣包住了整顆魚板。

🕐 10:00～18:30　休 無休
所 仙台市青葉区中央2-3-18
🚉 JR仙台站步行10分　P 無

炸葫蘆串（1串）300円。可依喜好沾上番加醬。

魚屋さんの鮨 仙令鮨 仙台駅1階店
●さかなやさんのすしせんれい ずしせんだいえきかいてん

☎ 022-224-0170　美食

以實惠價格享用當季食材
位在仙台站1樓，交通非常方便的人氣壽司店。由鮮魚店直營並供應多種新鮮的當季食材，以經濟實惠的價格就可以品嘗美食為其最大魅力。握壽司自不用說，生魚片、海鮮丼等菜色也不容錯過。

🕐 10:00～22:00（22:30閉店）　休 無休
所 仙台市青葉区中央1-1-1 JR仙台站1F
🚉 JR仙台站內　P 無

愛姬2650円能夠品嘗以三貫炙燒握壽司為首的多種當季食材，是很受顧客青睞的組合。

宮城縣美術館
●みやぎけんびじゅつかん

☎ 022-221-2111　景點

綠意環繞的藝品美術館
除了東北相關作家，還有瓦西里·康丁斯基、保羅·克利等海外創作者的作品，共約 7300 件館藏品。也有附設紀念館，收藏宮城縣出身的雕刻家佐藤忠良的作品。館內有博物館商店和咖啡廳，可以在此度過悠閒的時光。

🕐 9:30～17:00（發券至16:30）　休 週一（逢假日則翌日休）※目前由於改建工程（預計2025年完工）閉館中，詳情請至官網確認　¥ 300円，大學生150円，高中生以下免費；特展費用另計
所 仙台市青葉区川内元支倉34-1
🚇 地鐵國際中心站步行7分
P 100輛

有多座動物雕刻的「愛麗絲庭園」

菓匠三全 広瀬通り大町本店
●かしょうさんぜんひろせ どおりおおまちほんてん

☎ 022-263-3000　購物

糕體與奶油餡簡直絕配
以仙台代表性名點「萩之月」為首，供應許多隨四季變換的和菓子與西點。寬闊的店內設有休息區，能盡情飲用店家招待的現磨咖啡也令人心滿意足。

🕐 9:00～19:00　休 無休
所 仙台市青葉区大町2-14-18
🚇 地鐵廣瀨通站步行10分
P 8輛

以夜空中皎潔月亮為發想的萩之月6入1300円

杜の菓匠 玉澤総本店 一番町店
●もりのかしょうたまざわそう ほんてんいちばんちょうてん

☎ 022-262-8467　美食

滋味豐富的毛豆甜點很受歡迎
店內氣氛休閒的和菓子老店。1 樓為販賣區，而在 2 樓的咖啡廳可以品嘗甜品及輕食。使用山形縣產鶴岡達達茶豆的毛豆品項，除了必點的毛豆麻糬之外，還有蜜豆、紅豆年糕湯、戚風蛋糕等多種選擇。

🕐 10:30～18:00（咖啡廳為11:00～17:00），視時期而異　休 不定休　所 仙台市青葉区一番町4-9-1 かき徳玉澤ビル1、2F
🚇 地鐵勾當台公園站步行3分　P 無

招牌毛豆麻糬870円

味の牛たん 喜助 一番町店（喜助起源店）
●あじのぎゅうたんきすけいちばん ちょうてん（きすけはっしょうのみせ）

☎ 022-262-2561　美食

精湛廚藝大放光彩的經典牛舌店
由熟練的職人親自切肉、撒鹽的烤牛舌老店。以大火一舉烤成的牛舌隨著每一次咀嚼，凝聚的美味就會在口中擴散開來。「牛舌豆腐」（270 円）等充滿創意的菜色也很齊全。

🕐 11:30～14:00、17:00～21:30，週六日、假日為17:00～21:00　休 7月第1週日
所 仙台市青葉区一番町1-6-19 壱番館ビルB1
🚇 地鐵青葉通一番町站步行5分
P 無

炭烤牛舌定食1980円

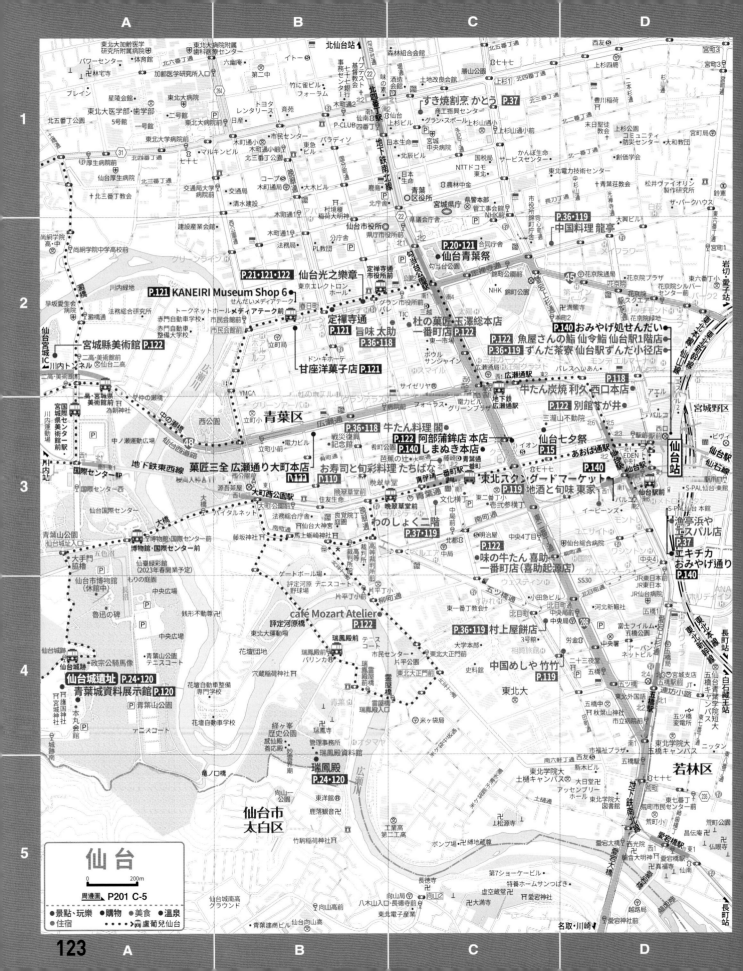

仙台

周邊圖 P201 C-5

景點·玩樂 ●購物 ●美食 ●溫泉
●住宿 ·····➤　盧葡兒仙台

秋保溫泉
あきうおんせん

轟然流瀉而下的知名瀑布

秋保大瀑布 ●あきうおおたき

位在名取川上游，高度落差 55 公尺、寬 6 公尺的雄壯瀑布，名列「日本瀑布百選」。不僅可以從觀瀑台欣賞，走到瀑潭的步道也規畫得很完善，想要近距離眺望也沒問題。

☎022-398-2323（秋保溫泉鄉觀光服務處）
🕐自由參觀 🏠仙台市太白区秋保町馬場大滝地内 🚌JR仙台站搭往秋保大瀑布的宮城交通巴士（僅週六日、假日行駛），終點下車步行5分 🅿220輛
MAP P201 B-5

➡新綠與紅葉時期也很漂亮

從仙台市區開車30分可至的後花園

感受 自然·美食·工藝品！

伊達家過去設有入浴設施的「日本三御湯」當中，數一數二的秋保溫泉。
距離仙台市中心不會太遠，半天就能玩得很盡興也是此地的魅力之一。
好好遊逛風景名勝、美食景點、工藝工作坊，享受充滿自然綠意的溫泉勝地吧。

大排長龍的知名萩餅堪稱絕品

秋保おはぎ本舖 さいち ●あきうおはぎほんぽさいち

每天平均售出超過 5000 個萩餅的超人氣超市。不含任何添加物的手工萩餅雖然大顆卻不會太甜，一下子就吃完了。

☎022-398-2101 🕐9:00～19:00 🈡第2、4週三（逢假日則營業）🏠仙台市太白区秋保町湯元薬師23 🚌JR仙台站搭往秋保溫泉的宮城交通巴士，薬師下車即到 🅿94輛
MAP P201 C-5

⬆從遠方來的顧客也絡繹不絕

秋保採石
巧克力
850円
以「秋保石」為靈感的巧克力。以木槌敲碎就可以吃。

秋保萩餅
（2入）280円
使用大量北海道產紅豆。也有黃豆粉和芝麻口味。

在古民宅咖啡廳享用自然派午餐

アキウ舎 ●あきうしゃ

供應多種能盡情享受秋保特色的菜單，像是添加許多當地產新鮮蔬菜的午餐、以「秋保石」為意象的甜點等等。

☎022-724-7767
🕐11:00～16:00（食物至14:30）🈡週二 🏠仙台市太白区秋保町湯元除9-4 🚌JR仙台站搭往秋保溫泉的宮城交通巴士，磊磊峽下車步行3分 🅿15輛
MAP P201 C-5

➡重新利用160年歷史的古民宅

近距離欣賞工藝工作坊的職人技藝

秋保工藝之里 ●あきうこうげいのさと

集結許多諸如木芥子、仙台衣櫥、藍染等傳統工藝工作坊的設施。不僅可以購買作品當作伴手禮，還能近距離參觀工匠製作情景，投入各種體驗為其魅力所在。

⬆六種工藝的八間工作坊比鄰而居

☎022-398-2673
（玩愚庵こけし屋）
🕐9:00～17:00 🈡無休（視工作坊有公休日，需洽詢）🏠仙台市太白区秋保町湯元上原54 🚌JR仙台站搭往秋保溫泉的宮城交通巴士，秋保溫泉湯元下車步行15分 🅿100輛
MAP P201 B-5

⬆在玩愚庵こけし屋可體驗木芥子彩繪（1000円）

♨順道前往 不住宿溫泉

CHECK P.138
的溫泉旅宿！

內浴池
充滿開放感的室

充滿檜木香氣的公共浴場
市太郎之湯 ●いちたろうのゆ

位在天守閣自然公園內的不住宿溫泉設施。有寬闊的大浴場，能欣賞庭園的兩種露天浴池。

☎022-398-2111（天守閣自然公園）
🕐10:00～17:00，週六日、假日至17:30（可能視時節變動）🈡第3週五（逢假日則營業，8、10月無休）¥800円 🏠仙台市太白区秋保町湯元源兵衛門10 天守閣自然公園內 🚌JR仙台站搭往秋保溫泉的宮城交通巴士，秋保溫泉湯元下車步行15分 🅿100輛
MAP P201 B-5

交通方式

| | 宮城交通巴士 55分 | 仙台站 🚌巴士 |
|秋保溫泉湯元| | |

國道286號、縣道62號 8km ← 秋保溫泉／仙台南自動車東北道IC 🚗開車

廣域 **MAP** P201

洽詢處
秋保溫泉鄉觀光服務處 ☎022-398-2323

在 這裡 GET 觀光資訊

秋保·里中心 ●あきうさとせんたー

在秋保溫泉入口處，兼具觀光服務處功能的便利景點。4～11月可以使用足湯（僅週六日、假日）和腳踏車租借服務。

☎022-304-9151
🕐9:00～18:00 🈡無休 🏠仙台市太白区秋保町湯元寺田原40-7 🚌JR仙台站搭往秋保溫泉的宮城交通巴士，秋保·里センター下車即到 🅿38輛 **MAP** P201 C-5

➡館內也有投幣式置物櫃

↑報名工廠參觀行程會有導覽人員介紹蒸餾棟及儲藏庫

青森 P.51
岩手 P.75
秋田 P.99
宮城
感受自然、美食、工藝品！／參觀工廠&遊覽名勝
山形 P.141
福島 P.163

廣瀬川上游湧出的歷史悠久名溫泉

作並溫泉
（さくなみおんせん）

享受閑靜的古湯之村
參觀工廠&遊覽名勝

坐擁山巒與溪流的溫泉勝地作並有威士忌蒸餾所、風光明媚的知名瀑布等，多處綠意盎然的觀光景點散布其中。也很推薦從作並溫泉開車 25 分左右，將遊逛範圍拉遠到定義地區，參拜完神社後嘗嘗參道上的名產美食。

綠意環繞的威士忌蒸餾所

NIKKA WHISKY仙台工廠
宮城峽蒸餾所
●にっかういすきーせんだいこうじょうみやぎきょうじょうりゅうじょ

紅磚建築深具意趣的威士忌蒸餾所。綠意富饒的境內就像自然公園，還能參加附導覽的工廠參觀行程。參觀行為為隨時受埋，結束後還可以享受免費試飲的活動。

☎022-395-2865
🕐9:15～16:15（參觀受理為9:00～15:00）休不定休 所仙台市青葉区ニッカ1 交JR仙台站搭往作並溫泉的仙台市円十、ニッカ橋下車步行10分（週六日、假日有從JR作並站出發的接駁巴士）P100輛
MAP P201 B-4

↑可品飲大約30種威士忌的付費試飲區很受歡迎

向如來佛祈求良緣與得子

定義如來（極樂山西方寺）
●じょうぎにょらいでくらくさんさいほうじ

供奉著平安時代末武將平貞能安置的阿彌陀如來佛。據說能實現締結良緣、得子、順產而香火鼎盛。千萬別錯過歷史感濃厚的山門、高29 公尺的五重塔。

☎022-393-2011
🕐自由參拜 休無休 所仙台市青葉区大倉上下1 交東北自動車道仙台宮城IC開車40分 P700輛
MAP P201 B-4

↑作為平貞能供養與祈禱永久和平的象徵而建

執胃小吃 定義とうふ店的「三角定義炸油豆腐」

經過反覆油炸，蓬鬆芳香的炸油豆腐為本店招牌。可以在店外的桌子及長椅享用。

☎022-393-2035
🕐8:00～16:00 休不定休 所仙台市青葉区大倉下道1-2 交東北自動車道仙台宮城IC開車35分 P200輛 MAP P201 B-4

油豆腐 三角定義炸油豆腐 150円

♨ 前往人氣旅館的不住宿溫泉
CHECK P138 其他溫泉旅宿！

招牌是充滿野趣的天然岩浴池

鷹泉閣 岩松旅館
●ようせんかくいわまつりょかん

開湯 220 餘年的老店。可以在野趣橫溢的天然岩浴池、清流浴池等風情十足的浴池泡湯。

☎022-395-2211
🕐週六日、假日為11:00～13:00 休週一～五 ¥1870円 所仙台市青葉区作並元木16 交JR仙台站搭往作並溫泉的仙台市巴士，作並溫泉元湯下車即到 P200輛
MAP P201 B-4

↑沿溪而建的天然岩浴池（混浴）

從瞭望浴池欣賞四季流轉

湯之原飯店
●ゆのはらほてる

以能將山景一覽無遺的瞭望大浴場為首，還備有白色大理石浴池和石造露天浴池。1 樓的大浴場只有房客能使用。

☎022-395-2241
🕐11:00～15:00 休週三、其他不定休 ¥800円，週六日、假日為1200円 所仙台市青葉区作並元木1 交JR仙台站搭往作並溫泉的仙台市巴士，作並溫泉入口下車即到 P70輛
MAP P201 B-4

↑頂樓的瞭望大浴場

有大小瀑布流瀉的廣瀬川名瀑

鳳鳴四十八瀑布
●ほうめいしじゅうはちたき

據說是由於水聲近似鳳凰鳴叫聲而得名。大大小小的多道瀑布如層層重疊般傾瀉而下，是精彩的必看重點。也可以從觀瀑台或步道瞭望。

☎022-391-4126
（湯之町作並 觀光交流館Lasanta）
🕐自由參觀 所仙台市青葉区棒目木 交JR仙台站搭往作並溫泉的仙台市巴士，鳳鳴四十八瀧入口下車即到 P有停車場（おそば どんだんの里）
MAP P201 B-4

↑新綠與紅葉景緻絕美

交通方式

	鐵道
作並站 ← JR仙山線 35～45分 → 仙台站	🚃
	開車
作並溫泉 ← 國道48號 21km → 仙台宮城IC 東北自動車道	🚗

廣域MAP P201

洽詢處
仙台市作並、定義地區觀光服務處
☎022-395-2052

在這裡GET 觀光資訊

湯之町作並 觀光交流館Lasanta
●ゆのまちさくなみかんこうこうりゅうかんらさんた

設有觀光服務處、商店等。可以輕鬆享受足湯，也能在設施內的咖啡廳享用午餐及甜點。

☎022-391-4126
🕐9:00～17:00 休無休 所仙台市青葉区作並元木2-7 交JR仙台站搭往作並溫泉的仙台市巴士，作並溫泉仲町下車即到 P41輛
MAP P201 B-4

↑從威士忌酒桶流出溫泉的源泉放流式足湯

精彩看點
室內（孔雀之間）
極具震撼力的雙層小格天花板、繪有孔雀的壯麗紙門。

政宗投注熱情的桃山建築傑作

交通方式

松島海岸站 ⟷	JR仙石線 40分	仙台站 鐵道 🚃
松島海岸 ⟷	縣道144號、國道45號 3km	松島海岸IC 開車 🚗

廣域MAP　P200

洽詢處　松島觀光協會　📞022-354-2618

尋訪與伊達政宗有關的名剎

伊達家名勝巡禮

與伊達家有深厚淵源、日本數一數二的景點勝地——松島，有許多被認定為國寶及重要文化財的名剎等建築散布其中。巡遊伊達政宗鍾愛的明媚景色與富有伊達家歷史色彩的街道吧。

① 瑞巖寺　國寶
ずいがんじ

據傳是慈覺大師於828年所開創。歷經戰國時代而多有損壞，政宗耗時五年加以重修，將其作為自家的菩提寺。是將桃山文化之美傳遞至今的珍貴建築，因此被指定為國寶。

📞022-354-2023
🕐8:30～16:30（10、3月至16:00，11、2月至15:30，12、1月至15:00）
休 無休
¥ 700円，中小學生400円
所 松島町松島町內91
🚃JR松島海岸站步行7分　P 無
MAP P129

Start
JR松島海岸站

↗ 步行10分

↑ 聘請東京一流繪師所繪的紙門畫

→ 歷經長達十年的「平成大整修」，終於完工的瑞巖寺本堂

↗ 明亮寬敞的參道

步行即到

↗ 在樹林中悄然而立的三慧殿

以玫瑰妝點的華麗靈廟

精彩看點
西洋玫瑰的佛龕
據說是以支倉常長帶回的玫瑰為意象。

② 圓通院　重文
えんつういん

作為政宗英年早逝的孫子伊達光宗的靈廟，於1647年創建。名列國家重要文化財的「三慧殿」、罕見經營美麗玫瑰庭園的寺院，各處盡是精彩看點。紅葉點燈千萬別錯過。

📞022-354-3206
🕐9:00～15:30（週六日、假日至16:00），佛珠製作體驗為9:00～15:00，夜間點燈詳情需洽詢
休 無休　¥ 300円，高中生150円，中小學生100円　所 松島町松島町內67
🚃JR松島海岸站步行5分
P 無　**MAP** P129

→ 夢幻的紅葉夜間點燈

↑ 由白砂襯托綠意的枯山水「雲外天地之庭」

請問松島觀光導覽人員！

松島巡遊 Q&A

Q 松島與伊達政宗的關係？

A 以政宗重建的伊達家菩提寺瑞巖寺為首，五大堂、觀瀾亭等都是有所淵源的景點。

Q 店家營業時間會到很晚嗎？

A 除了部分餐飲店之外，大多店家到傍晚就關門了。如果有想買的東西最好早點去。

為您解答！

青森 P.51
岩手 P.75
秋田 P.99
宮城
伊達家名勝巡禮
山形 P.141
福島 P.163

通往松島象徵的朱紅色橋樑

↑ 從江戶時期傳承至今的格狀透橋

精彩看點
透橋
可以透過格子狀的橋桁看到海，超級刺激。

---

4 五大堂 重文
ごだいどう

安置著五大明王像而稱為「五大堂」，是松島灣的象徵。現在的建築是1604年由伊達政宗重建。明王像每隔33年會對外開放參觀。

☎022-354-2023（瑞巖寺）
⌚8:00～日落
休無休　¥免費
所松島町松島町内111
🚃松島海岸站步行10分
P無
MAP P129

→東北地區現存最古老桃山建築

→根據方位裝飾著十二生肖雕刻

逛遍松島灣的遊覽觀光之旅

5 松島島巡觀光船
まつしましまめぐりかんこうせん

營運巡遊松島的雙層觀光船「仁王丸號」。可以就近眺望構成日本三景之一松島、各有特色的大大小小260座諸島。松島灣最具代表性的「仁王島」不容錯過。

DATA見→P128

精彩看點
船上導覽
聆聽導覽人員解說島嶼由來等等的內容吧。

→從涼風拂面的甲板縱覽松島灣

步行5分

大啖松島名產牡蠣
3 南部屋
なんぶや

建於觀光棧橋前的食堂老店。牡蠣丼附炸牡蠣與帶殼烤牡蠣的「牡蠣丼套餐」是人氣餐點。

☎022-354-2624
⌚10:00～16:00
休週三
所松島町松島町内103
🚃JR松島海岸站步行7分　P無
MAP P129

→寬闊店內的2樓座位視野良好

牡蠣丼套餐 2400円

CHECK
牡蠣丼的醬油香氣勾起食慾

步行即到

這個也很推薦
味処 さんとり茶屋
あじどころさんとりちゃや

使用整隻大星鰻的「松島星鰻丼」為招牌美食。10～3月期間由於數量有限而經常售完，別忘了事先確認。

DATA見→P129

→松島星鰻丼（10～3月數量有限）1980円

→緣廊側可以將海上諸島盡收眼底

由豐臣秀吉讓渡蘊含故事的建築

精彩看點
觀瀾亭（緣廊）
可以一邊品嘗抹茶與季節和菓子，一邊欣賞歷代藩主珍愛的美麗景觀。

觀瀾亭·
6 松島博物館 重文
かんらんていまつしまはくぶつかん

伊達政宗接收接受自豐臣秀吉的伏見桃山城建築移往江戶藩邸，後來第二代藩主伊達忠宗又將其遷至松島。附設的博物館展示著與松島有關的文化財。

☎022-353-3355
⌚8:30～17:00（11～3月至16:30）
休無休
¥200円，高中大學生150円，中小學生100円
所松島町松島町内56
🚃JR松島海岸站步行7分　P無
MAP P129

→貼了色彩妍麗的繪畫及金箔的壯麗床之間

季節點心與抹茶套餐 500円～

---

7 SHOBIAN CAFE
しょうびあんかふぇ

當地人氣魚板店「松島蒲鉾本舖」經營的咖啡廳。提供使用魚漿製作的「炸鮪魚排漢堡」、以米穀粉為材料的軟糯鬆餅等餐點。

DATA見→P128

眺望絕景的同時享受咖啡廳時光

→地點絕佳的露天座

CHECK
在露天座盡情享受美景，度過悠閒時光。

Goal
JR松島海岸站　步行7分

絕景重點
可以搭乘觀光船近距離欣賞浮在松島灣上的眾多島嶼。

波光粼粼的大海與
綠色小島的遼闊全景

從遊覽船、咖啡廳享受

松島美景

由大大小小、形狀各異的島嶼構成的松島，與廣島的宮島、京都的天橋立並列為日本三景，被譽為屈指可數的風景勝地。可以乘著觀光船就近欣賞島嶼，或在立地絕佳的咖啡廳眺望海灣絕景，從不同的景點享受美景。

絕景航程

松島島巡觀光船
● まつしましまめぐりかんこうせん

可以搭乘觀光遊覽船，巡遊浮於松島灣上、各有特色的眾多島嶼。能一邊聆聽解說島名由來的導覽，一邊悠閒欣賞松島的多島之美。

☎022-354-2233　MAP P129
🕐仁王丸方案9:00～16:00（11～3月至15:00，暑假、黃金週至16:30），其他方案隨時　休無休（天候不佳時休）　¥仁王丸方案1500円，兒童750円（2樓商務艙2100円，兒童1050円）　所松島町松島町內85
🚉JR松島海岸站步行7分　P無

以仁王丸方案遊覽
所需時間	約50分
費用	1500円，兒童750円
時間	首班9:00，末班16:00

乘船前需知！
❶視天候狀況，觀光船有可能停駛。
❷為保護景觀，禁止餵食海鷗。
❸可以攜帶飲料。船內也有販售。

\START/
松島觀光棧橋
觀光船的發抵處。是很受歡迎的拍照景點

雙子島 ●ふたごじま
因為兩座島在波浪起伏之間貼近的模樣而得名

千貫島 ●せんがんじま
島名源自於伊達政宗曾說「誰能將這座島搬來吾宅便給他千貫錢」

鐘島 ●かねしま
波浪打在島上，聲響有如鐘鳴

仁王島 ●におうじま
會聯想到仁王像的造型令人印象深刻。為松島的象徵島嶼之一

船上的樂趣
仁王丸
⬆大型船內有販售原創徽章100円

能望見松島象徵五大堂的休憩空間

位置良好的咖啡廳&點心店

絕景重點
從大片窗戶一覽浮在松島灣上的五大堂。

松華堂菓子店
● しょうかどうかしてん

典雅的店內可以吃到帶溫和甜味、口感濕潤的長崎蛋糕。就在松島的大街上，最適合在觀光的空檔順道前來。

☎022-355-5002　MAP P129
🕐10:00～16:30　休週二　所松島町松島町內109　🚉JR松島海岸站步行10分
P無

⬆從開放式大片窗戶悠閒享受美景
➡松華堂長崎蛋糕套餐900円

SHOBIAN CAFE
● しょうびあんかふぇ

魚板老店「松島蒲鉾本舖」經營的咖啡廳，有能夠一覽松島灣的露天座。可以一邊感受海風拂面，一邊享用玄米粉鬆餅與飲品。

☎022-354-4016　MAP P129
🕐11:00～16:00（飲品至16:30）
休週四（有冬季休業，需洽詢）　所松島町松島町內68　🚉JR松島海岸站步行8分　P無

⬆甜點大受歡迎
➡欣賞觀光船往來交錯的風光，享受美好午茶時光

一個人獨占
眼前展開的松島絕景！

絕景重點
寬敞的露天座是能享受松島多島之美的特等座。

青森 P.51
岩手 P.75
秋田 P.99
宮城
松島美景／松島地區導覽
山形 P.141
福島 P.163

市場 松島さかな市場
MAP P129
● まつしまさかないちば
☎ 022-353-2318
購物

松島名產齊聚一堂的觀光市場
陳列超過 1500 種產地直送新鮮海產及加工品等的觀光市場。在 2 樓的食堂能以平價品嘗市場才有的超新鮮食材，又以壽司、奢華海鮮丼最有人氣。市場自創的「松島牡蠣漢堡」千萬不能錯過。

🕐9:00～16:00（週六日、假日為8:00～）
休無休　所松島町松島普賢堂4-10
🚉JR松島海岸站步行10分　🅿50輛

↻以米穀粉製漢堡包夾著牡蠣奶油可樂餅的松島牡蠣漢堡450円

和食 洗心庵
MAP P129
● せんしんあん
☎ 022-354-3205
美食

吃些宮城鄉土料理及甜品小憩片刻
面著圓通院參道而建的餐廳，提供松島牡蠣、星鰻、仙台名產牛舌等宮城獨有的豐富料理。除了一般用餐之外，甜點也很受歡迎，可以嘗嘗看葛切或毛豆麻糬。最適合在參拜完瑞巖寺及圓通院之後，來此稍作休息。

🕐10:00～15:00　休無休
所松島町松島67　🚉JR松島海岸站步行5分
🅿無

↻以雞蛋包裹炸牡蠣的牡蠣丼 1250円

歷史館 陸奧伊達政宗歷史館
MAP P129
● みちのくだてまさむね　れきしかん
☎ 022-354-4131
景點

透過蠟像重現政宗的生涯
以 25 個場景、200 尊等身大的蠟像，重現伊達政宗波瀾萬丈的生涯。彷彿要動起來的靈動感，讓展品至今仍廣受喜愛。也可以參加甲冑穿著體驗（需前一天前預約）、木芥子著色體驗等。附設商店販售眾多與政宗有關的商品。

🕐9:00～16:30　休無休
¥1000円，中小學生500円
所松島町松島普賢堂13-13
🚉JR松島海岸站步行10分　🅿10輛

↻展現「人取橋之戰」等25個名場景

伴手禮店 M Pantry
MAP P129
● えむぱんとりー
☎ 022-349-5141
購物

手烤香氣撲鼻的牡蠣煎餅
老闆嚴選以松島為首的宮城美食所開設的選物店。將縣產的一見鍾情米穀粉與牡蠣壓製，再經過燒烤的酥脆牡蠣煎餅很受歡迎。

🕐9:30～16:00　休週三
所松島町松島仙隨10
🚉JR松島海岸站步行5分　🅿無

↻手烤煎餅牡蠣與米（カキとコメ）每片250円

咖啡廳 ILE CAFE
MAP P129
● いるかふぇ
☎ 022-353-3552
咖啡廳

新鮮果汁大受好評
能享受水果豐富香氣與多汁水潤感的 100 ％ 果汁備受歡迎。水果採購自東北的農家。品項齊全，都是季節限定口味。

🕐11:00～17:30
休週三四（逢假日則營業）
所松島町松島町内112 陸奧ビル1F
🚉JR松島海岸站步行10分
🅿無

↻仙台草莓濃醇牛奶冰（1～5月限定）590円

寺社 天麟院
MAP P129
● てんりんいん
☎ 022-354-3418
景點

政宗之女五郎八姬長眠的寺院
伊達政宗長女五郎八姬的菩提寺，與圓通院、陽德院並列為松島三靈廟。除了五郎八觀音之外，還有名為天麟院洞窟群的五座洞窟，立有供奉伊達家的塔。

🕐8:00～17:00　休無休　¥免費　所松島町松島町91　🚉JR松島海岸站步行4分　🅿無

↻以貓咪聚集的貓寺備受歡迎

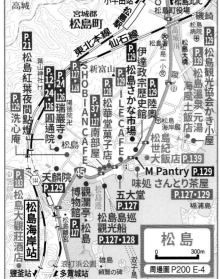

高城
宮城郡 松島町
東北本線　仙石線
小牛田站
松島北IC
松島町役場
磯崎
松島病院

東北本線
SHOBIAN CAFE
陽德院
瑞巖寺
圓通院
松島
天麟院
博物館
觀瀾亭 P.127
松島港
松島島巡觀光船 P.127・128
松島大觀莊酒店
松島海岸站
浪打浜公園
雄島
賴賢之碑
鹽釜站
多賀城站
雙子島

伊達政宗歷史館
ILE CAFE
陸奧
松島さかな市場
松島觀光協会かき小屋 P.139
松島溫泉元湯 P.139
松島世紀大飯店 P.139
M Pantry P.129
味処 さんとり茶屋 P.127・129
五大堂 P.127
福浦島

松島紅葉夜間點燈
洗心庵

松島 300m
周邊圖 P200 E-4

CLOSE UP
堆積如山的烤牡蠣吃到飽
用鏟子豪爽地將新鮮帶殼牡蠣放在鐵板上蒸烤，大快朵頤口感彈嫩且鮮甜無比的牡蠣吃到飽。當地客人自不用說，全日本都有廣大粉絲為此前來。只在冬季營業，所以建議透過專用預約網站事先進行預約（https://www.tablecheck.com/ja/shops/matsushima-kakigoya/reserve）。

©松島觀光協会
↻40分牡蠣吃到飽2300円

松島観光協会かき小屋
● まつしまかんこうきょうかいかきごや
☎ 022-353-3208（洽詢專線）
🕐10月下旬～3月（每年不同），10:45至當天額滿為止　休需洽詢　所松島町松島東浜12-1
🚉JR松島站步行15分　🅿30輛
MAP P129

和食 味処 さんとり茶屋
MAP P129
● あじどころさんとりちゃや
☎ 022-353-2622
美食

享受松島的當季美味與絕景
可盡情享用牡蠣、星鰻，以及在松島近海所捕海鮮所製的多種料理。備有視野良好的 2 樓座位。招牌菜色為「松島星鰻丼」，鋪有裏上特製醬汁的星鰻。10 ～ 3 月為每天限量 20 份，因此經常售完。若想要確保能夠品嘗這道餐點，不妨在剛開店的時段盡速前往。

🕐11:30～15:00、17:00～20:30
休週三　所松島町松島仙隨24-4-1
🚉JR松島海岸站步行10分　🅿3輛

↻使用一整隻大星鰻的松島星鰻丼1980円（10～3月數量有限）

握壽司特上
3780円
包含鹽竈名產——鮪魚在內的時令漁獲壽司十貫，漂亮地擺在有田燒器皿上的極品料理。

市內首屈一指的熱門店

來自全國各地的粉絲造訪

すし哲 ●すしてつ

將以嚴格標準採購而來的漁獲，用心捏製成一個個壽司。一年四季都會採購的黑鮪魚鮮度超群，可搭配在地美酒和時令小菜一同品嘗。

☎022-362-3261
🕐11:00～15:00、16:30～22:00
（週六日、假日為11:00～22:00）
休週四（逢假日則營業）
所塩竈市海岸通2-22　🚃JR本鹽釜站即到　Ｐ20輛
MAP P131

食材新鮮，米飯也好吃。歡迎大家蒞臨品嘗「鹽竈前」壽司！

2樓有和室座位，3樓有桌位

交通方式

	鐵道		開車
本鹽釜站	JR仙石線 30分	仙台站	
鹽竈市區	縣道3號等 4km		利府鹽釜IC 三陸自動車道

廣域 MAP **P201**

洽詢處　鹽竈市觀光物產協會
☎022-362-2525

請品嘗三陸的時令鮮魚！

壽司名店

鹽釜港將世界三大漁場——三陸近海的鮮魚送上餐桌，而緊臨這個漁港的鹽竈市是日本頂尖的壽司小鎮。在此介紹幾家以精選漁獲和米鄉宮城的醋飯，捏製出美味壽司的名店！

瞧瞧時令鮮魚！

春
鰶仔魚
在鹽竈的浦戶諸島可以捕撈到鰶仔魚，以口感彈嫩、身形透明為特色，是身長約7～10公分的小魚，可生吃或煮成清湯等品嘗。

夏
黑鮪魚
黑鮪魚是高級鮪魚的代名詞，在日本近海可以捕撈到。黑鮪魚在魚肉肥美的季節價格不菲，但滋味也無與倫比。

秋
大目鮪
在鹽竈地區，油脂和鮮度符合一定標準的當季大目鮪，會以「三陸鹽竈東物」為品牌名在市面銷售。

冬
牡蠣
肉質緊實、滋味濃郁的牡蠣，是宮城冬季最具代表性的珍饈。除了生吃之外，煮火鍋或烤來吃都很適合。

鮨しらはた

●すししらはた

以細膩的握壽司呈現頂級的在地鮮魚，是一家熱門餐廳。石狗公魚骨味噌湯和毛蟹味噌湯（各480日圓）等也都很受好評。

☎022-364-2221
🕐11:00～14:30、16:30～20:30　休週二（逢假日則營業）　所塩竈市海岸通2-10　🚃JR本鹽釜站步行5分　Ｐ10輛
MAP P131

鄰近本鹽釜站的人氣名店家。三連休時無法預約

特上握壽司
4250円～
讓人享受到視覺和味覺饗宴的握壽司。其中黑鮪魚的中腹肉最是極品美味。

品嘗「鹽竈前」的頂級漁獲

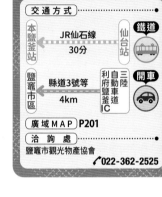

季節綜合壽司
3960円
依照當日採買的漁獲調整內容，可品嘗到時令鮮魚的甜美與香氣。

亀喜寿司 ●かめきずし

店內供應天然的近海在地漁獲。師傅們將鹽竈特有的漁獲以紮實技巧捏製成一流壽司，功力無話可說。

☎022-362-2055
🕐11:00～15:00、17:00～20:40　休週二（逢假日則營業，有補休日）　所塩竈市新富町6-12　🚃JR本鹽釜站步行10分　Ｐ15輛
MAP P131

各處洋溢著日本匠心設計的店面

開業80年，讓人感受到老店格調的味道

青森 P.51
岩手 P.75
秋田 P.99
宮城
壽司名店／鹽竈地區導覽
山形 P.141
福島 P.163

浦霞 酒ギャラリー
酒行　MAP P131
● うらかすみ さけぎゃらりー
☎022-362-4165
購物

鹽竈神社的御神酒酒商
獻上御神酒給鹽竈神社的酒廠「浦霞釀造元 佐浦」開設的商店。店內除了浦霞商品之外，也有販售宮城縣內創作者所製的酒器、散布在松島灣內浦戶諸島的佃煮等產品。帶有浦霞商標的原創商品也很受歡迎。
🕐10:00～17:00　🈺週日（可能臨時公休）　📍鹽竈市本町2-19　🚃JR本鹽釜站步行7分　🅿6輛

附設於「浦霞釀造元 佐浦」

おさんこ茶屋
茶屋　MAP P131
● おさんこちゃや
☎022-362-0946
美食

口感鬆軟的手作糰子
從江戶時代營業至今的老字號茶屋。以古法所製的糰子及麻糬只會準備當天所需的分量，因此得以吃到軟嫩的口感。招牌為能品嘗紅豆、芝麻等五種口味的「五色糰子」。糰子也可以外帶。
🕐9:00～15:00（售完打烊）
🈺不定休　📍鹽竈市本町11-12
🚃JR本鹽釜站步行10分　🅿3輛

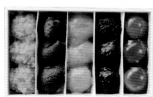

五色糰子710円

鹽竈神社
神社　MAP P131
● しおがまじんじゃ
☎022-367-1611
景點

歷史悠久的奧州第一宮
擁有1200年以上的歷史，作為守護海上安全、漁獲豐收、順產之神而受到喜愛。能遠眺大海的小丘上，有名列國家重要文化財的本殿、拜殿等豐富看點。春天可以欣賞天然紀念物鹽竈櫻盛放。
🕐自由參拜　📍鹽竈市一森山1-1　🚃JR本鹽竈站步行10分　🅿300輛

入母屋造建築隨神門甚是壯觀

Marine Gate 鹽釜
物產店　MAP P131
● まりんげーとしおがま
☎022-361-1500
購物

羅列多種鹽竈伴手禮
離鹽竈海岸非常近，能感受、觀賞、品嘗、享受購物樂趣的觀光設施。除了設置物產店、輕食區之外，在仿造船上甲板的開放式空間，還可以一邊感受海風拂面一邊欣賞海景。也是前往松島的觀光船發抵處。
🕐9:00～18:00，餐飲為11:00～22:00（視店鋪而異）　🈺無休　📍塩竈市港町1-4-1
🚃JR本鹽釜站步行10分　🅿148輛（收費）

以船隻為意象的外觀很顯眼

丹六園
和菓子　MAP P131
● たんろくえん
☎022-362-0978
購物

帶紫蘇香氣、高雅甜味的點心
於1720年創業的和菓子店。製作並販售以糯米、青紫蘇所製的鹽竈櫻造型名點「志ほがま」。堅守傳統製法，以木製模型一片片壓成的志ほがま入口即化，還帶有清爽的香氣。
🕐8:30～17:00　🈺第1、3週三
📍塩竈市宮町13-12
🚃JR本鹽釜站步行3分
🅿2輛

志ほがま（大）1200円、（小）650円

舊龜井宅邸
歷史建築　MAP P131
● きゅうかめいてい
☎022-364-0686
景點

參觀「KAMEI」創辦人的舊宅
1924年龜井商店（現KAMEI株式會社）創辦人所建的日西合併式宅邸。在傳統日本建築中採納西洋建築技法的樣式為其特色。諸如洋樓外牆的新藝術運動風格，是以現代左官技術也難以重現的設計，值得一看。
🕐10:00～15:30
🈺週二～四（可能臨時公休）
📍塩竈市宮町5-5　🚃JR本鹽釜站步行8分
🅿無

沿著鹽竈神社東參道而建

（地圖）

鹽竈　0　300m
周邊圖 P201 D-4
塩竈市
松島海岸站
東塩釜站
松島
P.131 鹽竈神社
P.131 おさんこ茶屋
P.131 舊龜井宅邸
P.131 丹六園
P.131 シェヌー
P.131 Marine Gate 鹽釜
本鹽釜站
P.37・130
P.130
P.131 Gelateria Fruits Laboratory
P.131 浦霞 酒ギャラリー
西塩釜站
仙台站
仙台港北IC

Gelateria Fruits Laboratory
義式冰淇淋　MAP P131
● じぇらてりあふる一つ らぼらとりー
☎022-349-4952
購物

透過義式冰淇淋享用水果的美味
鹽竈老字號水果店經手的義式冰淇淋店。以當季蔬果製作新鮮美味的義式冰淇淋，常備約16種口味，能充分感受食材的原味與香氣。招牌「藻鹽牛奶」（單球450円）很熱銷。
🕐10:00～18:00
🈺週一（逢假日則翌日休）
📍塩竈市本町3-5
🚃JR本鹽釜站步行5分　🅿4輛

義式冰淇淋（雙球）500円起

シェヌー
法式料理　MAP P131
● しぇぬー
☎022-365-9312
美食

活用食材原味的法式料理
在法國學習道地手藝的主廚所經營的法式料理店。使用漁港新鮮海產所做的料理，樣樣樸實卻具有豐富的滋味，美麗的外觀也深受好評。不妨在雅緻的店內度過一段優雅時光。平日午餐為3850円起。
🕐11:45～13:30、17:30～19:30　🈺週一，每週1次不定休（逢假日則營業）　📍塩竈市海岸通7-2
🚃JR本鹽釜站步行3分　🅿12輛

盡是顏色繽紛的菜色

鳴子溫泉鄉

なるこおんせんきょう

日本十種泉質這裡就湧出八種

交通方式

鐵道：仙台站 →（JR東北新幹線「山彥號」15分）→ 古川站 →（JR陸羽東線 45分）→ 鳴子溫泉站

開車：東北自動車道古川IC →（國道47號 29km）→ 鳴子溫泉站

廣域MAP P201

洽詢處

鳴子溫泉鄉觀光服務中心

0229-83-3441

木芥子巡禮、溫泉巡禮

鳴子溫泉是日本屈指可數的溫泉區，同時也是木芥子之鄉。溫泉街上木芥子工作坊和公共浴場、伴手禮店林立，漫步其間樂趣多多。

讓木芥子彩繪體驗成為旅行的回憶

木芥子彩繪體驗2200円起

雛人偶「松花」22000円

桜井こけし店 ●さくらいこけしてん

從江戶時代代代相傳的木芥子工作坊。充滿意趣的店內除了干支、鏡餅、木製雛人偶之外，還有陳列許多傳承自上一輩的傳統木芥子。也可以觀看木芥子的製作情景或參加彩繪體驗。

0229-87-3575 10:00～17:30（週六日、假日為9:30～） 休不定休 所大崎市鳴子溫泉湯元26 JR鳴子溫泉站步行3分 P3輛

MAP P133

蒐羅各式各樣傳統木芥子的木芥子殿堂

大型木芥子很醒目

日本こけし館 ●にほんこけしかん

展示約5000件作品，包括童話作家深澤要的收藏、東北各地名匠所製的傳統木芥子等。也可以參加木芥子彩繪體驗（1500円）

0229-83-3600 4～12月，8:30～17:00（12月為9:00～16:00） 休開館期間無休 ¥400円，國高中生160円，小學生120円 所大崎市鳴子溫泉尿前74-2 JR鳴子溫泉站開車5分 P50輛

MAP P201 B-1

鳴子木芥子二三事

約有200年的歷史，特色是轉動頭部就會發出嘰嘰聲響。稍微收窄的軀幹上，大多繪有菊花圖案。

在鳴子溫泉站泡泡足湯

溫泉街上有許多以木芥子為主題的東西

作為鳴子象徵而為人所知以泉質自豪的公共浴場

瀧之湯 ●たきのゆ

重現江戶時代的溫泉小屋，頗富意趣的公共浴場。從木桶不斷注入的源泉，是來自鳴子溫泉神社的御神湯。浴槽分成熱泉和溫泉這兩種。

080-9633-7930

7:30～21:00 休無休

¥200円，小學生以下100円

所大崎市鳴子溫泉湯元

JR鳴子溫泉站步行5分

P30輛（使用湯めぐり停車場）

MAP P133

善加利用「溫泉巡禮票券」

可以使用不住宿溫泉的超值票券。附6枚貼紙1300円，附木芥子木片1800円。

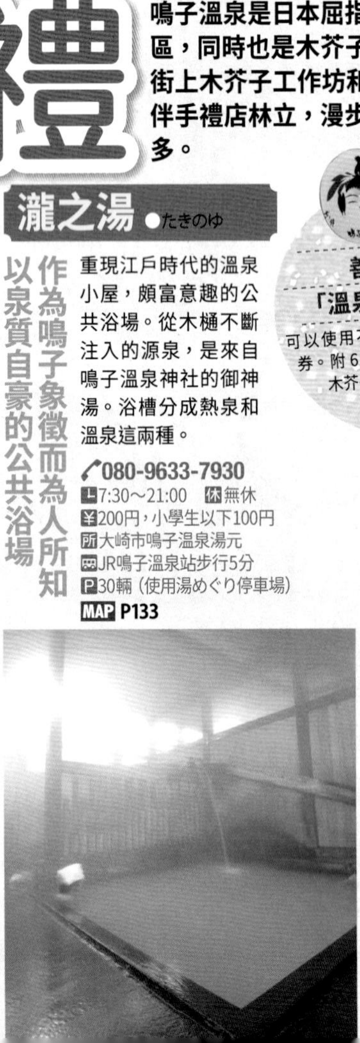

蒸氣騰騰的青森羅漢柏浴池

在早稻田大學學生挖掘出的溫泉裡悠閒泡湯

鳴子・早稻田棧敷湯 ●なるこわせださじきゆ

早稻田大學的學生在1948年成功挖掘到的傳說溫泉。1998年重新改裝之後，化身為一個有著挑高天花板的現代公共浴場。

0229-83-4751（鳴子在地振興）

9:00～21:30（視時節而異）

休無休 ¥550円，兒童330円

所大崎市鳴子溫泉新屋敷124-1

JR鳴子溫泉站步行3分 P30輛

MAP P133

在漂著溫泉礦物的溫泉好好放鬆

午餐＆點心就在這裡吃

鳴子名產栗糰子的名店

餅処深瀬 ●もちどころふかせ

沾裹御手洗內餡的柔軟麻糬，再加入整顆栗子甘露煮的「栗糰子」是當地名產。也有販售適合伴手禮的日式、西式點心。

0229-83-2146 8:00～18:00（栗糰子售完打烊） 休不定休 ¥栗糰子5入800円 所大崎市鳴子溫泉湯元24-2 JR鳴子溫泉站即到 P無

MAP P133

栗糰子2入400円／5入850円

溫泉蛋咖哩很受歡迎

ゑがほ食堂 ●えがほしょくどう

創業約85年的名產食堂。人氣餐點是放上半生溫泉蛋的「溫泉蛋咖哩」，使用了拉麵湯頭作為調味祕方。

0229-83-3074 8:30～20:00 休第2週四 所大崎市鳴子溫泉湯元2-4 JR鳴子溫泉站即到 P無

MAP P133

溫泉蛋咖哩850円

青森 P.51
岩手 P.75
秋田 P.99
宮城
木芥子巡禮、溫泉巡禮／鳴子溫泉鄉地區導覽
山形 P.141
福島 P.163

木芥子店　　MAP P133

高亀こけし店
●たかかめこけしてん
☎0229-83-3431
購物

可愛的創意木芥子值得矚目

創業約 250 年的木芥子老店。除了鳴子產品之外，東北各地的傳統木芥子也一應俱全。流行設計的創意木芥子頗受年輕人喜愛。也有陳列工業設計師柳宗理所設計的木製玩具「鳩笛」（3000 円）。

🕐7:30～20:30　🈺無休
🏠大崎市鳴子溫泉湯元88
🚃JR鳴子溫泉站步行3分　🅿無

←梳髻木芥子（3寸2分）1200円

物産店　　MAP P133

まるぜん
☎0229-83-2202
購物

滿是獨特的木芥子商品

位於鳴子溫泉站前的伴手禮店，販售紫蘇捲、栗糰子等鳴子經典伴手禮。木芥子火柴、筷架、文具等以木芥子為主題的品項也很豐富，最適合選作伴手禮。2 樓為食堂。

🕐8:00～19:00
🈺不定休
🏠大崎市鳴子溫泉湯元109-1
🚃JR鳴子溫泉站即到　🅿3輛

←木芥子紙膠帶750円

→木芥子火柴（紅）180円

鳴子溫泉　0　200m　周邊圖 P201 C-1

和食店　　MAP P133

たかはし亭
●たかはしてい
☎0229-81-1510
美食

味道樸實的「燴菜麵」很受歡迎

能吃到鄉土料理的餐廳。將鳴子產蕎麥麵的表面煎至酥脆，再加入香菇、野菜勾芡而成的「鳴子炒燴菜麵」，以及盛有溫泉蛋的「鳴子溫泉蛋咖哩」（1100 円）備受好評。可以一邊欣賞優美的庭園一邊用餐。

🕐10:00～15:00　🈺週三四（逢假日則營業）
🏠大崎市鳴子溫泉新屋敷121-1
🚃JR鳴子溫泉站步行5分　🅿20輛

←鳴子炒燴菜麵1500円

餐廳　　MAP P201 B-1

レストラン 鳴子の風
●れすとらんなるこのかぜ
☎0229-86-2288
美食

鳴子產發泡酒備受好評

可以搭配香腸、披薩一同品味當地產發泡酒「鳴子之風」的餐廳。供應使用當地產蕎麥粉所製的麵條、飯類、拉麵等多種菜單，餐點一應俱全。

🕐4月下旬～11月上旬，10:00～15:00　🈺週二
🏠大崎市鳴子溫泉鬼首本宮字23-89
🚃JR鳴子溫泉站開車20分　🅿30輛

←每種料理和當地啤酒都很搭

日西式點心店　　MAP P133

おかしときっさ たまごや
☎0229-83-3021
購物

販售鳴子名點蕨餅

受當地居民愛戴的點心店。製作並販售以優質蕨餅粉所製的鳴子名點「蕨餅」、口感酥脆的泡芙以及塔點等。推薦在附設的咖啡廳空間和現沖咖啡一起享用。

🕐9:00～18:00
🈺不定休
🏠大崎市鳴子溫泉湯元102-1
🚃JR鳴子溫泉站即到　🅿無

←蕨餅9入972円

活動　　MAP P133

全國木芥子祭
●ぜんこくこけしまつり
☎0229-82-2026
（大崎市鳴子綜合支所地域振興課）
景點

木芥子粉絲必去的活動

以鳴子小學體育館為會場，舉辦競賽得獎作品展覽、木芥子實作展示販售等活動，也可以參觀職人為木芥子著色的模樣。看頭是第一天晚上的慶典遊行，能觀賞紙糊的木芥子在溫泉街遊行。

🕐9月第1週六日（前一天週五的晚上為木芥子供養祭）　🏠大崎市鳴子溫泉湯元29
🚃JR鳴子溫泉站即到　🅿100輛

←巨大紙糊木芥子魄力十足

間歇泉　　MAP P201 B-1

鬼首間歇泉（弁天・雲龍）
●おにこうべかんけつせん
☎0229-86-2233
（鬼首かんけつ泉事務所）
景點

鳴子源泉高高噴起

這裡有兩座間歇泉：每隔約 10 分鐘就會噴起 15 公尺高溫泉的「弁天」，和每隔 10 ～ 20 分鐘噴起 4 ～ 5 公尺溫泉水柱的「雲龍」。溫泉氣勢十足噴發的樣子甚是壯觀。建議一併享受附設的手湯、足湯，以及製作溫泉蛋的樂趣。

🕐4～11月，10:00～15:00　🈺週三（黃金週、盂蘭盆節、紅葉時節無休）；12～3月　💴500円，中小學生200円　🏠大崎市鳴子溫泉鬼首吹上12　🚃JR鳴子溫泉站開車20分　🅿20輛

←噴發模樣宛如升天遊龍的「弁天」

火口湖　　MAP P201 C-1

潟沼
●かたぬま
☎0229-83-3441
（鳴子溫泉鄉觀光服務處）
景點

被譽為夢幻之色的湖泊

推測大約在 1200 年前形成的破火山口湖。顏色會隨著天候及太陽位置有所變化，夢幻的湖水美麗動人。繞行湖畔一圈的步道整備完善，還能享受立槳和划船的樂趣。

🕐自由參觀（冬季關閉，體驗活動需洽詢）
🏠大崎市鳴子溫泉鄉湯元地內
🚃JR鳴子溫泉站開車10分
🅿50輛

←湖沼附近飄著硫磺的味道

石卷

元気食堂 ●げんきしょくどう

「いしのまき元気いちば」內的餐廳。金華山丼盛滿了講究新鮮度的石卷產海鮮，不吝使用鮮蝦、鮪魚、帆立貝、鮭魚卵等九種以上的食材。採用魚骨熬製湯底的拉麵也廣受好評。

☎0225-98-5539
🕙11:00～（視時節而異）　休無休
所石卷市中央2-11-11いしのまき元気いちば2F　🚉JR石卷站步行12分　P220輛
MAP P200 F-3

從店內將北上川的河口盡收眼底

在石卷的新名勝享用分量十足的海鮮丼！

金華山丼 4000円
分量多達2～3人份，建議與同行者分食。內容可能視季節與進貨狀況有所變動。

可品嘗現撈當季海產的三陸
海鮮美食

在集結了東北首屈一指漁村的宮城縣，可以吃到許多以海鮮丼、壽司、炭火燒烤等形式烹調的新鮮三陸海產料理。石卷、南三陸、氣仙沼的名店&人氣店大集合！

三陸海鮮的美味理由
寒暖流交會的三陸沿岸能捕獲豐富魚種，是全球數一數二的絕佳漁場。富含森林礦物質的山水流入大海，養育出高品質的牡蠣和帆立貝。

堅持使用金華山近海當季食材的握壽司名店

無菜單握壽司 3500円
能充分品嘗老闆嚴選當地漁獲的多種食材好滋味。

石卷

富喜寿司 ●ふきずし

推薦以金華山近海新鮮漁獲為主捏製而成的「無菜單握壽司」。手藝幹練的老闆將鬆軟星鰻與小鬚鯨等食材細心捏成壽司，令人吃得心滿意足。

☎0225-96-8502
🕙11:00～14:00、16:00～21:00
休週一
所石卷市鑄錢場8-6
🚉JR石卷站即到　P3輛
MAP P200 F-3

司店　石卷站前的人氣壽

石卷

斎太郎食堂 ●さいたろうしょくどう

採購石卷港卸貨的新鮮海產，以擺滿當季食材的海鮮丼揚名的食堂。以實惠價格便能吃到的定食菜單也很豐富，不光是觀光客，連當地人也經常光顧。

☎0225-96-2364
🕙6:30～14:00（魚市9:30～14:30休息）
休無休　所石卷市魚町2-12-3 石卷市水產總合振興センター1F　🚉JR石卷站開車15分
P270輛
MAP P200 F-4

在港口附近的名產食堂享用分量十足的美味海鮮丼！

海鮮丼 2180円
盛滿鮪魚、鰹魚、帆立貝、白肉魚等新鮮食材！

⬆位處魚市場，一大早便人聲鼎沸

交通方式

鐵道
石卷站⇄仙台站　JR仙石東北線　50分～1小時

鐵道
氣仙沼站⇄之關站　JR大船渡線　1小時20～30分
之關站⇄仙台站　JR東北新幹線「山彥號」35分

巴士
仙台站前　宮城交通巴士　1小時30分

開車
石卷市區⇄三陸自動車道石卷河南IC　國道108號、398號等　4km

開車
南三陸市區⇄三陸自動車道志津川IC　國道398號等　4km

開車
氣仙沼市區⇄三陸自動車道氣仙沼港IC　一般道路　3km

廣域**MAP** P196・200

洽詢處
石卷觀光協會　☎0225-93-6448
南三陸町觀光協會　☎0226-47-2550
氣仙沼市觀光協會　☎0226-22-4560

青森 P.51
岩手 P.75
秋田 P.99
宮城
海鮮美食
山形 P.141
福島 P.163

在三陸沿岸的商店街

購買伴手禮！

311大地震過後重新整頓，開設在各漁村的嶄新商店街。三陸獨有的特產品應有盡有，建議在此選購季伴手禮！

石卷 當地新鮮食材及物產豐富

いしのまき元気いちば

●いしのまきげんきいちば

1樓為販售石卷產海鮮與伴手禮等的超市，2樓為使用大量當地食材的餐廳。有許多能享受當季漁獲之樂的品項。

📞0225-98-5539
🕐9:00～19:00（可能視時期變動）
休無休
所石卷市中央2-11-11
🚉JR石卷站步行12分
🅿220輛
MAP P200 F-3

也有販售當季鮮魚與蔬菜
↑金華鯖魚味噌煮、水煮罐頭為各600円

南三陸 美食豐富的高地商店街

南三陸さんさん商店街

●みなみさんりくさんさんしょうてんがい

保有自然美景的南三陸，豐富魚產近在眼前。商店街的新鮮海產與水產加工品品項相當齊全，是最適合選購南三陸伴手禮的地點。

📞0226-25-8903（事務局）
🕐休視設施而異
所南三陸町志津川五日町201-5
🚉BRT志津川站即到
🅿170輛
MAP P200 G-2

下建成的商店街在隈研吾監修
↑神龍之子海苔太郎330円

氣仙沼 能望見氣仙沼灣的復興商店

南町紫神社前商店街

●みなみまちむらさきじんじゃまえしょうてんがい

位在氣仙沼內灣的復興商店街。有餐飲店、販售帆布製商品的店家等，推薦在此挑選氣仙沼伴手禮。2樓可以眺望舒爽的海港周邊景色。

📞0226-25-9756
🕐休視設施而異
所氣仙沼市南町2-4-10
🚉JR氣仙沼站開車5分
🅿17輛
MAP P196 E-5

↑也有義式料理店、雜貨店、可樂餅店等
↑MAST HANP的BOX型托特包8800円

擺上超過12種食材
人氣第一的海鮮丼

南三陸

弁慶鮨 ●べんけいいずし

「南三陸さんさん商店街」中特別受歡迎的餐廳。壽司就不用多說，在醋飯上擺滿約12～14種食材（視當天進貨情況而異）的海鮮丼很受歡迎，能盡情享用當季食材的好滋味。

📞0226-46-5141
🕐11:00～14:20
休週四
所南三陸町志津川五日町201-5
🚉BRT志津川站即到
🅿300輛
MAP P200 G-2

→醒目的摩艾像是城鎮的象徵

海鮮丼 3000円
擺滿鮪魚、比目魚、牡丹蝦等豪華食材的人氣丼飯。

→可以看到吧檯後方的員工捏製壽司的模樣

魚翅三昧 2500円
諸如以特製甜醋醃漬的「元祖魚翅壽司」，能夠以三種方式品嘗魚翅。

享用該店名招牌菜「魚翅壽司」

注目！ 裝滿當季海鮮的南三陸亮晶晶丼

鋪滿南三陸當季新鮮海產的丼飯，不同食材在春、夏、秋、冬各別登場。原本是為了振興村鎮而開發，如今已成為享譽全日本的人氣丼飯。

→隨著四季更迭，同食材相繼登場，不

氣仙沼

気仙沼あさひ鮨 本店

●けせんぬまあさひずしほんてん

能享用以縣內產笹丹式米與三陸海鮮捏成的握壽司，是氣仙沼的名店。以魚翅為首的三陸產海鮮為主，常備30～40種食材，可以吃到將美味發揮到極限的極品壽司。

📞0226-23-2566
🕐11:00～21:30
休週一（逢假日則營業且翌日休）
所氣仙沼市南町2-4-27
🚉JR氣仙沼站開車5分
🅿10輛
MAP P196 E-5

氣仙沼

気仙沼 ゆう寿司

●けせんぬまゆうずし

這家人氣店家供應以三陸沿岸海鮮為主的新鮮食材，其中最受好評的菜色是魚翅肥厚的「魚翅W丼」。以中華風勾芡調整味道，使整體的味道更加柔和。也可以品嘗魚翅壽司。

📞0226-22-3144
🕐11:30～13:30、17:00～20:30
休週三
所氣仙沼市本郷11-5
🚉JR氣仙沼站開車5分
🅿10輛
MAP P196 E-5

店內氣氛沉穩舒適

透過丼飯&壽司品嘗氣仙沼名產魚翅

→店內氣氛沉穩舒適

魚翅W丼 5830円
在蟹肉散壽司上鋪放大青鯊與太平洋鼠鯊魚翅的豪華丼飯。

藏王 ざおう

藏王群山與名湯療癒身心

絕景連綿的山岳道路

藏王回音線
絕景兜風之旅

開放期間 4月下旬～11月初旬

諸如閃耀著翡翠綠光芒的湖泊、富有野趣的露天浴池等，藏王回音線有許多能享受生動大自然的傲人特色。藏王山的面貌還會隨著季節更迭而變換，一邊欣賞美景一邊暢快兜風吧！

交通方式

	鐵道				
藏王溫泉	山交巴士 35分	山形站	JR仙山線 1小時15～30分	仙台站	仙台站

	開車				
藏王溫泉	國道286號、縣道167號、53號、21號 17km	山形藏王IC	山形自動車道 36km	村田JCT	東北自動車道 18km	仙台宮城IC 東北自動車道

廣域MAP P202·205

洽詢處 藏王町觀光服務處 ☎0224-34-2725

---

2 觀瀑台
●たきみだい

遙望流瀉於山林中的三座瀑布

包括分成三段流瀉而下的三段瀑布、落差53.5公尺的不動瀑布以及地藏瀑布，可以遠眺這三座瀑布的觀景點。有規劃瞭望台。

☎0224-34-2725（藏王町觀光服務處） ⏰自由參觀 📍藏王町遠刈田溫泉倉石岳国有林内 🅿10輛 **MAP** P205 C-1

美景重點 細長的瀑布從林間靜靜地流瀉而下。

闊葉林中流動的名瀑

矗立在藏王山入口的朱紅色鳥居

美景重點 高達10公尺以上的鮮紅色鳥居震撼力十足！

1 大鳥居
●おおとりい

為紀念藏王回音線於1962年開通，於1969年興建的鳥居。相當於通往靈峰藏王山的入口。

☎0224-34-2725（藏王町觀光服務處） ⏰自由參觀 📍藏王町遠刈田溫泉倉石岳国有林内 🅿無 **MAP** P205 C-1

藏王回音線的矚目地標

兜風路線能盡情感受藏王的雄偉大自然風景

兜風DATA 需時 約3小時30分 全長 約100km

Start	東北自動車道村田IC
	32分／30.5km
1	大鳥居
	7分／4.5km
2	觀瀑台
	18分／11km
3	御釜
	43分／26.5km
4	藏王溫泉大露天浴池
	38分／29.3km
Goal	山形自動車道山形藏王IC

藏王回音線

橫亙藏王連峰的山岳觀光道路。全長約26公里，能欣賞藏王山隨四季變換的景色。

☎0224-34-2725（藏王町觀光服務處） ⏰4月下旬～11月上旬 💰免費通行 📍宮城県藏王町～山形県上山市 🅿500輛 **MAP** P205 C-1

藏王HIGH LINE

從「藏王回音線」的刈田峠分岔而出，往御釜的觀光收費道路。海拔較高，視野絕佳。

☎022-771-5323（宮城交通營業推廣課） ⏰4月下旬～11月上旬 💰小客車550円（來回） 📍藏王町～七ヶ宿町 🅿300輛 **MAP** P205 C-1

（地圖）

山形市區　笹谷IC　山形自動車道 286
山形縣　山形市　川崎町
53
藏王國際飯店　宮城縣　川崎川崎IC 457
山形藏王IC　④藏王溫泉大露天浴池　青根
藏王山　藏王HIGH LINE　①大鳥居　遠刈田
21　③御釜　藏王山頂レストハウス ライザ・レストラン　藏王回音線　②觀瀑台　藏王町
12　上山市區
上山市　457
N　七ヶ宿町　白石市
0 1.5 3km　白石市區　南藏王高原

藏王回音線絕景兜風之旅

「旅行照片 Tips」

讓四季花卉成為旅行回憶！

「MAPPLE」取材攝影師傳授拍出好看「旅行照片」的實用技巧。

季節花卉篇

為旅行增色的各種花卉隨著季節更迭，有不同種類迎接來客。拍下在旅遊景點所見的各式花卉，一定可以為回憶增添更多美麗的季節性色彩。

1 2 3

Tips ❶ 構圖（角度）

❶盛開的花叢搭配藍天，是按下快門的好景緻！無論怎麼取景都有如畫作一般美麗，不過若是將花景再往後延伸，畫面會更加開闊，此即「三分法則」的基本構圖。❷試試看近距離大膽拍攝花草的生動模樣。此時不要將花放在畫面中央，稍微偏左或偏右會更好看。❸透過景深放映出凸顯花卉，營造柔和的氛圍。

Tips ❷ 微觀的世界（近拍）

多數相機都有微距鏡頭或微距功能，靠近花朵近拍看看吧。花朵可能會隨風吹動，要看準停下來的瞬間拍攝。有三腳架更方便。

Tips ❸ 花花綠綠的風景（位置）

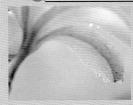

花田雖然美，但森林中的長椅、陽光灑落的樹林也很不錯，最近會在手水缽插花裝飾的寺社也變多了。有許多顏色鮮明的風景。悠哉旅行之餘，不妨四處找屬於自己的風景。上傳到社群網站準沒錯！

※ 照片為示意圖

御釜是藏王回音線的亮點

在瞭望台以御釜為背景拍張紀念照

↑也有岩石地帶，穿運動鞋較好走

美景重點
閃耀著神祕翡翠綠色光輝的湖面根據季節、時間、日照方式的不同，模樣有所差異。

閃耀著翡翠綠光芒的藏王象徵

3 御釜
●おかま

靜靜佇立在藏王山頂的火口湖。整座湖的大小為周長約1公里、直徑約 325 公尺，雄偉壯闊的姿態令觀看者為之折服。湖面顏色會隨著氣候、時間有所變化，故又稱為「五色沼」。

☎0224-34-2725（藏王町觀光服務處）
🕐4月下旬～11月上旬，自由參觀 🅿宮城県藏王町、山形県上山市 🚉JR白石藏王站搭往藏王刈田山頂的MIYAKO巴士（僅週六日、假日行駛），終點下車步行5分 🅿300輛

MAP P205 C-1

藏王周邊紅葉的觀賞期為 9 月下旬～10 月下旬。染成紅、黃等鮮豔色彩的山體美極了。

藏王回音線開通以後，可以在除雪後高達數公尺的雪壁間穿梭而過，十分壯觀。

秋

春

冬

夏

四季兜風建議

藏王回音線與藏王 HIGH LINE 每逢 11 月上旬便禁止通行。積累白雪的山嶺一片雪白。

高原吹起涼爽微風的 6 月左右，高山植物開始開花，群山滿是綠頭。

美景重點
能一邊沉浸在森林浴、紅葉等自然美景，一邊享受源泉放流式溫泉。

4 藏王溫泉大露天浴池
●ざおうおんせんだいろてんぶろ

開放感十足的知名露天浴池

建於藏王溫泉街較高處，沿著溪流而建的露天浴池。充滿野趣的石頭組成巨大浴池，一次可以容納 200 人入浴。有五處源泉湧出的豐沛溫泉。

☎023-694-9417（藏王溫泉觀光株式會社）
🕐4月中旬～11月中旬，9:30～16:30（週六日、假日至17:30）
🈺營業期間無休 💴700円，兒童400円 🅿山形縣藏王溫泉荒敷853-3 🚉JR山形站搭往藏王溫泉的山交巴士，終點下車步行15分 🅿40輛

MAP P202 H-5

↑沿溪流而建的浴池上游為女湯、下游為男湯

來這裡享用藏王午餐

藏王山頂レストハウス
●ざおうさんちょうれすとはうす

該設施 1 樓為陳列伴手禮的商店與休息處，2樓為餐廳。在餐廳可以吃到知名的釜鍋豬排丼。

☎0224-34-4001（宮城藏王黑帽子度假村）
🕐4月下旬～11月上旬，9:00～15:00 🈺營業期間無休 🅿藏王町遠刈田溫泉倉石岳 🚉JR白石藏王站搭往藏王刈田山頂的MIYAKO巴士（僅週六日、假日行駛），終點下車即到 🅿3000輛

MAP P205 C-1

↳釜鍋豬排丼定食1300円

ライザ・レストラン

藏王的滑雪場「藏王 LIZA WORLD」內的餐廳。石窯燒烤的正宗披薩很受歡迎。

☎023-679-2311（藏王LIZA WORLD）🕐4月下旬～11月上旬，12月中旬～4月上旬，10:00～16:00 🈺營業期間無休 🅿上山市藏王坊平高原 🚉JR上山溫泉站搭往藏王坊平免費接駁巴士，ライザワールド下車即到 🅿1300輛

MAP P205 B-1

↳瑪格麗特披薩（M 1050円）

時音之宿 湯主一條

●ときのやどゆぬしいちじょう

整合傳統與摩登的極致空間

位居鎌先溫泉湯主已有大約600年歷史的名旅宿。備有附波動喇叭露天浴池的套房等，以凝聚各種意趣的房間自豪。瀰漫大正浪漫氛圍的和風摩登裝潢與細心款待備受好評。

📞0224-26-2151
📍白石市福岡蔵本鎌先1-48
🚉JR白石藏王站開車15分（有接送服務，需預約）
🅿50輛
MAP P205 C-1

¥1泊2食 23250円～
🕐IN15:00 OUT11:00
不住宿入浴 不可
室內浴池 男2女2
露天浴池 男1女1

↑享受奢華的附露天浴池套房

↑木造本館名列國家有形文化財

↑療癒了眾多旅客的鎌先傳統溫泉「藥湯」

宮城的 舒適溫泉旅宿

諸如秋保、作並、鳴子有遠刈田、鎌先等，宮城擁有各種泉質的溫泉。從與仙台藩主伊達家有淵源的傳統旅宿，到留有溫泉療養風情的懷舊旅宿，在此介紹多間能享受溫泉與大自然的溫泉旅宿。

擁有400年歷史
鳴子溫泉最優質老旅館

稍遠的包租露天浴池「茜之湯」能欣賞四季不同的風景

¥1泊2食 15650円～
🕐IN14:00 OUT10:00
不住宿入浴 不可
室內浴池 男1女1
露天浴池 包租1（需預約）

元祖うなぎ湯の宿 ゆさや旅館

●がんそうなぎゆのやどゆさやりょかん

保留原始旅館風情、歷史悠遠的旅宿，最有名的溫泉是能讓肌膚變光滑的「鰻湯」。木造雙層建築名列國家登錄有形文化財。裝潢統一為純日式風格，沉靜的空間舒適到讓人忘卻時間。

📞0229-83-2565
📍大崎市鳴子溫泉湯元84
🚉JR鳴子溫泉站步行4分（有接送服務，需預約）
🅿20輛
MAP P133

鰻湯的特色是溫泉顏色會隨著日子改變

↑昭和初期懷舊風情

↑濃厚的客房

傳承千年之宿 佐勘

●でんしょうせんねんのやどさかん

曾作為伊達家溫泉宅邸傳承至今的老字號旅館。圍爐裡400年來不曾中斷的聖火還在繼續燃燒。能一邊聆聽潺潺溪水聲，一邊感受氣氛悠閒的露天浴池，縱情享受秋保名湯。善加使用嚴選食材的料理也頗受好評。

📞022-398-2233
📍仙台市太白區秋保町湯元藥師28
🚉JR仙台站搭往秋保溫泉的宮城交通巴士，秋保溫泉湯元下車即到（有接送服務，需預約）🅿500輛 **MAP** P201 B-5

附室外庭園與露臺的客房很有人氣

使用當季食材的自助式早餐很受歡迎

¥1泊2食 19950円～
🕐IN15:00 OUT11:00
不住宿入浴 可：可僅附餐方案，預約制
室內浴池 3 包租1
露天浴池 1 男女輪流制1

重現伊達政宗泡湯處的「名取的浴湯」

泡泡與伊達家有淵源的名溫泉

藏王自然恩惠療癒心靈
綠意盎然的山間住宿

◉遠刈田溫泉 東北自動車道村田IC開車20分

溫泉山莊 だいこんの花
●おんせんさんそうだいこんのはな

在藏王連峰的山麓間1萬坪原始林中，坐擁18間客房的旅館悠然而立。每個房間都隔著一段距離，能享受隱密的私人空間。不妨泡在從自家源泉放流的溫泉裡，品嘗使用新鮮當地食材所做的餐點。

☎無（請至官網預約、洽詢）
所藏王町遠刈田溫泉遠刈田北山21-7
🚃JR白石藏王站開車40分（無接送服務）　P18輛
MAP P205 D-1

¥1泊2食 43450円～
IN15:00 OUT11:00
不住宿入浴 不可
室內浴池 男1女1
露天浴池 男1女1包租4

↻以從自然菜園或當地採收的蔬菜為主角的「喜悅里山料理」

↑金山杉梁柱令人印象深刻的寬敞客房

↻融於自然綠意中的包租露天浴池「通雨」

↻水聲悅耳的「廣瀨川源流露天浴池」。深130公分的「立湯」很有人氣

泡遍各異其趣的八種浴池

¥1泊2食 28000円～
IN15:00 OUT11:00
不住宿入浴 不可
室內浴池 男1女1
露天浴池 男女輪流制3

一邊吹著海風
一邊遠眺松島灣

¥1泊2食 23250円～
IN15:00 OUT11:00
不住宿入浴 不可
室內浴池 男1女1
露天浴池 男2女1

↻能眺望松島灣浮島的露天浴池
↻靠海側的客房皆附陽台

◉松島溫泉 三陸自動車道松島海岸IC開車10分

松島世紀大飯店
まつしませんちゅりーほてる

位在日本三景松島的中心區域，從附陽台的海景客房可以看到知名勝地五大堂和朱紅色的福浦橋。松島最先湧出的天然溫泉「太古天泉」泉質滑順輕柔。

☎022-354-4111
所松島町松島仙髓8
🚃JR松島海岸站步行10分　P100輛
MAP P129

欣賞松島絕景
以景觀為傲的浴池

¥1泊2食 26150円～
IN15:00 OUT11:00
不住宿入浴 可※週一四休
室內浴池 男1女1
　　　　 男女輪流制1
　　　　 （住宿者專用）

↻能遠眺日本三景松島絕景的男女輪流制「瞭望之湯」

◉松島溫泉 三陸自動車道松島海岸IC開車10分

松島溫泉 元湯 海風土飯店
まつしまおんせんもとゆほてるうぶど

融合日式風情與峇里島異國風情的度假飯店。以頂樓開放感絕佳的瞭望浴池自豪。悠閒泡著天然溫泉的同時，能將四季不同風情的松島灣美景盡收眼底。晚餐還可以大啖使用嚴選食材的宴席料理。

↻備有峇里島風情床幔的西式房間

☎022-355-0022
所松島町松島東浜5-3
🚃JR松島站步行10分（有接送服務，需洽詢）
P30輛　　　**MAP P129**

↻在眼前烹調當季食材的現做自助餐

◉作並溫泉 東北自動車道仙台宮城IC開車30分

ゆづくしSalon一の坊
ゆづくしさろんいちのぼう

令人聯想到「廣瀨川源流露天浴池」、祕湯「鹿窺寢湯」等，能享受泡不同溫泉的溫泉度假村。選擇涵蓋餐點、休閒活動在內的全包式住宿方案，就能免費取用咖啡、季節點心，非常吸引人。

☎0570-05-3973
所仙台市青葉区作並長原3　🚃JR作並站開車5分（有接送服務，需預約）　P80輛
MAP P201 B-4

↻在「放鬆Salon」可以自由取用生啤酒、季節點心和冰棒

分量十足的
厚實烤牛舌

牛舌真空包裝 鹽味
(95g) **1728**円

在家就能輕鬆吃到專賣店的烤牛舌。恰到好處的鹽味，齒頰留香的軟嫩牛舌堪稱一絕。

能在這裡買到 Ⓐ Ⓑ

當地也吃得到！
「宮城美食」
詳見P36

極上竹葉魚板
(1片) **206**円

使用新鮮的高級大翅鮚鮲燒烤而成，能享受彈性十足的口感。也推薦沾芥末醬油享用。

能在這裡買到 Ⓐ Ⓑ

散發高級光澤的
傳統工藝品

藍玉蟲塗漆手鏡
1650円

猶如吉丁蟲翅膀般的豔麗色澤相當精美。主題是花式滑冰的鞋子。

能在這裡買到 Ⓓ

使用高級魚製作的
豪奢竹葉魚板

美食伴手禮

粉彩顏色與
可愛表情很有魅力

kaguya **4290**円

鳴子溫泉鄉櫻井こけし店（→P132）販售的木芥子。以鮮活色彩妝點的圖案既時尚又新鮮。

能在這裡買到 Ⓒ

手工藝雜貨

以傳統技法
製成的彩色手巾

常磐型手巾 手帕
名取屋染工廠
715円～

常盤型染法是江戶時代後期在仙台發展出來的技術。以交錯的花紋圖案為基礎設計而成（共12種）。

能在這裡買到 Ⓒ

經典的萩之月、竹葉魚板和牛舌
宮城伴手禮

諸如仙台名產牛舌、散發毛豆香氣的麻糬等，有許多美味的宮城伴手禮。也別忘了逛逛木芥子、玉蟲塗漆器等地方工藝品。

應用廣泛多元的
超粗油炸麩

仙台麩 (2入)**442**円

原本是宮城縣北部的地方美食油炸麩丼，如今應用在時尚的法式吐司等多種料理。

能在這裡買到 Ⓑ

鬆軟糕體的
柔和口感

萩之月 (6入)**1200**円

以鬆軟長崎蛋糕糕體包裹柔和風味的原創卡士達醬，是相當知名的仙台點心。

能在這裡買到 Ⓐ Ⓑ

濕潤柔滑的
內餡與鮮奶油

喜久福
(1個)**135**円

彈牙的柔軟麻糬中填滿了鮮奶油和餡料，口味有毛豆、抹茶和焙茶等。

能在這裡買到 Ⓐ Ⓑ

將毛豆滋味豐富的
毛豆麻糬當作伴手禮

仙台一口
毛豆麻糬 (4入)**650**円

以宮城縣產宮黃金糯米製成的餅皮包裹毛豆餡。特色是散發出毛豆清爽甜味的毛豆餡。

能在這裡買到 Ⓐ

甜點

Ⓓ 仙台

しまぬき本店
✿しまぬきほんてん

店內有販售木芥子、玉蟲塗漆製品、仙台玻璃等，宮城縣的代表性民俗或傳統工藝品。從和風雜貨到原創商品應有盡有。

☎022-223-2370
MAP P123 C-3
🕙10:30～19:00 🈺第2週三(8月除外) 🏠仙台市青葉区一番町3-1-17 しまぬきビル1F 🚉JR仙台站步行10分 🅿無

Ⓒ 仙台

東北スタンダード
マーケット
✿とうほくすたんだーどまーけっと

不僅販售東北的工藝品、食品等，也是傳遞工藝創作魅力的選物店。也有陳列許多與當地創作者合作生產的原創項。

☎022-797-8852
MAP P123 D-3
🕙10:00～21:00 🈺不定休 🏠仙台市青葉区中央1-2-3 仙台PARCO B1 🚉JR仙台站即到 🅿無

Ⓑ 仙台

おみやげ処
せんだい
✿おみやげどころせんだい

以宮城為首，網羅了東北六縣的美食與工藝品等。在JR仙台站內有多家分店，趁著搭車空檔前去採購伴手禮會很方便。

☎022-354-1577(東北綜合服務)
MAP P123 D-3
🕙視店鋪而異 🈺無休 🏠仙台市青葉区中央1-1-1 JR仙台站2、3樓 🚉直通JR仙台站 🅿無

Ⓐ 仙台

エキチカ
おみやげ通り
✿えきちかおみやげどおり

位在直通JR仙台站的購物大樓「S-PAL仙台」本館地下街的伴手禮店。不光只有宮城縣產品，還集結了東北各縣的名產與特產。

☎022-267-2111
MAP P123 D-3
🕙10:00～20:00 🈺不定休 🏠仙台市青葉区中央1-1-1 S-PAL仙台 本館B1 🚉直通JR仙台站 🅿無

盛產山珍海味的庄內。やさいの荘の家庭料理 菜ぁ的蔬菜午餐→P152

大正浪漫氣息洋溢而深具魅力的銀山溫泉→P146

山形
やまがた

享受美食、溫泉與水果

➔以1400年歷史為傲的靈場出羽三山之一的羽黑山→P156

區域介紹

0　　20km

YAMAGATA AREA

秋田縣

由利本荘
丁岳
羽
越
本
線
遊佐比子
酒田港みなと
酒田駅
酒田駅
庄内機場
庄内空港
酒田
山形出發 2小時20分
山形出發 2小時5分
（高速公路）

山形出發 1小時25~45分
（搭新幹線）
山形出發 1小時25分（高速公路）

庄內機場
湯野浜
鶴岡站
羽黑山
（出羽三山）

余目站~新庄站
區間停車站
最上峽
跳海の森
最上川

最上峽
新庄
瀬見
赤倉
陸羽東線

出羽三山
湯殿山神殿/月山（出羽三山）
湯殿山（出羽三山）

山形出發 1小時25分
（高速公路）

銀山溫泉

日本海

山形出發 1小時50分
山形出發 1小時40分（高速公路）

鶴岡
山形新幹線

あつみ
庄内あさひ
摩耶山

山形機場
天童

山形出發 15~20分
山形出發 30分

山寺
山寺線
山形駅

山形縣

新潟縣

以東岳

山形站

山形市

宮城縣

仙山線

大朝日岳
あさひ湖

朝日岳

蔵王
山形出發 35分

祝瓶山

かみのやま

南陽

蔵王山
蔵王

山形出發 35分
山形出發 自石

山形中央
自動車道

米澤
米沢北

米沢駅
東北中央
自動車道

山形出發 30~40分
（搭新幹線）
山形出發 55分
（高速公路）

米澤

福島縣

青森
秋田　岩手
山形　宮城
福島

前往山形的交通方式

開車

川口JCT
↓
東北、山形自動車道
350km
3小時40分
7990円
↓
山形藏王IC
↓
國道286號等
5km
10分
↓
山形市區

鐵道

東京站
↓ JR山形新幹線「翼號」
米澤站

東京站出發1小時55分~2小時15分 10680円

↓
山形站

東京站出發2小時25~55分 11550円

東京站
↓ JR上越新幹線「朱鷺號」
新潟站
↓ JR羽越本線特急「稻穗號」
鶴岡站

東京站出發3小時30分~4小時10分 13680円

↓
酒田站

東京站出發3小時50分~4小時30分 14540円

🚃 汽車
🚃 新幹線
🚃 其他鐵道

🚌 山形機場　山形站35分　　庄內機場　鶴岡站25分、酒田站35分

山形市
●やまがたたうん

山形街道漫步

懷舊街道 悠閒漫步之旅

最上義光打造城下町，讓山形市區從江戶初期開始由於石高制度，成為國內數一數二的大都市而繁榮一時。明治、大正時期蓋了不少西式建築，時至今日也能感受到保有歷史韻味的街道。市區內將古老建築翻修改造的設施陸續增加，萌生嶄新的魅力。

留意時鐘塔！
現在仍在運作，為日本第二古老的時鐘塔。每五天要手動調整一次砝碼。

遊覽小竅門
搭巴士或騎自行車遊覽更有效率

以 JR 山形站為起點繞行市區的「ベニちゃん巴士」非常方便，每次乘車為 100 円（跨區為 200 円）。也很推薦可免費使用的「城下町山形觀光租借自行車」，在市區內有七處服務據點（4 月下旬～10 月下旬）。

全國數一數二的
大正建築傑作

交通方式

鐵道
JR山形新幹線「翼號」 2小時25～55分　山形站←→東京站

開車
縣道286號等 5km　山形市區←→山形自動車道 山形藏王 IC

廣域 MAP　P202

洽詢處
山形市觀光服務中心
☎023-647-2266

↑以月桂冠為形象，設計典雅的玻璃花窗

↓拱形設計很有懷舊感的美麗走廊

1 所需時間1小時

↑名列國家重要文化財。館內展覽介紹的是山形歷史及文化

山形縣鄉土館「文翔館」
●やまがたけんきょうどかんぶんしょうかん

1916 年完成的英國近代復興樣式建築，作為縣廳舍、縣會議事堂使用。能感受歷史感的氣派外觀，以及水晶燈、地毯等復原創建當時模樣的豪華內裝，都值得細細欣賞。

☎023-635-5500
⏰9:00～16:30　休第1、3週一（逢假日則翌日休）
所山形市旅篭町3-4-51
交JR山形站搭往市中心的ベニちゃん巴士，市役所南口下車步行5分　P40輛
MAP P142

---

2 所需時間30分

水之町屋 七日町御殿堰
●みずのまちやなのかまちごてんぜき

建於江戶時代，將流過山形市內的水路御殿堰加以整修、復原，活用土堤景觀的商業設施。以黑色為基調的町家建築與美麗白牆倉庫林立，有多家餐飲店與雜貨店等入駐。

☎023-623-0466（結城屋）
⏰休視店鋪而異
所山形市七日町2-7-6
交JR山形站搭往市中心的ベニちゃん巴士，七日町下車步行5分　P無
MAP P142

↑多間店鋪集中在充滿氣氛的空間

↑市民熟悉的休息場所

♡這裡也要看看

そば処 庄司屋 御殿堰七日町店
●そばどころしょうじやごてんぜきなのかまちてん

在山形傳了五代的蕎麥老店直營分店。由熟練職人製作的芳香手打蕎麥麵備受歡迎。

☎023-673-9639
⏰11:00～15:30、17:00～20:30（週六日、假日為11:00～20:30）　休週四
MAP P142

↑附酥脆天婦羅的人氣天婦羅蒸籠蕎麥麵1870円

岩渕茶舖
●いわぶちちゃほ

1880 年創業的歷史悠久茶屋。能在咖啡廳空間品嘗以抹茶製成的甜點。

☎023-623-0140
⏰9:30～18:30　休不定休
MAP P142

↑推薦霜淇淋餡蜜850円

山形市
0　500m
周邊圖 P202 H-5

活用舊倉庫建築的複合設施

④ 所需時間30分

山形全館 紅之藏
●やまがたまるごとかんべにのくら

活用曾經身為紅花商人的 Marutani 長谷川家擁有的莊嚴倉庫建築，打造成複合觀光設施。由主屋及五棟倉庫構成，設有餐廳、伴手禮店與觀光服務處，也有販售山形傳統蔬菜及新鮮水果的直銷所。

📞 023-679-5101
🕐休視店鋪而異 所山形市十日町2-1-8 🚃JR山形站步行10分 Ｐ50輛
MAP P142

⬆白牆與紅簾相映成輝的氣派建築

⬆也設有能試飲在地美酒的區域（1杯100円）

🔍 **這裡也要看看**

あがらっしゃい
販售點心、漬物等山形特產的伴手禮店。紅之藏的自製甜番薯推薦冷藏食用。

📞 023-679-5104
🕐10:00～18:00 休無休
⬆紅之藏自製品牌甜番薯232円
MAP P142

在昭和懷舊空間內飲用自家烘焙咖啡

⬆從面對大馬路的入口走到地下室，店內相當寬敞

③ 所需時間?分

シャンソン物語
●しゃんそんものがたり

自1984年開店以來就備受當地居民愛戴的咖啡廳。在配置古董家具的懷舊空間內，能悠閒品嘗自家烘焙的咖啡。外酥內軟的鬆餅很受歡迎。

📞 023-641-6395
🕐11:00～18:00（週六、假日為12:00～），午餐為平日11:30～15:00 休週日、第1、3週一 所山形市旅籠町2-2-25 🚃JR山形站搭ベニちゃん巴士，旅籠町二丁目下車即到
MAP P142

⬆草莓香草鬆餅（附每日咖啡）1370円

瀰漫歷史氣息的居民休憩場所

⬆以威風凜凜的勇猛姿態策馬的最上義光騎馬像

⑤ 所需時間30分

霞城公園
●かじょうこうえん

山形57萬石領主最上義光的居城遺址。在山形數一數二的賞櫻名勝欣賞1500棵櫻花盛放的美景，夜間點燈也精彩萬分。園內設置了「最上義光歷史館」等設施，能學習山形的歷史。

📞 023-641-1212（山形公園綠地課） 🕐自由入園（東大手門、北門為5:00～22:00，11～3月為5:30～） 休無休 所山形市霞城町1-7 🚃JR山形站步行10分 Ｐ450輛
MAP P142

⬆正在進行山形城的修復工程

🔍 **這裡也要看看**

山形市鄉土館（舊濟生館本館）
●やまがたしきょうどかんきゅうさいせいかんほんかん

1878年完工的多角造型獨特建築。曾作為醫院使用，現在則用於展示鄉土史、醫學相關的資料。

📞 023-644-0253
🕐9:00～16:30 休無休 所山形市霞城町1-1 🚃JR山形站步行15分 Ｐ230輛
MAP P142

⬆據說是明治初期的仿西式建築傑作

稍微走遠一點

名列國家史跡的名剎

本山慈恩寺
●ほんざんじおんじ

據傳是婆羅門僧正奉聖武天皇詔命開山，歷史將近1300年的古剎。以「慈恩寺舊境內」名列國家史跡，並保有超過200件平安、鎌倉時期的佛像群文化財，包括名列國家重要文化財的藥師三尊、十二神將等。綜合服務設施「慈恩寺テラス」以深具臨場感的音樂與影像，介紹慈恩寺的歷史與魅力之處。

📞 0237-87-3993 🕐8:30～16:00 休無休 ¥700円，高中生500円 所寒河江市慈恩寺地籍31 🚃山形自動車道寒河江IC 10km，開車10分 Ｐ100輛
MAP P202 G-4

⬆能以彷彿感受到佛像氣息的極近距離參觀

也推薦來橫丁喝一杯♪

山形屋台村
ほっとなる横丁
●やまがたやたいむらほっとなるよこちょう

12家小店有如昭和長屋般比鄰而立，可以吃到使用當地食材所製的美味鄉土料理。

⬆長屋風格的攤販好熱鬧

🕐視店鋪而異 🕐約17:00～約24:00（視店鋪而異） 休視店鋪而異 所山形市七日町2-1-14-6 🚃JR山形站步行20分 Ｐ無
MAP P142

如果想品嘗山形的鄉土料理……

冷拉麵的發源店

栄屋本店
●さかえやほんてん

因應顧客要求，在1952年開設的冷拉麵始祖店。特色是牛高湯加上彈牙有勁的口感十足的麵條。

📞 023-623-0766
🕐11:30～19:40，冬季至19:10 休週三（逢假日則翌日休），1、8月不定休 所山形市本町2-3-21 🚃JR山形站搭ベニちゃん巴士，本町下車即到 Ｐ5輛
MAP P142

縣內55家酒廠在地美酒齊全

おしょうしな総本店
●おしょうしなそうほんてん

能搭配多種在地美酒，享用以芋煮為首的山形代表性鄉土料理。

📞 023-674-8383
🕐17:30～23:00 休不定休 所山形市十日町4-2-2 🚃JR山形站步行10分 Ｐ無
MAP P142

山寺第一絕景令人感動
6 開山堂、納經堂
【かいさんどう・のうきょうどう】

祭祀慈覺大師的開山堂安置著大師的木造雕像。每年逢慈覺大師的忌日（1月14日）便對外開放參觀。建於岩塊上的納經堂奧之院中收藏了手抄法華經。

美景重點
開山堂和納經堂都是山寺經典的拍照景點。依傍斷岩而立的堂宇非常生動。

顏色鮮明的綠意！

初夏時節的參道景色特別美

躍動人

山寺
（やまでら）

交通方式
鐵道 🚃	JR仙山線 15～20分	山寺站 ← 山形站
開車 🚗	國道13號、縣道19號等 8km	山寺站 ← 山形自動車道 山形北IC

廣域MAP P201・202
洽詢處 山寺觀光協會 ☎ 023-695-2816

令松尾芭蕉感動的名剎
山寺、天空絕景散步

山形獨有的觀光景點山寺是松尾芭蕉吟詠名句的風景勝地。1015級石階的盡頭是一片綠意富饒的山巒絕景，以此為目標拾級而上吧。

守護延曆寺法燈的莊嚴廟堂
1 根本中堂 重文
【こんぽんちゅうどう】

1356年重建。據傳是日本最古老的欅木材建築。從比叡山延曆寺移來的法燈至今仍在堂內持續燃燒。

極樂與地獄的岔路
2 姥堂
【うばどう】

廟堂以下為地獄、以上為極樂世界，相當於淨土入口的地方。據說過去參拜者要在此換上白色裝束，將舊衣服獻給堂內的奪衣婆。

↑堂內有奪衣婆坐鎮

↑入母屋造建築的本堂

山寺（寶珠山立石寺）
やまでらほうじゅさんりっしゃくじ

860年，慈覺大師在清和天皇的期望下開山的天台宗寺院。自古以來作為斷絕孽緣之寺而香火鼎盛。綿延至山頂的1015級石階參道上有大大小小的堂宇，還能盡情享受四季各異的美麗風景。

☎ 023-695-2843 🕐 8:00～16:00，10～3月至15:00 休 無休
¥ 300円，國中生200円，4歲～小學生100円 所 山形市山寺4456-1 ❄ JR山寺站步行5分 🅿 有收費停車場

MAP P202 H-4

冬
積雪形成水墨畫般的氛圍甚是壯觀。

秋
包圍寺院的紅、黃色楓葉值得欣賞。

夏
有奇岩怪石、鮮翠綠意環繞的清爽風景。

春
山門附近的淺紅色櫻花艷麗地綻放。

山寺四季的精彩看點

山寺境內MAP

單程需時 約1小時

7 奧之院、大佛殿
5 五大堂
6 開山堂、納經堂
開山堂
納經堂
金乘院
胎內堂（不可參拜）
百丈岩
性相院
4 仁王門
觀明院
彌陀洞
3 蟬塚

念佛堂內可體驗寫經，無預約也OK！

並岩
2 姥堂
山門
鐘樓
念佛堂
寶物殿
清和天皇的御寶塔
日枝神社
登山口
1 根本中堂
對面石
芭蕉句碑
芭蕉、曾良像

境內有日本三大燈籠之一的燈籠

寶珠橋
山寺觀光服務處
立谷川
公園
郵局 〒
山寺站
仙山線

山寺Q&A

Q 芭蕉與山寺有什麼關聯？

A 俳人松尾芭蕉曾於1689年造訪山寺，探望弟子曾良。他對一片寂寥中僅有蟬聲響徹的山寺深受感動，因而留下「天籟閑寂，蟬聲入山岩」的名句。

想知道更多就來這裡

山寺芭蕉紀念館
●やまでらばしょうきねんかん
☎ 023-695-2221
🕐 9:00～16:30 休 換館期間有休館日
¥ 400円，高中生以下免費 所 山形市山寺南院4223 交 JR山寺站步行8分 P 40輛
MAP P202 H-4

Q 冬季也能參拜嗎？

A 參道會除雪，因此冬季也能參拜，不過務必穿上長靴或靴子。遇到大雪紛飛可能無法參拜。

必須穿上長靴或靴子！

關注名產美食！

山形名產板蕎麥麵

手打ちそば 美登屋
てうちそばみとや
☎ 023-695-2506
🕐 10:30～16:00（可能視時期變動）休 不定休 所 山形市山寺4494-5 交 JR山寺站步行5分 P 6輛
MAP P202 H-4

手打蕎麥麵備受好評，使用以山形產為主、混合其他國產品所製的蕎麥粉。除了最受歡迎的「板蕎麥麵」之外，也有供應其他季節限定的蕎麥麵餐點。

板蕎麥麵 1500円
名產蕎麥麵的特色是香氣逼人且彈牙有勁。

名產霜淇淋

ふもとや 本店
●ふもとやほんてん
☎ 023-695-2214 🕐 8:00～17:00 休 無休 所 山形市山寺4429 交 JR山寺站步行5分 P 30輛
MAP P201 A-4

位在山寺（寶珠山立石寺）山麓的伴手禮店兼餐廳。使用山形縣產櫻桃果汁的霜淇淋很受歡迎。

櫻桃霜淇淋 350円
彷彿在吃新鮮櫻桃的多汁口感魅力十足

145

供奉5公尺高的正尊

建於斷崖絕壁

7 奧之院、大佛殿
【おくのいんだいぶつでん】

建於參道最深處。以釋迦如來與多寶如來為正尊的如法堂稱為「奧之院」。奧之院旁所建的大佛殿內，供奉著5公尺高的金色阿彌陀如來像。

美景重點
讓人想起日本原始風景的遼闊景緻在眼前展開。新綠與紅葉時節特別美麗。

山寺第一絕景

5 五大堂
【ごだいどう】

山寺唯一的舞台樣式佛堂。山寺開山30年後由慈覺大師弟子安然所建，作為祭祀五大明王、祈禱天下太平的道場。能夠將山寺門前町和山村風景盡收眼底。

一覽山村的閑靜風景

壯觀的櫸木大門

4 仁王門
【におうもん】

1848年重建的櫸木大門。左右兩邊是據傳出自運慶13代子孫平井源七郎之手的獨木造仁王像。

↑ 紅葉與新綠映襯的優美風景非常吸引人

體驗芭蕉感受的靜寂

3 蟬塚
【せみづか】

位於被蒼鬱樹林圍繞的長階梯中段。據傳松尾芭蕉寫下「天籟閑寂，蟬聲入山岩」俳句的短冊收藏在此，並建立了石塚。

→ 寫有名句的短冊收藏在此

銀山溫泉

懷舊風情滿溢的溫泉街

ぎんざんおんせん

一邊感受歷史氣息

一邊悠閒漫步溫泉之鄉

銀山溫泉 溫泉街巡禮

江戶時代初期以大銀山繁榮一時的「延澤銀山」礦工所發現的銀山溫泉。建於大正、昭和時期的日西合璧木造旅館比鄰而立，處處洋溢著懷舊的氛圍。

穿浴衣或和服隨意漫步♪

5～10月每週六溫泉街上會表演花笠舞

※2024年舉辦期間未定

銀山溫泉散步MAP

伊豆こけし工房
酒茶房 クリエ
本館古勢起屋
傳統之宿 古山閣
野川とうふや
共同浴場 しろがね湯
白銀橋
銀山川
和樂足湯
請注意車輛無法再往前通行！
あいらすげーな
仙峽之宿 銀山莊
銀山溫泉 巴士站
共用停車場（當天來回觀光車僅到此處）
除了衣裝之外，也可以租借手提袋、洋傘等

八木橋商店
白銀瀑布
せごとい橋
延命地藏
瀑布不動尊
白銀公園
銀坑洞
能登屋旅館
N

あいらすげーな

女性可以租借古典和服及袴，男性可以租借書生和服或不加外套的款式。顏色和花紋都很豐富，只要約5分鐘就能輕鬆著裝，不習慣穿和服的人大可放心。

☎0237-28-2811　⏰9:00～16:00　休不定休（冬季休業，洽詢請致電仙峽之宿 銀山莊0237-28-2322）　¥變身方案（60分）2000円 ※延長需另外付費　所尾花沢市銀山新畑438　🚃JR大石田站搭往銀山溫泉的花笠巴士銀山線，終點下車步行5分　Ｐ有共用停車場
MAP P146

有許多以當地產蕎麥粉製作的餐點

Gourmet 順道走訪 美食景點

炸茄子蘿蔔泥蕎麥麵1430円

以大量甜醬浸漬再油炸的茄子和蕎麥麵非常搭

伊豆の華 ●いずのはな

香氣逼人的手打蕎麥麵、蕎麥粉製甜點備受好評的咖啡餐廳。可以在由130年歷史古民宅改建而成、充滿懷舊氣氛的空間內愜意地用餐。

☎0237-28-2036　⏰11:00～22:00　休週三，有不定休　所尾花沢市銀山新畑440　🚃JR大石田站搭往銀山溫泉的花笠巴士銀山線，終點下車步行5分　Ｐ5輛
MAP P146

入口即化的手工豆腐

Gourmet 順道走訪 美食景點

立食豆腐 200円

自製醬油讓豆腐的美味更加突出

野川とうふや ●のがわとうふや

溫泉街的老字號豆腐店。大豆滋味香醇的名產豆腐尺寸小巧，最適合邊走邊吃。蓬鬆芳香的油豆腐也很受到顧客歡迎。

☎0237-28-2494　⏰8:30～售完打烊　休不定休　所尾花沢市銀山新畑427　🚃JR大石田站搭往銀山溫泉的花笠巴士銀山線，終點下車步行3分　Ｐ有共用停車場
MAP P146

交通方式

鐵道	JR奧羽本線 50分～1小時	山形站 → 大石田站
巴士	「花笠巴士」 36～43分	大石田站 → 銀山溫泉
開車	國道13、347號、縣道29、188號等 32km	東根IC 東北中央自動車道 → 銀山溫泉

廣域MAP P201

洽詢處
尾花澤市觀光物產協會
☎0237-23-4567

BUS 往銀山溫泉的交通方式

🚌 路線巴士

不妨從JR大石田站搭乘路線巴士「銀山線」，巡遊尾花澤市內各處與銀山溫泉。

☎0237-22-2206（花笠巴士）
¥720円（JR大石田站→銀山溫泉）

🚌 山形機場觀光巴士

山形機場有到銀山溫泉的直達巴士。配合班機飛抵時間，每天有2班行駛（可能變更，需洽詢）。

☎0237-22-2206（花笠巴士）
¥單程成人1500円，小學生以下750円

最想住的 懷舊名旅宿

銀山溫泉代表性老字號旅館

↷威風凜凜的銀山溫泉象徵
↷備有男女有別的露天浴池
↷充滿木質暖意的本館客房

能登屋旅館
●のとやりょかん

1892 年創業的老字號旅館。諸如建築最上層的望樓、描繪屋號的鏝繪戶袋等，溫泉街中特別引人注目的建築名列國家有形文化財。在有歷史淵源的書院造客房放鬆過夜吧。

📞0237-28-2327 所尾花沢市銀山新畑446 🚌JR大石田站搭往銀山溫泉的花笠巴士銀山線，終點下車步行8分 P20輛 MAP P146

💴1泊2食 23250円～（平日）
IN14:00 OUT10:30
不住宿入浴 不可 室內浴池 男1·女1
露天浴池 男1·女1·包租1
接送服務 有（預約時確認詳情）

郊外旅社形式的新館開幕

↷色彩鮮艷的鏝繪很吸睛的本館（左）與新館（右）
↷新館提供的正統義式全餐料理
↷注滿放流式溫泉的包租露天浴池

傳統之宿 古山閣
●でんとうのやどこざんかく

富有風情的木造建築與長年打磨而成的天花板、地板皆歷史悠久的旅宿。以地產地消為信念的餐點備受好評，郊外旅社形式的新館「CLANUOVA」全新開幕，歡迎入住。

📞0237-28-2039 所尾花沢市銀山新畑423 🚌JR大石田站搭往銀山溫泉的花笠巴士銀山線，終點下車步行3分 P10輛 MAP P146

💴1泊2食 18700円～（休假前日）
IN14:30 OUT10:00
不住宿入浴 不可 室內浴池 男1·女1
露天浴池 包租2
接送服務 有（預約時確認詳情）

和樂足湯
●わらしゆ

坐落在銀山川旁，能輕鬆享受銀山溫泉源泉的放流式足湯。聽著潺潺水聲療癒心靈，在此度過一段舒適慵懶的時光。推薦晚上前來，品味有瓦斯燈亮起的特別風情。

📞0237-28-3933（銀山溫泉觀光服務處）🕐自由入浴 💴免費 所尾花沢市銀山新畑內 🚌JR大石田站搭往銀山溫泉的花笠巴士銀山線，終點下車步行5分 P有共用停車場 MAP P146

↷微熱的溫泉讓身體暖呼呼的

望著溫泉街 度過悠閒時光

設計摩登的 公共浴場

↷2樓的浴池是獨特的二角形

↷1樓和2樓皆有浴場，採男女輪流制

共同浴場 しろがね湯
●きょうどうよくじょうしろがねゆ

由建築師隈研吾經手設計，以嶄新造型為特色的公共浴場。此為雙層建築，1樓和2樓皆設有浴場，採每天替換的男女輪流制，能享受源泉放流式溫泉。

📞0237-28-3933（銀山溫泉觀光服務處）🕐9:00～15:30 休不定休 💴500円，兒童200円 所尾花沢市銀山新畑433 🚌JR大石田站搭往銀山溫泉的花笠巴士銀山線，終點下車步行5分 P有共用停車場 MAP P146

滿滿的負離子

↷對岸有能遠眺瀑布的瞭望台

白銀瀑布
●しろがねのたき

這座瀑布位在溫泉街盡頭的白銀公園。從大約 20 公尺高氣勢萬千地流瀉而下，飛散的滾滾水珠極具震撼力，也可以走到靠近瀑潭的位置。公園內有步道。

📞0237-28-3933（銀山溫泉觀光服務處）🕐自由參觀 所尾花沢市銀山新畑 🚌JR大石田站搭往銀山溫泉的花笠巴士銀山線，終點下車步行10分 P有共用停車場 MAP P146

也要留意街上妙趣！

📷 鏝繪 ●こてえ

在各家旅館戶袋、牆上等處都繪有豪華的塗漆裝飾，讓建築更添趣味。

📷 瓦斯燈

橋邊的瓦斯燈在日落時分，溫柔地照亮溫泉街。

📷 石磚

步道各處都有以雪結晶等圖案為主題的磁磚埋藏其中。

以「阿信木芥子」聞名的工作坊

Souvenir 順道走訪 伴手禮景點

阿信木芥子（8寸）2700円

曾在以山形為舞台的電視劇《阿信》中出現而蔚為話題

伊豆 こけし工房
●いずこけしこうぼう

製作、販售以黑色西瓜頭與圓形大眼為特色的銀山木芥子。身高、體重和嬰兒出生時相等的「誕生木芥子」也頗受歡迎。

📞0237-28-2377 🕐8:00～18:00 休無休 所尾花沢市銀山新畑450 🚌JR大石田站搭往銀山溫泉的花笠巴士銀山線，終點下車步行10分 P有共用停車場 MAP P146

能眺望溫泉街的懷舊咖啡廳

Gourmet 順道走訪 美食景點

烤可可亞660円

在自家調配的可可亞上加入棉花糖，以烤箱加熱而成

酒茶房 クリエ
●しゅさぼうクリエ

提供甜點與原創飲品的咖啡廳。可以一邊品嘗放入烤棉花糖的可可亞、微苦的手工布丁等甜點，一邊眺望溫泉街的風景。

📞0237-28-2038（江戶屋）🕐10:00～17:30，不定期 20:00～21:30 休週一二，其他不定休 所尾花沢市銀山新畑410 🚌JR大石田站搭往銀山溫泉的花笠巴士銀山線，終點下車步行10分 P有共用停車場 MAP P146

米澤
（よねざわ）

歷史浪漫景點巡禮

直江兼續
服侍上杉景勝，在上杉家執政時期活躍於世。許多故事中將其描寫成貫徹「義」之精神的智囊領。

↺傳 直江兼續的甲冑

前田慶次
喜歡氣派的服裝而有「傾奇者」之稱。服侍上杉家，晚年在米澤的庵中度過。

↺傳 前田慶次的甲冑

上杉景勝
以上杉謙信養子身分繼承上杉家的米澤藩初代藩主，與直江兼續是相互信賴的主從關係。

↺傳 上杉景勝的甲冑

上杉謙信
與武田家競爭，以川中島決戰聞名的上杉家初代將軍。信仰毘沙門天，本陣旗幟使用了「毘」。

↺傳 上杉謙信的甲冑

米澤是與上杉家、直江兼續有所淵源的城下町，市內分布著多處知名景點，留有與上杉家有關的史跡及文物。來此探訪昔日戰國武將生活的場所，悠閒漫步其中吧。

交通方式

JR山形新幹線「翼號」	米澤站 ⇔ 東京站	1小時55分～2小時15分	鐵道
JR奧羽本線	米澤站 ⇔ 山形站	40～45分	鐵道
縣道1號等	米澤市區 ⇔ 東北中央自動車道米澤中央IC	3km	開車

廣域MAP P205・206・207

洽詢處
米澤市觀光課　0238-22-5111
米澤觀光會議協會　0238-21-6226

展示戰國武將的甲胄

1 宮坂考古館
●みやさかこうこかん
MAP P207 C-5

收藏米澤置賜地區的考古、歷史、民俗資料等700件文物。展示以上杉謙信等人的甲冑為首，火繩槍、槍等眾多珍貴的文化財。

📞0238-23-8530
⏰10:00～17:00（10～3月至16:00）
休週一、假日翌日（冬季有臨時休館）
¥400円，高中大學生300円，中小學生100円
所米沢市東1-2-24
JR米澤站步行8分
P10輛

↑展示戰國武將的甲冑

祭祀上杉謙信的神社

2 上杉神社
●うえすぎじんじゃ
MAP P207 A-5

位在米澤城本丸遺址，祭祀藩祖上杉謙信的神社。境內除了立有上杉謙信、鷹山的銅像，還可以見到「上杉謙信家訓」的石碑。

📞0238-22-3189
⏰6:00～17:00（11～3月為7:00～）
休無休　所米沢市丸の内1-4-13
JR米澤站搭市區循環巴士「ヨネザアド號」右迴，上杉神社前下車步行5分
P使用祭典廣場停車場

好想知道！

上杉家與米澤
上杉謙信養子暨第二代家主景勝因為在關原之戰助陣豐臣秀吉，在德川家康的命令之下轉封至米澤。直江兼續等人為建立藩家體制彈精竭慮，最終使米澤作為上杉家城下町繁榮起來。

上杉鷹山為上杉重定的養子，17歲時成為第九代米澤藩主。頒布大儉約令進行藩政改革，也推行農政革新，促進教育及產業的發展。

順道一遊！

收藏與上杉家有關的重要遺物

上杉神社寶物殿「稽照殿」
●うえすぎじんじゃほうもつでんけいしょうでん

上杉神社的寶物殿。保存許多上杉謙信、景勝、鷹山的珍貴遺物，以及將「愛」字裝飾在頭盔上的直江兼續甲冑等文物。

📞0238-22-3189
（上杉神社社務所）
⏰3月下旬～11月25日，9:30～15:45
休第2週三（8月無休），7月第2週三～五
¥700円，高中大學生400円，中小學生300円
所米沢市丸の内1-4-13
JR米澤站搭市區循環巴士「ヨネザアド號」右迴，上杉神社前下車步行5分
P使用祭典廣場停車場
MAP P207 A-5

行程路線

START	①	②	③	④	⑤	⑥	GOAL
JR米澤站	宮坂考古館	上杉神社	上杉伯爵邸	傳國之杜米澤市上杉博物館	上杉城史苑	上杉家廟所	JR米澤站
步行5分	巴士15分／步行10分	巴士20分／步行即到	步行即到	步行即到	步行即到	巴士15分	巴士20分／步行20分

吃在這裡午餐♪

在風雅伯爵邸品嘗鄉土料理

3 上杉伯爵邸
●うえすぎはくしゃくてい
MAP P207 B-5

以上杉家第14代家主茂憲舊宅打造而成的餐廳，以米澤牛料理聞名。以銅板茅草砌成的屋頂、總欅造風格的建築名列國家登錄有形文化財。

📞0238-21-5121
⏰11:00～14:00（14:00以後需預約）
休週三
所米沢市丸の内1-3-60
JR米澤站搭市區循環巴士「ヨネザアド號」右迴，上杉神社前下車步行5分
P20輛

←畢生為米澤藩竭盡心力的上杉鷹山

↑轟立在上杉神社參道右手邊的上杉謙信像

←米澤牛膳菲力牛排6600円
↑午餐過後到此悠閒散步

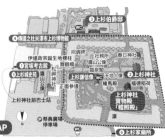
上山神社周邊MAP

●傳國之杜米澤市上杉博物館
伊達政宗誕生地紀念碑
●宮坂考古館
●上杉城史苑
上杉謙信像
●上杉神社
上杉神社前巴士站
社務所・春日神社
天地人像・福德稻荷
拜殿・本殿
正參道
上杉神社寶物殿「稽照殿」
●上杉家廟所
祭典廣場停車場

遊覽街區很方便！

租借自行車
可以向米澤觀光會議協會、サイクルハウス前山租借觀光自行車。

租借E-BIKE
可以向米澤服務所ASK、上山伯爵邸、米澤公路休息站租借。4小時1000円～。

市區循環巴士「ヨネザアド號」
從JR米澤站開往上杉神社一帶的循環巴士。1日乘車券520円，分成右迴與左迴路線，每隔50～70分鐘發車。

山形 歷史浪漫景點巡禮

快樂兒童系列

給孩子的交通工具小百科

工作車祕密大圖鑑
有趣知識大探索

工作車祕密大圖鑑

作者：講談社編輯部
規格：42頁／16.5 x 16.5 cm
定價：350元

- 日本知名車輛大蒐羅
- 最受歡迎的知識圖鑑
- 人見人愛精美口袋童書
- 適讀年齡：3歲以上

人氣車輛Best 88

作者：Group.Columbus
規格：26頁／16.5 x 17 cm
定價：320元

人氣列車Best 177

作者：廣田尚敬、廣田泉、坂正博
規格：26頁／16.5 x 17 cm
定價：320元

➡國寶「上杉本洛中洛外圖屏風」（右扇）
（米澤市上杉博物館藏）
※原本特展為每年2次（展期需確認）

若想了解上杉家與米澤的歷史就來這

↑有常設展與企劃展

↓四周老杉環繞，氣氛莊嚴肅穆

4 傳國之杜米澤市上杉博物館

●でんこくのもりよねざわしうえすぎはくぶつかん　**MAP** P207 B-5

珍藏國寶「上杉本洛中洛外圖屏風」等多數上杉家相關文物。常設展覽室以淺顯易懂的方式介紹米澤與置賜的歷史及文化。

☎0238-26-8001
🕘9:00～17:00　休第4週三（12～3月為週一休，逢假日則翌日休）　¥410円，高中大學生210円，中小學生110円（企劃展費用另計）　所米沢市丸の内1-2-1　🚌JR米澤站搭市區循環巴士「ヨネザアド號」右迴，上杉神社前下車即到　P120輛

上杉家歷代藩主的墓園

6 上杉家廟所

●うえすぎけびょうしょ　**MAP** P207 A-4

米澤藩祖與代代藩主的墓園名列國家指定史跡。中央正面祭祀上杉謙信，左右依序列有到上杉齊定的廟堂。

☎0238-23-3115
🕘9:00～17:00　休無休　¥400円，高中大學生200円，中小學生100円　所米沢市御廟1-5-30　🚌JR米澤站搭市區循環巴士「ヨネザアド號」右迴，御廟所西口下車步行3分　P30輛

陳列眾多米澤物產

5 上杉城史苑

●うえすぎじょうしえん　**MAP** P207 B-5

販售種類豐富的米澤伴手禮。像是米澤織等傳統工藝、直江兼續及上杉謙信等戰國武將商品，還有伴手禮用米澤牛。

☎0238-23-0700
🕘10:00～17:00　休無休　所米沢市丸の内1-1-22　🚌JR米澤站搭市區循環巴士「ヨネザアド號」右迴，上杉神社前下車即到　P150輛

增添旅行回憶的豪華午餐　米澤牛美食

ステーキハウス・オルガン

供應以米澤牛製作的漢堡排、牛排等餐點的餐廳。只採購在吾妻山山麓飼育的高級「米澤牛」，經過細心調理。實惠的價格也令人開心。

☎0238-22-0057
🕘11:30～14:00、17:30～20:00　休週三四（逢假日則營業）　所米沢市大町4-1-26　🚌JR米澤站步行10分　P10輛
MAP P207 B-5

當地深受歡迎的米澤牛名店

➡特上米澤牛菲力牛排160g（附湯、沙拉、飯）5500円

お食事処 米沢牛 登起波

おしょくじどころよねざわぎゅうときわ

1894年創業的米澤牛老店。可以透過壽喜燒等多種料理方式，盡情享用老闆親自競標得到的高級米澤牛。

☎0238-23-5400　🕘11:00～19:30（21:00閉店，18:00以後需預約）　休週二（逢假日需洽詢）　所米沢市中央7-2-3　🚌JR米澤站搭市區循環巴士「ヨネザアド號」左迴，中央四丁目下車步行4分　P40輛
MAP P207 B-4

享用美食壽喜燒

➡壽喜燒全餐（特選）8800円。大塊霜降肉為米澤牛肋眼芯部位

松川弁当店 駅前店

まつかわべんとうてんえきまえてん

在奧羽本線米澤站1899年開業那年創業。現在已傳承到第七代的傳統便當店，持續製作使用米澤牛等縣產和牛的鄉土美味車站便當。

「米澤牛炭燒特上肋排便當」1750円

職人手切、烤製而成的米澤牛炭燒特上肋排肉便當

☎0238-23-0725
🕘10:00～17:00　休不定休　所米沢市駅前2-1-29　🚌JR米澤站步行5分　P3輛　**MAP** P207 C-5

也試試米澤牛車站便當！

掀開蓋子令人萬分期待的便當

尋訪「往昔風情」

懷舊街道漫步

庄內藩14萬石城下町鶴岡鎮上，有不少藩政時代的建築與明治、大正時期的懷舊建築散布其中。抱著穿梭時空般的心情散散步吧。

夜間點燈
12月下旬～2月下旬每天會舉辦夜間點燈（預定）。

以紅色圓頂與白牆為特色的西式建築

2 大寶館
參觀20分

古典雅緻的洋樓是鶴岡公園的象徵

為紀念大正天皇即位，於1915年所建的優美西式建築。展示明治時期的文豪高山樗牛等鶴岡相關人物的資料。

☎0235-24-3266
MAP P203 A-2
🕘9:00～16:30
休週三（逢假日則翌平日休）
¥免費
所鶴岡市馬場町4-7
交JR鶴岡站搭往湯野濱溫泉的庄內交通巴士，市役所前下車步行5分 P無

順路資訊—莊內神社

建在鶴岡公園內鶴岡城本丸遺跡，供奉四尊歷代庄內藩主御祭神。

☎0235-22-8100 MAP P203 A-2

○鮮豔花朵浮於其上的花手水

步行5分

1 致道博物館
參觀50分

在珍貴歷史建築認識庄內的文化

將舊鶴岡警察署廳舍及多層民宅等，值得參觀的三棟重要文化財建築移建至此。館內展示著豐富的歷史、民俗、美術等與庄內生活相關的資料。

☎0235-22-1199 MAP P203 A-2
🕘9:00～16:30，12～2月至16:00 休無休
（12～2月為週三）¥800円，高中大學生
400円，中小學生300円 所鶴岡市家中新町
10-18 交JR鶴岡站搭往湯野濱溫泉的庄內交通巴士，致道博物館前下車即到 P30輛

舊澀谷家住宅
以頭盔造型的茅草屋頂為特色。從湯殿山山麓的田麥俁地區移建而來的多層民宅。

酒井家庭園
東北地區少見的書院造庭園。可欣賞四季不同的景觀。

○明治前期完工的仿西式建築舊鶴岡警察廳舍

交通方式

鐵道	JR特急「稻穗號」鶴岡站 1小時50分／2小時10分	JR上越新幹線「朱鷺號」新潟站 1小時35分／2小時20分	東京站
巴士	S·MALL巴士總站前 庄內交通巴士等 1小時50分		山形站前
開車	鶴岡市區 一般道路、縣道332號等 4km 鶴岡IC 自動車道		山形自動車道

廣域MAP P202·203

洽詢處 鶴岡市観光物產課 ☎0235-25-2111

逛一圈約3小時

在歷史性建築集中的鶴岡公園附近逛逛。可以善加利用路線巴士或租自行車遊覽。

Start 鶴岡站
⬇搭巴士12分
1 致道博物館
⬇步行5分
2 大寶館
⬇步行3分
3 國家指定史跡 庄內藩校 致道館
⬇步行5分
4 天主教鶴岡教會 天主堂
⬇步行3分
5 舊風屋家住宅 丙申堂
⬇步行5分／搭巴士5分
Goal 鶴岡站

鶴岡1日無限乘車券

一天內可以無限搭乘在市內行駛的路線巴士。票券有三種：鶴岡市區A、湯野濱／湯田川地區B、鶴岡全區C。
☎0235-22-2600（庄內交通）
¥A區500円·B區1000円·C區2000円
※僅能使用「cherica」、「Suica」、「PASMO」

山形
懷舊街道漫步

聖廟
展示孔子像與祭器的聖廟。研究孔子學問的徂徠學是藩學的基礎。

3 國家指定史跡 庄內藩校

致道館

東北唯一現存的珍貴藩校建築

庄內藩主酒井家第九代忠德於1805創立的藩校。如今留有表門、講堂、孔廟等的境內一帶名列國家史跡。

參觀30分

☎0235-23-4672
MAP P203 A-2
🕐9:00～16:30
休週三（逢假日則翌平日休） ¥免費
所鶴岡市馬場町11-45 JR鶴岡站搭往湯野濱溫泉的庄內交通巴士，市役所前下車即到 P無

步行3分

➡作為參觀入口的表御門過去是藩主專用

順路資訊 —— 莊銀TACT鶴岡

世界級建築師妹島和世設計的文化會館。

☎0235-24-5188
MAP P203 A-2

➡特色是放置了約4萬顆石頭的石置屋頂

步行5分

步行3分

4 天主教鶴岡教會 天主堂

放眼世界也很稀有的黑色聖母像不容錯過

紅色尖塔令人印象深刻，被視為明治羅馬式建築傑作的教堂。由經手日本多座教堂的法國神父帕皮諾所設計，於1903年建成。

參觀20分

☎0235-22-0292 MAP P203 A-2
🕐8:00～18:00（10～3月至17:00）
休無休 ¥免費
所鶴岡市馬場町7-19 JR鶴岡站搭往湯野濱溫泉的庄內交通巴士，瑪麗亞幼稚園下車即到 P15輛

意趣小房間
可以參觀殘留過往面貌的日式房間與板之間。小房間也曾用作電影外景地。

玻璃花窗
將聖像畫描繪在透明紙上並夾在玻璃中的「彩繪玻璃」，日本只有這裡才有。

➡建於明治時代，名列國家指定重要文化財

黑色聖母像
由法國杜夫雷拉代利夫朗德修道院所贈的黑色聖母像，全球數一數二珍貴。

5 舊風間家住宅 丙申堂

緬懷豪華宅邸的繁榮光景

鶴岡城下首屈一指的富商風間家舊宅。「丙申堂」作為家主的住宅兼店鋪而建，至今仍訴說著過往的繁華榮景。有石置屋頂、寬闊的板之間、大黑柱等諸多精彩看點。

參觀30分

☎0235-22-0015
MAP P203 A-2
休7月13日、12～4月14日
¥400円，中小學生200円 所鶴岡市馬場町1-17 JR鶴岡站搭往湯野濱溫泉的庄內交通巴士，銀座通下車步行5分 P10輛

午餐 & 咖啡廳 在此小憩片刻

逛街途中若想安排午餐或點心時間，不妨參考下列以舒適空間自豪的休憩景點。

◎國家指定史跡 庄內藩校 致道館即到

能品嘗庄內食材的奢華午餐

店內裝潢統一為木質，能享用以庄內產食材製作而成的午餐。自家烘焙咖啡也廣受好評。

⬆泡芙220円

カフェスタジオ サンク
☎0235-64-1182 MAP P203 A-2
🕐11:00～18:00（午餐為11:00～14:00）
休不定休 所鶴岡市馬場町8-13 鶴岡商工會議所會館1F JR鶴岡站搭往湯野濱溫泉的庄內交通巴士，市役所前下車即到 P15輛

◎鶴岡山王通商店街步行15分

飄著咖啡香氣的老字號咖啡廳

備有天鵝絨紅椅的懷舊咖啡廳。以虹吸壺沖泡的咖啡、甜點而來的粉絲眾多。

➡藍色冰淇淋汽水 900円

MILK ●みるく
☎0235-24-8730 MAP P202 E-1
🕐9:00～19:00 休週四
所鶴岡市切添町20-24 JR鶴岡站開車5分 P20輛

稍微走遠一點 鶴岡王山通商店街

走遠一點，前往懷舊氣氛洋溢的山王町地區，享受選購伴手禮、遊逛店家的樂趣吧。

木村屋 ●きむらや

超過130年口味不變的傳統點心很受歡迎，有和菓子、紅豆麵包等多種商品。

➡據說建於大正時代末期的店鋪

☎0235-22-4530
MAP P203 A-2
🕐9:00～18:30（週日至18:00）
休不定休 所鶴岡市山王町9-25 JR鶴岡站搭往湯野濱溫泉的庄內交通巴士，山王町下車步行3分 P1輛

阿部久書店 ●あべきゅうしょてん

帶著懷舊氛圍的書店，二手書多為山形鄉土誌與當地作家的作品。

➡到沉穩靜謐的店內探究竟吧

☎0235-22-0220
MAP P203 A-1
🕐9:30～19:00 休無休 所鶴岡市山王町8-21 JR鶴岡站搭往湯野濱溫泉的庄內交通巴士，山王町下車即到 P3輛

尋覓美食
庄內的名店

享用大自然的山珍海味！

四周有日本海及出羽三山等自然風景環繞的庄內地區，從鳥海山流入的伏流水富含礦物質，以孕育許多優質食材而聞名。該地區又以鶴岡有多家名店散布其中，能嘗到使用新鮮食材製作的餐點。

有益健康
營養滿分的
農家午餐

午膳…(1道)970円
(2道)1250円
主菜可以選庄內豬或魚肉，米飯為有機米。

庄內的美味食材

庄內受惠於早晚溫差及營養豐富的水源，營造出能引出食材美味的自然環境。以代代傳承的重要種子、草苗栽種而成的當地蔬菜為其特色。

民田茄子
旬 6月下旬～10月上旬
渾圓小巧的茄子。口感極佳，最適合做成漬物。

大頭鱈
旬 1月上旬～2月上旬
以冬季捕獲的「冬鱈」製成的湯品「寒鱈魚湯」是名產。

達達茶豆
旬 7月下旬～9月上旬
帶有深邃甜味與濃厚滋味而被稱為「毛豆之王」。

蔬菜午餐 やさいの荘の 家庭料理 菜ぁ
❖ やさいのしょうのかていりょうりなぁ
預算 午957円〜 晚2453円〜

有130年歷史的古民宅，堅持使用從育土開始栽培的食材製作鄉土料理，並且引以為傲。餐點都是以當日採收的蔬菜為主，每次造訪都能邂逅不同的美味。
☎ 0235-25-8694 🕐 11:30〜14:30、17:30〜21:30（晚餐僅受理預約客）
休 週二 所 鶴岡市福田甲41
🚃 JR鶴岡站開車10分 P 10輛
MAP P202 E-1

↑ 在自家農園栽種了約60種農作物

↑ 改裝民宅，氣氛溫馨的店內

2022年7月搬遷開幕

義式料理 アル・ケッチァーノ
預算 午4400円〜 晚4400円〜

擔任「食之都庄內」親善大使的奧田政行為該店主廚。對庄內食材甚是了解的主廚所開發的菜色將食材美味發揮到了極限。
☎ 0235-26-0609 🕐 11:30〜13:30（15:00閉店）、18:00〜20:30（22:00閉店）休 週一 所 鶴岡市遠賀原稻荷43 🚃 JR鶴岡站開車15分 P 30輛 MAP P202 E-1

A全餐…4400円
可選擇主餐菜色和義大利麵。照片為「比擬火耕的炙烤庄內豬與藤澤蕪菁」。

傳遞食材美味的樸實義式料理

↑ 選用土雞、香菇的番茄醬義大利麵

傳達庄內的食材魅力！

つるおか食文化市場 FOODEVER
❖ つるおかしょくぶんかいちばふーでうぁー

鶴岡站前以庄內飲食文化為主題的複合設施，有地產地消餐廳與伴手禮專區等入駐。
☎ 0235-25-0100
🕐 視店鋪而異
休 視店鋪而異
所 鶴岡市末広町3-1 マリカ東館1F
🚃 JR鶴岡站即到
P 700輛
MAP P203 B-1

↑ 海鮮丼1900円

↑ 「鶴岡バル」集結了能享用當地食材的餐廳

將來自山海的食材烹調成精緻和食料理

和食 鶴岡料理 すず音
❖ つるおかりょうりすずね
預算 午2310円〜 晚3500円〜

味道自不用說，華麗擺盤也讓人喜愛的和食專賣店。老闆一大早會去競標採購鮮度絕佳的海產，再以多元創新的方式烹調食材。
☎ 0235-22-3231
🕐 11:30〜14:00、18:00〜22:00
休 週二 所 鶴岡市錦町7-68 🚃 JR鶴岡站步行10分 P 15輛

↑ 店內的座位以包廂為主
MAP P203 A-1

迷你懷石全餐（僅午餐）…2310円
職人大展身手的和食備受好評，味道和分量都令人心滿意足的全餐。

青森 P.51
岩手 P.75
秋田 P.99
宮城 P.117
山形
尋覓美食 庄內的名店／鶴岡市立加茂水族館
福島 P.163

緩慢游動的水母很療癒

鶴岡市立 加茂水族館

專為水母設置的獨特展示好評不斷，吸引各地粉絲前來造訪的超人氣水族館。水母緩慢游動的姿態十分療癒，盡情感受夢幻世界吧！

鶴岡市立加茂水族館
●つるおかしりつかもすいぞくかん

展示 70 種左右全世界珍貴的水母，每年約有 50 萬人造訪的超人氣水族館。沉浸於海月水母在巨大水槽中群游的「水母夢幻劇場」、圓柱狀水母水槽等以水母為主角的獨特展示吧。

☎0235-33-3036
⏰9:00～17:00 休無休
¥1000円，中小學生500円
住鶴岡市今泉大久保657-1
🚃JR鶴岡站搭往湯野濱溫泉的庄內交通巴士，加茂水族館前下車即到 P500輛（免費）
MAP P203 D-1

⊳鰭腳廣場有可愛的海豹迎接來客
鰭腳廣場

館內MAP

1F
海獅池
觀賞空間
展示室
從 2F
往 2F
→鰭腳廣場、海洋哺乳類區
出入口
舞台
觀賞席
鰭腳廣場

2F
餐廳
商店
互動甲板
出入口
往 1F、屋頂
通道
展示室出口
展示室入口
淡水魚展示
水母夢幻劇場
海水魚展示
露臺
水母養殖中心
海水魚展示
演講廳
水母展示
水母繁殖室
淡水魚展示

⊳以庄內美麗河川為意象的水槽裡，有紅點鮭、櫻鱒悠游其中

水母種類豐富多達約70種
KURANETARIUM

以棲息在庄內海域的水母為首，展示約 70 種世界各國珍貴的水母。在「水母養殖中心」還可以觀察水母寶寶及其成長過程。

天草水母
海月水母
燈塔水母

1

2

3

4

日本海蕁麻水母

5

深海櫛水母

①有著無色透明的身軀，帶有四個環 ②呈白色半透明，傘狀表面有些微凸起，棲息在水深100公尺以下的深海 ③擁有返老還童的能力，身為「長生不老水母」而聞名 ④傘狀身軀有棕色條紋，觸手可達2公尺以上。觸手有劇毒 ⑤淡粉色的瓜型水母。身體會反射光線而閃耀著七彩般的光芒

⊳海月水母悠閒游動的水母夢幻劇場

看點1
水母夢幻劇場

直徑 5 公尺的巨大水槽中，有多達約 10000 隻海月水母優雅地游動，是加茂水族館的重頭戲。水槽前的觀賞空間設有長椅，推薦坐下來悠閒欣賞。

看點2
水母圓管

KURANETARIUM 內有六個圓柱狀水母水槽。改變觀看角度，就會帶來不一樣的樂趣。推薦在這裡拍張夢幻的照片留念。

⊳有別於一般水槽的觀賞樂趣

看點3
水母養殖中心

可以快樂學習水母成長過程的專區。能透過螢幕放大觀察水母約數毫米的各階段成長模樣。天花板還有名為「KURAGEBAR」的燈箱看板。

⊳可以輕鬆了解水母是如何繁衍下去的

Check! 水族館原創水母紀念品

水母饅頭
(6入)540円

將水母切成小片揉進餡料的人氣饅頭。口感有嚼勁，內含滿滿的膠原蛋白。

水母玩偶
(海月水母)1980円

飼養員監修設計，追求真實感的玩偶。蓬鬆柔軟的觸感令人感到心情愉悅。

在風情滿溢的街道騎自行車漫遊

港町散步

酒田過去繁榮到有「西有堺，東有酒田」之稱，發展出獨特的文化。街上留有往昔面貌的歷史性建築林立，很有氣氛。在充滿優雅氛圍的港町騎自行車間逛吧。

精彩看點！
巨大三角形屋頂為雙層構造。為了長期保存米糧，倉庫內部避免高溫。

CHECK!
酒田的歷史
酒田在江戶時代作為供給物資的港口繁盛一時，北前船貿易帶來的興旺，讓過去有不少被稱為富商的家族興起。即使到了現在，也留有許多深受上方文化影響的知名景點。

新綠與楓葉季節特別美麗

交通方式

酒田站	JR羽越本線 30～35分	鶴岡站 **鐵道**
酒田庄交巴士總站	庄內交通巴士 2小時20分	山形站前 **巴士**
酒田市區	國道47號、縣道40號 4km	日本海東北自動車道中央IC **開車**

廣域MAP P199

洽詢處
酒田觀光物產協會 ☎0234-24-2233

購買推薦伴手禮！

酒田夢の倶楽 ●さかたゆめのくら

介紹酒田文化的觀光物產館，陳列民藝品、知名點心等多種伴手禮。也有附設可免費入場的博物館「華之館」。

☎0234-22-1223
⏰9:00～17:00（可能視時期變動）
休無休 所酒田市山居町1-1-20
🚌JR酒田站搭往湯野濱溫泉的庄內交通巴士，山居倉庫前下車即到 🅿27輛
MAP P199 A-2

特產 陳列豐富的酒田

特別推薦這兩樣

酒田女鶴大福 165円
使用100%糯米「酒田女鶴」的酒田夢の倶楽限定大福

榻榻米餘料名片、卡片夾 440円～
用榻榻米邊緣布料製作，輕巧又堅固耐用

欅樹夾道很美的酒田象徵
1 山居倉庫 ●さんきょそうこ

1893年建造的米糧保管倉庫。為了防止高溫，在後方費心設置了欅樹夾道等，過去是作為農業倉庫運用。全部12棟當中有三棟用來開設資料館、餐廳及商店。

☎0234-24-2233（酒田觀光物產協會）
⏰9:00～17:00（12月至16:30）
休無休（資料館1～2月休）
¥免費（資料館300円）所酒田市山居町1-1-20 🚌JR酒田站搭往湯野濱溫泉的庄內交通巴士，山居倉庫前下車即到 🅿27輛
MAP P199 A-2

⟳以前兩旁是最上川和新井田川

自行車5分

大地主本間家風格洋溢的宅邸
2 本間家舊本邸 ●ほんまけきゅうほんてい

本間家第三代當家光丘為了接待幕府巡視各地的使者，新建並獻給庄內藩主酒井家的住宅，已有250年歷史。其後，本間家收下當作本邸使用。別館的「お店」展示著帳房和照明器具等。

☎0234-22-3562
⏰9:30～16:30（11～2月至16:00）休不定休
¥800円，國高中生300円，小學生200円
所酒田市二番町12-13
🚌JR酒田站搭るんるん巴士，本間家舊本邸前下車即到 🅿20輛
MAP P199 A-1

⟳精彩展示值得留意

樹齡超過400年的赤松是精彩看點

精彩看點！
棧瓦葺屋書院造的武家造與商家造融為一體的稀有建築樣式。

本間家是什麼？
江戶時代的富商，以財力甚至凌駕大名而聞名的大地主。投入許多慈善事業、公益活動而受到人們景仰。

遊逛酒田的玩樂方式

①租借免費自行車輕鬆觀光
以酒田站前觀光服務處（車站正面的MIRAINI內）為首，酒田市內有十處可以免費租借自行車。無論哪個租借處都可以還車，方便遊客觀光漫遊。

☎0234-24-2454
（酒田站前觀光服務處）
⏰9:00～19:00（視租借場所而異）

⟳租借自行車 當天歸還即可

②尋找散落市區各處的獅子圖案！
酒田市內的石磚、紀念碑等處可以發現許多獅子圖案，源自於春天一大重要活動「酒田祭」會出現的大獅子。散步之餘不妨找看看消除惡疾、災害的著名靈獸獅子。

⟳獅子的滑稽表情很可愛

精彩看點！
可以鑑賞江戶時代繁榮的料亭文化之一——酒田舞娘的演舞。只有酒田會稱舞妓為「舞娘」。

⬆演舞需預約

④ 欣賞酒田舞娘的演舞
舞娘茶屋 相馬樓／竹久夢二美術館
●まいこちゃやそうまろうたけひさゆめじびじゅつかん

將江戶時代的料亭建築相馬屋修復而成。紅花染榻榻米、朱漆土牆精粹又華麗。除了酒田舞娘的華麗演舞，也能欣賞與酒田有淵源的畫家竹久夢二的作品。

📞0234-21-2310
🕐10:00～16:00　🈺週三
💴1000円，國中～大學生500円，小學生300円
🏠酒田市日吉町1-2-20　🚃JR酒田站開車10分
🅿15輛
MAP P199 A-1

⬆和風氛圍滿溢的館內

③ 在過去的老字號料亭展示可愛傘福
山王俱樂部
●さんのうくらぶ

從1895年開設的料亭改裝而成的景點，名列國家登錄有形文化財。館內用了組子隔間與高級木料地板等，氛圍極為奢華。還可以欣賞人偶師辻村壽三郎的人偶展示。

📞0234-22-0146
🕐9:00～17:00　🈺無休（12～2月為週二，逢假日則翌日休）
💴410円，高中生200円，中小學生120円
※傘福特別展示期間費用可能變更
🏠酒田市日吉町2-2-25
🚃JR酒田站開車10分　🅿34輛
MAP P199 A-1

⬆在館內的體驗工作坊可以體驗製作傘福（1650円起，需預約）

傘福是什麼？
祈求孩子順利成長的吊飾。據說傘中寄宿著魂魄，傘福便是將各種願望具象化製成的垂掛工藝品。

自行車即到

自行車7分

精彩看點！
2樓展示著日本三大女兒節吊飾之一的酒田傘福。

⬆大廣間的傘福值得一看

精彩看點！
清遠閣是為了藩主酒井侯巡視領地之際下榻休息而建。庭園自不用說，充滿大正浪漫風格的家具擺設也值得留意。

⬆展現四季不同美景的庭園

池泉迴遊式庭園是什麼？
日本庭園樣式之一。中心設有水池，可以一邊遊逛周邊一邊欣賞，是江戶時代的代表性庭園樣式。

⬆從清遠閣眺望鶴舞園

⑤ 在優美的宅邸鑑賞美術
本間美術館
●ほんまびじゅつかん

諸如酒田大地主本間家代代相傳的大名賞賜品、有歷史價值的文書及茶具等，展示諸多文化財及美術品。能眺望雄偉鳥海山的池泉迴遊式庭園也是一大看點。

📞0234-24-4311
🕐9:00～16:30（可能視時期變動）
🈺無休（12～2月為週二三）　💴1000円，高中大學生450円，國中以下免費　🏠酒田市御成町7-7
🚃JR酒田站步行5分　🅿50輛
MAP P199 B-1

自行車5分

推薦美食&伴手禮景點

想找海鮮伴手禮就來這
酒田市みなと市場 ●さかたしみなといちば

以「市民的廚房」為概念的市場。以日本海捕獲的海鮮與加工品為首，蔬菜、在地美酒等特產品一應俱全。也有附設鮪魚專賣店與酒田拉麵店。

📞0234-26-0190
🕐9:00～17:00，食堂至15:30（飯售完打烊）　🈺週三　🏠酒田市船場町2-5-56　🚃JR酒田站搭庄內交通巴士酒田市內迴A路線，山形銀行前下車步行5分　🅿300輛
MAP P199 A-1

⬆佃煮各350円，鮪魚下巴700円

極薄餛飩廣受歡迎的酒田拉麵
ワンタンメンの満月本店 ●わんたんめんのまんげつほんてん

該店招牌是能嘗到創業62年手打餛飩的「餛飩麵」。口味高雅的飛魚湯頭和口感輕盈的自製麵條相配得宜，造就十分美味的拉麵。

📞0234-22-0166
🕐11:00～16:30
🈺週二（逢假日可能變更）　🏠酒田市東中ノ口町2-1　🚃JR酒田站開車5分　🅿50輛
MAP P199 B-2

⬆餛飩麵加蛋950円

大啖庄內海域的當季鮮魚壽司
寿司割烹 鈴政 ●すしかっぽうすずまさ

以當地捕獲的海鮮為主，集結全國當季漁獲的壽司店。使用與食材相搭的肝醬油、煮切醬油等，將食材原有的美味發揮到極致。

📞0234-22-2872
🕐11:30～13:30、17:00～21:30
🈺不定休　🏠酒田市日吉町1-6-18　🚃JR酒田站開車10分　🅿免費
MAP P199 A-1

⬆特上握壽司2700円～

出羽三山

でわさんざん

瀰漫莊嚴氣息的修驗道聖地

參拜羽黑山

祈求現世幸福的山

擁有開山1400 年歷史的出羽三山，羽黑山為其中心般的存在且著名景點眾多。不妨抱著類似修行的心情，遊覽造型優美的五重塔、瀰漫神聖氛圍的成排杉樹。

所需時間 約2小時
（上山1小時，下山40分）

老杉環繞四周 獨具風格的木塔

2 羽黑山五重塔

はぐろさんごじゅうのとう

穿過隨神門走進杉樹林中，29.9 公尺的高塔出現在眼前。據傳是平安中期由平將門所建立。

↑1966年被指定為國寶

約10分↑

約5分

交通方式

羽黑隨神門 ⟷ 鶴岡站前	庄內交通巴士 35分		🚌 巴士
羽黑山 ⟷ 鶴岡自動車道 山形自動車道	國道7號、縣道47號 16km		🚗 開車

廣域MAP **P202**

洽詢處
庄內觀光會議協會 ☎0235-68-2511

穿過大門走進出羽三山的神域

1 隨神門

ずいしんもん

↑元禄年間由秋田矢島藩主捐贈

前往出羽三山神域的入口。入門後沿著坡道而下，就會看到綿延至羽黑山山頂的2446 級石階。

羽黑山

はぐろさん

首先前往這裡

俗話說「西要參拜伊勢，東要參拜奧（出羽三山）」，有眾多參拜者前來朝聖的神山。沿著杉樹林立的2446 級石階拾級而上，就能到達山頂的羽黑山三神合祭殿。

☎0235-62-2355（出羽三山神社社務所）
🕐8:30～16:30 🈚無休 ¥免費
鶴岡市羽黑町羽黑山神門下車即到
🅿450輛 MAP **P202 F-1**

學習出羽三山的歷史！

出羽文化紀念館

いではぶんかきねんかん

介紹出羽三山的歷史及文化。以人偶重現行者修道世界的專區、新設立的日本遺產「出羽三山」展區都很值得一看。推薦參拜前先來這裡了解一下。

☎0235-62-4727（羽黑町觀光協會）
🕐9:00～16:30（12～3月為9:30～16:00）
🈚週二（7、8月無休） ¥400円，高中大學生300円，中小學生200円 🈺鶴岡市羽黑町手向院主南72 🚃JR鶴岡站搭往羽黑山頂的庄內交通巴士，隨神門下車即到 🅿100輛
MAP **P202 F-2**

↑也設有羽黑町觀光協會

羽黑山MAP

- 嚴島神社
- 蜂子神社
- 羽黑山齋館
- 埴山姬神社
- 鏡池
- 靈祭殿
- 東照宮
- 4 羽黑山三神合祭殿
- 羽黑山レストハウス
- 羽黑山頂
- 出羽三山歷史博物館
- 商店
- 二の坂茶屋
- 2 羽黑山五重塔
- 3 一之坂杉樹道
- 羽黑山自動車道
- 祓川
- 出羽文化紀念館
- 1 隨神門
- 羽黑隨神門

青森 P.51
岩手 P.75
秋田 P.99
宮城 P.117

山形
參拜羽黑山

福島 P.163

遊逛出羽三山 嘗試「轉世之旅」!

出羽三山為羽黑山、月山和湯殿山的總稱。每座山有不同的作用，羽黑山可以祈求現世的幸福，月山是祈望死後的極樂淨土，湯殿山則可以重啟人生。巡訪三座山自古以來就被稱為「轉世之旅」。

出羽三山MAP

羽黑山開車1小時15分

↑山頂的大全景令人折服

月山
がっさん

出羽三山主峰 高山植物美麗動人

四季有不同高山植物競相爭豔，海拔1984公尺的神山。山頂能望見庄內平原、鳥海山及岩木山，還有供奉「月讀命」的月山神社本宮。
📞0235-62-2355（出羽三山神社社務所）
🕐7月1日～9月15日為5:00～17:00 休開放期間無休 所庄內町立谷沢本沢31 🚃JR鶴岡站搭往月山八合目的庄內交通巴士，終點下車步行約2小時30分至山頂 🅿150輛 MAP P202 F-3

羽黑山開車1小時10分

↑不接受淨化就無法參拜湯殿山神社本宮

湯殿山
ゆどのさん

遠離俗世的神祕靈場

三山當中特別與世隔絕，整座山都屬於神域範圍。自古以來發生在湯殿山的事情就要嚴守「勿言、勿聽」。
📞0235-62-2355（出羽三山神社社務所）
🕐5月上旬～11月上旬為8:00～16:00 休開放期間無休 所鶴岡市田麦俣六十里山 🚃JR鶴岡站開車1小時 🅿150輛 MAP P202 F-3

3 一之坂杉樹道
いちのさかすぎなみき

有將近400棵杉樹林立，甚至有樹齡超過350年的老樹，瀰漫著神聖氛圍。獲選為米其林《綠色指南》三星。

石階坡道
➡準備好運動鞋、毛巾、礦泉水，再來挑戰

CHECK!

參道石階上有33個江戶初期雕砌的圖案，據說全部找到的話可以實現願望。

維護完善的好走石階

能感受神祕力量的參道

在這裡吃午餐休息一下

↓附杵的力餅（綜合2個，附抹茶）650円

休

二の坂茶屋
にのさかちゃや

沿著陡坡二之坂而建。名產是附杵的力餅，有嚼勁和飽足感。
📞0235-62-4287
🕐4月下旬～11月3日，9:00～15:00 休週三 MAP P202 F-1

羽黑山斎館
はぐろさんさいかん

爬上三之坂後抵達的餐廳，能品嘗為修驗者補充體力而準備的精進料理。
📞0235-62-2357
🕐11:00～14:00（需預約）休無休 MAP P202 F-1

午
↓秋御膳2200円

↓高28公尺，茅草屋頂厚2.1公尺

三神寄宿的茅草屋頂社殿

抵達山頂

約45分

4 羽黑山三神合祭殿
はぐろさんさんじんごうさいでん

祭祀出羽三山之三柱神的社殿。莊嚴的建築名列國家重要文化財。

生動的跨頁御朱印

最上峽
もがみきょう

悠然流經大自然的最上川人氣戶外活動當屬遊船。可以從享受美景、結緣這兩種方案選擇喜歡的，來趟大約1小時的戶外遊船之旅。

平穩流動的最上川

最上川遊船
もがみがわふなくだり

從絕景、結緣兩種方案挑一種！

> 義經、芭蕉也曾來訪！
> 據說源義經在前往岩手縣平泉的路上曾路經最上地區。本地也因為俳聖松尾芭蕉造訪並歌詠名句而出名。

適微風拂面的船之樂

交通方式

	鐵道	
古口站	替代巴士 ※2024年2月時 36分	新庄站
	JR山形新幹線「翼號」 3小時10分～3小時45分	東京站

	開車	
古口站	國道13、47號等 60km	東根IC 東北中央自動車道

廣域MAP P202

洽詢處 戶澤村觀光物產協會 ☎0233-72-2110

魅力3
船夫高唱船歌
快要抵達終點時，船夫會以絕佳歌喉與技巧演唱「最上川舟歌」。還有英語、韓語、法語的版本。

↑獨特言談很吸引人

魅力2
在船上享用美食
無論搭哪艘觀光船，都能同時享受船旅與吃名產美食的樂趣。一邊眺望最上大自然一邊吃便當或蕎麥麵，滋味格外不同。

魅力1
船上所見的美景
河川兩岸層巒疊嶂，又有大小瀑布散布其間，能瞧見水流傾瀉而下的樣子。秋季紅葉與冬天雪景也很有看頭。

↑往年紅葉最佳觀賞期為10月下旬～11月上旬

冬季變身成暖桌船

12月至3月期間，兩種方案的遊船都會配備暖桌，化身「暖桌船」。各行駛時間及人數限制需洽詢。

→靠著暖桌眺望風情滿溢的冬季美景

遊船Q&A

Q 最佳乘船季節是什麼時候？
A 推薦在新綠美麗的春季或能遠眺紅葉的秋季來訪。冬季會提供暖桌船，可以盡情欣賞雪白景色而不用擔心受寒。

Q 嬰兒和寵物也可以上船嗎？
A 嬰兒可以上船。雖然只要將寵物關籠並得到同船乘客允許就能乘船，還是要事先向各乘船處通報一聲。

Q 擔心暈船，船會激烈搖晃嗎？
A 兩種方案都不會大幅搖晃，而是平緩地行駛。需要留意的是仙人堂到白絲瀑布之間有一段波浪比較大。

Q 衣服會不會濕掉哇？
A 雖然最上川的流速有時候比較快，但幾乎不用擔心衣服會被弄濕，一旦水量較豐富時，多多少少會有水花飛濺上來。

青森 P.51
岩手 P.75
秋田 P.99
宮城 P.117
山形 最上川遊船
福島 P.163

眺望絕景的長程方案

最上峽芭蕉線觀光

● もがみきょうばしょうらいんかんこう

☎0233-72-2001　**MAP** P202 G-1

能眺望最上川名勝，約 12 公里、1 小時的遊船行程。在徐徐前行的小船上能觀賞五座瀑布，船夫放聲高歌與口齒伶俐的導覽也備受好評。由於起點和終點的場所不同，最好事先確認回程的巴士時刻表。

休 無休（天候不佳時除外）　所 戸沢村古口 86-1　交 JR古口站步行7分　P 200輛

遊船DATA
時期	全年
費用	2800 円，小學生 1400 円，幼兒免費
時間	航行時間視時節變動（需洽詢）
所需時間	約 1 小時
方案	戸澤藩船番所～川之站‧最上峽草薙（搭巴士返回戸澤藩船番所，時間需洽詢）

打蕎麥麵體驗

搭船前後都可以體驗

在戶澤藩船番所可以參加打蕎麥麵體驗，所用材料為芳香的山形蕎麥粉「最上早生」。每人 2040 円，兩人即可報名，需 3 天前預約。

開心享用美食

販售以當地產食材所製的便當，菜單會視季節有所變化。能開心享用最棒的鄉土料理。

↓放滿鄉土料理的「最上川便當」

→滿是山珍海味的「最上川阿信便當」

※皆需預約

在船番所也可以買到伴手禮喲

START

戶澤藩船番所
● とざわはんふなばんしょ

遊船的起點。附設集結當地特產的伴手禮店、餐廳以及打蕎麥麵體驗設施。

↓別有意趣的醒目外觀

↓陳列多種伴手禮

↑如絲線般流動的瀑布是最美的風景

R;mogami
● あーるもがみ

2022 年 12 月在「川之站‧最上峽草薙」旁開設的住宿設施。可以一邊欣賞最上川風景，　邊享受自行取用的半助服務。

↑能親近自然的室外客廳

↑以白、米色為基調的沉靜氛圍

白絲瀑布
● しらいとのたき

高 123 公尺的最上川最大瀑布。據說芭蕉也記錄過那如絲線般流動的樣子。

七瀑布
● ななたき
分七段流瀉的瀑布。還留下弁慶傳說的「礫石」。

GOAL

川之站‧最上峽草薙
● かわのえきがみきょうくさなぎ

最上峽芭蕉線觀光的終點。有食堂、伴手禮店，可以悠哉閒逛。

↑館內也有美術館

地圖區域
R;mogami
川之站‧最上峽草薙
白絲瀑布
―― 最上峽芭蕉線觀光
---- 最上川遊船義經浪漫觀光
七瀑布
大瀑布
駒爪瀑布
慈光瀑布 沓喰
餐瀑布
抱石河灘
據說源義經曾在此清洗馬瘡
令人害怕的驚險之地，有水深15公尺的急流 柳卷急流
最上峽芭蕉線觀光船的起點 戶澤藩船番所
白絲瀑布Drive-in 從御戶能一覽白絲瀑布
余目站
高見屋 最上川別邸 紅
仙人堂
47
弁慶的礫石
最上川
河灘160公尺
JR 陸羽西線
古口站
義經浪漫觀光遊船發抵處
高屋乘船所
高屋站

順路到此一遊

仙人堂
● せんにんどう

能締結良緣的能量景點。作為與源義經、芭蕉有關的神社也很著名。

↑被群樹包圍的歷史悠久神社

→湧水咖啡（400円）

↑假日也有許多女性遊客來訪

START & GOAL

對岸建有「仙人堂」

高屋乘船所
● たかやじょうせんじょ

JR 高屋站步行即到之處即為船旅起點。若開車前來，可以停在 JR 高屋站的停車場（免費）。

在仙人堂獲得這個

保佑戀愛順利的「結緣車票」很受女性觀光客喜愛，是只能在仙人堂得到的珍貴護符。

結緣車票

→結緣車票250円（2張400円）

想締結良緣就選這個行程

最上川遊船
義經浪漫觀光

● もがみがわふなくだりよしつねろまんかんこう

☎0234-57-2148　**MAP** P202 F-1

可以順道一訪戀愛能量景點「仙人堂」的最上川周遊行程約 1 小時。起點和終點都在「高屋乘船所」，不需要回程接送費用。乘船所對面的仙人堂除了參觀之外，還可以享用十割蕎麥麵、咖啡和點心。

休 無休（視天候停航，可能變更行程）　所 戸沢村古口高屋 3112-1 JR高屋站內　交 JR高屋站即到　P 300輛

遊船DATA
時期	全年
費用	2500 円～，小學生 1250 円～，幼兒免費
時間	10:00～、11:30～13:00～、14:30～（平日的10:00～、14:30～需1天前預約），可能視時節變動（需洽詢）
所需時間	約 1 小時
方案	高屋乘船所～沓喰附近（來回）

開心享用美食

可在船上享用附鴨肉山菜芋煮的「杵搗十割蕎麥麵」。

↑「杵搗十割蕎麥麵」含票 4000円

↑人氣包租浴池「極致隱密SPA 漣REN」

↑大浴場「吟水湯」的露天岩浴池造型充滿野性

◆湯野濱溫泉 山形自動車道鶴岡IC開車20分

游水亭いさごや
●ゆうすいていいさごや

所有客房都可以將海景盡收眼底，視野絕佳。大浴場「湯之濱六湯」內有可以眺望海景的露天浴池、檜木桶浴池、岩浴池、庭園浴池等六種浴池。使用當季海鮮的晚餐鄉土宴席料理很受歡迎。

☎0235-75-2211　所鶴岡市湯野浜1-8-7
🚌JR鶴岡站搭往湯野濱溫泉的庄內交通巴士，終點下車步行3分（有接送服務，需洽詢）　P70輛
MAP P202 E-1

¥1泊2食 18850円～
┗IN15:00 OUT11:00
不住宿入浴 不可　室內浴池 男女輪流制2
露天浴池 男女輪流制4

↑能一覽日本海水平線的「吟水湯」

↑在附設「魯山人藝廊」的餐廳「月岡」享用魯水之膳

山形的舒適溫泉旅宿

山形縣幾乎所有的市町村都有溫泉湧出。泉質出眾自不用說，還有許多提供遠眺日本海的絕佳景緻、米澤牛料理等附加方案的旅宿，非常吸引人。

◆湯之澤溫泉 東北中央自動車道米澤八幡原IC開車10分

時の宿 すみれ
●ときのやどすみれ

設計概念為「雙人專用」。客房主題不盡相同，有北歐風、日式書房風、亞洲度假風等。晚餐是米澤牛饗宴懷石料理，能盡情享用高級牛肉美味。

☎0238-35-2234
所米沢市関根12703-4
🚌JR米澤站開車15分（有接送服務，需預約）　P20輛
MAP P205 A-3

↓歐洲度假風西式房「HIME」

¥1泊2食 24900円～
┗IN15:00 OUT11:00
不住宿入浴 不可　室內浴池 男女輪流制2
露天浴池 包租2

↓包租露天浴池「林間隙光之湯」

雙人專用 米澤牛饗宴的旅宿

在懷舊溫泉旅宿享受上等溫泉

附設於「檜葉之湯」的露天浴池「綿之湯」

¥1泊2食 19800円～
┗IN15:00 OUT10:00
不住宿入浴 不可　室內浴池 男女輪流制2
露天浴池 男女輪流制1

◆肘折溫泉 東北中央自動車道東根IC開車1小時15分

丸屋
●まるや

營業超過150年的懷舊氛圍溫泉旅館。除了包租浴池，還有飄著木頭香氣的「檜之湯」與「檜葉之湯」。可以在專用包廂享用以當地山菜、合作農家無農藥蔬菜所製的鄉土料理。

☎0233-76-2021　所最上郡大蔵村南山519　🚌JR新庄站搭往肘折溫泉的村營巴士，終點下車即到（有接送服務，需預約）　P7輛
MAP P202 G-2

都不同 每間客房的風格

↓有七間小巧雅緻的房間

青森 P.51
岩手 P.75
秋田 P.99
宮城 P.117
山形
山形的舒適溫泉旅宿
福島 P.163

↑擺滿高級山珍海味的多道料理

↑溫泉街中非常醒目的高樓飯店

在歷史悠久的旅館
享用庄內豐盛美食

→寬敞的大浴池
「樂山」

〔溫海溫泉〕

日本海東北自動車道溫海溫泉IC開車5分

萬國屋 ●ばんこくや

建於溫海川沿岸，創業約350年的老字號旅館。擁有開湯千年的歷史，可以享受著名溫泉美肌之湯。宴席料理的評價也很好，是以日本海直送海鮮、當季蔬菜等庄內獨有的季節食材烹調而成。

☎0570-00-8598
⌂鶴岡市湯溫海丁1
🚌JR溫海溫泉站搭往溫海溫泉的庄內交通巴士，足湯あんべ湯前下車步行5分（有接送服務，需預約）
🅿280輛
MAP P203 D-2

¥1泊2食 17750円～
IN15:00 OUT10:00
不住宿入浴 不可　室內浴池 男女輪流制3
露天浴池 男女輪流制3

↑擁有多座沙發的交誼廳

↑將以山形為主的東北食材美麗擺盤

欣賞夢幻展示
療癒身心靈

〔湯田川溫泉〕

山形自動車道鶴岡IC開車15分

九兵衛旅館 ●くへえりょかん

不論早餐或晚餐，都能在包廂慢慢享用諸如春李孟宗竹、冬季寒鱈等，以庄內產食材為主的料理。水量豐沛的溫泉皆為源泉放流式。提供露天浴池、包租浴池和附溫泉的客房。

☎0235-35-2777
⌂鶴岡市湯田川乙19
🚌JR鶴岡站搭往湯田川溫泉的庄內交通巴士，湯田川溫泉下車即到
🅿20輛
MAP P202 E-2

→附露天浴池的大浴場「山之湯」

享受源泉放流式
溫泉與美食

¥1泊2食 21050円～　IN14:00 OUT11:00
不住宿入浴 不可　室內浴池 男女輪流制2
露天浴池 男女輪流制1

〔上山溫泉〕

山形自動車道山形藏王IC開車30分

花明之宿 月之池
●はなあかりのやどつきのいけ

館內各處都有裝飾以花朵為概念的明亮裝置藝術，充滿幻想氛圍。傍晚在露天浴池還有蠟燭浮在水面上。客房共有18間，木板上附陶器露天浴池的客房頗受歡迎。

☎023-672-2025
⌂上山市湯町3-10
🚌JR上山溫泉站步行15分（無接送服務）
🅿20輛
MAP P202 H-5

¥1泊2食 19950円～
IN15:00 OUT10:00
不住宿入浴 不可　室內浴池 男1女1
露天浴池 男2女3

→檜木露天浴池到了晚上會有蠟燭浮在水面上

在附露天浴池的客房
放鬆享受名溫泉

←飄著淡淡硫磺味的源泉直接注入池中的「KURA03」

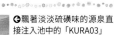
←能感受倉庫風情的客房「KURA01」

←餐廳還有吧檯和包廂

〔赤湯溫泉〕

東北中央自動車道南陽高畠IC開車10分

山形座 瀧波
●やまがたざたきなみ

將創業超過百年的老店風格直接進行全館整修的溫泉旅館。提供移建倉庫打造的客房、集結山形工藝品的客房等三種類型，皆備有露天浴池。活用置賜傳統蔬菜的創意和食備受喜愛。

☎0238-43-6111　⌂南陽市赤湯3005
🚌JR赤湯站開車6分（有接送服務，需預約）
🅿25輛　MAP P205 A-1

¥1泊2食 37550円～
IN15:00 OUT11:00
不住宿入浴 不可　室內浴池 女1
露天浴池 男1女1

配料豐富的
山形美食代表
米澤牛芋煮
(2人份) 1512円

以醬油燉煮牛肉與芋頭製成的鄉土料理。採用真空包裝，可以輕鬆調理。也推薦加蔥一起吃。

能在這裡買到 Ⓐ Ⓒ

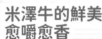

當地也吃得到！
「山形美食」
詳見P38

多種水果甜點&傳統工藝品
山形伴手禮

水果王國山形有許多能享用新鮮水果的伴手禮。帶有山形特色的木雕玩具、米織小紋商品也不妨參考看看。

「美食伴手禮」

米澤牛的鮮美
愈嚼愈香
米澤牛莎樂美肉乾
(100g入) 864円

不吝使用以品牌牛聞名的米澤牛的莎樂美肉乾。經過香料調味，非常適合當作下酒菜。

能在這裡買到 Ⓐ Ⓒ

威風凜凜的
吉祥工藝品
老鷹玩具
770円〜

山形縣米澤市自古以來就會製作的木雕玩具。作為消災除厄、祈求商業繁榮的吉祥物為人所知。

能在這裡買到 Ⓐ Ⓒ

「手工藝雜貨」

摩登卻簡單的
米澤織商品
米織小紋
圓形口金包 1650円〜

將傳統花紋及色彩變換成符合現代生活風格的布製小物。也有期間限定的花紋。

能在這裡買到 Ⓐ Ⓑ

濕潤蓬鬆的糕體
內含櫻桃奶油
白色蛋糕捲櫻桃
(1條) 1750円

在全白的柔軟糕體中裹入櫻桃奶油，裡面也有櫻桃果實，以高雅甜味為特色。

能在這裡買到 Ⓓ

櫻桃咖哩
(1人份) 各756円

不吝使用山形名產櫻桃。帶粉色的咖哩甜味突出，水潤多汁。

能在這裡買到 Ⓐ Ⓒ

燉煮水果製成的順口咖哩

爽脆口感與溫和甜味

達達茶豆飄香
溫潤的和風派
清川屋的
達達派
(10入) 1850円

達達茶豆餡散發毛豆香氣，酥皮的甜味又恰到好處。柔軟內餡與溫潤派皮非常相搭。

能在這裡買到 Ⓓ

鴛鴦牌
牛奶餅乾
(1包) 216円〜

熬煮生乳製成薄片狀點心，是山形的經典伴手禮。有牛奶、水果等多種風味。

能在這裡買到 Ⓐ Ⓒ

甜點

塞入滿滿的大顆櫻桃

滿滿櫻桃Q彈果凍
(1個) 500円

將大顆圓潤櫻桃塞進果汁飽滿的果凍中。分量十足，頗有飽足感。

能在這裡買到 Ⓐ

Ⓓ 鶴岡
清川屋
鶴岡インター店
❄きよかわやつるおかいんたーてん

有山形特產品商店、咖啡廳、麵包店進駐的複合店。咖啡廳有露天座，可享用水果三明治等餐點。

☎0235-28-3111
🅼🅰🅿 P202 E-1
🕒9:30〜18:00　休無休
所鶴岡市美咲町33-21
🚃JR鶴岡站搭往溫海溫泉的庄內交通巴士，ウエストモール下車步行5分
🅿44輛

Ⓒ 米澤
米澤公路休息站
❄みちのえきよねざわ

備有販售米澤特產、農產品的商店，以及觀光服務處等的公路休息站。在寬廣的美食區可以吃到山形名產蕎麥麵、米澤拉麵等美食。

☎0238-40-8400
🅼🅰🅿 P205 A-2
🕒9:00〜18:00（美食區為10:00〜17:30，週日、假日至18:00）
休無休　所米沢市川井1039-1
🚃JR米澤站開車10分
🅿200輛

Ⓑ 米澤
鷹山堂
❄ようざんどう

從江戶時代延續至今的知名米澤織物廠商經營的概念店。店裡設有可以喝到自家烘焙咖啡的咖啡廳。

☎0238-33-9467
🅼🅰🅿 P206 H-2
🕒9:00〜17:00（咖啡廳至16:30）
休週二
所米沢市赤芝町1754
🚃JR米澤站搭往小野川溫泉的山交巴士，松之下下車即到
🅿8輛

Ⓐ 山形市
山形県観光物産会館
ぐっと山形
❄やまがたけんかんこうぶっさんかいかんぐっとやまがた

販售鄉土點心、在地美酒等多種縣內名產。在美食區還可以吃到米澤牛牛排丼、山形名產冷拉麵等諸多山形美食。

☎023-688-5500
🅼🅰🅿 P202 H-5
🕒9:00〜17:00　休無休
所山形市表蔵王68
🚃JR山形站搭往藏王溫泉的山交巴士，表蔵王口下車步行5分
🅿500輛

日本三大拉麵之一
喜多方拉麵→P171

巡遊五色沼湖沼群的五色沼自
然探勝路 →P173

<ruby>福<rt>ふくしま</rt></ruby>島

歷史漫步與大自然兜風頗受歡迎

➡會津若松的象徵
鶴城→P164

區域介紹

FUKUSHIMA
AREA

前往福島的交通方式

開車 🚗	鐵道 🚌

開車

川口JCT
↓
東北・磐越
自動車道
266km
2小時50分
6310円
↓
會津若松IC
國道121、
49、118號
4km 7分
↓
會津若松市區

汽車
新幹線
其他鐵道

鐵道

東京站
↓
JR東北新幹線「山彥號」、「那須野號」
東京站出發1小時15～40分
8340円
↓
郡山站
↓
JR磐越西線快速・普通
1時間5～20分
1170円
↓
會津若松站
↓
JR磐越西線快速・普通
15～25分 330円
↓
喜多方站
↓
福島站
東京站出發1小時20分～55分 9110円

會津若松出發 1小時20～45分 (越朝村梯)
會津若松出發 1小時15分 (高速公路)
會津若松出發 50分
會津若松出發 15～25分
會津若松出發 35分
會津若松出發 1小時5～1小時 (高速公路)
會津若松出發 1小時
會津若松出發 50分
會津若松出發 2小時55分～3小時
會津若松出發 1小時55分 (高速公路)

日本海
山形縣
宮城縣
新潟縣
福島市
太平洋
喜多方
磐梯高原
五色沼・新野地
會津若松
東山
大內宿
福島縣
福島機場
磐城
スパリゾートハワイアンズ
群馬縣
栃木縣
茨城縣

福島機場 郡山站45分

0 ────── 20km

少見的紅瓦
為了耐結凍而使用了塗上釉藥的紅瓦。

會津若松
あいづわかまつ

會津 城下町漫步

探訪名城，在懷舊街道購物♪

先前往會津的地標景點！

鶴城
あいづいちばんかん

經歷過戊辰戰爭約 1 個月的猛攻仍屹立不搖的名城。現在的城在 1965 年經過重建。2011 年換上幕府末期當時採用的紅瓦屋頂，打造五層全白的美麗姿態。天守閣鄉土博物館經過整修，於 2023 年 4 月 28 日盛大重新開幕。

📞 0242-27-4005（鶴城管理事務所）
🕐 8:30～16:30 🈺 無休
💴 410 円，與茶室麟閣的通用券為 520 円
🏯 会津若松市追手町 1-1
🚌 JR 會津若松站搭市內周遊巴士「ハイカラさん」；鶴城入口下車步行 5 分 🅿 360 輛
MAP P167 A-1

鶴城與戊辰戰爭

以京都的鳥羽伏見之戰為開端，舊幕府軍與新政府軍於 1868 ～ 1869 年發生的內戰。會津成為主要戰場，最後鶴城在圍城之下投降。

可以登上天守閣

登上天守閣 1小時30分

5層／瞭望層
從天守閣最上層可以將飯盛山和磐梯山等名勝盡收眼底。

1～5層／鶴城天守閣鄉土博物館
以影像等形式介紹鶴城的歷史與構造。

石垣
從地下 4 公尺堆疊而成。留有蒲生氏鄉所建的野面積工法。

距離地面 36 公尺高

會津若松以鶴城為象徵，街道各處都有藩政時代遺留至今的歷史遺跡。舊倉庫、洋樓林立的著名街道上，開設了雜貨店、咖啡廳等店家。遙想過去歷史浪漫情懷，在懷舊街道上散步吧。

廣域 MAP P206・209

交通方式

鐵道
JR 東北新幹線「山彥號」、「那須野號」
東京站 ⇄ 郡山站
1 小時 15～40 分

JR 磐越西線
郡山站 ⇄ 會津若松站
1 小時 5 ～ 20 分

開車
國道 121 號、49 號、118 號
會津若松市區 ⇄ 磐越自動車道 會津若松 IC
4km

洽詢處
會津若松觀光課 📞 0242-23-8000

鶴城在這裡

↑ 如今在切腹自盡之地仍能清楚看見鶴城

↑ 螺旋之路的榮螺堂

↑ 爬上階梯後抵達十九烈士長眠之墓

📞 0242-23-8000（會津若松觀光課）
🕐 自由參觀（電扶梯為 8:00～17:00，榮螺堂為 8:15～日落。視時節而異）
💴 免費（視設施而異），電扶梯為 250 円，榮螺堂為 400 円
🏯 会津若松市一箕町八幡弁天下
🚌 JR 會津若松站搭市內周遊巴士「あかべぇ」，飯盛山下車即到 🅿 80 輛
MAP P167 B-1

飯盛山
いいもりやま

幕末最大的悲劇舞台

往西能望見鶴城的小山。看著城牆被烈火吞沒而切腹自盡的白虎隊員長眠於此。附近還有建於江戶時代的榮螺堂、與白虎隊有關的紀念館等眾多景點。

這裡也順便逛逛

標準路線
所需時間 5 小時

START 會津若松站 → 搭「ハイカラさん」約 20 分 → 鶴城 → 搭「あかべぇ」約 5 分 → 野口英世青春通 → 步行即到 → 七日町通 → 步行即到 → GOAL 七日町站

若想遊逛會津若松……

搭市內周遊巴士「ハイカラさん」&「あかべぇ」超方便！

以 JR 會津若松站為起點，繞行主要的觀光景點。每次乘車 210 円，1 日無限乘車券 600 円。

📞 0242-22-5555（會津若松營業所）

↑ 往飯盛山請搭「あかべぇ」

往鶴城、七日町請搭「ハイカラさん」

青森 P.51
岩手 P.75
秋田 P.99
宮城 P.117
山形 P.141
福島
會津城下町漫步

野口英世青春通&七日町通

在懷舊街道上散步!

搭あかべぇ約10分

「野口英世青春通」有野口英世年輕時待過的醫院,「七日町通」則有老店與咖啡廳林立,漫步其中感受大正浪漫氣氛吧。

→搭あかべぇ在七日町白木屋前巴士站下車

↑面對馬路的店藏。左為佛藏(袖藏),右為炭藏

推薦伴手禮

近距離觀賞有富商氣勢的黑塗漆倉庫

A 伴手禮 福西本店
ふくにしほんてん

19世紀後半葉至20世紀前半葉繁榮一時的會津富商福西家。於1914年所建,公開展示極盡奢華的座敷藏等四座倉庫及主屋。可以參觀室內,享受購物與用餐。

☎090-9422-2924
🕐10:00～17:00 休無休(1～3月僅週三休) 💴500円,國高中生200円,小學生100円 🚉会津若松市中町4-16 🚌JR會津若松站搭市內周遊巴士「ハイカラさん」15分,野口英世青春館前下車即到 🅿無
MAP P167 A-1

會津人參肥皂 春 50g(混合肌用)1265円
使用會津人參製作的手工肥皂。春調和了荏胡麻油

→店藏是以「想傳世百年的會津好物」為主題的店鋪

咖啡廳 B 會津壹番館
あいづいちばんかん

品嘗自家烘焙咖啡 在懷舊空間

將野口英世念書時的舊會陽醫院歷史建築用作咖啡廳。2樓則是展示相關物品的野口英世青春館。

☎0242-27-3750
🕐8:00～19:30 休無休 🚉会津若松市中町4-18 🚉JR七日町站步行12分 🅿7輛
MAP P167 A-1

棕色空間令人心情舒適

→有五種可選的蛋糕套餐

眾多猶如藝術品的和菓子

↑斷面畫很美的羊羹幻想曲3500円

C 伴手禮 長門屋 七日町店
ながとやなのかまちてん

1848年受會津藩主之命為庶民製作點心而開設的和菓子店。不僅販售小鳥糖等自古就有的當地點心,新推出的點心也廣受好評。

☎0242-29-7070 **MAP** P167 A-1
🕐9:30～17:30 休無休 🚉会津若松市七日町3-30 🚉JR七日町站即到 🅿有

七日町觀光服務處
除了觀光導覽之外,也有販售特產。是有販售甜點,也可以在此小憩的便利設施。

→純米大吟釀 ゆり2860円
→會津中將純米大吟釀特釀酒5995円

D 伴手禮 鶴乃江酒造
つるのえしゅぞう

1794年開業的酒廠老店。熟練的會津男性釀酒師所釀製的「會津中將」、女性釀酒師為女性打造的「ゆり」為兩大招牌。以米的美味為特色且備受好評。

品嘗江戶時代營業至今酒廠的細緻美酒

↑店面為大正末期,土倉庫為明治時代所建

☎0242-27-0139 **MAP** P167 A-1
🕐9:00～18:00 休無休 🚉会津若松市七日町2-46 🚉JR七日町站步行10分 🅿2輛

能品嘗豆腐麻糬的日式咖啡廳

↑豆腐麻糬御膳990円

E 午餐 なぬか町茶房 結
なぬかまちさぼうゆい

過去經營豆腐店的老闆打理的懷舊氛圍咖啡廳。可以吃到鄉土料理豆腐麻糬。

☎0242-23-7302
🕐11:00～16:00 休週二 🚉会津若松市七日町1-28 🚉JR七日町站步行8分 🅿無
MAP P167 A-1

山椒漬鯡魚
將富含油脂的鯡魚乾去骨，與山椒葉交互重疊，加醬油、酒等與醋一起醃漬而成。

小湯
將切成細條狀的根莖類、黑木耳、豆麩等材料用醬油燉煮，是會津的代表性清湯。用貝柱乾熬製的高湯讓味道更加深厚。

棒鱈煮
將棒狀乾燥鱈魚加水還原，添加砂糖、醬油，以最小火長時間慢燉而成的甜辣甘露煮。

享用種類豐富的食材

鄉土料理 美食

諸如誕生自傳統鄉土料理與獨特飲食文化的在地美食，與當地料理相遇也是旅行的樂趣之一。盡情享用受惠於會津若松氣候與文化的美味餐點吧。

在因商人而喧鬧的空間
品嘗樸素的鄉土美味

(推薦) 鄉土料理
祭典御膳 2200円～
從餐前酒開始，每一道都是會津的味道。用山椒漬、天婦羅或昆布捲方式享用鯡魚。

渋川問屋
★しぶかわどんや

直到 1965 年都在經營海產批發，如今以明治時代所建的帳房倉庫作為餐廳使用。利用鯡魚乾、棒鱈等很有海產批發店風格的食材供應鄉土料理。

📞0242-28-4000　🕐11:00～20:00
休不定休　P20輛
所会津若松市七日町3-28
🚉JR七日町站即到　**MAP**P167 A-1

↑至今仍在使用大正時期所建的木造房屋、明治時期的倉庫

↑曾有許多商人聚在地爐旁的日式房間

満田屋
★みつたや

1834 年以味噌店開業。點餐後才會在地爐邊一根根烤製的田樂燒，有供應豆皮、圓形麻糬、小芋頭和鯡魚乾等菜色。分別使用四種味噌烤成。

📞0242-27-1345
🕐10:30～16:30　休週三（逢假日則翌日休）
P13輛
所会津若松市大町1-1-25
🚉JR會津若松站搭市內周遊巴士「ハイカラさん」5分，七日町白木屋前下車步行3分
MAPP167 A-1

↑利用明治時代所建的味噌倉庫當作店鋪

在地爐邊仔細地
燒烤而成的田樂

田樂燒
將小芋頭、麻糬、蒟蒻等鄉土食材沾上味噌醬，以地爐爐火烤得香噴噴。盡情享用現烤的熱騰騰美味。

框飯
將杉木、檜木折彎製成的彎曲框飯，放入米飯與食材蒸煮而成。內容物除了山菜之外，還添加了多種當季食材。

田季野
★たきの

這間店最早以蒸籠調理，提供檜枝岐村的傳統食物「框飯（木盒飯）」。供應七種框飯，以山菜等當地食材、鮭魚等海產烹調而成。

📞0242-25-0808
🕐11:00～20:00
休無休　P40輛
所会津若松市栄町5-31
🚉JR會津若松站步行15分
MAPP167 A-1

用蒸籠蒸煮的
框飯始祖

(推薦) 鄉土料理
五種輪箱飯 2200円
盛放鮭魚、螃蟹、山菜等菜色製成的知名框飯。一開蓋就香氣四溢。

↑將會津西街道的陣屋移建而來。主柱及粗梁還留有戊辰戰爭的痕跡

(推薦) 鄉土料理
田樂全餐
（田樂六種拼盤）
1700円
食材沾上將砂糖、佐料加進紅味噌攪拌製成的味噌醬，再用炭火燒烤而成。

青森 P.51
岩手 P.75
秋田 P.99
宮城 P.117
山形 P.141
福島
郷土料理美食／會津若松地區導覽

白木屋漆器店

漆器店　MAP P167 A-1

●しらきやしっきてん　☎0242-22-0203　購物

在瀟灑洋樓欣賞職人的工藝品

大約 300 年前創立的老字號漆器店，從享保年間就於現在的場所代代製造、販售漆器。土藏造內陳列著日常用器皿、湯匙以及飾品、猶如藝術品的盒子等，超過 1000 種優質會津漆器。

⏰9:30～17:30　休週三（8～11月無休）　所会津若松市大町1-2-10　🚌JR會津若松站搭市內周遊巴士「ハイカラさん」5分，七日町白木屋前下車即到　P8輛

△面對七日町通的土藏造建築　建於1914年

名物カツ丼の店 白孔雀食堂

炸豬排店　MAP P167 B-1

●めいぶつかつどんのみせ　☎0242-27-2754　美食
しろくじゃくしょくどう

幾乎要滿出容器的巨大炸豬排！

可以吃到會津美食醬汁炸豬排丼的食堂。使用切掉肥肉的高級里肌肉，於現炸豬排上淋滿濃郁的甜醬。創業以來傳承三代的祕傳醬汁是美味的關鍵。

⏰11:00～15:00左右（售完打烊）　休週一五，其他不定休　所會津若松市宮町10-37　🚌JR會津若松站搭市內周遊巴士「あかべえ」15分　P5輛

△知名炸豬排丼1400円

會津藩校日新館

博物館　MAP P206 G-5

●あいづはんこう　☎0242-75-2525　景點
にっしんかん

重現白虎隊學習的藩校

重現會津藩以培育人才為教育目標，於 1803 年開設的學問所。以人偶重現當時的學習情景，還可以體驗弓道和坐禪，參加為「白虎刀」、為源自會津的吉祥物「紅牛」著色的活動等。

⏰9:00～16:00（17:00閉館）　休無休　所會津若松市河東町南高野高塚山10　🚌JR會津若松站搭會津巴士河東・湊線，日新館下車即到　P200輛

△白虎隊隊員等眾多優秀人才輩出

会津のうつわ 工房鈴蘭

漆器店　MAP P167 A-1

●あいづのうつわ　☎0242-85-6654　購物
こうぼうすずらん

以「可愛漆器」為經營理念

經營理念是販售「可愛的漆器」。以獨門技術塗裝的玻璃商品繽紛多彩，以多樣性和實用度備受好評。陳列碗、馬克杯等多種原創商品。

⏰12:30～17:00（週六日、假日為11:00～），冬季可能變動　休週一（逢假日則翌日休）　所會津若松市七日町3-29　🚌JR七日町站步行即到　P有合作停車場

△店內陳列各種配色討喜的容器

老町 ぼろ蔵

居酒屋　MAP P167 A-1

●おとなまちぼろくら　☎0242-27-6923　美食

享受地產地消料理與在地美酒

將歷史超過百年的倉庫加以改裝，氣氛沉穩的居酒屋。可以嘗到女老闆活用當地食材費心製作的手作料理。能搭配「飛露喜」、「末廣」、「會津娘」等精選的會津當地美酒一起享用。

⏰17:00～22:30　休週日、假日的週一　所會津若松市中町2-73　🚌JR會津若松站搭市內周遊巴士「ハイカラさん」，野口英世青春廣場前下車即到　P4輛

△會津人參天婦羅（前）800円，蕎麥餅薯泥（中）600円

野口英世青春館

資料館　MAP P167 A-1

●のぐちひでよ　☎0242-27-3750　景點
せいしゅんかん　（會津壹番館）

野口英世的青春時代齊聚一堂

位在野口英世接受左手燒傷手術的舊會陽醫院2樓，是他在 16～19 歲期間念了三年書的場所。展示書桌等愛用品、親筆書信、照片等資料。1樓為咖啡廳會津壹番館（→ P165）。

⏰9:00～18:00　休無休　¥200円，中小學生100円　所會津若松市中町4-18 會津壹番館2F　🚌JR會津若松站搭市內周遊巴士「ハイカラさん」，野口英世青春館前下車即到　P7輛

△閣樓般的空間展示著諸多與英世有關的用品

桐屋・権現亭

蕎麥麵　MAP P167 A-1

●きりやごんげんてい　☎0242-25-3851　美食

堅持品質的會津蕎麥麵名店

使用福島誕生的品種「會津之香」並自己磨粉的蕎麥麵，特色是香氣豐富且彈性十足。只使用一番粉而通透雪白的「飯豐權現蕎麥麵」是本店招牌，也可以吃到用石臼磨製的芳香十割蕎麥麵。

⏰11:00～15:00（週六日、假日至16:00）　休週三　所會津若松市上町2-34　🚌JR會津若松站搭會津巴士4分，郵便局前下車步行6分　P10輛

△會津之香1650円

最佳**攝影**景點
沿著街道走到底，從子安觀音處可以拍到街區的全景照。

茅草屋民家林立的街區

有如誤入江戶時代的古老街景

大內宿閒遊

大內宿在江戶時代作為宿場町繁榮一時，至今仍留有強烈的往昔色彩，將為數不多的日本原始風景傳承至今。如今，一戶戶茅草屋變成了餐廳及伴手禮店，一邊遊逛商家一邊悠閒漫步其間吧。

交通方式

	鐵道		
大內宿	計程車或「猿游號」20分	湯野上溫泉站 會津鐵道 40分	會津若松站
	巴士		
大內宿	會津巴士觀光路線巴士（僅週六日、假日、冬季停駛）1小時25分		新白河站
	開車		
大內宿	國道118號、縣道329號等 30km	磐越自動車道會津若松IC	

廣域MAP　P209

洽詢處　大內宿觀光協會　☎0241-68-3611

A 本家 叶屋 伴手禮
ほんけかのうや

陳列裝飾用的小布袋等近百種鮮艷縮縮小物。帶有豐富的鄉土色彩，價格也很便宜，有許多適合當成伴手禮的品項。

☎0241-68-2954
🕐8:30〜16:30　休不定休　所下鄉町大內山本48
MAP P169

↪顏色各異的縮縮民藝品

B 大內宿 山形屋 午餐咖啡
おおうちじゅくやまがたや

招牌是十一蕎麥麵，在合作農家的當地蕎麥粉中加入黏合物製成麵條。使用從日光製冰廠進貨的天然冰，再佐以日式糖漿品嘗的刨冰也很受歡迎。

☎0241-68-2932
🕐8:00〜16:30　休不定休　所下鄉町大內山本43
MAP P169

當地蕎麥粉製現打蕎麥麵讓人滿足

↑街道蘿蔔泥蕎麥麵1250円

↪經過修復，呈現藩政時代風貌

傳遞江戶風情 夢幻的兩大祭典

大內宿 半夏祭典

祭祀後白河天皇之子高倉宮以仁王的祭典。看穿著白裝束的居民沿街遊行。

夏7月2日

大內宿 冬祭典

展示雪燈籠與雪雕像，夜間點燈時的氛圍十分夢幻。神事「御神火戴火」最是精彩。

冬2月第2週（預定）

大內宿是這樣的地方

江戶時代由於參勤交代、大名行列而熙來攘往，連結會津與日光，會津日西街道沿街的熱鬧宿場町。現在約有30間茅草屋民房經營餐廳及伴手禮店。

☎0241-68-3611
（大內宿觀光服務處）
🕐休視店鋪而異　所下鄉町大內山本　巴會津鐵道會津線湯野上溫泉站開車15分　P500輛（小客車1次500円）※宿場內禁行汽車

MAP P209 D-1

青森 P.51
岩手 P.75
秋田 P.99
宮城 P.117
山形 P.141
福島
大内宿閒遊

E 金太郎そば山本屋 | 午餐
きんたろうそばやまもとや

可以吃到店家按照創業當時傳承下來的食譜，使用當地產天然「山胡桃」所製的蕎麥麵。也要多加留意有大約200年歷史的建築。

📞 0241-68-2912
🕐 3月中旬〜12月上旬，8:30〜16:30
休 營業期間不定休
所 下鄉町大內山本15
MAP P169

山林恩惠滿溢的蕎麥麵餐點

↘ 散發天然山胡桃香氣的胡桃蕎麥麵1300円

↑ 戊辰戰爭時也曾作為軍隊宿舍

冰淇淋最中搭配在一起簡直絕妙

↑ 冰淇淋最中420円
有抹茶和香草口味

C 本家 玉屋 | 輕食
ほんけたまや

在屋齡400年以上的日式房間，享用備受好評的古代米麻糬（550円）與咖哩（770円）。現烤的金鍔也不容錯過。

📞 0241-68-2946
🕐 2〜11月為9:00〜15:30，冬季為9:00〜15:00
休 營業期間不定休
所 下鄉町大內山本3
MAP P169

使用古代米的豐富菜單

↑ 現烤的黑米金鍔100円

↑ 內餡滿滿的熱騰騰金鍔

D 大內宿街道展示館 | 景點
おおうちじゅくまちなみてんじかん

認識江戶時代會津的諸多展示

將會津藩主休息用的旅宿（本陣）復原。重現過往的江戶時代生活，展示上段之間、地爐、織布機等。

📞 0241-68-2657
🕐 9:00〜16:30 休 無休
所 南会津郡下鄉町大內山本8
MAP P169

↑ 經過復原的地爐全年都點著火

（地圖標示：子安觀音、淺沼食堂、叶屋分家、美濃屋、石原屋、大和屋、松葉屋、C本家玉屋、D大內宿街道展示館、美濃屋分家、吉田屋、山田屋、A本家叶屋、ます屋、加登屋、高倉神社、E金太郎そば山本屋、駒本陣商店、田沼商店、富士屋、玉川屋、えびす屋、火見櫓、B大內宿山形屋、たまき屋、みなとかわ屋、大黑屋、分家えびす屋、松川屋、そば処こめや、和泉屋、糸屋、新富士屋、扇屋分家、F若松屋、吉美屋、南仙院分家、南仙院分家、分家玉屋、收停車場、伊勢屋、萬屋、南仙院本家、扇屋分家、松美屋、H大內宿三澤屋、G大內宿みなとや、本家扇屋、松本屋）

傳遞鄉土風味樸素的長壽料理

↑ 招牌甜味噌烤糰子每支250円

F 若松屋 | 甜品店
わかまつや

招牌為點餐後才開始做的「冰淇淋最中」。盛滿紅豆粒餡與冰淇淋，是很有飽足感的一道甜點。

📞 0241-68-2913
🕐 10:00〜16:30
休 不定休，12〜3月為週一〜五（逢假日則營業）
所 下鄉町大內山本23
MAP P169

大內宿名產「高遠蕎麥麵」的始祖

↑ 以長蔥享用的名產高遠蕎麥麵1320円

G 大內宿 みなとや | 輕食
おおうちじゅくみなとや

沾取自製白紫蘇味噌醬，以店內地爐燒烤的「甜味噌烤糰子」為本店招牌。半精米半玄米的飯吃起來很有嚼勁也是受歡迎的原因。

📞 0241-68-2933
🕐 9:30〜16:00（12月下旬〜3月上旬需預約）
休 不定休
所 下鄉町大內山本34
MAP P169

H 大內宿 三澤屋 | 午餐
おおうちじゅくみさわや

拿一整根長蔥當筷子享用蕎麥麵的「高遠蕎麥麵」發源店。搭配隨季節變化的長蔥辛辣口感品嘗蕎麥麵吧。

📞 0241-68-2927
🕐 9:30〜16:00
休 無休（1月為第2週一〜五）
所 下鄉町大內山本26-1
MAP P169

↑ 設有地爐座的店內頗富意趣

酒蔵くらしっく 小原酒造
●さかくらくらしっくおはらしゅぞう

倉庫介紹
很扎實的土藏造店家。釀造倉庫採用中間沒有柱子的合掌沒有樣式。

1717 年創業的酒廠，釀造倉庫與儲存倉庫現在仍在使用。讓酒的原料酵母聽莫札特曲子發酵而成的音樂酒「藏粹」很受歡迎。也可以參觀酒廠。

參觀流瀉的古典樂酒廠

☎0241-22-0074
⏰9:00～16:00（參觀至15:30）
休無休
¥免費參觀　所喜多方市南町2846
🚃JR喜多方站開車5分　P12輛
MAP P171

伴手禮選 這個！

特別純米酒藏粹阿瑪迪斯720
720ml 1100円

↑店內有將近2公尺的土間

↑引人佇足的氣派倉庫

桃色濁酒 櫻
720ml 2255円

走在風情滿溢的街道上
倉庫街道 散步

喜多方有多間典雅的倉庫散布在沿路與小巷各處，有不少釀酒、釀味噌的倉庫仍在經營中。可以一邊參觀各式各樣的倉庫，一邊漫步在充滿氣氛的古老街道。

為何喜多方有這麼多倉庫？

自古以來就以酒、味噌、醬油等的釀造業與漆器製造而繁榮，倉庫被視若珍寶。而且擁有倉庫足以彰顯男性的經濟能力，故有此風氣而競相建造。

交通方式

鐵道
郡山站 → JR磐越西線 會津若松站 15～25分 → JR磐越西線 1小時5～20分 喜多方站

開車
會津若松IC 磐越自動車道 → 國道121號等 16km 喜多方市區

廣域MAP P206

洽詢處
喜多方觀光物產協會
☎0241-24-5200

倉庫介紹
原本是明治初期所建的和服商倉庫。為了防止塵埃，內裝使用了木材。

明治時代的土倉庫化身葡萄酒販售處

↑國內外250種葡萄酒與會津在地美酒應有盡有

和飲蔵
●わいんぐら

持有葡萄酒顧問資格的「星酒店」老闆，將建於明治初期的和服店土倉庫改裝成葡萄酒販售處。時尚又實用的店內陳列著嚴選葡萄酒。

☎0241-22-0437
⏰10:00～18:00　休週四
所喜多方市北町2904　🚃JR喜多方站搭往西若松站的會津巴士7分，南小田付下車步行3分
P4輛
MAP P171

伴手禮選 這個！

北會津葡萄酒紅/白（500ml）
各1834円

在懷舊的倉庫購物及享用茶點

倉庫介紹
店內後方莊嚴的觀音門令人印象深刻。在其前方的日式房間是有如藝廊般的空間。

↑嘉永年間創業。白牆與道路互相映襯

使用罕見柿木的奢華倉庫房間

↑面對大馬路的磚造建築很醒目

若喜レンガ蔵
●わかきレンガぐら

1904 年建造的磚造倉庫，名列國家登錄有形文化財。由三層樓的收納倉庫和雙層樓的日式倉庫構成。日式倉庫的1樓是由黑柿木打造的日式房間。

倉庫介紹
留存至今的八棟倉庫中有兩棟是磚造建築。雙層磚造倉庫內有高級黑柿木日式房間。

☎0241-22-0010　⏰9:00～16:30
休不定休　¥免費參觀
所喜多方市3丁目4786
🚃JR喜多方站步行12分　P5輛
MAP P171

伴手禮選 這個！

天然釀造醬油
400円

高湯醬油
454円

漆器蔵 会津野
●しっきくらあいつの

店內擺放著平常會使用的盆子、湯碗、咖啡杯等商品。有許多品項能以實惠的價格購入，找找看有沒有喜歡的吧。從建築物左側的入口可以進去「珈琲蔵ぬりの里」（→P171）。

☎0241-22-0711
⏰9:30～18:30　休週四　所喜多方市天滿前8919-1　🚃JR喜多方站步行5分　P17輛
MAP P171

伴手禮選 這個！

栃 自在杯
7150円

喜多方拉麵筷
1320円

170

拉麵伴手禮　MAP P171

会津喜多方ラーメン館
● あいづきたかたらーめんかん　☎0241-21-1414　購物

羅列豐富的喜多方拉麵與商品
超過 40 種喜多方拉麵與叉燒等伴手禮一字排開，還可以在充滿懷舊氣氛的攤販試吃拉麵。原創丼飯、吊飾、鑰匙圈等拉麵相關商品也有很多種類。

🕐10:00～17:00（1～3月至16:30）
休 無休
所 喜多方市梅竹1
🚃 JR喜多方站開車5分
🅿 40輛

→ 館內設有拉麵工廠

咖啡廳　MAP P171

珈琲蔵ぬりの里
● こーひーぐらぬりのさと　☎0241-23-0441　咖啡廳

在倉庫品嘗手作甜點
緊鄰漆器專賣店「漆器蔵 会津野」的咖啡廳，可以品嘗用會津漆器容器盛裝的咖啡和甜點。也有芭菲、善哉、手作大福等多種甜點。夾有店家自製餡料與奶油的藏蛋糕搭配咖啡的「藏套餐」很受歡迎。

🕐9:30～18:30（視時期而異）
休 週四
所 喜多方市天満前8919-1
🚃 JR喜多方站步行5分
🅿 17輛

→ 以會津漆杯盤供應的藏套餐 780円

風景名勝　MAP P206 G-3

三之倉高原 向日葵花田
● さんのくらこうげんひまわりばたけ　☎0241-36-2114
（喜多方市熱塩加納綜合所產業建設課）　景點

上相的天空與向日葵花田
海拔 650 公尺的三之倉滑雪場，每逢夏天就會盛開一片東北最大規模的向日葵花田。250 萬株黃花在傾斜的滑雪道上大肆綻放，美得令人驚艷。可以遠眺會津盆地，也推薦從西部地區瞭望。

🕐8月中旬～下旬，活動期間為9:00～17:00
休 開放期間無休　¥免費（捐款金每輛500円）
所 喜多方市熱塩加納町相田北権現森甲857-6
🚃 JR喜多方站開車30分　🅿 750輛

→ 花田有坡度，穿上好走的鞋子再去吧

照片提供：（一社）喜多方観光物産協会

煎餅　MAP P171

山中煎餅本舗
● やまなかせんべいほんぽ　☎0241-22-0004　購物

從昭和民宅改裝而成的煎餅店
用以前保存到現在的磚窯，遵照古法以炭火烤製一片片煎餅，樸素的醬油煎餅最熱銷。另有粗粒胡椒味道鮮明的「喜多方拉麵煎餅」（5片入 648 円）等多種商品。附伴手禮的炭火烤煎餅體驗 600 円。炭霜淇淋也備受好評。

🕐10:00～17:00（體驗為10:30～16:30）
休 無休
所 喜多方市関柴町上高額北町407-1
🚃 JR喜多方站步行20分　🅿 6輛

→ 手烤醬油煎餅為每片 146円～

鄉土料理　MAP P171

会津 田舎家
● あいづいなかや　☎0241-23-2774　美食

在富有風情的店內享用鄉土料理
將檜枝岐村老民宅的廢材加以利用、改裝成的和食店。鯡魚山椒漬、生馬肉、框飯、山菜天婦羅等鄉土單點料理很有人氣。堅持使用當地食材，能盡情享用豐富的料理。喜多方當地美酒、果實酒等也一應俱全。

🕐11:00～14:00、17:00～21:30
休 無休　所 喜多方市梅竹7276-2
🚃 JR喜多方站步行15分
🅿 無

→ 鄉土料理無菜單全餐 2750円起

倉庫資料館　MAP P206 G-4

喜多方藏之里
● きたかたくらのさと　☎0241-22-6592　景點

傳承倉庫建築文化的街景
為了傳承與保存喜多方的倉庫文化，將喜多方的舊倉庫、舊住宅移建至此。以店面倉庫、味噌倉庫等各種倉庫為首，還能見到江戶時代末期「肝煎屋敷 舊手代木家住宅」的曲屋等。也有展示鄉土資料。

🕐9:00～16:30　休 無休
¥400円，小學～高中生200円
所 喜多方市押切2-109
🚃 JR喜多方站步行20分　🅿 117輛

→ 販售當地產品等的舊冠木家店面倉庫

CLOSE UP!

吃吃看名產喜多方拉麵吧

→ 喜多方地區導覽

上海
忠實呈現道地美味
● しゃんはい　☎0241-22-0563　MAP P171

忠實呈現第一代店主在中國上海品嘗過的熟悉味道。美味關鍵在於高湯，基底使用了豬的拳骨，並加入當地高級醬油與天然鹽熬煮而成。

🕐10:30～14:00（湯頭用完打烊）　休 週四
所 喜多方市2-4650　🚃 JR喜多方站步行15分　🅿 3輛

→ 叉燒麵 900円

坂内食堂
丼飯上盛滿了爽口叉燒
● ばんないしょくどう　☎0241-22-0351　MAP P171

仔細熬煮豬骨製成的鹽味基底湯頭風味深厚，尾韻卻很清爽。放了滿滿自製叉燒的「肉拉麵」是本店招牌。

🕐7:00～18:00
休 週三（週三不定休）
所 喜多方市細田7230　🚃 JR喜多方站步行20分　🅿 14輛

→ 肉拉麵 1000円

源来軒
喜多方拉麵發源店
● げんらいけん　☎0241-22-0091　MAP P171

大正時代末期從攤販起家的喜多方拉麵老店。用豚骨和全雞熬製的湯頭與手打麵十分相配，手打麵每天限定 220 客。

🕐10:00～18:00（湯頭用完打烊）　休 週二（逢假日則翌日休）
所 喜多方市一本木上7745　🚃 JR喜多方站步行5分　🅿 16輛

→ 中華拉麵 700円

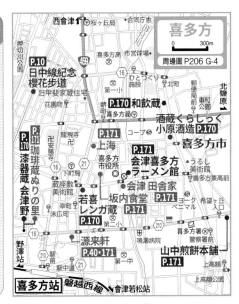

喜多方站　磐越西線　會津若松站

喜多方　0 300m
周邊圖 P206 G-4

⬆ 從黃金平望見的磐梯山訴說著火山噴發形成的荒涼樣貌

從裡到外眺望整座磐梯山
景色多變豐富的兜風行程

在磐梯山黃金線與
磐梯吾妻湖線奔馳！

絕景
暢快兜風

可以暢快行駛於磐梯山麓

兜風info
- 開放期間 4月中旬～11月中旬
- 總距離 17.6km 通行費 免費
- ☎ 0242-62-3102
  (福島縣豬苗代土木事務所)
- **MAP** P206 H-5

1 磐梯山黃金線
ばんだいさんごーるどらいん

能一邊眺望磐梯山與豬苗代湖，一邊行駛磐梯山麓的山岳路線。四周綠意環繞的平緩磐梯山景觀、從黃金平望去的荒蕪爆裂火山口，能夠欣賞一動一靜的兩種景緻為其魅力所在。

來到磐梯高原，可以開心享受湖泊、溪流及富饒森林等雄偉的大自然景觀。行駛磐梯山黃金線可以欣賞磐梯山的多樣景觀，而磐梯吾妻湖線能夠巡遊在火山噴發作用下形成的三座湖泊，沿途盡是生動無比的景色！

➡ 從停車場步行5分可以抵達幽靜神祕的夢幻瀑布

2 ホテル&リストランテ イルレガーロ

使用有機栽培高原蔬菜製作餐點的義式餐廳。可以嘗到結合土雞、品牌豬等當地食材搭配義大利食材，兩者攜手打造的高品質義式菜餚。

➡ 磐梯高原的人氣餐廳
- ☎ 0241-37-1855
- 🕐 11:30～14:30、17:30～19:30 (21:00閉店)
- 休 週二 (逢假日則營業)、不定休
- 所 北塩原村裏磐梯五色沼入口1093
- 🚌 JR豬苗代站搭往裏磐梯高原站、檜原方向的磐梯東都巴士，五色沼入口下車即到 P 20輛 **MAP** P206 H-4

能品嘗
店家製青菜&
當地食材的義式料理

➡ 自家製豐富義大利麵 高原蔬菜與新鮮番茄1485円

交通方式

鐵道	JR磐越西線 35～45分 郡山站 ⇄ 豬苗代站
巴士	磐梯東都巴士 40分 裏磐梯高原站 ⇄ 磐梯東都巴士
開車	國道115號、縣道2號、國道459號 19km 豬苗代磐梯高原IC ⇄ 磐越自動車道

- 廣域MAP P205·206
- 洽詢處 裏磐梯觀光協會 ☎ 0241-32-2349

地圖
- ホテル&リストランテ イルレガーロ ❷
- ⑤ 磐梯吾妻湖線
- 戶外運動俱樂部 **Bacss** ❹
- ③ 五色沼自然探勝路
- 磐梯山黃金線 ❶
- 福島縣
- 豬苗代町

兜風DATA

Goal	6	5	4	3	2	1	Start
磐越自動車道豬苗代磐梯高原IC	豬苗代湖	磐梯吾妻湖線	Bacss 戶外運動俱樂部	五色沼自然探勝路	ホテル&リストランテ イルレガーロ	磐梯山黃金線	磐越自動車道磐梯河東IC
國道49號15分／8km	國道49號、國道115號等50分／42·5km	縣道2號7分／3·6km	縣道2號8分／4·2km	國道459號2分／1km	20分／14km	縣道64號等8分／5·8km	

- ●所需時間 約8小時 (含觀光)
- ●行駛距離 約85km

絕景暢快兜風

4 戶外運動俱樂部 Bacss

アウトドアスポーツ クラブ バックス

在平穩的檜原湖 悠閒地水上漫步

夏天可以在檜原湖一邊眺望磐梯山，一邊划獨木舟、SUP 立槳，冬季則可以在大自然中享受釣西太公魚等各種戶外活動。有教練隨行，可以安全遊玩。

☎0241-32-3039
🕐4月下旬～10月中旬　休視預約狀況
¥獨木舟2小時方案4500円，SUP立槳2小時方案5500円
🚏北塩原村桧原剣ヶ峯1093-955
🚃JR猪苗代站開車30分　🅿30輛
MAP P206 H-4

○在島嶼散落的「碽潟區域」水上漫步

周圍有美麗赤松環繞的毘沙門沼

多種色彩熠熠生輝 漫步在神祕的湖沼群

3 五色沼 自然探勝路

ごしきぬましぜんたんしょうろ

「五色沼湖沼群」為大大小小 30 餘座池沼的總稱。來到探勝路，可以逛遍以毘沙門沼為首、閃耀著各種色彩的眾多池沼。雖然沒什麼高低落差而容易行走，還是推薦穿登山鞋。

☎0241-32-2850
（裏磐梯遊客中心）
🕐自由散步　🚏北塩原村桧原剣ヶ峯　🚃JR猪苗代站搭往裏磐梯高原站的磐梯東都巴士，五色沼入口下車即到　🅿80輛
MAP P206 H-4

○隨季節、日照變換顏色的弁天沼

○帶點白色的青沼被譽為青之水面

○涼風峠是可以將小野川湖一覽無遺的觀景點

遊覽裏磐梯名勝三湖 美麗森林近在眼前的山岳道路

↑這條路線能遙望有雄偉群山環繞的三座湖泊

能一覽三座湖泊的三湖天堂

○中津川溪谷是新綠、紅葉時節的人氣景點

兜風info
開放期間 4月中旬～11月中旬
總距離 13.1km　通行費 免費
※部分不可通行
☎0242-62-3102
（福島縣猪苗代土木事務所）
MAP P205 A-4

5 磐梯吾妻湖線

ばんだいあづまれーくらいん

一邊眺望由於磐梯山火山大爆發形成的三湖——檜原湖、小野川湖、秋元湖，一邊穿梭在森林中，觀賞沿途景色不斷變化的路線。可以實際感受磐梯山與湖泊交織而成的遼闊視野。

從透明度高的「天鏡湖」水岸邊眺望磐梯山

↑從湖畔望去的磐梯山

6 猪苗代湖

いなわしろこ

透明水面倒映著美麗的天空有如鏡面一般，因此又稱為「天鏡湖」。在湖畔可以享受湖水浴及水上運動。

☎0242-62-2048
（猪苗代觀光協會）
🕐自由參觀（部分夜間關閉）　🚏猪苗代町、郡山市、会津若松市　🚃JR猪苗代站開車15分　🅿300輛（猪苗代町志田濱停車場）等
MAP P206 H-5

稍微休息一下

○會津土雞丼 1200円

猪苗代町 中津川溪谷 レストハウス

いなわしろまちなかつがわけいこくれすとはうす

位在磐梯吾妻湖線中間。除了能買到會津、猪苗代的伴手禮，還能盡情享用特色十足的鄉土料理。

☎0242-64-2817
🕐4月中旬～11月中旬，8:30～16:30（餐應為11:00～14:30）　營業期間無休　🚏猪苗代町若宮吾妻山甲2998-47　🚃磐越自動車道猪苗代磐梯高原IC開車20km　🅿80輛　**MAP** P205 A-4

不論何時都像夏季！ 盡情玩耍的溫泉主題樂園

Spa Resort Hawaiians

設施內瀰漫著南洋風情，擁有許多利用磐城湯本溫泉打造的游泳池和浴池。遊樂設施眾多的水上樂園、令人感動的草裙舞＆玻里尼西亞秀等，供人帶著感受夏天的心情暢玩一整天。

☎0570-550-550 ⏰10:00～21:30
休不定休（維護保養） ¥3570円，小學生2250円，3歲以上1640円，2歲以下免費
所いわき市常磐藤原町蕨平50
🚃JR湯本站搭免費接駁巴士15分
Ｐ4000輛（收費）　**MAP** P208 G-3

磐城 （いわき）
遊樂設施眾多的海邊城市

1 遊樂設施、泳池全都玩透透！
水上樂園

室溫隨時保持28度的樂園內，擁有熱門遊樂設施「Fish go round」、五座滑水道、全長50公尺的巨大泳池等，令人興奮的遊樂設施、泳池齊聚一堂！

⤵滑下螺旋狀滑水道好刺激

魄力十足的滑水道
BIG☆ALOHA

高低差40.5公尺、全長283公尺，為日本數一數二的滑水道。水道內還會出現花窗圖案、圖片等，視覺上也充滿樂趣。1次券550円。

高低差＆長度都是日本第一!!

交通方式

鐵道：東京站 → JR特急「常陸號」2小時10～25分 → 湯本站 → JR常磐線10分 → 磐城站

開車：常磐自動車道 磐城湯本IC → 縣道14號等 2km → Spa Resort Hawaiians

廣域ＭＡＰ P208

洽詢處
磐城市觀光交流課 ☎0246-22-1279
磐城觀光振興服務處 ☎0246-44-6545

充滿度假氣氛的
巨大游泳池樂園

館內MAP

3 Spa Garden Pareo
Hotel Hawaiians
5 江戶情話與市
Spring Town
4 Spring Park
BIG☆ALOHA
WaiWai OHANA
Fish Go Round
Ka'apuni Fall
Lazy River
Mauna Black
Monolith Tower
TALOWAHA
2 玻里尼西亞秀
VIR Port
1 水上樂園
Gate Park
Hula Museum

超刺激的遊樂設施
各式滑水道

不論是充滿速度感的類型，還是像泛舟般悠閒的類型，這裡都有。挑戰看看單人或雙人乘坐、高低差各有不同的多款滑水道吧。

坐在泳圈上，從漆黑的管道中滑落的Mauna Black

無法預測迂迴連續彎道Ka'apuni Fall

分成三種的五條滑水道

此區的建議遊玩方式

磐城位於福島縣濱通南部，是座面朝大海的核心都市，在縣內擁有最遼闊的面積。湯本站周邊有溫泉街，通往遊樂設施的交通也十分方便。不妨以此地為據點，巡覽周邊的觀光勝地。

旅遊導覽

前往車站內的**觀光服務處**收集資訊
觀光服務處位於JR磐城站綠色窗口旁，十分方便。不妨順路過去看看。
磐城市綜合觀光服務處 ☎0246-23-0122（10:00～18:00）

前往「いわき・ら・ら・ミュウ」逛逛吧
供應豐富的磐城新鮮海產與名產的複合設施。可以一邊欣賞太平洋一邊用餐。
☎0246-92-3701 **MAP** P208 H-3

⤵小孩子也能玩的彩虹滑水道

適合全家一起遊玩的泳池
WaiWai OHANA

仿造上古夏威夷的泳池。搖晃不定的吊橋、水深10公分的嬰兒專用池「天使的戲水場」等，許多貼心設計讓小孩子也能盡情玩樂。

適合小孩子玩樂的場所

青森 P.51
岩手 P.75
秋田 P.99
宮城 P.117
山形 P.141
福島
Spa Resort Hawaiians

華麗熱情的表演令人目不轉睛！

感受「夏威夷風情」！

② \遇見扶桑花女孩！/
玻里尼西亞秀

諸如夏威夷傳統舞蹈、草裙舞、熱情的大溪地舞蹈等，每天都有玻里尼西亞群島的民族舞蹈表演。

→有各式各樣的玻里尼西亞秀民族舞蹈表演

●Polynesian Sunlight Carnical
演出地點／Beach Theater
時間／13時30分〜（30分）　期間／每天
●Polynesian Grand Stage
演出地點／Beach Theater
時間／20時30分〜（30分）　期間／每天

火焰刀舞秀
「Siva Ola」
「THE FIRE」每天

→在依主題精心設計的浴池裡好好放鬆

大溪地
身穿華麗服裝跳舞的模樣令人目不轉睛！

③ \各式各樣的室外SPA！/
Spa Garden Pareo

花朵綠樹圍繞的綠色區域、裝飾藝術品的紅色區域等，以四種鮮艷顏色為主題，浴池種類多樣的室外SPA。開放式的空間讓度假村氣氛也大大提升！

試試看各種浴池吧

↑穿著泳衣享受各式浴池

④ \南歐度假村風格的大浴場！/
Spring Park

令人聯想到南歐宮殿的室外SPA。穿著泳裝遊玩的「Spring Town」、男女分開的「溫泉大浴場 Palace」、按摩浴缸、三溫暖等，共有多達12種的浴池任君挑選！

穿著泳衣也可以好好泡澡放鬆

伴手禮&美食 CHECK!
ALOHA TOWN で

鳳梨果汁…1200円
將挖空的鳳梨當作容器，倒進滿滿的南島風味鳳梨果汁。

超美味漢堡…680円
多汁的肉排、厚切培根、融化起司、番茄與萵苣這些食材非常適合搭在一起。

火焰棒…1000円
變身成為火焰舞者！很受小孩歡迎的商品。

夏威夷原創巧克力…1390円
夏威夷知名伴手禮，Hawaiian Host 的夏威夷口味。

↑彷彿穿越時空回到江戶時代的氛圍

⑤ \世界規模最大的露天浴池！/
江戶情話 與市

能夠享受江戶時代的湯屋（付費浴池）風情，以及世界規模最大的大露天浴池。大露天浴池的男女浴池面積加起來廣達1000平方公尺。

宛如優雅的豪華客船
VIR Port
ウイルポート

以「地中海海岸」為概念的度假飯店。備有住宿旅客專用的源泉放流式大浴場。

🕐IN13:30、OUT10:00
¥1泊2食＋Hawaiians入場券2天份為14300円〜

→寬廣的空間備受家庭喜愛

舒適的空間很有魅力
Hotel Hawaiians
ホテルハワイアンズ

以和式房間為主的大型飯店。適合家庭的和洋室、適合大家族的「家族套房」備受好評。

🕐IN13:30、OUT10:00
¥1泊2食＋Hawaiians入場券2天份為13200円〜

→能對應不同需求的客房一應俱全

主題是夏威夷
Monolith Tower
モノリスタワー

以「夏威夷&SPA」為概念的館內，設置了夏威夷神話的巨大浮雕等裝飾。

🕐IN13:30、OUT10:00
¥1泊2食＋Hawaiians入場券2天份為15400円〜

→適合多人入住的家庭房型很受歡迎

NEW!
夏威夷風豪華露營設施
Mauna Village
マウナヴィレッジ

2021年7月開設的夏威夷風豪華露營設施。還有針對小孩的附抱石帳篷。

🕐IN15:00、OUT10:00
¥1泊2食＋Hawaiians入場券2天份為21450円〜

→辦理入住地點在高爾夫球場club house

\住宿看這邊！/
夏威夷風格的飯店

在遨遊主題樂園遊玩過後，前往園內的飯店入住。挑一間喜歡的住宿設施吧。

房客專用免費接駁巴士「Hawaiian Express」非常方便！

只供飯店房客使用。出發站有JR東京站、橫濱站、埼玉新都心站、松戶站、西船橋站。需洽詢，採預約制。

彷彿在海中散步一般

海潮分界的大水槽

透過兩座水槽來表現親潮與黑潮的交會處——福島縣外海的「海潮分界」。以海中散步的心情，走在三角形隧道中欣賞海中生物的姿態吧。

了解充滿神祕的海洋世界

環境水族館

福島海藍寶石

以黑潮和親潮的「海潮分界」——福島之海為主題。透過各層樓設置的展示和體驗，能夠深入了解水中生物的生態和生命的寶貴。

邂逅原色魚兒

珊瑚礁之海

展示棲息在黑潮流域珊瑚礁的生物。還能欣賞溫水海域特有的繽紛生物。

令人會心一笑的海獸

北海的海獸與海鳥

居住在嚴寒的北方海域，會用逗趣的表情撒嬌的海獸專區。最受歡迎的海獅也在這裡唷。

北海獅一郎體長3公尺、重500公斤，很驚人！

優雅泳姿令人傾心

金魚館

有熟為人知的凸眼金魚、稀有的庄內金魚等多種金魚。在陽光下游動的金魚非常美麗。

令人興奮的體驗在等著你

水藍色彩蛋

有釣魚體驗、蛇之目海灘等多種體驗專區。寓教於樂，能透過玩樂學到生命的可貴之處。

★「釣魚體驗」可以現吃釣到的魚，釣竿租借費為每支1000円，魚每條150円（含烹調費）。

歡欣雀躍里山‧繩文之鄉

展示自繩文時代起就棲息在日本的常見生物。也可以見到象徵豐饒自然的水獺。

以繩文時代的里山為意象

伴手禮info

AMF原創歐亞水獺S
1100円
→形似水獺的睡姿！

AMF轉印圖案貓舌餅
1080円
→印有可愛的海洋生物圖案

親潮冰盒

集結了色彩鮮艷的魚類，展示鄂霍次克海生物的區域。48個小型水槽展示著眶真圓鰭魚、深海的日本海晶獅魚等獨特生物。

表現鄂霍次克海的多樣性

かんきょうすいぞくかんあくあまりんふくしま
環境水族館 海藍寶石福島

☎0246-73-2525 ⏰9:00～16:30（12月1日～3月20日至16:00，黃金週、夏季、聖誕期間可能延長）🈚無休 ¥1850円，小學～高中生900円 いわき市小名浜辰巳町50 JR泉站搭往小名濱或江名的新常磐交通巴士，イオンモールいわき小名浜下車步行5分 🅿1500輛

MAP P208 H-3

福島餃子

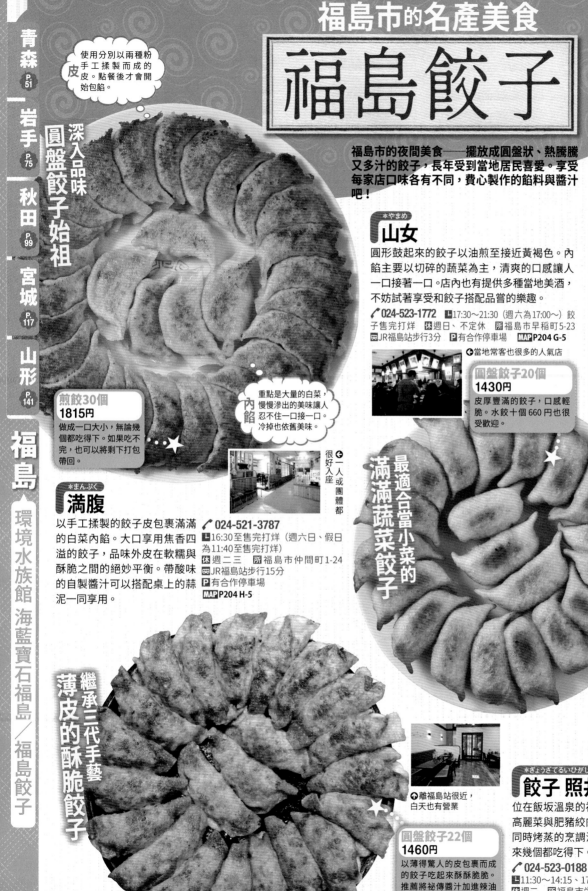

福島市
名產是圓盤餃子和水果的縣都

ふくしまたうん

福島市的夜間美食——擺放成圓盤狀、熱騰騰又多汁的餃子，長年受到當地居民喜愛。享受每家店口味各有不同，費心製作的餡料與醬汁吧！

使用分別以兩種粉手工揉製而成的皮。點餐後才會開始包餡。

深入品味 圓盤餃子始祖

煎餃30個
1815円
做成一口大小，無論幾個都吃得下。如果吃不完，也可以將剩下打包帶回。

重點是大量的白菜，慢慢滲出的美味讓人忍不住一口接著一口。冷掉也依舊美味。

內餡

一人或團體都很好入座

滿腹

*まんぷく

以手工揉製的餃子皮包裹滿滿的白菜內餡。大口享用焦香四溢的餃子，品味外皮在軟糯與酥脆之間的絕妙平衡。帶酸味的自製醬汁可以搭配桌上的蒜泥一同享用。

☎ 024-521-3787
🕐 16:30至售完打烊（週六日、假日為11:40至售完打烊）
休 週二三 🏠 福島市仲間町1-24
🚉 JR福島站步行15分
🅿 有合作停車場
MAP P204 H-5

山女

*やまめ

圓形鼓起來的餃子以油煎至接近黃褐色。內餡主要以切碎的蔬菜為主，清爽的口感讓人一口接著一口。店內也有提供多種當地美酒，不妨試著享受和餃子搭配品嘗的樂趣。

☎ 024-523-1772
🕐 17:30～21:30（週六為17:00～）餃子售完打烊
休 週日、不定休 🏠 福島市早稻町5-23
🚉 JR福島站步行3分 🅿 有合作停車場
MAP P204 G-5

當地常客也很多的人氣店

圓盤餃子20個
1430円
皮厚豐滿的餃子，口感輕脆。水餃十個660円也很受歡迎。

最適合當小菜的 滿滿蔬菜餃子

繼承三代手藝 薄皮的酥脆餃子

離福島站很近，白天也有營業

圓盤餃子22個
1460円
以薄得驚人的皮起來裹而成的餃子吃起來酥酥脆脆。推薦將祕傳醬汁加進辣油一起享用。

餃子 照井 東口店

*ぎょうざてるいひがしぐちてん

位在飯坂溫泉的福島餃子名店分店。內餡以甜高麗菜與肥豬絞肉製成，使用大量油脂與水分同時烤蒸的烹調法，但是餃子依然清爽可口。來幾個都吃得下。

☎ 024-523-0188
🕐 11:30～14:15、17:00～20:00（售完打烊）
休 週二 🏠 福島市榮町1-1 🚉 JR福島站即到
🅿 無 **MAP** P204 G-5

交通方式

JR東北新幹線「山彥號」
福島站 ← 鐵道 → 東京站
1小時20～45分

福島市區 ← 開車 → 福島西IC、福島東IC
國道115號、縣道148號等 5km 東北自動車道

廣域MAP P204

洽詢處
福島市觀光服務處（JR福島站西口2F）
☎ 024-531-6428

與自然融為一體的大人專屬空間

↱開放式格局的大浴池

御宿 萬葉亭
●おんやどまんようてい

稍微遠離溫泉街，位在雜木林中的靜謐旅宿。被寧靜的氣氛包圍，限制16歲以上才能入館。源泉放流式溫泉有全木頭打造的室內浴池和露天浴池，可以一邊聽著潺潺水聲一邊放鬆入浴。

☎0242-64-3789

所猪苗代町蚕養沼尻山甲2855-166　交JR猪苗代站搭往中之澤溫泉方向的磐梯東都巴士，中之澤溫泉下車步行7分（有接送服務，需預約）　P30輛　MAP P205 A-4

¥1泊2食 22150円～
IN15:00 OUT10:00
不住宿入浴 不可　室內浴池 男1女1
露天浴池 男1女1

↷隨四季變化的山菜與福島牛入菜的餐點

↲位在距離溫泉街稍遠的山間

↷純日式客房

福島的舒適溫泉旅宿

位處磐梯山、吾妻山脈山間的天然溫泉，為會津藩御用的古老溫泉，是座充滿了度假氣息的住宿設施。前往福島種類豐富的溫泉旅館療癒身心吧！

↳使用大量當地食材的四季各異餐點
↲從大自然湧出的源泉觸感柔和

能一覽阿武隈山脈的絕景旅宿

ながめの館 光雲閣
●ながめのやかたこううんかく

位於溫泉街最高的高地上，可以將阿武隈山脈盡收眼底，以暢快的景觀自豪的旅館。大浴場和露天浴池自不用說，所有客房都可以欣賞壯麗景緻。晚餐能享用搭配自家精製縣產越光米的創意和食料理。

¥1泊2食 14300円～
IN15:00 OUT10:00
不住宿入浴 可
室內浴池 男1女1
露天浴池 男1女1

☎0243-24-2101
所二本松市岳溫泉1-85　交JR二本松站搭往岳溫泉的福島交通巴士，終點下車步行8分（有接送服務，需預約）　P150輛　MAP P205 B-5

青葉旅館
●あおばりょかん

昭和初期蓋的數寄屋造建築，有種獨特的氛圍。館內三座溫泉皆能包租，24小時開放使用。名產是小鉢料理，常備超過20道以當季食材所製的多種菜餚。

☎024-542-3346
所福島市飯坂町東堀切7　交福島交通飯坂溫泉站步行10分　P12輛　MAP P205 C-3

¥1泊2食 18850円～
IN15:00 OUT10:00
不住宿入浴 不可　室內浴池 包租2
露天浴池 包租1

↷能享用季節美味，用小盤子盛裝的多道餐點

↱純日式的數寄屋造建築內部

可以在一天中最喜歡的時間泡源泉放流式溫泉

↲源泉放流式溫泉為全天開放使用

福島的舒適溫泉旅宿

為會津藩士療傷的老字號旅館

〔東山溫泉〕
磐越自動車道會津若松IC開車20分

會津東山溫泉 向瀧
●あいづひがしやまおんせんむかいたき

據說過去是會津藩士休養場所的古老旅館。配置池子、瀑布的迴遊式日本庭園周邊，木造數寄屋造建築宛如將其包圍般環繞在外，名列國家有形文化財。可以盡情享用會津地區的鄉土料理。

☎0242-27-7501　会津若松市東山町湯本川向200
🚃JR會津若松站搭市內周遊巴士「あかべぇ」，東山溫泉站下車即到　P40輛　MAP P206 G-5

➡開始營業的「狐湯」從會津藩指定休養場所時代就

¥1泊2食 19950円〜
IN15:00 OUT10:00
不住宿入浴 不可
室內浴池 男2 女2 包租3
露天浴池 無

⬆蓋在斜坡上的建築隨處可見宮殿師傅的精湛技藝

⬅會津桐木的格狀天花板　大廣間的一人看點在於使用了

⬅設計巧思令人印象深刻的「燕子花之間」扶手

➡能吃到會津的傳統鄉土料理

⬅能從浴池欣賞溪谷之美的「四季舞台梯田」

在大自然環繞的梯田式浴池泡湯

〔蘆之牧溫泉〕
磐越自動車道會津若松IC開車35分

大川莊 ●おおかわそう

建於溪流沿岸，能俯瞰大川的住宿地點。諸如按梯田風格層層配置浴池的露天浴池、突出於溪流的空中露天浴池等，許多可欣賞溪谷風景的浴池深受歡迎。晚餐會提供活用當地時令食材的餐點。

☎0242-92-2111
会津若松市大戸町芦ノ牧下平984　JR會津若松站搭往蘆之牧溫泉的會津巴士，終點下車步行5分（有接送服務，需預約）　P100輛　MAP P209 D-1

¥1泊2食 16650円〜　IN15:00 OUT10:00
不住宿入浴 可　室內浴池 男1 女1
露天浴池 男2 女2

➡也能欣賞景色的客房「宵待亭」

⬇面對溪流的旅館

大內宿旁的居家旅宿

〔湯野上溫泉〕
磐越自動車道會津若松IC開車45分

まごころの宿 星乃井
●まごころのやどほしのい

家庭般的氛圍及女老闆親手製作的料理為其魅力。有許多客人為了馬鈴薯燉物等手工料理與暖心的接待而多次造訪。晚餐後由老闆導覽介紹大內宿的夜間行程、星空觀賞行程也大受好評。

☎0241-68-2552　下鄉町湯野上居平783-1
🚃會津鐵道湯野上溫泉站步行10分（有接送服務，需預約）
P30輛
MAP P209 D-2

¥1泊2食 10150円〜
IN15:00 OUT10:00
不住宿入浴 可
室內浴池 男女輪流制2
露天浴池 男女輪流制2

⬆留有酒倉庫影子的建築

➡在露天浴池可以欣賞四季繽紛的庭園與近在眼前的山巒

以醬油為基底的當地拉麵
喜多方拉麵
(4包入)**864円**、(5包入)**1080円**

較粗的捲麵與醬油湯頭交織在一起。還可以放上叉燒、筍乾等愛吃的配料一起享用。

能在這裡買到 **B**

當地也吃得到！「福島美食」詳見P40

老店名點與可愛的工藝品
福島伴手禮

福島有許多諸如薄皮饅頭、Mamador 等長年受當地居民喜愛的樸素名點心。以紅牛為首的可愛工藝品也受到大眾矚目。

帶味噌香氣的起司適合當下酒菜

奶油起司味噌漬
(35g)**594円~**

將奶油起司放進味道濃郁的味噌裡醃漬而成。柔和又恰到好處的鹹味，非常適合搭配葡萄酒或啤酒。

能在這裡買到 **A B**

美食伴手禮

紅牛
500円~

為會津代表性的張子(紙糊工藝)民藝品，以除厄、順產的守護符而聞名。圓滾滾的大眼睛非常可愛。

能在這裡買到 **D**

搖頭晃腦的模樣惹人喜愛

以天然溫泉製作飯坂知名的溫泉蛋
鐳溫泉蛋
(10入)**900円**

濃稠的蛋白包裹著稍微凝固的半熟蛋黃。以源泉放流式溫泉製成，散發著微微的溫泉香氣。

能在這裡買到 **A**

甜點

Mamador
(5入)**600円**

添加奶油的外皮包覆牛奶內餡製成的烘焙點心。是福島縣代表性名點。

能在這裡買到 **A B**

被風味柔和的牛奶內餡療癒

手工藝雜貨

起身小法師
(1個)**250円~**

保佑國家平安、子孫繁榮的吉祥物。倒下去仍會馬上站起來的樣子很有精神。

能在這裡買到 **D**

讓心情平靜的溫柔笑容

會津彩繪蠟燭
935円~

大名蒲生氏鄉鼓勵發展的工藝品之一。細長的蠟燭上描繪了精細的花草圖案，充分展現職人技巧的逸品。

能在這裡買到 **C**

細緻漂亮的花草華麗鮮艷的蠟燭

多汁的桃子化為柔軟彈牙的軟糖
至福桃子軟糖
140円~

甜度很高的福島縣產桃子「曉」軟糖。使用熔點低的膠原蛋白，打造出融化般的口感。

能在這裡買到 **A**

起身小法師筷架
(1個)**475円**

以會津鄉土玩具「起身小法師」為靈感的筷架。有睡著或帶著淺淺笑容的款式，豐富的表情深具魅力。

能在這裡買到 **A**

筷架很可愛的恍惚表情

入口即化的飽滿紅豆餡
柏屋薄皮饅頭紅豆泥餡
(8入)**1274円**

從創業起暢銷 160 年的熱銷商品。芳香薄皮包著甜味高雅的紅豆泥。

能在這裡買到 **A B**

D **會津若松**
山田民芸工房
❂やまだみんげいこうぼう

堅守傳承了百年以上的技法，一個個手工製作而成的起身小法師。也有舉辦彩繪白色小法師的體驗教室(詳情需洽詢)。

☎0242-23-1465
MAP P167 A-1
🕐8:00~17:00 ✕週一、不定休
🏠会津若松市七日町12-35
🚉JR七日町站步行12分 🅿2輛

C **會津若松**
ほしばん 絵ろうそく店
❂ほしばんえろうそくてん

1772 年創業的彩繪蠟燭專賣店。技巧熟練的職人將菊花、牡丹等鮮艷花朵仔細地描繪在和式蠟燭上。

☎0242-27-1873
MAP P167 A-1
🕐9:00~18:00 (視時節而異)
✕無休
🏠会津若松市七日町3-33
🚉JR七日町站即到 🅿2輛

B **福島市**
S-PAL福島 福島みやげ館
❂えすぱるふくしまふくしまみやげかん

這間伴手禮店位在直通 JR 福島站的購物大樓內，眾多點心、當地美酒等福島伴手禮一字排開。趁著移動空檔來選購非常方便。

☎024-524-2711
MAP P204 G-5
🕐10:00~20:00 (視店舖而異)
✕不定休 🏠福島市栄町1-1
🚉JR福島站即到 🅿有合作停車場

A **福島市**
福島県観光物産館
❂ふくしまけんかんこうぶっさんかん

集結福島縣內各地名點、農產加工品以及工藝品。尤其當地美酒的品項豐富，還有附設能搭配下酒菜一起品嘗的福島 Lounge。

☎024-525-4031
MAP P204 G-5
🕐9:30~19:00 ✕無休 🏠福島市三河南町1-20 コラッセふくしま1F
🚉JR福島站步行3分 🅿100輛

→能將田園風景盡收眼底的露臺客房

東北各地有不少知名溫泉坐落其間。在此介紹四周有農田環繞、瀰漫祕湯氛圍的旅宿，又或是建於懷舊溫泉街的和風度假村等，充滿東北特色的住宿設施。在此度過療癒的片刻時光吧。

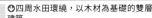
↗四周水田環繞，以木材為基礎的雙層建築

↑堅持地產地消的早餐很受歡迎

↑共用棟圖書館收藏了大約1000本書

↑非住宿旅客也可以前往餐廳用餐

山形

度過「晴耕雨讀」的時光位處農田之中的飯店

水田露台庄內飯店
❖ショウナイホテルスイデンテラス

能悠閒眺望田園風景的木造飯店。開放的大廳設有餐廳、圖書館以及販售多種山形伴手禮的商店，非住宿旅客也可以使用。客房面向田園或中庭，營造出簡單又舒適的空間。也有配備天然溫泉大浴場以及三溫暖。

📞0235-25-7424 MAP P202 E-1
🏠鶴岡市北京田下鳥ノ巢23-1
🚉JR鶴岡站開車10分
P150輛

住宿資訊 IN 15:30 OUT 10:00
¥1泊2食 17600円～ 露天浴池 不住宿

宮城

建於能一覽溫泉街的高地上

大人の隠れ家鳴子風雅
❖おとなのかくれがなるこふうが

以專為「大人」打造舒適空間為理念的純日式旅館。「附溫泉瞭望浴池的客房」可以一覽溫泉街，能悠閒享受素負盛名的鳴子溫泉而頗有人氣。也能在餐廳吃到以在地當季食材所製的創意和食宴席料理。

📞0570-001-262 MAP P133
🏠大崎市鳴子溫泉湯元55
🚉JR鳴子溫泉站步行5分 P12輛

住宿資訊 IN 15:00 OUT 10:00 ¥1泊2食
14300円～ 露天浴池 不住宿

↑從客房將溫泉街盡收眼底

↑就在客人眼前煎烤牛排的光景

也有住宿旅客限定的包租浴池

熱氣瀰漫的溫泉很有祕湯氣氛

秋田

大自然包圍的祕湯住宿

日景溫泉 ❖ひかげおんせん

建於青森與秋田縣界矢立峠上的獨棟旅宿。以名湯自豪，據說白濁硫磺溫泉對皮膚乾燥與異位性皮膚炎有療效。可以在包廂品嘗當季鄉土料理——以未使用化學肥料、農藥的食材所製成的健康餐點。

📞0186-51-2011 MAP P190 G-4
🏠大館市長走37 🚉JR陣馬站開車5分（有接送服務，需預約）P40輛

住宿資訊 IN 15:00 OUT 10:00 ¥1泊2食
17750円～ 露天浴池 不住宿

↑能大啖秋田名產米棒鍋的晚餐

↑宛如樸素悄然而立住宿般的深山

全館鋪設榻榻米的放鬆旅宿

青森 花禪之庄
●かぜんのしょう

○大量採用青森檜木、十和田石的大浴場

住宿資訊 IN 15:00 OUT 10:00
費 1泊2食 15150円～
露天浴池 不住宿 ※週一二休

可以從館內眺望美麗庭園，前往十和田湖方向觀光也很方便的旅宿。能在瀰漫靜謐舒適氣氛、全館榻榻米的空間好好放鬆。可選擇喜愛花色的女性用浴衣也廣受好評。

☎ 0172-54-8226
黑石市袋富山64-2
弘南鐵道黑石站搭往虹之湖公園的弘南巴士，津輕傳承工藝館下車步行3分（有接送服務，需預約） P 30輛
MAP P190 H-3

從瞭望浴池飽覽淺蟲海岸

青森 南部屋・海扇閣
●なんぶやかいせんかく

○瞭望浴池也有附設瞭望露天浴池

住宿資訊 IN 15:00 OUT 10:00
費 1泊2食 20500円～
露天浴池 不住宿

這間旅宿以能眺望窗外大海的頂樓瞭望浴池為傲。館內展示著充滿鄉土色彩的繪畫作品、工藝品等，每晚還會舉辦津輕三味線的現場表演供人欣賞。

☎ 017-752-4411
青森市淺蟲蛍谷31
青森鐵道淺蟲溫泉站即到 P 80輛
MAP P187 D-5

以皆為湖景客房為傲

岩手 紫苑飯店
●ほてるしおん

○木頭香氣與絕景療癒人心的露天浴池「檜之湯」

住宿資訊 IN 15:00 OUT 10:00
費 1泊2食 14300円～
露天浴池 不住宿

位置絕佳的旅宿，所有客房都能恣意欣賞御所湖。源泉放流式的「南部曲家之湯」、能飽覽絕景的「獨享溫泉」等多種浴池也很有魅力。

☎ 019-689-2288
盛岡市繫湯之館74-2
JR盛岡站搭往繫溫泉的岩手縣交通巴士，繫溫泉下車步行5分（有免費接駁巴士，需預約）
P 170輛
MAP P193 B-4

帶點稠度的源泉放流式溫泉

岩手 山之神溫泉 優香苑
●やまのかみおんせんゆうかえん

○在大露天浴池享受源泉放流式的柔和溫泉

住宿資訊 IN 15:00 OUT 10:00
費 1泊2食 16650円～
露天浴池 不住宿 ※僅附餐方案

建於豐澤川溪流沿岸的獨棟旅宿。日式房間擁有宮殿師傅精心打造的格狀天花板，可以在此度過片刻優雅時光。特色是引了四種源泉，在花卷溫泉鄉也算是溫泉量相當豐沛的溫泉。

☎ 0198-29-4126
花卷市下シ沢中野53-1
JR花卷站搭往新鉛溫泉的岩手縣交通巴士，山之神溫泉下車即到（有免費接駁巴士）
P 150輛
MAP P197 B-1

日式摩登的設計風旅館

岩手 悠之湯 風之季
●はるかのゆかぜのとき

○從客房的露天浴池欣賞四季風情

住宿資訊 IN 15:00 OUT 10:00
費 1泊2食 13350円～
露天浴池 不住宿 ※週三四休

這間旅館位於花卷南溫泉峽入口處的松倉溫泉。陽光透過樹梢灑落的大浴池、充滿負離子的露天浴池皆為源泉放流式溫泉，可以盡情享受泡湯之樂。

☎ 0198-38-1125
花卷市湯口松原36-3
JR花卷站搭往新鉛溫泉的岩手縣交通巴士，松倉溫泉下車即到（有接送服務，需預約）
P 50輛
MAP P197 B-1

享受知名的生剝鬼浴池

秋田 元湯雄山閣
●もとゆゆうざんかく

○魄力十足的生剝鬼口中流出水量不定的溫泉

住宿資訊 IN 15:00 OUT 10:00
費 1泊2食 17750円～
露天浴池 不住宿 ※需洽詢

建在男鹿溫泉鄉的高地上，館內可以恣意欣賞日本海、白神山地和寒風山。從巨大生剝鬼口中湧出溫泉的室內浴池很有名，能盡情享受自家源泉溫泉。

☎ 0185-33-3121
男鹿市北浦湯本草木原52
JR羽立站搭秋田中央交通巴士男鹿北線，雄山閣下車即到（有接送服務，需洽詢）
P 20輛
MAP P195 B-2

隨季節流轉的風景為其魅力

宮城 秋保格蘭飯店
●あきうぐらんどほてる

○能感受大自然的開放式大浴場

住宿資訊 IN 15:00 OUT 10:00
費 1泊2食 13900円～
露天浴池 不住宿

可以俯瞰磊磊峽的飯店。從大廳、大浴場、露天浴池能欣賞雄偉壯觀的景色，夜間點燈後，夢幻的景色在眼前展開。能嘗到當季美味的宴席膳食也備受好評。

☎ 0570-026-001
仙台市太白區秋保町湯元枇杷原12-2
JR仙台站搭往秋保溫泉的宮城交通巴士，のぞき橋巴士站下車即到 P 150輛
MAP P201 C-5

活用當季食材的宴席料理備受好評

秋田 龍門亭 千葉旅館
●りゅうもんていちばりょかん

○賞雪泡湯是東北特有的享樂方式

住宿資訊 IN 15:00 OUT 10:00
費 1泊2食 16650円～
露天浴池 不住宿

建於大湯川沿岸，可以盡情享受據傳歷史超過800年的溫泉。提供富有野趣的天然石露天浴池、能欣賞美麗庭園的檜木露天浴池等，雙源泉四種浴池。

☎ 0186-37-2211
鹿角市十和田大湯上の湯1-38-1 JR十和田南站搭往四之岱的十和田計程車巴士，大和橋下車即到（有接送服務，需洽詢）P 40輛
MAP P189 A-5

182

看海鷗飛舞的海景露天浴池

宮城 南三陸觀洋飯店
●みなみさんりくほてるかんよう

從地下 2000 公尺深處汲引豐沛天然溫泉的露天浴池景觀精彩萬分。可以一邊泡湯一邊看著旭日緩緩高升。還能吃到隨季節變換的不同魚類料理、名產「鮑魚跳舞燒」。

☎0226-46-2442
囲南三陸町志津川黑崎99-17　囲JR陸前戶倉站開車5分　P200輛
MAP P200 G-2

住宿資訊	IN 15:00	OUT 10:00
費 1泊2食 14340円～		
露天浴池	不住宿	

↑以洞窟為概念的女性露天浴池觀海視野絕佳

藏王大自然環繞的高品味旅宿

宮城 Auberge 別邸 山風木
●おーべるじゅべっていやまぶき

佇立在靜謐森林中的住宿設施，以美味餐點自豪。共十間的客房各富意趣，圍繞著廣大的庭園而建。能盡情享受源泉放流式溫泉、活用當地食材的宴席料理，在晚餐時段暢飲免費飲品。

☎0224-34-2711
囲藏王町遠刈田溫泉小妻坂21-70　囲JR白石藏王站搭往遠刈田溫泉的MIYAKO巴士，小妻坂下車步行5分（有接送服務，需預約）　P10輛
MAP P205 D-1

住宿資訊	IN 15:00	OUT 11:00
費 1泊2食 27500円～		
露天浴池	不住宿	

↑在一片寂靜中眺望美麗的藏王四季風情

泡露天浴池觀賞松島灣美景

宮城 松島大觀莊酒店
●ほてるまつしまたいかんそう

建於高地上的飯店。諸如交誼廳、露天浴池、海景房等，館內各處都可以將松島美景盡收眼底。供應日式海鮮自助餐、和食宴席料理、日西中式自助餐等多種餐點。

☎022-354-2161
囲松島町松島犬田10-76　囲JR松島海岸站步行15分（有接送服務，不需預約 ※6人以上需預約）　P200輛
MAP P129

住宿資訊	IN 14:00	OUT 11:00
費 1泊2食 17490円～		
露天浴池	不住宿	

↑也很推薦在朝海突出的露天浴池欣賞日出

在開放的大浴場悠哉享受

山形 たちばなや

活用庄內海鮮與時蔬的宴席料理深受歡迎。備有天花板挑高的開放大浴場、視野絕佳的包租瞭望露天浴池等多種選擇，可以愜意享受名湯。

☎0235-43-2211
囲鶴岡市湯溫海丁3
囲JR溫海溫泉站搭往湯溫海溫泉的庄內交通巴士，溫海觀光協會前下車即到（有接送服務，需洽詢）
P100輛
MAP P203 D-2

住宿資訊	IN 15:00	OUT 10:00
費 1泊2食 18850円～		
露天浴池	不住宿	

↑注滿柔和溫泉的大浴場

附露天浴池的客房很受歡迎

山形 森之湯
●もりのゆ

全館皆為平房。除了和室之外，還有附露天浴池的獨棟客房，可以在日式摩登氣氛中享受寧靜時光。使用大量當地蔬菜、米澤牛等山形食材所製的料理備受好評。

☎0238-43-2057
囲南陽市赤湯548
囲JR赤湯站開車5分　P50輛
MAP P205 A-1

住宿資訊	IN 15:00	OUT 11:00
費 1泊2食 17750円～		
露天浴池	不住宿	

↑檜木香氣療癒人心的「檜露天浴池」

便於藏王觀光的溫泉街住宿

山形 藏王國際飯店
●ざおうこくさいほてる

以乳白色硫磺溫泉滾滾注入的「八右衛門之湯」備受好評的飯店。位在藏王溫泉街，步行5分即可抵達通往藏王山頂的藏王空中纜車，坐擁地利之便。

☎023-694-2111
囲山形市藏王溫泉933　囲JR山形站搭往藏王溫泉的山交巴士，終點下車步行15分（有接送服務，需洽詢）　P80輛
MAP P202 H-5

住宿資訊	IN 14:00	OUT 10:00
費 1泊2食 21050円～		
露天浴池	不住宿	

↑天花板挑高的全木造「八右衛門之湯」很有魄力

皆為奢侈的獨棟客房

福島 離れの宿 よもぎ埜
●はなれのやどよもぎの

佇立在山麓間的純日式旅宿，書院造獨棟客房散落於約 2000 坪的腹地內。以美肌之湯聞名，除了各房間附古代檜木等的室內浴池，還有大浴場、露天浴池等四座浴池可以泡湯。

☎024-984-2671　囲郡山市熱海町熱海5-33　囲JR磐梯熱海站開車5分
P20輛
MAP P205 B-5

住宿資訊	IN 15:00	OUT 11:00
費 1泊2食 29700円～		
露天浴池	不住宿	

↑一邊眺望群山環繞風景一邊悠哉泡湯

白河藩主松平定信鍾愛的名湯

福島 旅館大黑屋
●りょかんたいこくや

靠近阿武隈川源頭的獨棟住宿。擁有 150 多年歷史的著名「大岩浴池」深達 120 公分，特色是能容納百人泡湯的巨大浴池。觸感良好的溫泉讓身體慢慢暖了起來。每週三休館。

☎0248-36-2301　囲西鄉村真船寺平1　囲JR新白河站開車30分（有接送服務，需預約）　P50輛
MAP P209 D-2

住宿資訊	IN 15:00	OUT 10:00
費 1泊2食 16650円～		
露天浴池	不住宿	

↑「大岩浴池」雖為混浴，但每天有兩個女性專用時段

保留旅籠風情的老字號旅館

山形 深山莊高見屋
●みやまそうたかみや

擁有創業 300 多年歷史的老字號旅館，木造的厚重結構有種傳統美感。自家源泉注入風格各異其趣的八座浴池，可以享受不同泡湯樂趣。能吃到藏王牛的晚餐也備受好評。

☎023-694-9333　囲山形市藏王溫泉54　囲JR山形站搭往藏王溫泉的山交巴士，終點下車步行5分（有接送服務，需預約）　P20輛
MAP P202 H-5

住宿資訊	IN 15:00	OUT 10:00
費 1泊2食 22150円～		
露天浴池	不住宿	

↑氛圍沉靜的半露天浴池

感受陸地盡頭的美景
前往海岬的海峽兜風之旅

青森

龍泊線 ●たつどまりらいん

連接津輕半島小泊到龍飛崎，視野絕佳的約 19.5 公里兜風路線。順著陡峭坡道駛上山道前往眺望台，能飽覽津輕西海岸荒涼雄偉的景色。

☎0174-31-1228（外濱町產業觀光課）
🕐4月下旬～11月上旬自由通行
📍中泊町小泊～龍飛崎
🚉JR三廠站開車20分
MAP P187 A-3

➡突出津輕半島的龍飛崎。能眺望北海道的松前半島

別錯過此等美景!

兜風自駕

精彩亮點

≡3

⬆一邊眺望津輕西海岸一邊行駛龍泊線。途中設有能飽覽日本海的眺望台

雖然本書並未收錄，但東北還有很多超棒的景點散布在山間與海邊。在此精選幾處開車途中可以順路前往、滿目絕景令人感動的景點。

宮城

巨釜、半造「折石」 ●おおがまはんぞうおれいし

巨釜、半造位於谷灣式海岸獨有景觀連綿的唐桑半島，是三陸復興國家公園的名勝景點。成排的奇岩怪石當中，高16 公尺、寬 3 公尺的折石特別引人注目。

☎0226-32-3029（氣仙沼市觀光協會唐桑分部）
🕐自由參觀
📍氣仙沼市唐桑町
🚉JR氣仙沼站開車25分
🅿30輛
MAP P196 F-5

聳立海上的大理石柱
欣賞三陸海岸特有的奇景

折石是 1896 年三陸大海嘯之際端部折斷後，形成了現在的形狀

平庭高原的白樺林每到 10 月上旬～下旬，黃葉最為美麗

海拔800公尺的高原
31萬棵樹的廣闊白樺林

岩手

平庭高原 ●ひらにわこうげん

31 萬棵樹的白樺林沿著國道 281 號綿延約 4 公里。也很推薦一邊欣賞蓮華杜鵑、鈴蘭、龍膽等不同季節的花卉一邊健行。

☎0194-52-2123（久慈市商工觀光課）
🕐自由參觀
📍久慈市・葛卷町
🚉JR久慈站開車40分
🅿26輛
MAP P192 E-1

東北兜風MAP &東北順道景點

CONTENTS

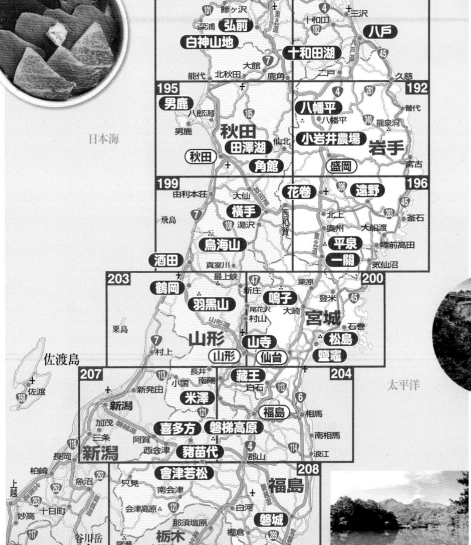

北海道　津輕海峽
大間崎
恐山　186
下北　むつ
龍飛崎　280　279
津輕　青森　平内
青森

191
五所川原
鰺ヶ沢　101
深浦　弘前
白神山地　十和田　102　三沢　188
大館　7　十和田湖　八戶
能代　北秋田　鹿角　45
二戸　久慈

195　八幡平　281　192
男鹿　八郎潟　4　普代
105　八幡平　340　龍泉洞
秋田　仙北　小岩井農場　岩手
田澤湖　盛岡
秋田　角館　宮古

日本海

199　花卷　396　遠野　196
由利本荘　大仙　北上　45
飛島　7　橫手　西和賀　奥州　大船渡　283　釜石
108　湯沢　平泉　陸前高田
鳥海山　一關　気仙沼
酒田　真室川

203　最上峡　47　栗原　200
鶴岡　新庄　鳴子　登米　45
羽黒山　尾花沢　大崎
村山　宮城　石巻
粟島　山形道　松島
7　山形　山寺　塩竈
村上　山形　仙台

207　長井　113　藏王　204
佐渡　350　新発田　小国　南陽　白石　113
佐渡島　新潟　米澤　124　6　福島　相馬
加茂　喜多方　磐梯高原　南相馬
三条　阿賀　西会津　猪苗代　4　114　浪江
長岡　116　新潟　郡山
柏崎　魚沼　252　會津若松　208
上越　252　只見　南会津　白河　福島
253　十日町　会津高原　121
妙高　117　谷川岳　那須塩原　磐城
長野　尾瀬　鬼怒川　棚倉　289
18　沼田　栃木　茨城
長野　群馬　白光　宇都宮　日立

太平洋

185

E **F** **G** **H**

大間崎
- 大間観光土産センター **P.69**
- まぐろ長宝丸 **P.30・69**

快到大間崎了！
一望著蒼茫津輕海峽後方的北海道一灣兒島

279

38

大間町
風間浦村

P.69 靈場恐山
恐山

一片荒涼景色，有種奇特的氛圍

むつ市

青森県

下北半島
- 横濱町的油菜花田 **P.9**

むつよこはま
よこはま
横浜町

陸奥湾 大湊湾

太平洋

六ヶ所村

野辺地町
279

平内町

十和田
野邊地IC

186

下北・津輕
しもきた・つがる
0 5km 10km
●景點、玩樂 ●美食 ●溫泉 ●購物 ●住宿

公路休息站	駅前 交叉路口名	○ 縣廳	✈ 機場	开 神社	⊕ 工廠	★ 賞櫻名勝	⊠ ENEOS	⊠ COSMO	●景點、玩樂	●購物
停車區(PA)	● 紅綠燈	○ 市公所	🏠 飯店	卍 寺院	♨ 發電廠	★ 賞花名勝	⊠ 出光興產	⊠ 昭和Shell	●溫泉	●住宿
	○ 冬季關閉	○ 町村鄉公處、區公所	♨ 溫泉	⊕ 觀光地	⊠ 瀑布	★ 賞楓名勝	⊠ apollostation	⊠ KYGNUS	●美食	

推薦MEMO
五所川原市金木是太宰治的故鄉，到處都有相關景點，也可以來趟文學散步。

北海道

松前半島

津輕海峽

佐井漁港

P.7 佛浦

龍飛崎

P.184 龍泊線

外ヶ浜町

今別町

中泊町

レストラン竜泊 P.31

五所川原市

十三湖高原

平舘海峽

わきのさわ

日本海

津輕半島

中泊町

蓬田村

つがる市

P.8 高山稲荷神社

太宰治紀念館「斜陽館」 P.68

青森市

五所川原市

P.182 南部屋・海扇閣

浅虫温泉「ゆ～さ浅虫」

青森市區

青森灣

	高速國道		主要地方道、縣道	白然步道	JR線	郡山	交流道、出入
	國道		其他道路	新幹線	私鐵線	国見SA	SA、PA

190

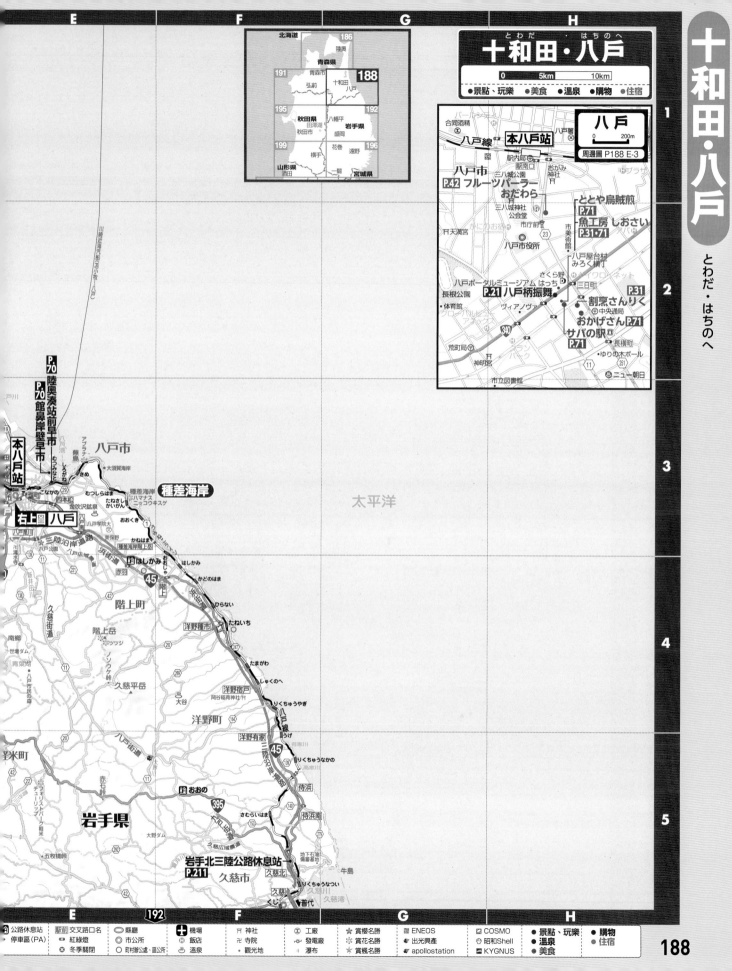

十和田・八戸
（とわだ・はちのへ）

0 5km 10km

●景點、玩樂 ●美食 ●溫泉 ●購物 ●住宿

八戸

周邊圖 P188 E-3

0 200m

八戸線 本八戸站

合同酒精

八戸市
P.42 フルーツパーラー
おだわら

三八城神社
公会堂

天満宮

八戸市役所

八戸ポータルミュージアム はっち
P.21 八戸柄振舞

長根公園
体育館

グローバルトラベル
アシックス

ヴィアノヴァ

340

荒町局

神明宮

市立図書館

本八戸站

駅内局
駅南口
おがみ
神社

市美術館

とっとや烏賊前 P.71
魚工房 しおさい P.31·71

八戸屋台村
みろく横丁

さくら野

イワテロワネット

三日町 P.31

割烹さんりく
おかげさん P.71

サバの駅 P.71

長横町
ゆりの木ボール
251

ニュー朝日

太平洋

P.70 陸奥湊站前早市
P.70 館鼻岸壁早市

本八戸站

八戸市

種差海岸
種差海岸

右上圖 八戸

45 階上

階上町

階上岳
ノツケ峠

久慈平岳

洋野種市

たまがわ

しゅくのへ

洋野宿戸
大谷

八戸線
りくちゅうやぎ

洋野町

洋野有家
45
三陸沿岸道路
りくちゅうなかの

おおの
侍浜

395 さむらいはま
侍浜南

岩手県

久慈北
岩手北三陸公路休息站
P.211

久慈市
久慈

りくちゅうなつい
久慈川
久慈湾

普代

下北・津軽

十和田・八戸

青森・弘前

盛岡・八幡平

田澤湖・一關

秋田・花卷

酒田

橫手・仙台・松島

鳴子溫泉鄉

鶴岡

山形・福島

會津・磐梯

磐城・南會津

推薦MEMO

以十和田市現代美術館聞名的十和田市，也有許多能輕鬆觀賞的戶外藝術。

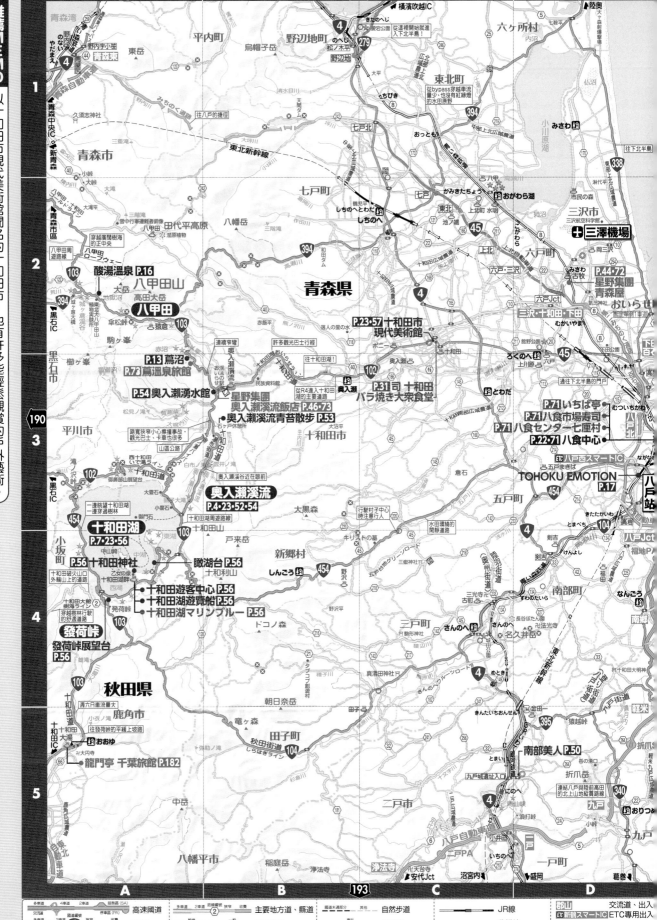

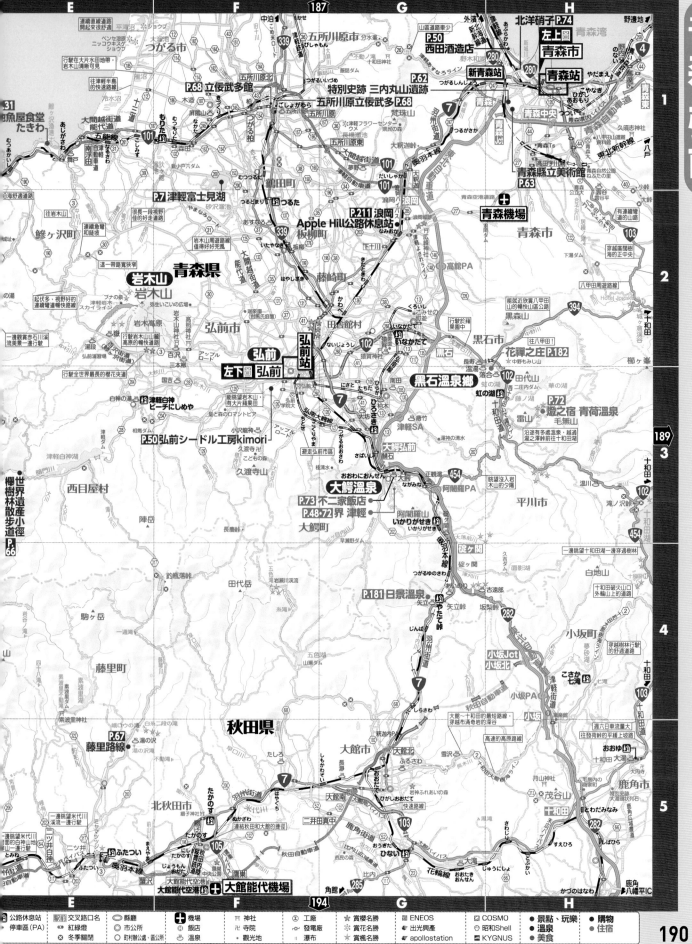

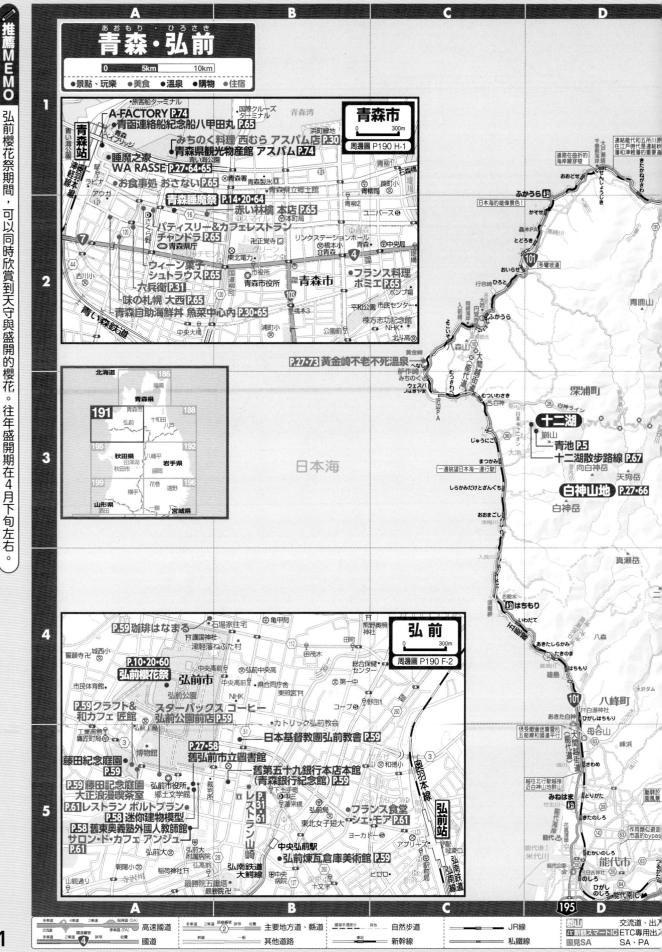

下北・津輕

八戶

十和田・

青森・弘前

盛岡・八幡平

田澤湖・一關・

秋田 横手・

花卷 仙台・松島・

酒田 鳴子溫泉鄉

鶴岡 山形・

福島 會津・

磐梯 磐城・

南會津

推薦MEMO

弘前櫻花祭期間，可以同時欣賞到天守與盛開的櫻花。往年盛開期在4月下旬左右。

青森・弘前
（あおもり・ひろさき）

0　　5km　　10km

●景點、玩樂　●美食　●溫泉　●購物　●住宿

青森市

0　300m

周邊圖 P190 H-1

・旅客船ターミナル
・A-FACTORY P.74
・青函連絡船紀念船八甲田丸 P.65
青森站
青い海公園
青函ベイブリッジ
津軽海線
・みちのく料理 西むら アスパム店 P.30
・青森県観光物産館 アスパム P.74
・睡魔之家 WA RASSE P.27・64・65
・お食事処 おさない P.65
青森睡魔祭 P.14・20・64
赤い林檎 本店 P.65
・パティスリー＆カフェレストラン チャンドラ P.65
・青森県庁
・ウィーン菓子 シュトラウス P.65
六兵衛 P.31
味の札幌 大西 P.65
青森自助海鮮丼 魚菜中心内 P.30・65
青い森鉄道
青森市
青森市役所
・フランス料理 ポミエ P.65

黃金崎不老不死溫泉 P.27・73

深浦町

十二湖
青池 P.5
十二湖散步路線 P.67

白神山地 P.27・66

弘前

0　300m

周邊圖 P190 F-2

・珈琲はなまる P.59
弘前櫻花祭 P.10・20・60
弘前市
クラフト＆和カフェ 匠館 P.59
スターバックス コーヒー 弘前公園前店 P.59
日本基督教團弘前教會 P.59
藤田記念庭園 P.59
舊弘前市立圖書館 P.27・58
藤田記念庭園 大正浪漫喫茶室 P.59
舊第五十九銀行本店本館（青森銀行紀念館）P.59
レストラン ポルトブラン P.61
迷你建物模型 P.58
舊東奧義塾外國人教師館 P.58
サロン・ド・カフェ アンジュ P.61
フランス食堂 シェ・モア P.61
中央弘前駅
弘前煉瓦倉庫美術館 P.59

弘前站

能代市

高速國道　國道　主要地方道、縣道　其他道路　自然步道　JR線　新幹線　私鐵線　交流道、出入口　ETC專用出入口　SA、PA

盛岡・八幡平
もりおか・はちまんたい

0 5km 10km

●景點、玩樂 ●美食 ●溫泉 ●購物 ●住宿

白樺の里やまがた P.89
P.89 久慈 山背土風館公路休息站
P.32 レストラン 山海里
久慈市

お菓子の沢菊本店 P.42
小袖海女中心 P.89

平庭高原 P.184

北山崎 P.89

小型船冒険 P.89

北川食堂 P.89

龍泉洞レストハウス P.90
P.89・90
龍泉洞

三田貝分校
小本街道（旧小本街道）

岩手県

岩泉町

太平洋

岩泉龍泉洞

田老真崎海岸

浄土ヶ浜レストハウス 浜処 うみねこ亭
P.88 宮古市魚菜市場

淨土濱 P.7・88
小型船遊覧 P.88

三陸鐵道 P.17

宮古市

公路休息站　駅前 交叉路口名　●縣廳　⊞機場　∏神社　●工廠　★賞櫻名勝　ＥＮＥＯＳ　◆COSMO　●景點、玩樂　●購物
停車區(PA)　　　○市公所　●町村辦公處、區公所　◆溫泉　卍寺院　●發電廠　★賞花名勝　出光興產　昭和Shell　●溫泉　●住宿
　　　　　　　冬季關閉　　　　　　　　　　　　　●觀光地　●瀑布　★賞楓名勝　apollostation　KYGNUS　●美食

下北・津輕・八戶・弘前・青森・十和田

盛岡・八幡平

田澤湖・一關・橫手・仙台・松島・山形・福島・會津・南會津

秋田・花卷・酒田・鳴子溫泉鄉・鶴岡・磐城・磐梯

推薦MEMO

盛岡市的南昌莊是著名的賞楓景點。往年最佳觀賞期為11月上旬至中旬。

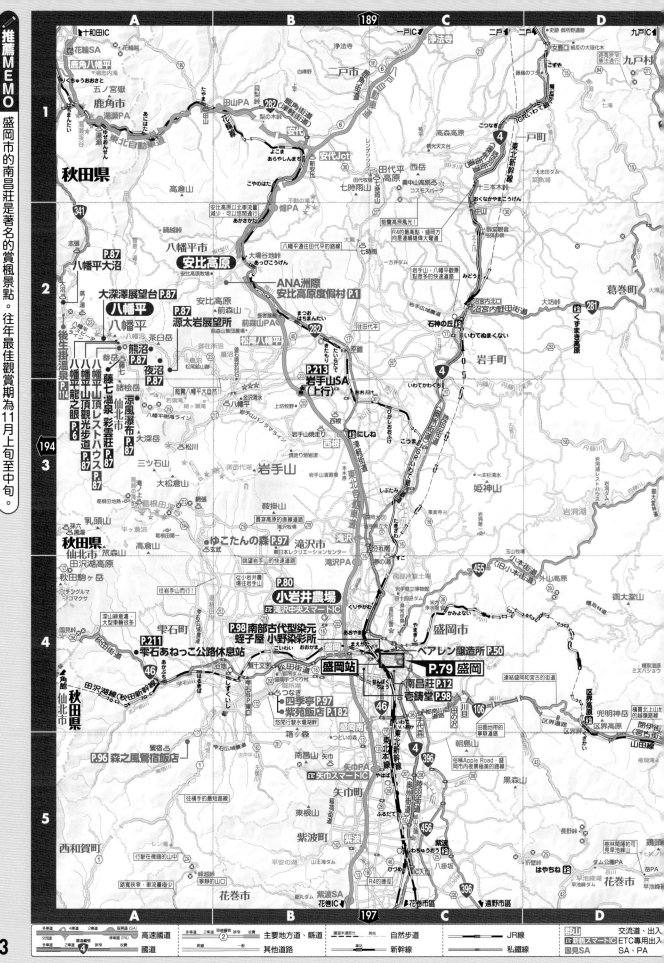

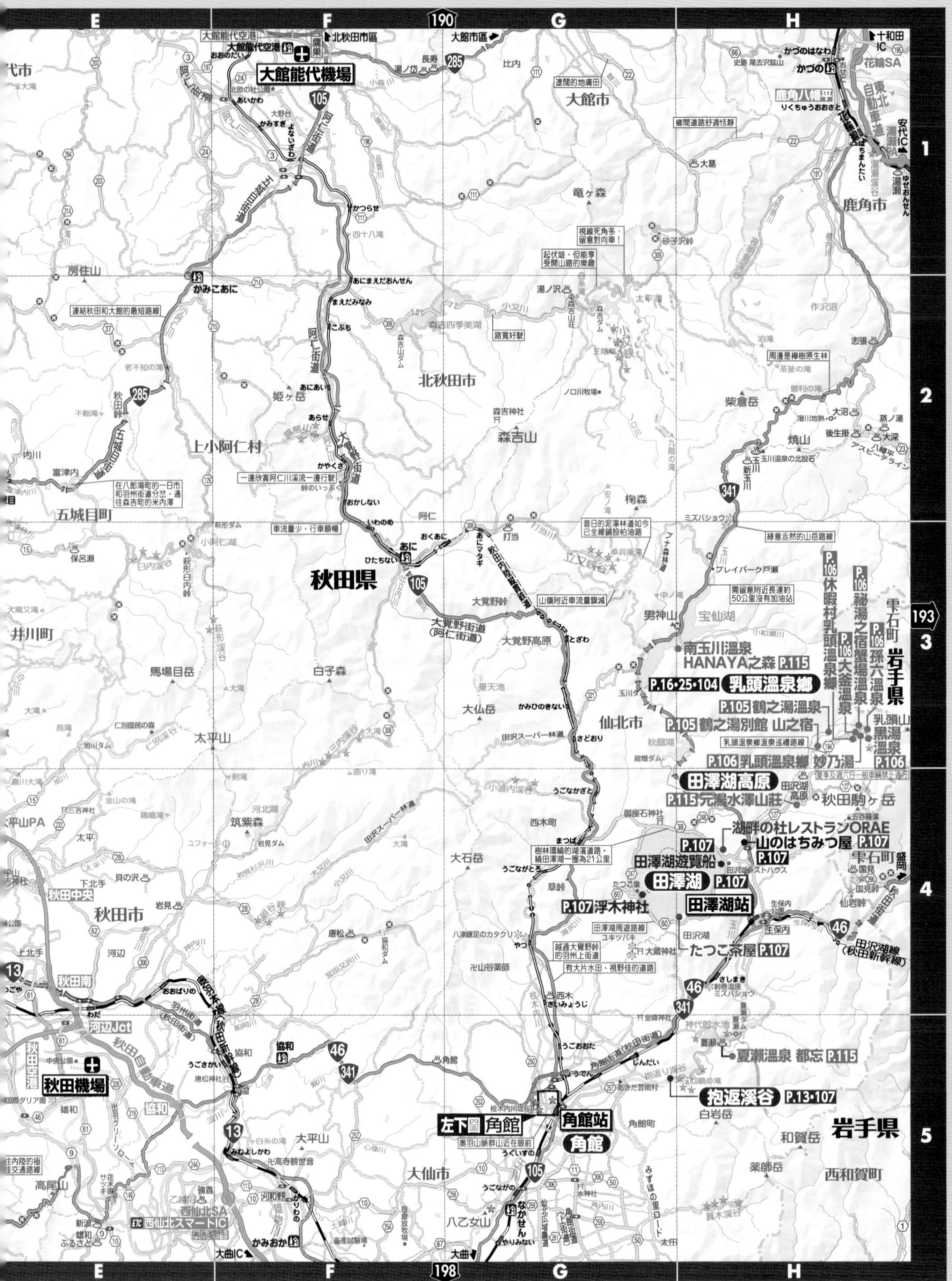

E F 190 G H

鷹巢
大館能代機場
105

大館市區 北秋田市區 大館市
遼闊的地庸町
鹿角八幡平
十和田IC
花輪SA
東北自動車道

代市
大野台公園
かみこあに
まえだみなみ
こぶち
鹿角市

房住山
連結秋田和大館的最短路線
北秋田市
森吉四季美館
路覽好驛
竜ヶ森
視線死角多・留意對向車！
起伏陡・但能享受開山路的樂趣
小坂町

秋田中央
285
不動滝
秋田望
上小阿仁村
姫ヶ岳
あらせ
かやくさ
森吉山
ノロ川牧場
柴倉岳
焼山
アスピーテライン

五城目町
富津内
在八郎潟町的一日市和羽州街道分岔，通往森吉町的米内沢
阿仁街道
おかしない
いわめ
341
ミズバショウ

井川町
秋田県
おくあに
105
あにマタギ
打当
山嶺附近車流量驟減
フナ森自然公園
緑意盎然的山岳路線
プレイパーク戸瀬
休暇村乳頭温泉
祕湯之宿鶴場温泉
孫六温泉
P.106
P.103 大釜温泉
岩手県
雫石町
193

馬場目岳
白子森
大覚野街道
（阿仁街道）
大覚野高原
かみのきない
とざわ
男神山
宝仙湖
南玉川温泉
HANAYA之森 P.115
P.16・25・104 乳頭温泉郷
乳頭山
黒湯温泉
妙乃湯 P.106

太平山
大仏岳
田沢スーパー林道
さどうり
仙北市
P.105 鶴之湯温泉
P.105 鶴之湯別館 山之宿
乳頭温泉郷温泉巡禮路線
P.106 乳頭温泉郷
田澤湖高原
P.115 元湯水澤山荘
秋田駒ヶ岳
田沢湖高原

秋田中央
秋田市
西木町
まばせ
樹林環繞的湖濱道路・繞田澤湖一圈為21里
うごなかさと
田澤湖遊覽船 P.107
湖畔の杜レストランORAE
山のはちみつ屋 P.107
雫石町
盛岡

13
秋田南
河辺Jct
羽州街道
秋田自動車道
おおばりの
協和
46
341
大石岳
草峠
たつこ像
田澤湖 P.107
田澤湖站
ストハウス
たつこ茶屋 P.107
46

秋田空港
秋田機場
協和
13
341
協和
八津鎌足のカタクリ
やつ
大覚神社
越後大覚野峠的羽州上街道
有大片水田・視野佳的道路
46
341
さしまき
ミズバショウ

河辺
唐松神社
西木
きしみょうじ
神代野水池
うごおた
じんだい
夏瀬温泉 都忘 P.115

秋田港
秋田自動車道
羽州街道
うごさかい
桧木内川堤櫻
角館
左下圖 角館
角館站
角館
抱返溪谷 P.13・107
白岩岳
岩手県

西仙北SA
西仙北スマートIC ETC
大曲IC
八乙女山
なかせん
かみおか
大曲
105
大仙市
和賀岳
西和賀町

198

公路休息站	駅前 交叉路口名	縣廳	機場	神社	工廠	ENEOS	COSMO	景點、玩樂	購物
停車區(PA)	紅綠燈	市公所	飯店	寺院	發電廠	出光興產	昭和Shell	溫泉	住宿
	冬季關閉	町村辦公處、區公所	溫泉	觀光地	瀑布	apollostation	KYGNUS	美食	
				賞櫻名勝					
				賞花名勝					
				賞楓名勝					

推薦MEMO

仙北市角館留有藩政時期的武家屋敷。雖然是著名的春天賞櫻名勝，但新綠和紅葉也很美。

下北・津輕

八戶

十和田・青森・弘前

盛岡・八幡平

田澤湖・秋田

花卷

一關・橫手・酒田

仙台・松島・鳴子溫泉鄉

鶴岡 山形・

福島

會津・磐梯

磐城・南會津

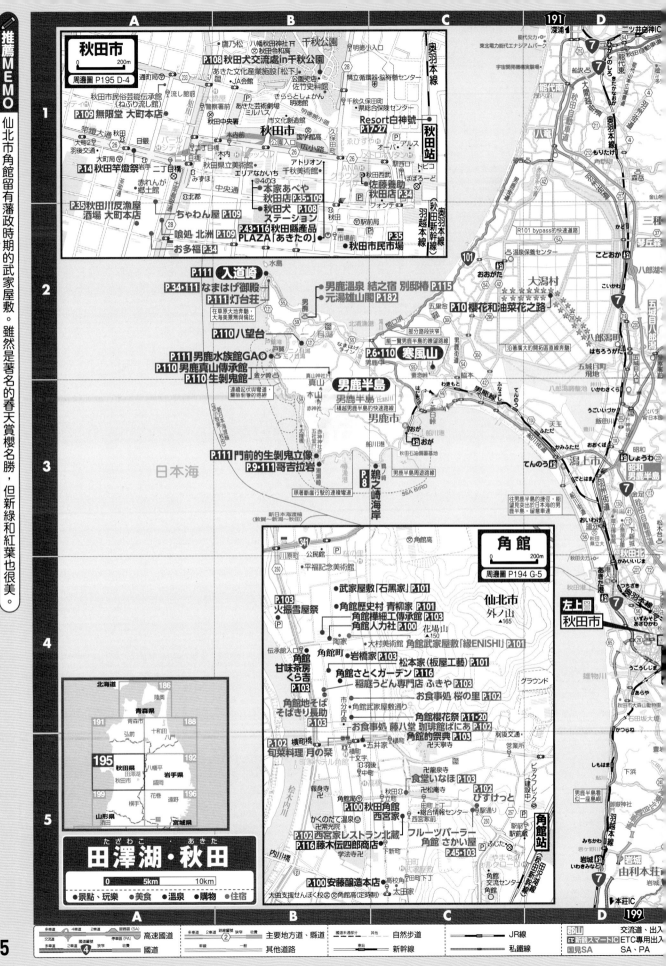

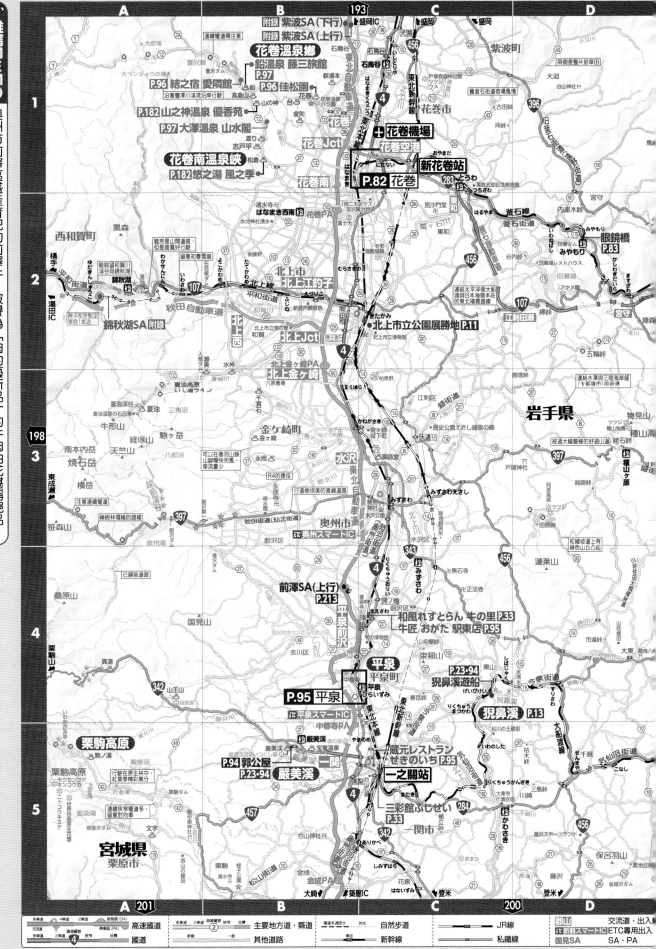

下北・津輕

十和田・青森・弘前

八戸

盛岡・八幡平

田澤湖・秋田

一關・花巻

酒田

横手・鳴子溫泉郷

仙台・松島・山形・鶴岡

福島

會津・磐梯

磐城・南會津

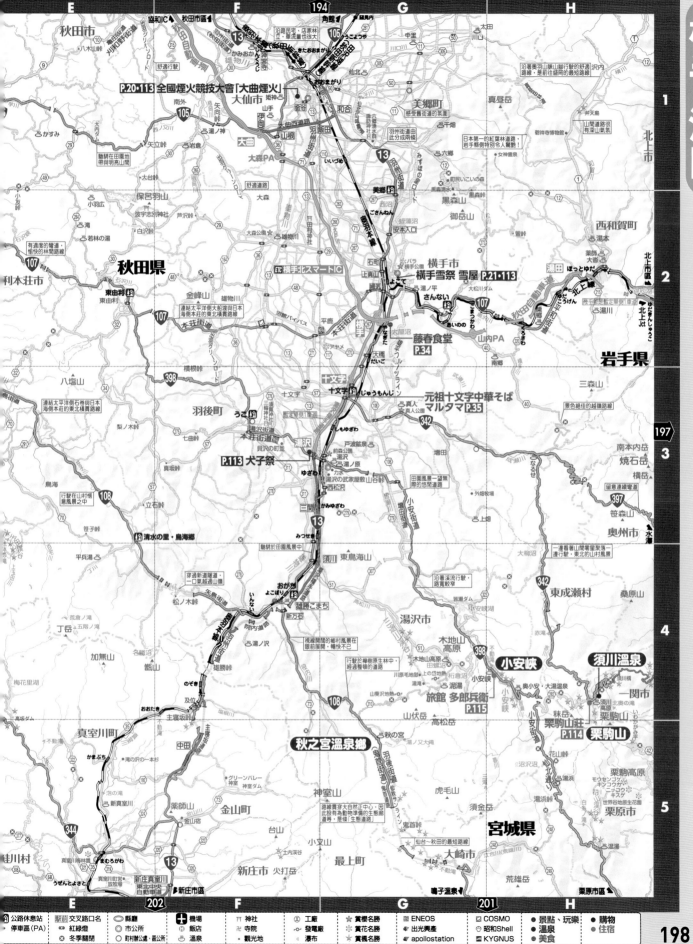

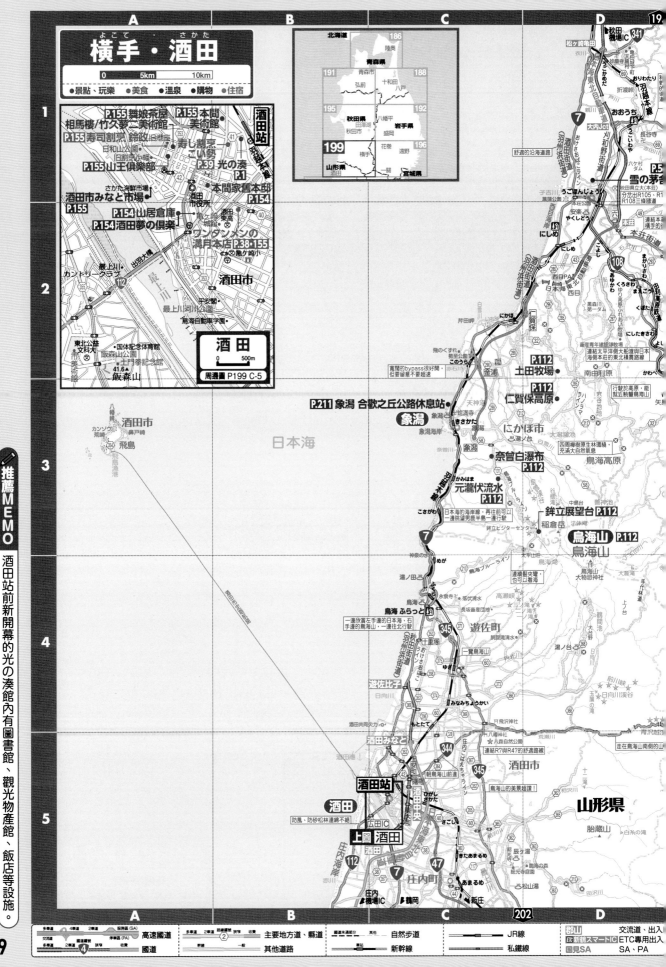

せんだい・まつしま・なるこおんせんきょう

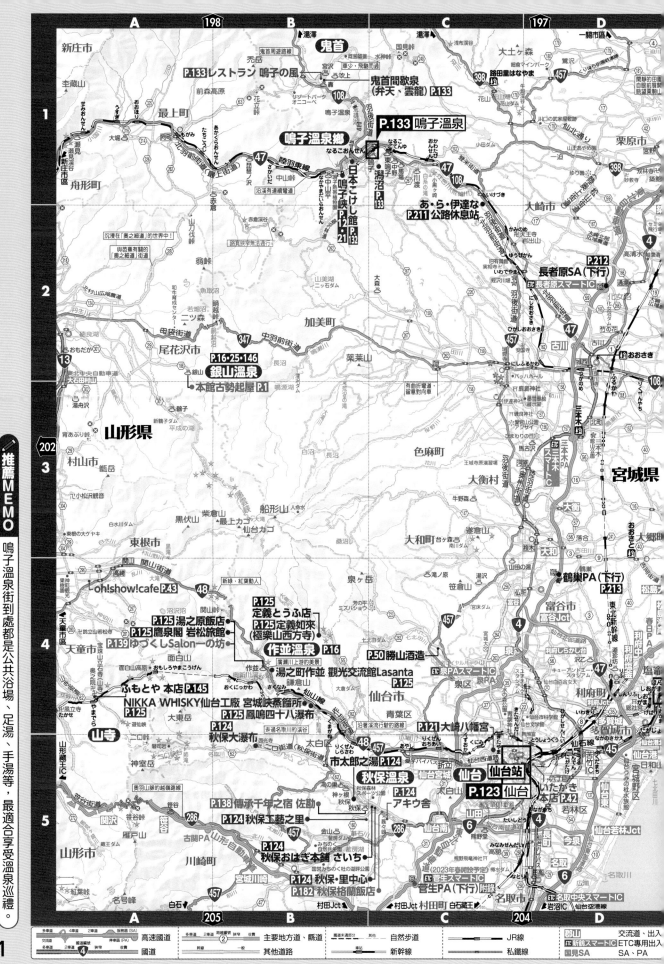

下北・津輕

十和田・青森・弘前

八戸

盛岡・八幡平

田澤湖・秋田・花卷

一關・橫手・酒田

仙台・松島・鳴子溫泉鄉

山形・鶴岡・福島

會津・磐梯

磐城・南會津

推薦MEMO　鳴子溫泉街到處都是公共浴場、足湯、手湯等，最適合享受溫泉巡禮。

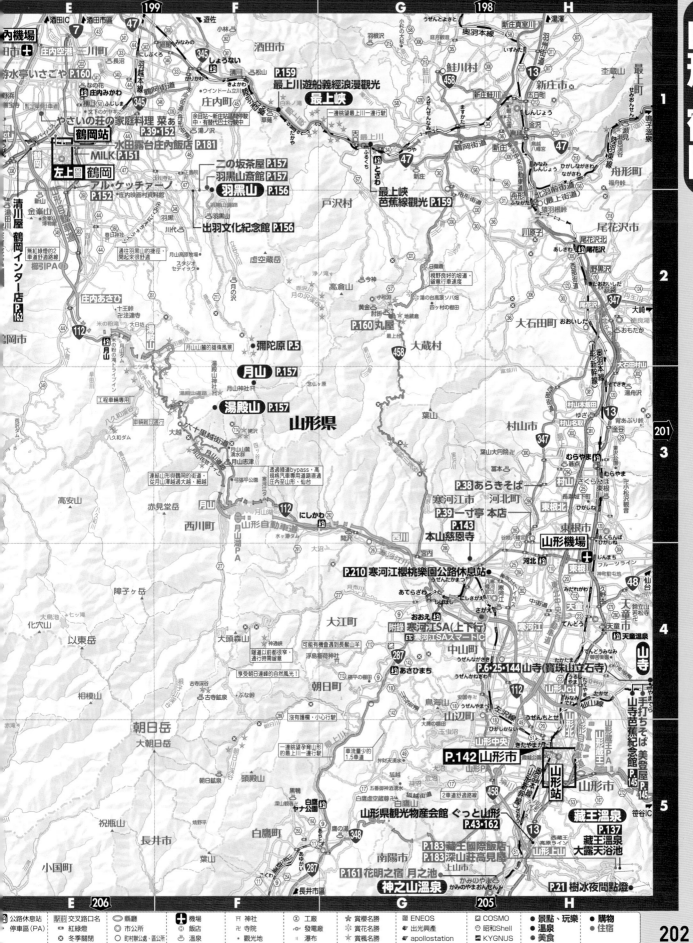

下北・津輕
十和田・八戶
青森・弘前
盛岡・八幡平
田澤湖・秋田
一關・花卷
橫手・酒田
仙台・松島・鳴子溫泉鄉
山形・鶴岡
福島
會津・磐梯
磐城・南會津

推薦MEMO 出羽三山之一的月山以2023兔年為其緣年，據說會帶來12年份的祝福。

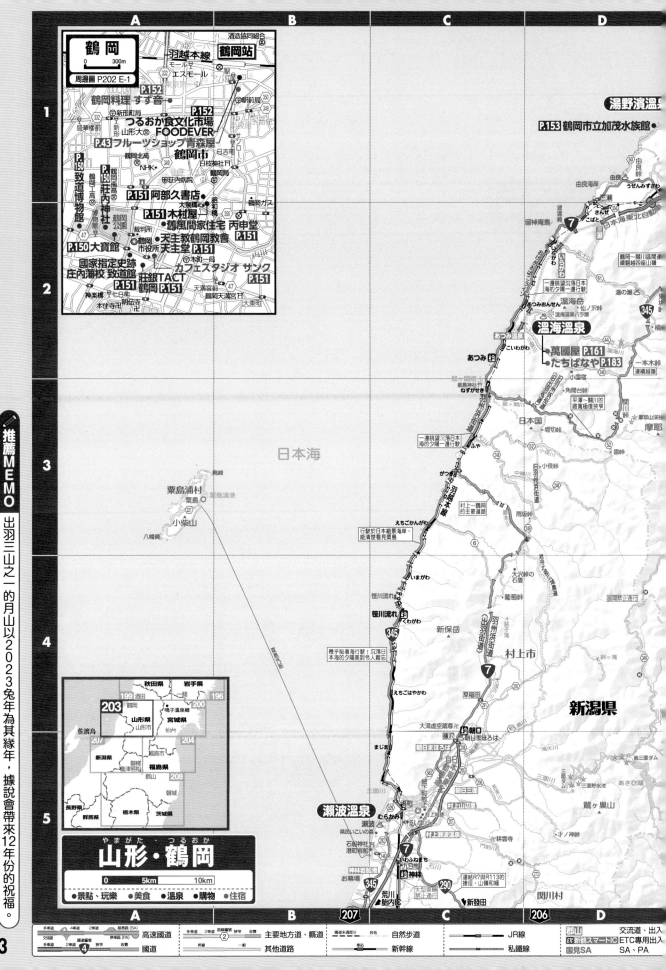

山形・鶴岡（やまがた・つるおか）

●景點、玩樂　●美食　●溫泉　●購物　●住宿

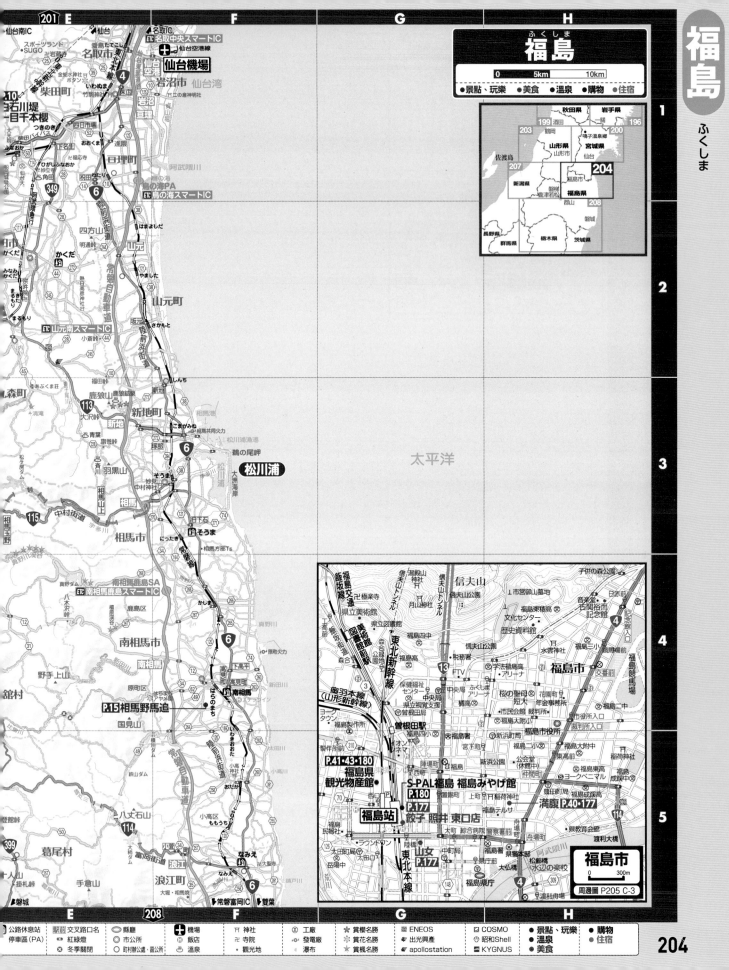

福島
ふくしま

0　5km　10km

●景點、玩樂　●美食　●温泉　●購物　●住宿

秋田県　岩手県
199 酒田　一関　196
203　鶴岡　鳴子温泉郷　200
佐渡島　山形県　山形市　宮城県
207　仙台　204
新潟県　磐梯　福島市　福島県
会津若松　208
長野県　郡山
群馬県　栃木県　茨城県

太平洋

松川浦

福島市

P.15 相馬野馬追

P.41・43・180
福島県
観光物産館

S-PAL福島 福島みやげ館
P.180
福島站　P.177
餃子 照井 東口店

満腹 P.40・177

山女 P.177

福島市
0　300m
周邊圖 P205 C-3

公路休息站	駅前 交叉路口名	◯縣廳	✈機場	⊕神社	卍寺院	☼工廠	★賞櫻名勝	ⓖENEOS	⊠COSMO	●景點、玩樂	●購物
停車區(PA)	●紅綠燈	◉市公所	⊕飯店	⊕溫泉		☼發電廠	★賞花名勝	出光興產	昭和Shell	●温泉	●住宿
	✕冬季關閉	◯町村役場、區公所		・觀光地		・瀑布	★賞楓名勝	apollostation	KYGNUS	●美食	

推薦MEMO 米澤也是美食豐富的城市，以米澤美味A(Apple)B(Beef)C(Carp)為代表。

山形県

福島県

P.8 白川水壩湖岸公園

左下圖 米澤

P.162

P.171 三之倉高原 向日葵花田

ふれあいパーク 喜多の郷公路休息站 P.40
P.172 ホテル&リストランテ イルレガーロ

白布溫泉

裏磐梯

P.173 戸外運動倶楽部Bacss

喜多方市

P.171 喜多方

喜多方藏之里 P.171

五色沼自然探勝路 P.173

會津藩校
日新館

磐梯山黄金線 P.172

P.167 會津藩校
日新館

磐梯山SA（下行）附録

P.167 會津若松

會津若松站

會津東山溫泉 向瀧 P.179

東山溫泉

豬苗代湖 P.173

公路休息站	駅前	交叉路口名	縣廳	機場	神社	工廠	賞櫻名勝	ENEOS	COSMO	景點、玩樂	購物
停車區（PA）	紅綠燈	市公所	飯店	寺院	發電廠	賞楓名勝	出光興產	昭和Shell	溫泉	住宿
	冬季關閉	町村辦公處、區公所	溫泉	觀光地	瀑布	賞楓名勝	apollostation	KYGNUS	美食	

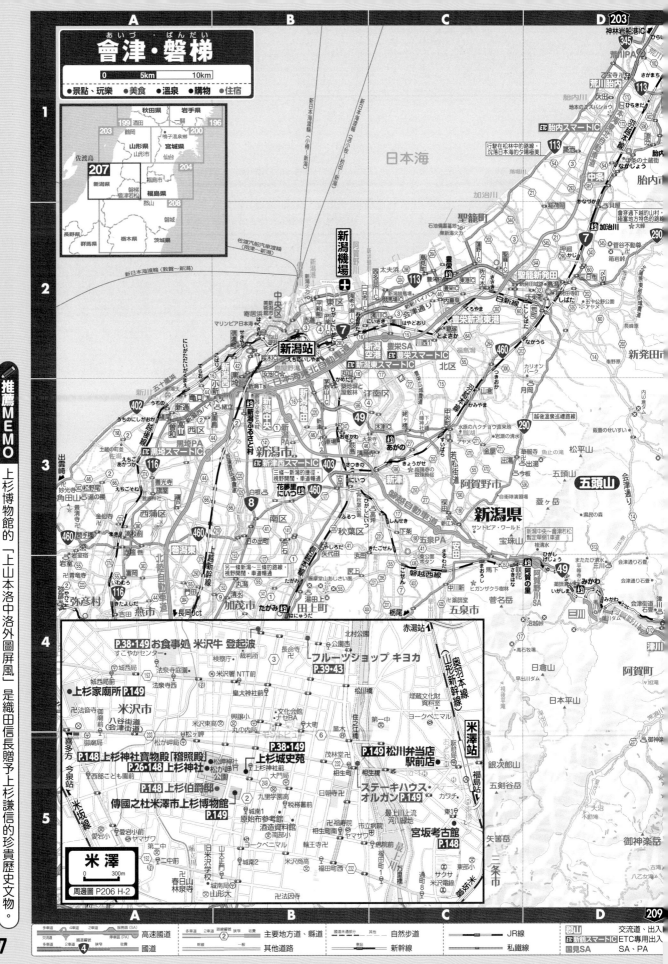

福島県
郡山市
猪苗代湖
二本松市
本宮市
三春町
田村市
阿武隈洞
浪江町
双葉町
大熊町
富岡町
楢葉町
広野町
川内村
須賀川市
天栄村
鏡石町
矢吹町
石川町
中島村
玉川村
平田村
小野町
白河市
西郷村
棚倉町
鮫川村
古殿町
いわき市
いわき中央
磐城
いわき湯本
Spa Resort Hawaiians
いわき・ら・ら・ミュウ
環境水族館
アクアマリンふくしま
いわき勿来
五浦
(五浦温泉)
北茨城市
八溝山
矢祭町
塙町
奥久慈だいご
大子町
奥久慈
高萩市
常陸大宮市
常陸太田市
茨城県
日立市
那珂市
太平洋

福島機場
福島空港

1 2 3 4 5
E F G H

磐城・南會津
いわき　みなみあいづ
0　5km　10km
●景點、玩樂　●美食　●温泉　●購物　●住宿

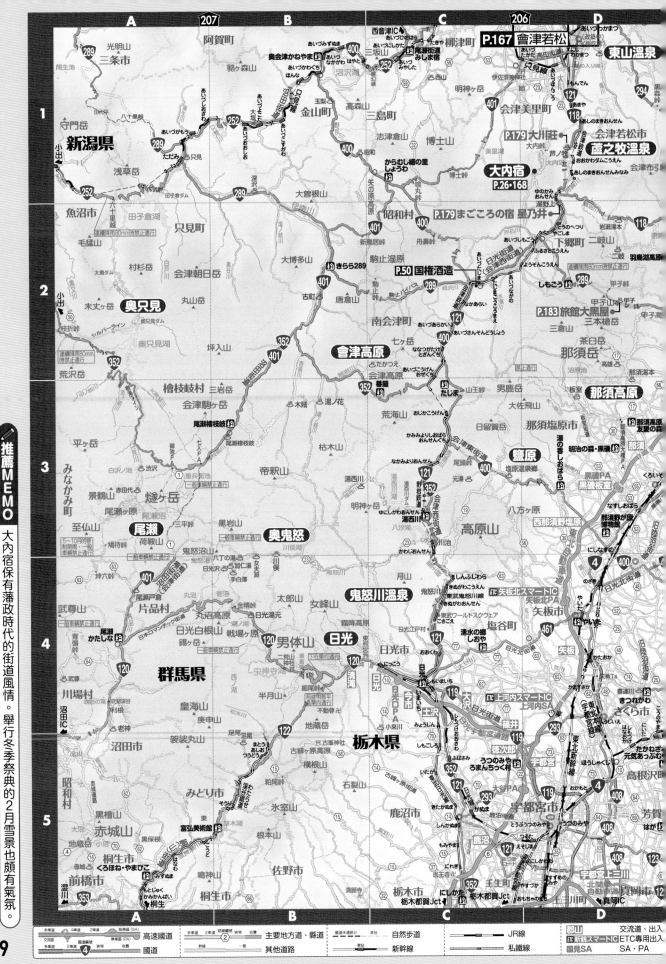

東北 順道景點

這裡將介紹東北之旅不可或缺的「公路休息站」和「SA、PA」精選景點！

以國見食材製作的
招牌單點料理大集合

Must Eat!
「ももたんカフェ」的
蔬菜滿滿披薩 1000円
將公路休息站直銷所販售的多種新鮮蔬菜，色彩繽紛地擺在披薩上。披薩餅皮與醬料都是店家原創。

↑座位寬廣，能好好放鬆的咖啡廳店內

Must Eat!
「ももたんカフェ」的
阿津賀志山壁壘咖哩 880円
這道咖哩飯以公路休息站的波浪型屋頂為概念，燉煮入味的雞肉鬆軟滑嫩。自家製醃菜也有提供外帶商品對外販售。

---

1 美食與住宿需求雙雙滿足

福島
國見 阿津賀志之鄉公路休息站
●みちのえきくにみあつかしのさと

集結了販售新鮮在地食材的產直市場、能色嘗在地知名美食的餐廳。也有附設能好好休息的住宿設施。

☎024-585-2132　🕐9:00～18:00
（レストラン桃花亭は10:00～17:00，其他設施而異）休無休 所国見町藤田日渡二18-1 東北自動車會國見IC 1.5km，開車5分 P180輛
MAP P205 C-3

Must Eat!
「国見バーガー＆ジェラテリア」的
國見漢堡 經典口味
（鯖魚味噌）**500円**
國見町的當地美食。用蓬鬆漢堡夾起軟嫩的味噌燉鯖魚，製成獨特的漢堡料理。

Must Buy!
桃子大福（1個）**180円**
以柔軟餅皮包裹國見町特產桃子與紅豆餡、鮮奶油製成的大福。桃子的清爽風味在口中輕盈地擴散開來。

►More!
Made in國見的
新鮮食材琳瑯滿目！
國見市場
●くにみいちば
諸如當地傳統蔬菜、在日本生產量名列前茅的桃子、在地美酒等，各種國見特有的商品一字排開。也有羅列許多原創商品，是非常適合選購伴手禮的市場。

↑擺滿晨採蔬菜等新鮮食材

清爽甘甜、尾韻清新

Must Buy!
豪華櫻桃亮晶晶
（12入）**1512円**
使用山形縣產櫻桃「佐藤錦」果肉與果汁的果凍。數量有限。

Must Eat!
「cherry cafe chouchou」的
鬆餅聖代櫻桃 500円
使用山形縣產櫻桃與果汁的自製霜淇淋。以櫻桃果實與果醬為配料。

2 能採櫻桃的娛樂景點

山形
寒河江櫻桃樂園公路休息站
●みちのえきさがえちぇりーらんど

以作為東北面積最大的公路休息站為傲。設有資料館展示寒河江名產櫻桃的歷史，以及採櫻桃服務處。山形伴手禮的種類也很齊全。

☎0237-86-3111
🕐9:00～18:00（10～5月至17:30）
休無休 所寒河江市八鍬川原919-8
山形自動車道寒河江IC 6km，開車10分 P1030輛
MAP P202 H-4

►More!
水果王國山形的
新鮮水果令人陶醉
採櫻桃
腹地內的「櫻桃會館」會介紹市內哪裡有能體驗摘水果的設施。前往觀光櫻桃園，尋找鮮紅又飽滿的果實吧！

0237-86-1811
（櫻桃會館 服務處）

時期	6月上旬～7月上旬
費用	60分2000円
預約	不需
雨天	可

只是路過也好想吃！好想買！

公路休息站

若想要深度挖掘當地魅力，公路休息站一定是首選！來體驗購物及美食樂趣吧。

5 配備露天浴池與三溫暖的大型設施

岩手 雫石あねっこ公路休息站
●みちのえきしずくいしあねっこ

位在連結岩手與秋田的國道46號沿線。設有溫泉設施、露營場、物產&產直區、餐廳，是一整天都能在此盡情玩樂的地方。

☎019-692-5577
🕘9:00～17:00（入浴設施至19:30，餐廳為11:00～15:30※冬季皆可能變動）
🈺無休　🅿雫石町橋場坂本118-10　🚗東北自動車道盛岡IC 30km，開車30分
🅿92輛
MAP P193 A-4

Must Eat!
「お食事処こまくさ」的
雫石牛醬油拉麵 **1300円**
將醬油湯頭調味成壽喜燒風格的拉麵。以滋味濃郁的雫石牛為配料。

Must Buy!
地酒果凍
（1個）**302円**
以彈嫩口感為特色的原創果凍。以岩手山伏流水、雫石產米釀造的在地美酒很香醇。

6 全國來客數名列前茅的公路休息站

宮城 あ・ら・伊達な公路休息站
●あらだてなみちのえき

一年有超過300萬人次使用。諸如以當地食材入菜的「伊達ちゃんkitchen」、手工麵包店等，各種商店應有盡有。

☎0229-73-2236
🕘9:00～18:00（12～3月至17:00），伊達ちゃんkitchen為9:00～17:00（12～3月至16:00）
🈺無休　🅿大崎市岩出山池月下宮道下4-1　🚗東北自動車道古川IC 16km，開車20分
🅿246輛
MAP P201 C-1

Must Eat!
「★★★★★五福の伊達ちゃんkitchen」的
特製伊達拉麵 **1000円**
放上兩片鬆軟肉厚自家製叉燒的人氣拉麵。

Must Eat!
室外店鋪的
ROYCE'霜淇淋
300円
東北唯一能夠吃到「ROYCE'」霜淇淋的店家。滋味醇厚卻尾韻清爽，很受歡迎。

3 在瞭望浴池飽覽日本海

秋田 象潟 合歡之丘公路休息站
●みちのえききさかたねむのおか

腹地廣達2萬坪的大規模公路休息站。在4樓的瞭望溫泉可以一邊泡湯一邊欣賞日本海，備受好評。也設有餐廳、物產館。

☎0184-32-5588
🕘物產館為9:00～18:30，餐廳為11:00～16:00、17:00～18:00，瞭望溫泉「眺海之湯」為9:00～20:30
🈺第3週一（逢假日則翌日休，7～8月無休）　🅿にかほ市象潟町大塩越73-1　🚗日本海東北自動車道金浦IC 5.6km，開車5分
🅿315輛
MAP P199 C-3

Must Eat!
「レストラン眺海」的
海鮮丼 **1550円**
盛滿鮪魚、鮮蝦、鮭魚卵等當季新鮮海產的人氣餐點。

Must Buy!
潟之松風
山廢本釀造 **1265円**
使用當地生產的酒、米、鳥海山伏流水釀造，口味清爽的在地美酒。適合搭配餐點飲用。

4 蘋果甜點種類齊全

青森 浪岡 Apple Hill 公路休息站
●みちのえきなみおかあっぷるひる

能吃遍蘋果料理的公路休息站。秋天設有能體驗採蘋果樂趣的觀光蘋果園。設施內販售的手作蘋果派、蛋糕、義式冰淇淋一定要吃。

☎0172-62-1170
🕘9:00～19:00（11～3月至18:00），餐廳為11:00～16:00）
🈺無休　🅿青森市浪岡女鹿沢野尻2-3　🚗青森自動車道浪岡IC 5km，開車5分
🅿130輛
MAP P190 G-2

Must Eat!
「伴手禮區」的
蘋果派（1個）**250円**
口感酥脆的派皮內，填滿了多汁蘋果與卡士達醬！

Must Buy!
蘋果瑪德蓮
150円
芳醇的奶油香氣與糖煮蘋果的柔和酸味在口中擴散開來。

Check! 新開幕&整新開幕的公路休息站

岩手 2023年4月OPEN

岩手北三陸公路休息站
●みちのえきいわてきたさんりく

久慈市、洋野町、野田村與普代村聯合開設的公路休息站。除了北三陸特產、美食的販售產直設施之外，還有美食區、兒童區等。也有附設加油站。

☎0194-52-2115（廣域公路休息站整頓推動室）
🕘9:00～19:00　🈺無休　🅿久慈市夏井町鳥谷第7地割3-2　🚗八戶久慈自動車道久慈北IC 200m，開車1分　🅿153輛
MAP P188 F-5

宮城 2022年10月OPEN

さんさん南三陸公路休息站
●みちのえきさんさんみなみさんりく

包含南三陸さんさん商店街在內的區域登錄為公路休息站。以傳承、感謝、交流為概念的「南三陸311紀念館」也同時開幕。

☎0226-46-1385（南三陸町商工觀光課）
🕘視店鋪而異，南三陸311紀念館為9:00～17:00
🈺視店鋪而異，南三陸311紀念館週二休　🅿南三陸町志津川五日町200-1　🚗三陸自動車道志津川IC 2km，開車5分　🅿249輛
MAP P200 G-2

福島 2022年4月OPEN

福島公路休息站
●みちのえきふくしま

不僅當季水果、蔬菜、人氣當地美食一應俱全，還附設室內兒童遊戲場及狗狗公園。天氣晴朗時，還可以欣賞吾妻連峰。

☎024-572-4588
🕘直銷所為9:00～18:00，餐廳為11:00～15:00，美食區為10:30～17:30　🈺無休　🅿福島市大笹生月崎1-1　🚗東北自動車道福島大笹生IC即到　🅿276輛
MAP P205 B-3

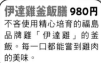

景點 #2

SA、PA

讓移動時間也充滿樂趣！

選擇開車自駕，就有許多機會順路造訪高速公路的服務區（SA）或停車區（PA）。休息之餘，也不妨享受當地才有的美食及購物樂趣。

福島　東北道 🍴🛍️ℹ️

① 國見SA（下行）
●くにみさーびすえりあ（くだり）

福島孕育的土雞 滿是鮮美滋味

以「山之本營」為概念，於2020年整新開幕。設施內不僅有可以外帶的飲食區，活用當季農產品的餐點也一應俱全。

☎ 024-585-3561
🕐 美食區部分店鋪、商店為24小時（外帶視區域而異）休無休
📍 国見町貝田山口12　🅿️ 143輛
MAP P205 C-2

Must Eat!

伊達雞釜飯膳 980円
不吝使用精心培育的福島品牌雞「伊達雞」的釜飯。每一口都能嘗到雞肉的美味。

點綴旅行回憶的留言牆
設有留言專區，路經國見SA的人都能自由地寫下旅行回憶，是該設施的知名服務。員工也會針對留言回覆。

Must See!

留言牆
造訪此處的人們能夠與設施溝通的管道。以時鐘為意象展示。

從水龍頭流出水蜜桃汁的特殊外帶方式
使用福島名產水蜜桃的果汁。轉開連著桃子裝飾的水龍頭就會流出果汁的機關，吸引了許多遊客的注意。

從水龍頭流出的水蜜桃汁每杯400円

Must Eat!

凍天 220円～
以甜甜圈麵皮包住福島保存食凍餅，再油炸而成的當地美食，很受歡迎。

宮城　東北道 🍴🛍️ℹ️

② 長者原SA（下行）
●ちょうじゃはらさーびすえりあ（くだり）

鮮美多汁、熱騰騰的 厚切牛舌

餐廳活用當地食材供應餐點，商店販售「萩之月」等許多宮城縣名點。也附設SMART IC。廣大的狗狗公園分成小型犬專區，以及小型犬～大型犬專區。

☎ 0229-28-3737
🕐 24小時，餐廳為11:00～21:00，週六日、假日為9:00～（12～3月為11:00～20:00，週六日、假日至21:00）休無休 📍 大崎市古川宮沢金掘場26　🅿️ 142輛　**MAP** P201 D-2

Must Eat!

鹽味牛舌定食 2200円
口感外酥內脆的烤牛舌。恰到好處的鹽味鹹度完美。

大啖多樣豐富的牛舌料理
以牛舌專賣店「冠舌屋」經典的牛舌定食為首，還能充分品味漢堡排、麵食等仙台著名料理。

來使用上行SA的住宿設施吧
長者原SA（上行）設有可以平價入住的「E-NEXCO LODGE 長者原SA店」，附Wifi、簡單早餐。若是從長者原SA（下行）前來，則必須從SMART IC出來一次。

☎ 0229-28-5854 💰 每人5500円～，4人團體每間11000円～

🍴 輕食／咖啡廳／餐廳　🛍️ 伴手禮　ℹ️ 洽詢處

景點 #2 SA、PA

軟嫩炸肉排 大飽口福

享用知名美食
醬炸肉排丼、奶油厚片土司等福島美食一字排開。

Must Eat!
安達太良咖哩
1380円
在牛五花層層堆疊油炸而成的肉排上淋咖哩醬,很有飽足感。

| 福島 | 東北道 |

5

安達太良SA(上行)
●あだたらさーびすえりあ(のぼり)

包括設有藝廊的餐廳、多種原創點心的販售區等。從停車場可以一覽安達太良山。

☎0243-33-1151
🕐服務區、服務櫃台為8:30～19:00,餐廳為7:00～21:00(4～11月的平日、12～3月為11:00～),美食區、商店為24小時,外帶區為9:00～18:00 休無休 所本宮市本宮天ケ221 P240輛 MAP P205 B-5

| 福島 | 常磐道 |

6

四倉PA(下行)
●よつくらぱーきんぐえりあ(くだり)

位在磐城市東北方,位置離海很近。供應多種以當地漁港捕撈的鮮魚所製成的海產料理。

☎0246-38-6940
🕐6:30～19:30
休無休 所いわき市四倉町下柳生宮下49-63 P40輛
MAP P208 H-2

敬請享用
美味海鮮料理

品嘗活跳跳的海鮮!
可以在美食區享用以每早進貨的新鮮海產製成的生魚片、海鮮丼、烤魚等多種餐點。

Check! 眺望絕景的SA

這裡能看到!

7

| 岩手 | 東北道 |

岩手山SA(上行)
●いわてさんさーびすえりあ(のぼり)

也以能一覽八幡平與岩手山的美景景點聞名。也可以盡情享用當地美食。

☎0195-75-0641
🕐餐廳為7:00～21:00(12～3月為8:00～),美食區、商店為24小時,外帶區為9:00～17:00
休無休 所八幡平市平笠第2地割1-47
P117輛
MAP P193 B-3

為岩手山的
雄偉景色傾倒

驚人的大小!

與巨大南部鐵器 拍照留念
入口前展示著傳統工藝品南部鐵器的巨大茶壺雕像。

Must Eat!
前澤牛牛丼 1890円
使用前澤著名的「前澤牛」與岩手縣品牌米「銀河之雫」製成的牛丼。入口即化的高級油脂與甘甜米飯十分相搭!

3

| 岩手 | 東北道 |

前澤SA(上行)
●まえさわさーびすえりあ(のぼり)

岩手縣最南的服務區。提供不少以日本全國有名的品牌牛前澤牛所製的餐點。

☎0197-56-4014
🕐餐廳為11:00～20:45,美食區、商店為24小時,外帶區為9:00～18:00(12～3月至17:00) 休無休 所奧州市前沢区裏新田29-13 P106輛
MAP P197 B-4

4

| 宮城 | 東北道 |

鶴巢PA(下行)
●つるすぱーきんぐえりあ(くだり)

位在鳴子溫泉鄉的門戶古川IC前的停車區。能購買限定點心、宮城工藝品伴手禮、現烤麵包的人氣設施。

☎022-343-2051
🕐7:00～20:00
休無休
所大和町鶴巢北目大崎具足沢64-52
P169輛
MAP P201 D-4

選擇多元
種類豐富的伴手禮

供應當地食材製麵包的 麵包店
每天早上在上行線烤好的麵包,在下行線也有販售。開店後立刻上架調理麵包與點心麵包。

Must Buy!
鶴巢紅豆麵包
230円
軟糯的麵團中填滿紅豆餡與鮮奶油的熱門麵包。

外帶宮城美食
最適合當伴手禮、外帶的宮城美食應有盡有。

Must Buy!
毛豆奶昔冰
680円
能嘗到毛豆的香氣與溫和甜味。

Must Buy!
溫泉蛋
750円
以鳴子溫泉源泉水煮入味的溫泉蛋。

【 MM 哈日情報誌系列 05 】

東北

作者／MAPPLE昭文社編輯部
翻譯／林琬清、林庭安
編輯／蔣詩綺
發行人／周元白
排版製作／長城製版印刷股份有限公司
出版者／人人出版股份有限公司
地址／23145 新北市新店區寶橋路235巷6弄6號7樓
電話／（02）2918-3366（代表號）
傳真／（02）2914-0000
網址／www.jjp.com.tw
郵政劃撥帳號／16402311 人人出版股份有限公司
製版印刷／長城製版印刷股份有限公司
電話／（02）2918-3366（代表號）
香港經銷商／一代匯集
電話／(852)2783-8102
第一版第一刷／2017年3月
修訂二版第一刷／2024年2月
定價／新台幣550元
　　　港幣183元

國家圖書館出版品預行編目（CIP）資料

東北 / MAPPLE昭文社編輯部作；
林琬清、林庭安翻譯. —— 第二版.—— 新北市：人人，
2024.02 面； 公分. ——（MM哈日情報誌系列；05）
ISBN 978-986-461-372-4（平裝）

1.CST：旅遊　2.CST：日本

731.7109　　　　　　　　　112022301

Mapple magazine Tohoku'24
Copyright ©Shobunsha Publications, Inc, 2023
All rights reserved.
First original Japanese edition published by
Shobunsha Publications, Inc. Japan
Chinese (in traditional characters only) translation
rights arranged with Jen Jen Publishing Co., Ltd
through CREEK & RIVER Co., Ltd.

人人出版・旅遊指南書出版專家・提供最多系列、最多修訂改版的選擇

ことりっぷ co-Trip日本小伴旅系列——適合幸福可愛小旅行

日本旅遊全規劃，小巧的開本14.8X18公分，昭文社衷心推薦，在日熱賣超過1,500萬冊的可愛書刊

● —輕，好攜帶，旅人最貼心的選擇！　● —豐，資料足，旅人最放心的指南！　● —夯，熱銷中，日本小資旅的最愛！